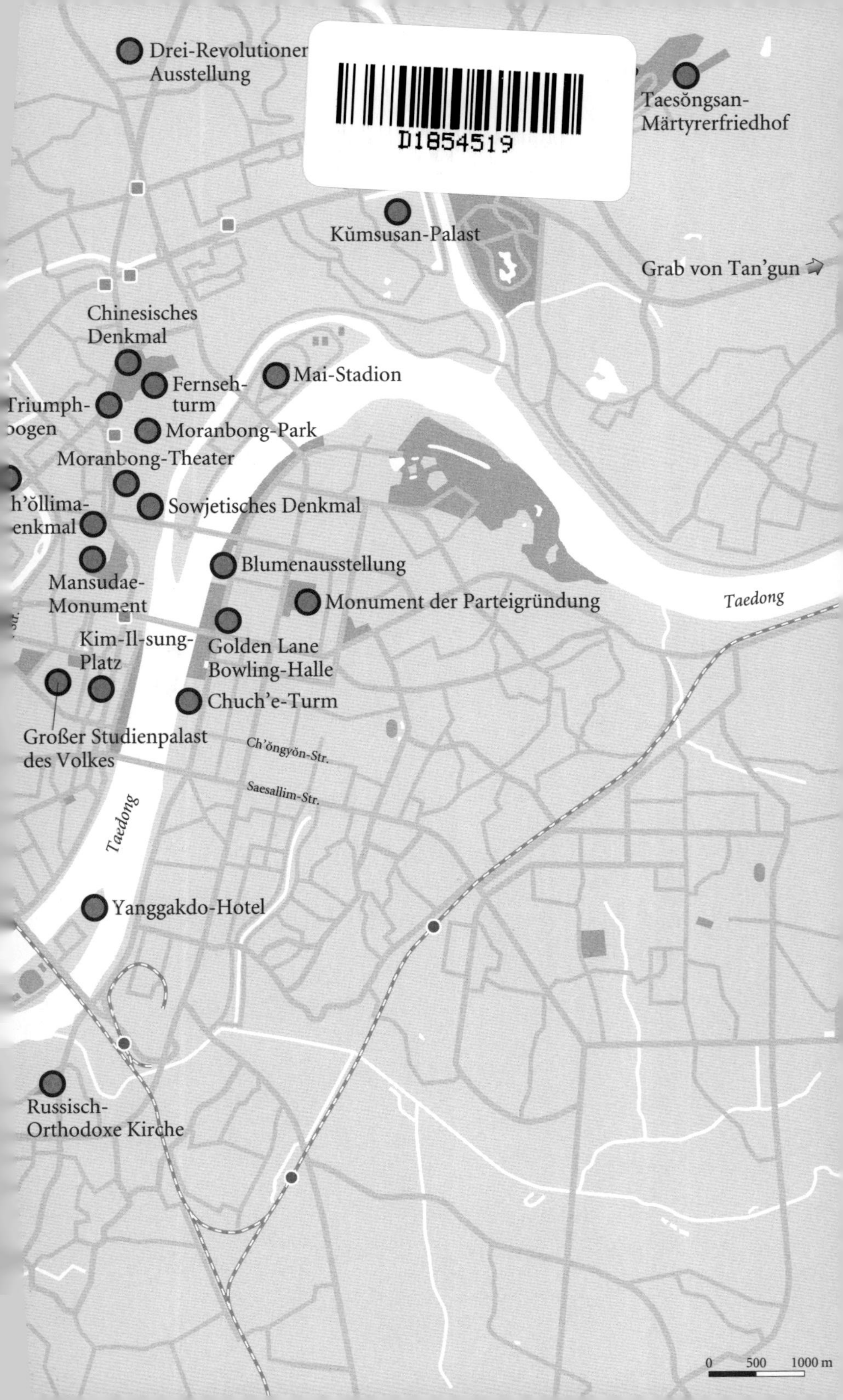

Drei-Revolutionen-
Ausstellung
Taesŏngsan-
Märtyrerfriedhof
Kŭmsusan-Palast
Grab von Tan'gun
Chinesisches
Denkmal
Fernseh-
turm
Mai-Stadion
Triumph-
bogen
Moranbong-Park
Moranbong-Theater
h'ŏllima-
enkmal
Sowjetisches Denkmal
Mansudae-
Monument
Blumenausstellung
Monument der Parteigründung
Taedong
Kim-Il-sung-
Platz
Golden Lane
Bowling-Halle
Chuch'e-Turm
Großer Studienpalast
des Volkes
Ch'ŏngyŏn-Str.
Saesallim-Str.
Taedong
Yanggakdo-Hotel
Russisch-
Orthodoxe Kirche
0
500
1000 m

Rüdiger Frank

**Unterwegs in Nordkorea**

Rüdiger Frank

# Unterwegs in Nordkorea

## Eine Gratwanderung

Deutsche Verlags-Anstalt

Sollte diese Publikation Links auf Webseiten Dritter enthalten, so übernehmen wir für deren Inhalte keine Haftung, da wir uns diese nicht zu eigen machen, sondern lediglich auf deren Stand zum Zeitpunkt der Erstveröffentlichung verweisen.

Sämtliche Aufnahmen im Bildteil des Buches
© Rüdiger Frank

MIX
Papier aus verantwortungsvollen Quellen
FSC® C014496
FSC www.fsc.org

Verlagsgruppe Random House FSC® N001967

1. Auflage

Neumarkter Straße 28, 81673 München

Typografie und Satz: DVA / Andrea Mogwitz
Gesetzt aus der Minion
Bildbearbeitung: Helio Repro, München
Karten: Peter Palm, Berlin
Umschlaggestaltung: Büro Jorge Schmidt, München
Umschlagmotive: © Kyodo News / Getty Images (Vorderseite);
© Rüdiger Frank (Rückseite)
Druck und Bindung: GGP Media GmbH, Pößneck
Printed in Germany
ISBN 978-3-421-04761-8

www.dva.de

Dieses Buch ist auch als E-Book erhältlich.

# Inhalt

# Vorwort

»Sehen Sie das Gebäude dort hinten? Wissen Sie, was das ist?« Das Mikrofon in der einen Hand, mit der anderen etwas verkrampft bemüht, das wilde Rütteln des Busses auszugleichen, lenkt die nordkoreanische Reiseleiterin unseren Blick auf ein riesiges pyramidenartiges Gebilde am Horizont. »Das ist unsere Raketenabschussrampe!« Erwartungsvoll schaut sie in die Runde. Verunsicherte Gesichter. Hat sie das wirklich gesagt? Trotz heroischer Anstrengung kann sie kurz darauf ein Glucksen nicht mehr zurückhalten. Ein Scherz, Gott sei Dank. Immerhin, wir sind in Nordkorea, und da ist bekanntermaßen alles möglich. Doch das, was da auf der Fahrt vom Flughafen Sunan Richtung Pjöngjang in der Ferne auftaucht, ist einfach nur die 105 Stockwerke hohe Bauruine des Ryugyŏng-Hotels. Dieser recht eigenwillige Ulk sagt viel über das Land aus, in dem wir gerade angekommen sind.

Nordkorea hat ein miserables internationales Ansehen. Unverdient ist dieser Ruf nicht, doch er trübt auch unsere Wahrnehmung. Was man nirgends für möglich halten würde – dort traut man es der Führung zu. Verpflichtender Einheitshaarschnitt, Hinrichtung durch Hunde oder Granatwerfer, eine Raketenstartrampe mitten in der Hauptstadt – alles scheint denkbar.

Nordkoreaner sind keine Maschinen. Bei genauerem Hinsehen entpuppt sich dieses auf bedrohliche Art geheimnisvolle Nordkorea als mehr als nur ein monströses System, fixiert auf eine einzelne Führerperson. Wer trotz aller Bedenken dorthin fährt, erlebt ein Land mit Menschen, die eine Menge Humor haben und auch zur Selbstironie fähig sind.

Nordkorea ist ein Land mit wirtschaftlichen Problemen, die der Staat mal mehr, mal weniger erfolgreich zu verbergen sucht. Das Ryugyŏng-Hotel befindet sich seit Ende der 1980er Jahre im Bau und ist immer noch nicht fertig. Erst 2011 wurde die Fassade des Gebäudes mit Glas verkleidet, um das unansehnliche betongraue Skelett zu verhüllen.

Nordkorea ist ein Land mit, vorsichtig gesagt, großen Ambitionen. Zum Zeitpunkt des Baubeginns wäre das Hotel mit seinen 330 Metern immerhin das höchste Gebäude dieser Art in Asien gewesen, obwohl eine Vollbelegung mit zahlenden Gästen – damals wie heute – illusorisch war.

Nordkorea hat trotz seiner vielen Defizite auch Erfolge zu verzeichnen, und es wird zunehmend ein Land der Gegensätze. In den letzten Jahren ist es in einigen Bereichen sichtbar vorangegangen; auch dafür steht die Fassade des Ryugyŏng-Hotels. Diese wurde übrigens von jenem ägyptischen Unternehmen komplettiert, das seit 2008 Nordkoreas Mobilfunknetze betreibt.

Gleichzeitig nimmt Nordkorea bei internationalen Rankings der Menschenrechte regelmäßig einen der untersten Plätze ein. Das betrifft viele Themen, darunter die Prioritätensetzung der Führung. Wozu protzige Hotels wie das Ryugyŏng bauen oder teure Waffenprogramme finanzieren, wenn das Geld in der Infrastruktur und bei der Versorgung mit Lebensmitteln so dringend benötigt wird? Und wie kann man über einen solchen Scherz lachen, wenn man aus Berichten von Flüchtlingen über die Lager für politische Gefangene informiert ist, die vielleicht auch dort hinten am Horizont liegen – unsichtbar für uns als Besucher und verschwiegen von den staatstreuen Guides?

Eine Reise nach Nordkorea ist in vielerlei Hinsicht eine Gratwanderung. Selbst eine einzige Woche kann emotional sehr herausfordernd sein. Ein falscher Schritt, und man verliert den sicheren Boden unter den Füßen. Man schwankt zwischen Angst und

Neugier, Wut und Mitgefühl, Paranoia und Vertrauen. Man lernt viel, aber versteht wenig. Man ist mitten im Land und trotzdem nie wirklich da. Man wird gezielt isoliert und ist abends doch todmüde von all den Gesprächen und Eindrücken. Euphorie und Frustration schicken Besucher auf eine emotionale Achterbahnfahrt.

Ohne solide Vorbereitung ist ein Besuch Nordkoreas nur die Hälfte wert, denn man weiß oft nicht, wonach man schauen soll oder was es eigentlich gerade zu sehen gibt. Da man in der Regel mit mehr Fragen als Antworten nach Hause zurückkehrt, empfiehlt sich außerdem eine Nachbereitung, die helfen kann, das eine oder andere im Rückblick einzuordnen. An sie – die Reiseplaner und die Reiseveteranen – wendet sich dieses Buch vor allem. Aber ich habe es auch für die vielen geschrieben, die sich zwar für das Land interessieren, aber eine Reise aus guten Gründen ausschließen.

*Unterwegs in Nordkorea* ist kein Reiseführer, jedenfalls nicht im üblichen Sinne. Dieses Format wäre im Falle Nordkoreas auch nicht sehr sinnvoll, da man das Land weder individuell noch spontan bereisen kann. Und doch ist Nordkorea für den Reisenden selbst dann eine Herausforderung, wenn die Route lange feststeht. Vieles ist so fremd und unbekannt, dass man kaum auf vorhandenes Wissen zurückgreifen kann. Die meisten von uns haben schon vom Eiffelturm gehört, dem Central Park oder dem römischen Kapitol. Doch wer kennt schon die Namen, geschweige denn die Geschichte und Bedeutung des Chuch'e-Turms, des Moranbong-Parks oder des Mansudae-Hügels?

Hinzu kommt, dass die organisierten Besuchsprogramme außerordentlich dicht gepackt sind, man verliert leicht den Überblick. Wie hieß dieser Triumphbogen noch mal? Was war der Name der prominentesten Biersorte? Welcher Kim war der erste, der zweite, der dritte?

Nicht zu Unrecht ist man auch immer ein wenig besorgt, wenn es nach Nordkorea geht. Umso wichtiger ist es, dass man weiß, was einen zum Beispiel bei der Ein- und Ausreise erwartet, was man mitbringen darf und was nicht, und wie viel Geld man eigentlich benötigt.

Die offiziellen Erklärungen zu den besuchten Orten geben in der Regel die sehr einseitige Perspektive des gastgebenden Staates wieder und sind damit aus unserer Sicht meist unzureichend. Das Internet hilft hier nur bedingt weiter, denn Fakten zu Nordkorea sind Mangelware, häufig dominieren Gerüchte. Zusammenhänge und Hintergründe sind erst recht schwer zu erfahren. Im Land selbst, das kommt hinzu, steht das Internet nur sehr eingeschränkt zur Verfügung, taugt also ohnehin nicht zum schnellen Rechercheinstrument.

Es gibt Reiseführer zu Nordkorea wie etwa den sehr empfehlenswerten *Bradt Travel Guide*, aber ich habe für dieses Buch keinen davon verwendet. Stattdessen habe ich im Verlauf von fast drei Jahrzehnten vor Ort Informationsschnipsel zusammengetragen – oft mühevoll, manchmal überraschend einfach. Meine Quellen sind eigene Anschauung und endlose Gespräche mit nordkoreanischen Reiseleitern, Kollegen, Freunden und Bekannten, die enge Zusammenarbeit mit professionellen Reiseanbietern wie Koryo Tours in Beijing, Political Tours in London oder Pyongyang Travel in Berlin und natürlich mein Hintergrund als Ostasienwissenschaftler.

Die Universität Wien, seit 2003 meine akademische Heimat, hat einen wichtigen Anteil an der Entstehung dieses Buches. Die älteste Universität im deutschsprachigen Raum ist im 21. Jahrhundert angekommen und fördert gezielt die Kommunikation und den Austausch zwischen Wissenschaft und Gesellschaft, das Herabsteigen vom Elfenbeinturm. Nordkorea ist kein einfaches Thema; wer sich damit befasst, ist heftiger Kritik ausgesetzt, oft verbunden mit starken Emotionen. Im Umgang mit ihm ist die an der Universität Wien geltende Überzeugung wichtig, dass die Freiheit der Wissenschaft und des Denkens unter der Voraussetzung der Einhaltung ethischer Grundsätze unantastbar ist.

Besonders wertvoll waren für mich Gespräche mit ausländischen Diplomaten und Geschäftsleuten, die oft Jahre in Nordkorea verbracht und ihre Erfahrungen großzügig mit mir geteilt haben. Stellvertretend möchte ich mit großem Respekt Barbara und Günter Unterbeck nennen, die Nordkorea so viel besser kennen als ich. Sie haben mit ihrer bescheidenen und beharrlichen Arbeit für die Menschen dort und für unsere Annäherung an sie Außerordentliches geleistet, weit mehr als die Öffentlichkeit je erfahren wird.

Seit einiger Zeit begleite ich ein bis zwei Mal im Jahr westliche Reisegruppen, eine für mich nach anfänglicher Skepsis überraschend positive und produktive Erfahrung. Ich kenne daher die praktischen Fragen und Probleme bei solchen Touren aus eigener Anschauung. Was darf man fotografieren? Was nimmt man als Geschenk mit? Wo bekommt man ein Visum? Welche Orte kann man und welche sollte man besichtigen? Die Zahl der Fragen ist nahezu endlos und reicht von profanen Dingen des Alltags bis zum Verständnis größerer politischer Zusammenhänge. Untrennbar verbunden ist all das mit der Lage der Menschen in einer Diktatur, mit dem Leben in einem alle Bereiche durchdringenden Staat, vor dem Hintergrund immer wieder aufflammender Krisen um das Atomwaffenprogramm und inmitten einer hoch komplexen geostrategischen Lage.

Aus diesen Komponenten setzt sich im Folgenden so etwas wie ein Porträt des Landes zusammen, mit einem anderen Ansatz allerdings als bei meinem Buch *Nordkorea: Innenansichten eines totalen Staates*, das sich strukturiert mit der Geschichte, der Ideologie, dem politischen und wirtschaftlichen System befasst. Dort finden Sie auch zahlreiche Literaturangaben und Hinweise auf weiterführende Lektüre. Beide Bücher – *Innenansichten* und *Unterwegs in Nordkorea* – bilden letztlich eine Einheit.

Zum Schluss noch eine nicht ganz unwichtige Formalie: Ich habe für die Umschrift koreanischer Begriffe grundsätzlich das System nach McCune/Reischauer verwendet. Der Lesbarkeit wegen wird bei weithin bekannten Begriffen, Orts- und Personennamen jedoch auf die in den Medien übliche, vereinfachende Form zurückgegriffen. »P'yŏngyang« wird daher »Pjöngjang« geschrieben. Anstelle von Kim Il-sŏng schreibe ich Kim Il-sung, Kim Chŏng-ŭn schreibe ich Kim Jong-un und so weiter.

# 1

# Ausgerechnet Nordkorea: Risiken und die Gewissensfrage

Bei kaum einem anderen Land stellt sich heute die Frage nach dem Ob und dem Warum einer Reise so deutlich wie bei Nordkorea. Wieso ausgerechnet dieses Land? Kann man da überhaupt hinreisen? Unterstütze ich damit womöglich das Regime? Welche Konsequenzen kann eine solche Reise haben? Lassen die mich vielleicht nicht wieder raus?

Ich habe Hunderte Gespräche hierzu mit Menschen aus aller Welt geführt. Das Fazit: Eine eindeutige Antwort gibt es nicht, die Entscheidung wird immer persönlich bleiben.

## Warum nach Nordkorea?

Wer eine Reise antritt, hat dafür zumeist gute Gründe. Und wer für eine Woche um die 1500 Euro oder mehr ausgibt und zusätzlich noch eine mehrtägige An- und Abreise auf sich nimmt, der möchte einen Gegenwert sehen. Worin kann dieser in Nordkorea bestehen, einem diktatorisch regierten Staat mit Versorgungsengpässen, der politisch Andersdenkende verfolgt und ein Atomwaffenprogramm aufbaut? Das Land hätte durchaus einiges von dem zu bieten, was man von einem »normalen« Urlaubsziel erwarten würde: einsame Strände mit glasklarem Wasser, wilde Natur, alte buddhistische Tempel und Einsiedeleien, exotische Speisen und sogar Skigebiete. Doch die meisten westlichen Besucher reisen aus einem anderen Grund dorthin.

Sie wollen aus eigener Anschauung erleben, wie eine solche ganz und gar nicht unseren Werten entsprechende Gesellschaft funktioniert, sie wollen verstehen, wie sie so lange existieren konnte, wie die Menschen darin leben. Je nach Vertrauen in unsere Medien wollen sie bestehende Ansichten hinterfragen oder bestätigt sehen. Hinzu kommt der Nervenkitzel, den eine Reise in ein quasi verbotenes Land bietet. Attribute wie »verschlossen«, »isoliert«, »unbekannt« haben ihren Reiz. Ist ja auch ein gutes Gefühl, langweilige Berichte vom x-ten Toskana-Urlaub mit einem beiläufigen »Ach ja, ich war übrigens letzten Monat in Nordkorea« zu unterbrechen und sich umgehend der ungeteilten Aufmerksamkeit aller Anwesenden gewiss zu sein. Und wenn wir ehrlich sind, dann spielt auch eine gehörige Portion Voyeurismus eine Rolle: Manche Besucher wollen, salopp gesagt, die Freak-Show sehen.

Fast drei Jahrzehnte nach dem Ende des Kalten Krieges und im Zeitalter der alles gleichmachenden Globalisierung können Reisende in Nordkorea ein System erleben, das in mehrfacher Hinsicht von unserer Realität grundverschieden ist. Diktaturen gab und gibt es viele. Manch ein Führer lässt zu Lebzeiten Statuen von sich errichten, sogar in Gold, wie der turkmenische Staatschef. Andere treten ganz unverblümt öffentlich mit dem noch kindlichen designierten Nachfolger auf, etwa in Weißrussland. Doch selten ist es einem dieser Systeme und seinen Repräsentanten gelungen, eine Gesellschaft so vollständig und dauerhaft zu durchdringen, wie es in der Koreanischen Demokratischen Volksrepublik, so die offizielle Bezeichnung Nordkoreas, der Fall ist. Nur noch wenige Jahre, und diesen Staat wird es länger gegeben haben als die Sowjetunion, das muss man sich einmal auf der Zunge zergehen lassen.

Was das Land in unseren Augen so besonders macht, ist eine Kombination aus verschiedenen Faktoren. Ein nominell sozialistisches System ohne nennenswertes Privateigentum in der Wirtschaft ist längst nicht alles. Hinzu kommen viele andere Faktoren: eine ganz eigene, ultra-nationalistische Ideologie mit dem Namen *chuch'e;* ein oberster Führer, der in für uns ungewohnter Weise verehrt wird und in nunmehr dritter Generation an der Spitze steht; die fast vollständige Abschottung der Einwohner vom Weltgeschehen; Nachrichten über massive und andauernde Menschenrechtsverletzungen; und nicht zuletzt das Atom- und Raketenprogramm, das schwer mit einer am Boden liegenden Wirtschaft in Einklang zu bringen ist, und gegen den erheblichen Widerstand der USA und ihrer Verbündeten, und neuerdings sogar Chinas, Test für Test scheinbar unaufhaltsam vorangetrieben wird – mit unabsehbaren Folgen für die Sicherheitslage in der Region.

Wie auch anderswo gehört zu den Nebeneffekten einer Nordkoreareise, dass man dabei viel über sich selbst und das eigene Land lernt. Man weiß hinterher manche für selbstverständlich gehaltenen und kaum noch wahrgenommenen Dinge wieder zu schätzen. Dazu gehören Annehmlichkeiten wie jederzeit verfügbares sauberes und auf Wunsch heißes Wasser aus der Leitung, eine unterbrechungsfreie Stromversorgung oder das überquellende Angebot unserer Supermärkte. Die Möglichkeit, sich in der eigenen Stadt, im eigenen Land und darüber hinaus frei zu bewegen. Zu fotografieren, ohne um Erlaubnis fragen zu müssen. In ein beliebiges Geschäft zu gehen, ohne dass einem der Zutritt verwehrt wird. Mit Wildfremden zu sprechen. Zugegeben, das dann wieder überall verfügbare Internet kann ein Fluch sein, aber letztlich hat man auch diese Errungenschaft unserer Zivilisation vermisst. Schnell mal etwas googeln, den Status bei Facebook aktualisieren, E-Mails checken oder eine WhatsApp verschicken – das geht in Nordkorea alles nicht oder ist stark eingeschränkt.

Westliche Besucher sind in Nordkorea in der Minderheit, etwa 6000 waren es bis zum von der US-Regierung im Sommer 2017 verhängten Reiseverbot pro Jahr. Die Chinesen machen mit derzeit etwa 130 000 Personen jährlich den Löwenanteil an ausländischen Besuchern aus. Das sind konservative Schätzungen; es gibt auch deutlich höhere Angaben. Was zieht die Chinesen nach Nordkorea? Im bis vor kurzem noch bitterarmen China gilt eine Auslandsreise heute als Prestigesache. Wer sich keinen Flug nach Europa, in die USA oder wenigstens nach Südkorea leisten kann, bucht eben eine Tagestour nach Nordkorea – Ausland ist Ausland. Viele Chinesen der älteren Generation sind auch deshalb in Nordkorea unterwegs, um sich daran zu erinnern, wie das eigene Land früher einmal aussah. Neben nostalgischen Gefühlen wegen der verflossenen Jugend empfinden sie unisono Erleichterung darüber, dass diese Zeit vorbei ist – der Trip in die eigene Vergangenheit wird zur Selbstbestätigung. Viele Chinesen suchen in der noch nicht von Umweltverschmutzung und Verstädterung zerstörten Landschaft Nordkoreas auch einfach nur Erholung im klassischen Sinne.

Für westliche Touristen hingegen gleicht eine Reise nach Nordkorea häufig einem Besuch im Menschenzoo. Viele fahren dorthin, um zu beobachten, zu bewerten und sich in ihrer kritischen Haltung bestärkt zu sehen, was in der Regel auch umgehend geschieht. Aber warum lässt uns der als ebenso stolz wie verschlossen geltende Staat dann überhaupt hinein?

Man muss kein Hellseher sein, um finanzielle Motive zu erahnen. Und in der Tat: Da das Land keine konvertierbare Währung hat, sich auf den internationalen Finanzmärkten kein Geld borgen kann und auch in seinem Außenhandel durch ständig neue Sanktionen immer weiter eingeschränkt wird, erscheinen selbst die bescheidenen Summen, die durch den Tourismus eingenommen werden können, plötzlich als signifikant. Wenn die durchschnittliche Reise eines Westlers etwa 1500 Euro an Devisen ins Land bringt, dann sind das bei rund 6000 Touristen immerhin neun Millionen Euro im Jahr. Zählt man noch jeweils konservativ geschätzte 500 Euro pro chinesischem Besucher dazu, dann summieren sich die Einnahmen Nordkoreas aus dem Tourismus auf fast 75 Millionen Euro. Das ist nicht die Welt, aber doch eine sichtbare Summe in einem Land, in dem es zu derlei Geldsegen wenige Alternativen gibt.

Die Zahl der Touristen scheint zudem stetig zuzunehmen. Die ambitionierte Zielgröße der nordkoreanischen Regierung liegt bei einer Million Einreisen. Das klingt nach viel, aber: Allein zwischen August und November 2016 kamen laut *Financial Times* knapp vier Millionen chinesische Gäste nach Südkorea. Das lässt das Potential erahnen. Kein Wunder also, dass die USA ihre Sanktionen gegenüber Nordkorea jetzt auch sehr gezielt auf den Tourismus ausweiten.

Trotz des offensichtlichen finanziellen Anreizes ist es nicht leicht, die Bereitschaft Nordkoreas zum Empfang westlicher Gäste nachzuvollziehen. Angesichts endloser Schmähungen und Parodien, die aus den Besuchen von Privatpersonen und Journalisten resultieren, kommt schon fast der Verdacht des Masochismus auf.

Warum lassen die uns also herein? Auch wenn es für uns schwer zu verstehen ist, hier spielt tatsächlich der Stolz auf das Erreichte eine Rolle. Wenn dem Besucher erklärt wird, dass er sich nun im Paradies der Werktätigen und aufgrund der großartigen Führer auf heiligem Gebiet befinde, dann ist das tatsächlich oft ernst gemeint.

Ob man das nun naiv oder bedauernswert findet: Es kann sicher nicht schaden, sich beim Anhören der Erklärungen der Fremdenführer einmal für einen Moment vorzustellen, dass sie aufrichtig gemeint sind. Das ist nicht leicht; die meisten Nordkorea-Reisenden berichten von einer ständig präsenten Paranoia, von der Angst, permanent belogen zu werden. Unbegründet sind solche Gefühle keineswegs, vorsichtig ausgedrückt. Doch es geht bei der häufig allzu offenkundigen Täuschung nicht immer um böswillige Irreführung, sondern schlicht um Nationalstolz – so wie man

Gästen lieber die gelungene Einbauküche vorführt und den Blick auf die schief geratene Kellerwand vorenthält.

Interessanterweise scheinen die Leute an der Basis, die Fremdenführer oder Guides, noch am ehesten zu begreifen, dass viele Besucher vor allem deshalb nach Nordkorea kommen, weil sie dem Land skeptisch gegenüberstehen. Einige meiner nordkoreanischen Kontakte haben mir gegenüber sogar eine gewisse Betroffenheit ob dieses Umstandes bekundet.

Doch das sind Ausnahmen, und in den höheren Rängen der Obrigkeit hat man den direkten Kontakt zu den bei stundenlangen Busfahrten oder beim abendlichen Bier zynische Witze reißenden Gästen nicht. In den mehr oder weniger gut beheizten Verwaltungsbüros freut man sich vielmehr über steigende Besucherzahlen, wachsende Einnahmen und bessere Chancen auf eine Beförderung. Welcher Guide wäre unter diesen Umständen dumm genug, den Chefs ihren schönen Traum zu zerstören und sich selbst den eigenen lukrativen Job gleich noch dazu? Immerhin darf sich ein Reiseleiter nach einer Woche vergleichsweise leichter Arbeit – als Alternative bieten sich schlammige Reisfelder oder düstere Kohleminen an – über 100 Euro Trinkgeld oder mehr freuen, wovon er zumindest einen gewissen Anteil behalten kann.

## Kann, darf und sollte man nach Nordkorea reisen?

Das dürfte wohl eine der Hauptfragen sein, mit denen man sich als potenzieller Nordkorea-Reisender konfrontiert sieht. Rein technisch gesehen ist die Antwort einfach: Ja, man kann und man darf. Ausnahmen gibt es nur für Journalisten und für Bürger Südkoreas sowie seit August 2017 auch der USA. Letzteren verbieten es die eigenen Regierungen, und Journalisten müssen einen speziellen Antrag stellen, der nicht immer, aber doch erstaunlich häufig genehmigt wird. Westliche Veranstalter lassen sich schriftlich bestätigen, dass man kein Journalist ist, und lehnen jede Verantwortung für die Folgen falscher Angaben ab. Alle anderen wenden sich an ein Reisebüro ihrer Wahl und bekommen in der Regel auch problemlos ein Visum.

Echte Individualreisen, also ohne Begleiter und ohne zuvor geplanten Reiseverlauf, sind derzeit grundsätzlich nicht möglich. Nordkorea bereist man nach Plan und als geführte Gruppe, intern »Delegation« *(taep'yodan)* genannt, die allerdings auch aus nur einer einzigen Person bestehen kann. Davon würde ich aber aus verschiedenen Gründen abraten. Erstens ist es deutlich angenehmer, sich mit Mitreisenden über das Gesehene und Erlebte austauschen zu können. Außerdem genießt man als Einzelreisender die ungeteilte Aufmerksamkeit des grundsätzlich aus einem Fahrer und mindestens zwei Guides bestehenden Begleitteams, was nicht jedermanns Sache ist.

Ob man eine solche Reise mit seinem Gewissen vereinbaren kann, das steht auf einem ganz anderen Blatt. Hier gibt es keine schlüssige Argumentation. Einerseits unterstützt man bei einer Reise das herrschende Regime, indem man Devisen ins Land bringt. Ausländer, die die obligatorische Verneigung vor den Führerstatuen vollführen, werden der Bevölkerung in der Propaganda als Bewunderer des Systems verkauft. Ich kann sehr gut verstehen, dass viele Menschen eine Reise daher kategorisch ablehnen.

Andererseits sorgt man mit den ins Land gebrachten Devisen dafür, dass im Inland eine Nachfrage entsteht. Diese fördert die in vorsichtigen Ansätzen vorhandene Marktwirtschaft. Wer direkt und indirekt von den Touristen profitieren kann, dessen Wohlstand liegt so deutlich über dem Durchschnitt, dass die vom Staat propagierte sozialistische Gleichheit auf die offensichtlichste Weise zur hohlen Phrase verkommt. Mehr Geld bedeutet in Verbindung mit einer allmächtigen Bürokratie unweigerlich Korruption. All das untergräbt das bestehende System und zwingt es zum Wandel. Und selbst die obligatorische Verbeugung vor den Statuen kann subversiv wirken, denn nicht jeder nordkoreanische Beobachter sieht hier ausländische Fans der Familie Kim. Manch einer sieht selbstbewusste Menschen in legerer Kleidung, die er selbst nie zu tragen wagen würde, mit Kameras und elektronischen Geräten, die von Wohlstand und Vielfalt zeugen. Die junge Nordkoreanerin sieht vielleicht Frauen mit Schuhen und Handtaschen, die ihr selbst mindestens genauso gut stehen würden, und fragt sich, ob sie den Lidstrich auch so hinbekommen würde.

So profan manche dieser Dinge scheinen mögen: Ihre Wirkung sollte man nicht unterschätzen. Als ich noch in der DDR lebte, gab es in meiner Heimatstadt Leipzig unzählige Gelegenheiten, auf Besucher aus dem Westen zu treffen. Viele Worte waren nicht nötig. Der offenkundige Wohlstand, die Körpersprache, sogar die selbstbewusste Arroganz brachten mich zum Nachdenken. In Nordkorea ist das nicht anders, wie wir aus Berichten von Flüchtlingen wissen.

Manche Reisende gehen die Gewissensfrage offensiv an. Ich habe in Nordkorea mehrmals christliche Reisegruppen aus den USA angetroffen, die den Behörden gegenüber kein Hehl daraus machten, dass sie in diesem von Gott hart geprüften Land unterwegs waren, um vor Ort für die Menschen zu beten. Und da sie das immer schön für sich taten, ließ man sie auch gewähren. Unglaublich, oder? Rechnen Sie ruhig damit, dass Ihr Bild des Landes noch weitere unerwartete Modifikationen erhält, wenn Sie dort sind.

Wenn man echtes Interesse, wie immer man das im Einzelnen begründen mag, an Nordkorea hat, führt ohnehin kein Weg an einem Lokalaugenschein vorbei. Wer über ein Land redet, ohne da gewesen zu sein, ist wenig glaubwürdig – wenngleich das für manche westliche Kommentatoren kein unüberwindlich großes Hindernis darzustellen scheint.

Klar ist aber auch: Als Besucher wird man nur Ausschnitte der Realität zu sehen bekommen, und zwar vor allem jene, die man nach dem Willen der Machthaber wahrnehmen soll. Politische Gefangene gehören nicht dazu, auch öffentliche Hinrichtungen nicht oder hungernde Kinder. Selbst der normale Alltag der Menschen bleibt dem Touristen meist verborgen. Vieles wird inszeniert. Das ist eine Tatsache, auch wenn wir den zur Beeinflussung der Ausländer betriebenen Aufwand manchmal ein wenig überschätzen. Nicht jede Gruppe lachender Kinder ist uns von den Behörden in den Weg gestellt worden.

Ein halbwegs politisch gebildeter Besucher aus dem Westen erkennt übrigens schnell, wie verräterisch die vom Staat veranstaltete Show häufig ist. Meister des Subtilen sind die Nordkoreaner nämlich nicht. Auch anderswo sind Verbote oft ein Hinweis auf die Realität. Warum wohl untersagt eine Tafel in der Stadt Tumen auf der chinesischen Seite der Grenze zu Nordkorea den »Handel mit Drogen«? Und auch wenn selbstverständlich kein Umerziehungslager auf dem Besuchsprogramm steht, so begreift man vor Ort schnell, um was für ein System es sich hier handelt und dass Menschenrechte auch anders, alltäglicher verletzt werden können. Letzteres gehört für viele zu den wichtigen Erkenntnissen eines Besuches in Nordkorea.

Nicht zuletzt ist Reise nicht gleich Reise; es kommt auf die Inhalte an. Eine von einem Fachmann begleitete Studienfahrt ist vermutlich ethisch leichter zu rechtfertigen als die eher spaßorientierte Teilnahme am Pjöngjanger Marathon im April oder am, Sie lesen richtig, Bierfestival im August. Mit viel Phantasie könnte man sagen, dass diese Ereignisse eine subversive Nachricht übermitteln – das Leben ist ein kräftezehrender Ausdauerlauf und nur mit viel Alkohol zu ertragen –, aber da muss man sich schon sehr bemühen. Für viele Europäer hört sich Skifahren in Nordkorea ungefähr so nachvollziehbar an wie Skifahren im Einkaufszentrum von Dubai, auch wenn in ersterem Fall Kälte und Schnee wenigstens natürlichen Ursprungs sind.

Es hilft nichts: Jeder, der eine Nordkorea-Reise in Erwägung zieht, muss mit sich selbst ausmachen, welches der genannten Argumente schwerer wiegt. Stärkt unser Geld das System oder trägt es zu dessen Veränderung bei? Wirkt unsere Anwesenheit bestätigend oder irritierend? Kann man etwas über das Land lernen, oder wird man geblendet? Ist es in Ordnung, einfach so, auf der Suche nach Spaß und Erholung, nach Nordkorea zu fahren? Oder sollte man sich vorher so gut wie möglich informieren und mit fachkundiger Begleitung reisen, um so viel wie möglich zu verstehen?

## Ist eine Reise nach Nordkorea sicher?

Auch diese Frage kann man zunächst ohne allzu viele Bedenken mit Ja beantworten. Nordkorea ist im Wortsinn ein sehr sicheres Reiseland, kein Wunder angesichts des omnipräsenten staatlichen Sicherheitsapparates. Man wird nicht bestohlen, man wird nicht überfallen, und sosehr man sich auch bemühen mag: Man wird sich nicht verlaufen, denn die Aufpasser sind nie weit. Zu essen gibt es für Touristen reichlich, die Preise sind zivil. Seuchen wie Gelbfieber, Malaria oder Cholera sind kein Thema, auch wenn in den letzten Jahren wieder vermehrt Tuberkulose aufgetreten ist.

So weit, so gut. Aber was ist mit den gefühlt Hunderten von Touristen, die in den letzten Jahren vom Regime willkürlich verhaftet und dann zu oft jahrelangen Strafen in Arbeitslagern verurteilt wurden? Das amerikanische Außenministerium warnt auf seiner Internetseite, es sei »absolut wahrscheinlich«, dass Einnahmen aus dem Tourismus auch zur Finanzierung des Atomprogrammes verwendet würden. Hinzu komme, dass man sich bei einer Reise nach Nordkorea einem hohen Risiko von Verhaftung und langfristigen

Haftstrafen aussetze. Privatsphäre dürfe man sowieso nicht erhoffen. Mitte 2017 wurde ein explizites Reiseverbot erlassen. US-Amerikaner dürfen nicht mehr nach Nordkorea reisen.

Als Europäer genießen wir offenbar etwas mehr Vertrauen unserer Regierungen und haben – noch – die Freiheit, selbst zu entscheiden, wohin wir fahren. Die USA befinden sich bekanntermaßen im Propagandakrieg mit Nordkorea, womöglich wird hier also übertrieben. Wie groß ist das Risiko wirklich?

Rein statistisch ist die Wahrscheinlichkeit, während einer Nordkorea-Reise verhaftet zu werden, geringer als auf einer Reise in die USA. Doch Flugreisen sind theoretisch auch sicherer als Autofahrten, und trotzdem gibt es Flugangst. Im Falle Nordkoreas basieren Unbehagen und Nervosität vor allem auf dem Gefühl, schnell einmal unvermutet in Konflikt mit den Behörden geraten zu können, sowie auf mangelnder Rechtsstaatlichkeit. Wer in Nordkorea verhaftet wird, ist der Willkür des Staates mehr oder weniger schutzlos ausgeliefert.

Die »Verbrechen«, derer sich westliche Besucher angeblich schuldig machen, spiegeln die sehr eigentümlichen Wertvorstellungen und Prioritäten des nordkoreanischen Systems wider. Wer eine Bibel im Hotelzimmer liegen lässt, einen Witz über den Führer reißt oder südkoreanische Seifenopern ins Land schmuggelt, der riskiert mehr als nur eine kurze Zurechtweisung durch den Reiseleiter. Zur Illustration können einige der spektakulärsten Fälle der letzten Jahre dienen.

Was dabei auffällt, ist die Tatsache, dass es sich bei den Verhafteten fast ausnahmslos um Amerikaner und / oder ethnische Koreaner handelt. Das legt eine politische Absicht nahe, die darin bestehen könnte, die USA zum Dialog zu zwingen oder vor allem koreanischen Muttersprachlern Angst einzujagen.

In Nordkorea gelten Regeln wie andernorts auch. Diese kommen uns oft besonders absurd vor, aber mit der Einreise, die immerhin freiwillig erfolgt, unterwerfen wir uns ihnen. Die Information über diese Beschränkungen gehört zur Vorbereitung durch jedes Reisebüro, und der Respekt vor den Regeln des Gastlandes sollte selbstverständlich sein. Auch wenn in vielen Fällen eher Naivität auf Seiten der Delinquenten im Spiel war als subversive Absicht, so waren die Verhaftungen nicht völlig willkürlich. Fast alle Inhaftierten sind außerdem trotz drakonischer Strafmaße nach vergleichsweise kurzer Zeit und zumindest körperlich weitgehend wohlbehalten wieder frei gekommen, mit einer tragischen und weder verständlichen noch zu akzeptierenden Ausnahme. Eine ständig aktualisierte Übersicht aller Fälle findet man im Blog *Witness of Transformation* von Stephan Haggard und Marcus Noland. Hier nur eine Auswahl.

*Euna Lee* und *Laura Ling*, zwei amerikanische Journalistinnen, überschritten im März 2009 illegal die Grenze von China nach Nordkorea, offenbar in der Absicht, Material für ihre TV-Show aufzunehmen. Sie wurden umgehend verhaftet und zu zwölf Jahren schwerer Arbeit verurteilt. Nach einer persönlichen Intervention des ehemaligen US-Präsidenten Bill Clinton durften sie im August 2009 gemeinsam mit ihm das Land verlassen.

*Aijalon Gomez*, ein 31-jähriger Amerikaner, der in Südkorea Englisch unterrichtet hatte, wurde im Januar 2010 nach illegalem Grenzübertritt verhaftet. Vermutlich wollte er im Land missionieren. Er wurde zu acht Jahren Schwerarbeit und 700 000 Dollar Strafe verurteilt. Nach Intervention des ehemaligen US-Präsidenten Jimmy Carter konnte er gemeinsam mit diesem im August 2010 das Land verlassen.

*Kenneth Bae*, ein 43-jähriger Amerikaner südkoreanischer Herkunft, wurde im November 2012 wegen religiöser und staatsfeindlicher Aktivitäten verhaftet und im April 2013 zu 15 Jahren schwerer Arbeit verurteilt. Er musste sechs Tage pro Woche auf einer Farm arbeiten und verlor viel Gewicht. Sein Gesundheitszustand verschlechterte sich. Er durfte nach einem Besuch des Sondergesandten von Barack Obama für Menschenrechte in Nordkorea im November 2014 gemeinsam mit Matthew Miller (siehe unten) das Land verlassen.

*Merrill Newman*, ein 84-jähriger Amerikaner und Veteran des Koreakrieges, reiste im Oktober 2013 als Tourist nach Nordkorea. Er versuchte dort mit Hilfe seiner offiziellen nordkoreanischen Reiseleiter eine Gruppe von südkoreanischen Agenten zu kontaktieren, die er während des Koreakrieges ausgebildet hatte. Deren Aufgabe waren seinerzeit Attentate und Sabotage hinter den feindlichen Linien, also in Nordkorea. Aus nordkoreanischer Sicht versuchte hier ein Täter, mit Hilfe der Nachkommen der Opfer Kontakt zu seinen ehemaligen Komplizen aufzunehmen. Um die Sache noch schlimmer zu machen: Diese hatten damals ausgerechnet im Gebiet des Kuwŏl-Gebirges operiert, das in der Nähe von Sinch'ŏn liegt, wo in einem Museum die amerikanischen Kriegsverbrechen angeprangert werden (mehr darüber in Kapitel 11). Über dessen Eingang steht: »Vergessen wir niemals die Lehren der blutgetränkten Erde von Sinch'ŏn!« Offenbar hatte Newman die Präsenz des Koreakrieges im Denken und Fühlen der Nordkoreaner völlig unterschätzt. Er wurde am letzten Tag seiner Reise auf filmreife Weise aus dem bereits zum Abflug bereiten Flugzeug geholt und wieder ins Yanggakdo-Hotel in Pjöngjang zurückgebracht, wo er fast zwei Monate verbringen musste. Allerdings hatten die Behörden große Sorge, dass ihr Gast wegen seines Alters gesundheitlich Schaden nehmen könnte, wie dieser später in seinem Bericht erklärte. Anfang Dezember 2013 durfte er nach öffentlicher Abbitte ausreisen.

*Matthew Miller*, ein 25-jähriger US-Amerikaner, zerriss schon bei der Einreise am Flughafen von Pjöngjang im April 2014 seinen Reisepass und verlangte politisches Asyl. Er hatte Material bei sich, das er den nordkoreanischen Behörden übergeben wollte und das angeblich wichtige US-Staatsgeheimnisse enthielt. Die nordkoreanischen Behörden wollten ihn nach seinen Aussagen umgehend loswerden, doch er weigerte sich auszureisen, da er – trotz fehlender Kenntnisse des Koreanischen übrigens – »normale Menschen« treffen und »normale Gespräche« mit ihnen führen wollte. Daraufhin wurde Miller, vermutlich in der Hoffnung auf einen Geisteswandel, zu sechs Jahren Schwerarbeit verurteilt. Im November 2014 wurde er nach einem Besuch des US-Geheimdienstchefs James R. Clapper in Nordkorea freigelassen.

*Jeffrey Fowle*, ein 56-jähriger US-Amerikaner, wurde bei einer touristischen Reise im Mai 2014 in Ch'ŏngjin verhaftet. Er soll versucht haben, auf der Toilette des Seemannsclubs eine Bibel zu verstecken. Die Reise hatte Koryo Tours organisiert, der Platzhirsch im Nordkorea-Tourismusgeschäft mit britischen Wurzeln und Firmensitz in Beijing. Ich kenne das Unternehmen und seinen Gründer Nick Bonner sehr gut und weiß mit absoluter Sicherheit, dass man nachdrücklich auf die in Nordkorea geltenden Verbote hingewiesen wird, insbesondere Bibeln und ähnliche Bücher betreffend. Offenbar ignorierte Fowle diese Warnungen bewusst. Es kam jedoch nie zu einer förmlichen Anklage. Er hatte nach Erkenntnis der nordkoreanischen Behörden allein gehandelt, nicht als Teil einer organisierten Bewegung. Nach einigen Monaten in einem Gästehaus wurde er im Oktober 2014 freigelassen und des Landes verwiesen. Seit diesem Vorfall kontrollieren die Guides übrigens nach der Abreise aus dem Hotel immer noch einmal die Zimmer, um sicherzugehen, dass nichts »vergessen« wurde.

*Joo Won-moon*, ein 21-jähriger Südkoreaner mit ständiger Aufenthaltsgenehmigung für die USA, wollte nach eigenen Angaben verhaftet werden. Er reiste im April 2015 nach Dandong in China und überschritt illegal die Grenze zu Nordkorea. Daraufhin wurde ihm sein Wunsch erfüllt. Er blieb bis zu seiner Abschiebung nach Südkorea im Oktober 2015 in Haft.

*Lim Hyeon-soo*, ein 60-jähriger kanadischer Pastor koreanischer Herkunft, wurde im Februar 2015 in Rasŏn verhaftet und Ende 2015 zu einer lebenslangen Freiheitsstrafe verurteilt. Er war zuvor 18 Jahre lang ein Kooperationspartner Nordkoreas im humanitären Bereich mit angeblichen Kontakten in höchste Kreise gewesen. Man warf ihm vor, seine Tätigkeit systematisch zur Unterstützung illegaler Ausreisen nordkoreanischer Bürger genutzt und verbotenerweise im Land missioniert zu haben. Nach dem Besuch einer kanadischen Delegation im August 2017 wurde er nach Kanada entlassen.

*Kim Dong-chul*, ein 62-jähriger US-Amerikaner koreanischer Herkunft, wurde im Oktober 2015 in der Sonderwirtschaftszone Rasŏn verhaftet, wo er im Handel und im Gastgewerbe tätig war. Im April 2016 verurteilte man ihn zu zehn Jahren schwerer Arbeit. Er hatte zuvor gestanden, in Kooperation mit dem südkoreanischen Geheimdienst militärische Spionage betrieben zu haben, und war bei der Übernahme eines USB-Sticks mit militärischen Informationen aufgegriffen worden. Dieser Fall ist besonders schwerwiegend. Im Oktober 2015 deckte die journalistische Website *The Intercept* auf, dass eine christlich-humanitäre NGO, die von einem gewissen Kay Hiramine geleitete Humanitarian International Services Group (HISG), über Jahre hinweg im Auftrag des Pentagon und ohne Wissen der meisten Helfer vor Ort in Kisten mit Hilfsgütern versteckt Spionageausrüstung ins Land geschmuggelt hatte. Offenbar war dies kein Einzelfall. Nun ist es sicher keine Überraschung, dass ein Land wie die USA gegenüber Nordkorea neben Satellitenüberwachung auch andere Methoden der Informationsbeschaffung verwendet. Das Problem ist, dass gezielt Hilfsorganisationen angesprochen und eingesetzt wurden. Das wiederum hat das ohnehin vorhandene nordkoreanische Misstrauen verstärkt, was sich auf alle ins Land reisenden Ausländer auswirkt. Kim Dong-chul war im Dezember 2017 noch in Haft.

*Kim Sang-duk* und *Kim Hak-song*, beide Gastprofessoren an der von christlichen Gruppen aus den USA und Südkorea gegründeten Pyongyang University of Science and Technology (PUST), wurden im April beziehungsweise im Mai 2017 wegen nicht näher bezeichneter »feindlicher krimineller Handlungen« verhaftet.

Nach Lektüre dieser Liste droht sich der Eindruck einer letztlich harmlosen Routine einzuschleichen: dumme Aktion, öffentliches Vorführen, drakonische Strafe, Entlassung nach wenigen Monaten unter Mitwirkung einer prominenten Person.

Damit ist es seit Sommer 2017 vorbei. Grund ist ein Fall, der wie so viele andere begann, dann aber eine tragische Wendung nahm und dem Ansehen Nordkoreas im Ausland erheblich geschadet hat.

*Otto Warmbier*, ein damals 21-jähriger Student aus den USA, reiste Ende Dezember 2015 als Tourist nach Nordkorea ein. Anfang Januar 2016 wurde er verhaftet und zwei Monate später unter entwürdigenden Umständen und vor laufender Kamera zu 15 Jahren schwerer Arbeit verurteilt. Das ihm vorgeworfene Verbrechen: Er war spätnachts am Silvesterabend, offenbar angetrunken, unbefugt in einen für Gäste gesperrten Bereich des Yanggakdo-Hotels in Pjöngjang eingedrungen und hatte dort ein Propagandabanner gestohlen. Laut nordkoreanischen Behörden gestand er, im Auftrag einer christlichen Organisation in seiner Heimat gehandelt zu haben, die ihm für diese Trophäe eine größere Summe Geldes geboten hatte.

Ob dieser spezielle Teil des Geständnisses korrekt ist, sei dahingestellt. Es scheint aber relativ gesichert zu sein, dass der Diebstahl tatsächlich wie beschrieben stattgefunden hat. Dass es sich dabei aus Sicht eines amerikanischen Collegestudenten um einen harmlosen Streich, aus Sicht der nordkoreanischen Behörden aber um einen Angriff gegen das System gehandelt hat, offenbart die verschiedenen Sichtweisen. Was Otto Warmbier mangels Koreanischkenntnissen nicht wusste: Das Banner trug den Namen von Kim Jong-il, dem verstorbenen Vater des gegenwärtigen Führers Kim Jong-un. Er hatte damit ein quasi heiliges Objekt beschmutzt und den Führer persönlich angegriffen.

Bei allem Kopfschütteln über die Tat und die absurde Höhe der Strafe muss man als Beobachter fragen, ob das zuständige Reiseunternehmen Young Pioneer Tours, das in der Szene für seine eher unkonventionelle Grundeinstellung bekannt ist, seine Klienten wirklich ausreichend auf die Besonderheiten Nordkoreas aufmerksam gemacht hat. Man kann in Nordkorea Spaß haben und sich wohl und sicher fühlen; das ändert nichts daran, dass es sich um eine ideologisch fundierte, intolerante Diktatur handelt, in der staatlicher Willkür nicht die bei uns üblichen Grenzen gesetzt sind. Das muss man sich als Besucher immer wieder vergegenwärtigen.

Eine unerwartet dramatische Wendung nahm das Schicksal von Otto Warmbier im Juni 2017. Jegliche Häme, die dem jungen Mann in den Internetforen westlicher Zeitungen wegen seiner Naivität entgegengeschlagen war, verstummte, als er nach 15 Monaten ohne Kontakt zur Außenwelt in einem Zustand des Wachkomas in die USA zurückgeführt wurde. Nur wenige Tage später starb er im Beisein seiner Angehörigen.

Spekulationen über die Ursache seines Zustandes und seines Todes sind problematisch. Nach nordkoreanischen Angaben war es eine Lebensmittelvergiftung. Vielleicht war es aber auch die Folge eines zu spät bemerkten Selbstmordversuches eines völlig verzweifelten jungen Menschen in fremder Umgebung, ohne Sprachkenntnisse und ohne Kontakt in die Heimat und zu Vertrauten. Auf Basis der Erfahrungen anderer Ausländer, die in ähnlicher Weise in Konflikt mit dem nordkoreanischen Gesetz geraten sind, ist nicht davon auszugehen, dass Warmbier körperlich gefoltert wurde. Ein Unfall ist also wahrscheinlich. Nur ändert das rein gar nichts an der Tatsache, dass der nordkoreanische Staat für seinen Tod verantwortlich ist. Vor diesem Hintergrund ist es unverständlich, dass sich die nordkoreanische Regierung nicht umgehend bei den Eltern entschuldigt hat. Otto Warmbier wäre davon nicht wieder lebendig geworden, aber diese Geste wäre das Mindeste gewesen, was man von einem zivilisierten Land erwarten kann.

Es wurde viel darüber diskutiert, ob die Art und Höhe der Bestrafung von Otto Warmbier mit seiner Staatsbürgerschaft zusammenhängen könnte. In anderen Worten, wäre einem Europäer beim gleichen Vergehen das Gleiche widerfahren? Hierzu gehen die Meinungen auseinander. Fakt ist, dass es bisher keine ähnlichen Beispiele gibt, die Europäer betreffen. Ob das am generell klügeren Verhalten, der größeren Kompetenz der betreffenden Reiseleitungen oder tatsächlich am geringeren möglichen Nutzen solcher »Geiseln« für den nordkoreanischen Staat liegt, bleibt offen.

Das Fehlen diplomatischer Beziehungen zwischen den USA und Nordkorea war sicher nicht hilfreich. Gerade in solchen Fällen bewährt sich die Existenz einer Botschaft vor Ort. Aus diesem Grund ist es auch zu begrüßen, dass sich die deutsche Regierung im November 2017 trotz entsprechender Aufforderung aus Washington geweigert hat, ihre Botschaft in Pjöngjang zu schließen. Gerade dann, wenn es Probleme gibt, braucht man Gesprächskanäle.

Nicht vergessen sollte man, dass in den genannten Fällen die westlichen Reisenden nicht die einzigen Betroffenen waren. Vor allem die zuständigen nordkoreanischen Reiseleiter mussten sich unangenehmen Fragen der Behörden stellen. Hiervon erfährt die westliche Öffentlichkeit nichts. In einigen Fällen weiß ich, dass die Zuständigen erneut mit Touristen gearbeitet haben, also weder hingerichtet, ins Lager geschickt oder strafversetzt wurden. Dabei muss man allerdings bedenken, dass es sich bei den Reiseleitern oft um Abkömmlinge einflussreicher Familien handelt, die man einige Jahre später auch in einer nordkoreanischen Botschaft, im Außenministerium oder in einem international operierenden Unternehmen antreffen kann. Ein schwarzer Fleck in der Akte bleibt ihnen, trotz der schützenden Hand, die die Familie gegebenenfalls über sie halten konnte. Einige der für die oben genannten westlichen »Verbrecher« Verantwortlichen sollen gerüchteweise ein weniger mildes Schicksal erfahren haben. Sie wurden nicht mehr bei der Arbeit mit Ausländern gesehen.

Vielleicht ist man in Kenntnis dieser Zusammenhänge etwas milder gestimmt, wenn einem auf der Reise die Guides allzu »fürsorglich« vorkommen. Sie haben das System nicht gemacht, sie wurden hineingeboren. Sie verspüren einfach keine Lust, für die Naivität oder Abenteuerlust ihrer Schutzbefohlenen den Preis zu zahlen.

## Was sonst noch passieren kann

Ich selbst bin nur sehr selten Zeuge potentiell gefährlicher Zwischenfälle geworden. Wir hatten einen Fall von Diebstahl, als ein Mitglied einer von mir begleiteten Gruppe einen Gegenstand aus dem Hotelzimmer entwendet hatte. Als das Hotel den Verlust monierte, wurde die Trophäe umgehend zurückgegeben, nebst einer Entschuldigung und einem kleinen Geschenk von mir als Wiedergutmachung für die Unannehmlichkeiten.

In einem weiteren Fall erhielt einer unserer nordkoreanischen Reiseleiter einen Telefonanruf, weil jemand außerhalb der Hauptstadt ein Mitglied unserer Gruppe beim Schießen eines »unangebrachten Fotos« beobachtet hatte. Das war interessant, gab die Beschwerde doch Aufschluss über die Funktionsweise und Reaktionsgeschwindigkeit des Überwachungssystems. Die »Tat« lag bereits zwei Stunden zurück. Jemand hatte die entsprechende Beobachtung gemacht und den lokalen Behörden gemeldet. Diese wiederum hatten über die Zentrale herausgefunden, welche westliche Touristengruppe sich zur fraglichen Zeit in der Gegend aufgehalten hatte, und hernach den staatlichen Reiseveranstalter KITC informiert und die Handynummer der Guides erfragt.

Auch diese Sache ging für uns glimpflich aus. Wir mussten dem peinlich berührten nordkoreanischen Reiseleiter unsere Fotos zeigen, was im Zeitalter elektronischer Kameras ebenso unproblematisch wie – aufgrund der schieren Zahl der Bilder und der Möglichkeit, das Speichermedium auszutauschen und gelöschte Bilder wiederherzustellen – recht sinnlos ist. Ein illegales Foto fand sich nicht. Dafür war die Stimmung gründlich ruiniert, und meine zuvor noch aufgrund der schönen Landschaft und der neuen Eindrücke positiv gestimmten Mitreisenden waren mit einem Schlag deutlich daran erinnert worden, in welchem Land sie da eigentlich unterwegs waren. Nicht alle fanden das übrigens schlecht. Einige Reisende haben sich mir gegenüber tatsächlich schon enttäuscht geäußert, weil sie weit weniger als erwartet gegängelt wurden.

Bei einer Reise mit einem besonders toleranten Guide kam es einmal zu einem Verstoß gegen das strikte Verbot, militärische Anlagen zu filmen oder zu fotografieren. Nach fast einer Woche in ausgezeichneter Stimmung und ohne eine einzige Aufforderung, das Fotografieren zu unterlassen, waren die entsprechenden Warnhinweise längst vergessen. Vermutlich in der Absicht, Freunde und Familie daheim zu quälen, hatte ein Herr ganz vorn im Bus Platz genommen und fast die gesamte 150 Kilometer lange Autobahnfahrt von Pjöngjang nach Kaesŏng durch die Frontscheibe hindurch gefilmt. Dabei erwischte er aus Versehen auch den militärischen Kontrollposten vor der Stadt.

Der kommandierende Unteroffizier sah die Kamera und veranstaltete einen riesigen Aufstand. Der »Übeltäter« musste aussteigen und seine Kamera herzeigen. Vor lauter Aufregung fiel ihm nicht gleich ein, wie man einen Filmclip löscht. Die Situation eskalierte. Unser Guide wurde in das Wachhäuschen gerufen und musste sich dort grobe Zurechtweisungen von einem deutlich Jüngeren anhören, was in diesem konfuzianischen Land als schwere Beleidigung empfunden wird. Der Vorfall wurde dokumentiert und in die Hauptstadt gemeldet, mit uns nicht weiter bekannten Konsequenzen. Da am Vorabend unser Bus auf spiegelglatter Fahrbahn schon einen Unfall gehabt und dabei eine Granitplatte vor dem Eingang des Pionierpalastes demoliert hatte, war das wohl eine schwarze Woche im Leben eines der kompetentesten und freundlichsten Guides, die ich jemals kennengelernt habe. Es trifft eben auch in Nordkorea meist die Falschen.

Der schwerste Zwischenfall, den ich selbst erlebt habe, war eine körperliche Auseinandersetzung zwischen zwei meiner europäischen Mitreisenden. Diese fand ausgerechnet an einem vorgeschobenen Wachposten an der Grenze zu Südkorea statt. Der Anlass war, passend zum Ort des Geschehens, reichlich bizarr. Wir standen oben auf der Kante des Schützengrabens, dahinter lagen die Demilitarisierte Zone, Stacheldraht und südkoreanische Bunker. Es ging darum, wer bei dem Erinnerungsfoto neben dem nordkoreanischen Oberst stehen durfte, der uns ins Grenzgebiet begleitet hatte. Es gab ein kurzes Gerangel um diesen offenbar begehrten Platz, das mir zunächst entgangen war. Auf dem dunklen WC des Wachpostens kam es unmittelbar danach jedoch zwischen den zwei Streithähnen zu einem verbalen Schlagabtausch, der schließlich in eine körperliche Auseinandersetzung nebst lautem Geschrei mündete.

Sofort stürmten drei bewaffnete Soldaten hinein, um der Ursache des Tumults auf den Grund zu gehen. Es kostete mich eine halbe Stange Zigaretten und einige recht unflätige Witze auf Kosten der Kontrahenten, um die Sache ins Lächerliche zu ziehen und so aus der Welt zu schaffen. Zum Glück kannte ich den zuständigen Offizier schon seit einigen Jahren und konnte verhindern, dass die Angelegenheit als Provokation an der Grenze interpretiert und weitergemeldet wurde. Hier wären deutlich schlimmere Folgen möglich gewesen.

Um ernste Konsequenzen zu vermeiden, sollten Reisende also vor allem zwei Dinge beherzigen. Erstens muss man die in Nordkorea geltenden Regeln kennen, die sich häufig von den bei uns üblichen unterscheiden. Kennen bedeutet ja nicht automatisch gutheißen, aber man sollte zumindest in der Lage sein, ein Risiko realistisch einzuschätzen. Passiert doch etwas, dann geht es zweitens darum, den Vorfall einzudämmen und unbedingt das Weitermelden an die nächst höhere Hierarchieebene zu vermeiden. Sonst kann eine Kleinigkeit schnell außer Kontrolle geraten.

Ein wenig muss ich aber auch jene in Schutz nehmen, denen die Selbstbeherrschung schwerfällt. Eine Reise nach Nordkorea ist emotional eine erhebliche und oft unterschätzte Herausforderung. Man steht ständig unter Strom, sieht und erlebt eine Flut ungewohnter und unverständlicher Dinge, erhält kaum zufriedenstellende Erklärungen und baut ein erhebliches Maß an innerer Frustration auf. All das läuft zusätzlich zum ohnehin bekannten Phänomen des Kulturschocks ab. Je nach Charakter und persönlicher Erfahrung kann da schnell ein Ventil platzen. Aus diesem Grund rate ich nicht nur wie erwähnt zu Gruppen- anstelle von Einzelreisen. Ich empfehle darüber hinaus für den ersten Nordkorea-Besuch eine Reisedauer von nicht mehr als einer Woche, weil je nach Reiseverlauf viele Europäer nach vier bis fünf Tagen langsam, aber sicher ihr Limit erreichen. Erste Warnsignale sind immer hysterischer werdende Scherze und erhöhter Alkoholkonsum. Nein, eine Reise nach Nordkorea ist beileibe kein Kindergeburtstag.

# 2

# Einreise: Leichter als gedacht

Vor den Willkommensgruß in Nordkorea haben die Behörden und die allgemeinen Verhältnisse einige Hürden gesetzt. Das nächstbeste Reisebüro oder der schnelle Klick im Internet wird in der Regel nicht helfen können. Wer die Gewissensfrage positiv beantwortet hat, sieht sich daher mit profanen technischen Problemen konfrontiert. Wo bucht man? Wie bekommt man ein Visum? Was nimmt man mit, was lässt man besser daheim? Wie verläuft die Einreise? Viele dieser Dinge lassen sich überraschend einfach lösen, aber hier und da lauert der Teufel im Detail.

## Ohne Reisebüro geht nichts

Wegen des restriktiven Umgangs des Staates mit Reisen allgemein und mit der Einreise von Ausländern im Besonderen sind spontane und individuelle Besuche, wie wir sie in Europa als normal empfinden, grundsätzlich nicht möglich. Man muss sich daher auch nicht den Kopf darüber zerbrechen, wie man vom Flughafen in die Stadt kommt oder in welchem Hotel man übernachtet. Das steht alles vorher fest.

Die meisten Besucher reisen als Touristen nach Nordkorea, aber es gibt auch Reisende in offizieller Funktion mit Aufgaben im Bereich der Wirtschaftskooperation, der Diplomatie, der Wissenschaft, des Journalismus und des Kulturaustauschs. Voraussetzung ist eine Einladung von nordkoreanischer Seite, die allerdings schwer zu bekommen ist, da man in der Regel kaum Gelegenheit hat, entsprechende Kontakte aufzubauen. Selbst wenn einem dies gelungen ist, muss erst ein für die Behörden akzeptabler Anlass gefunden werden. Am leichtesten haben es da noch Investoren mit großen Koffern voller Geld, wenngleich die Sanktionen ihnen derzeit das Leben schwer machen.

Der Weg der Touristen nach Nordkorea führt unweigerlich über ein staatliches Reisebüro. Lange Zeit war das ausschließlich die Korea International Travel Company (KITC), koreanisch oft einfach *Ryŏhaengsa* genannt, was wörtlich »Reisebüro« heißt. Inzwischen schießen die staatlichen Reisebüros fast wie Pilze aus dem hier und da sanft marktwirtschaftlich angehauchten nordkoreanischen Boden, mit immer fantasievolleren Namen. Konkurrenz belebt das Geschäft, auch wenn es technisch gesehen nur verschiedene staatliche Stellen sind, die da miteinander wetteifern.

Neben KITC gibt es die Korea International Sports Travel Company (KISTC), die Korea International Youth Travel Company (KIYTC) sowie neuerdings auch die Korea International Taekwondo Travel Company (KITTC) und die P'yŏngyang Koryŏ Travel Company. Doch das ist nur die Spitze des Eisbergs. Unternehmerische Geister in verschiedenen staatlichen Einrichtungen bieten auf Basis ihrer jeweiligen Spezialisierung und ihrer Netzwerke Sportreisen, Architekturreisen oder Jugendreisen an. Triebkraft sind der Wunsch der Manager, ein Stück vom Tourismuskuchen abzubekommen, und wohl auch die dringende Forderung des Staates, Deviseneinnahmen zu generieren. Hinzu kommen noch regionale Tourismusorganisationen, die meist in Kooperation mit KITC in einzelnen Provinzen tätig sind. Dazu gehören etwa die sehr umsatzstarke Myohyangsan Travel Company, die unter anderem das Geschäft in Sinŭiju betreibt, die Rasŏn International Travel Company, die sich auf die gleichnamige Sonderwirtschaftszone konzentriert, und die Ch'ilbosan Travel Company mit der Spezialisierung auf die Provinz Nord-Hamgyŏng und das dort gelegene vulkanische Gebirge, das dem Unternehmen seinen Namen gab.

Derzeit ist es weder möglich, noch ist es ratsam, bei einem dieser Anbieter direkt zu buchen. Fragen wie Versicherung, Gewährleistung und Reiserücktritt klärt man lieber mit einem Partner, der dem gleichen Rechtssystem wie der Reisende unterliegt und praktischerweise einen Gerichtsstand in der Nähe vorweisen kann. Hinzu kommt, dass Überweisungen nach Nordkorea wegen der bestehenden Sanktionen technisch nicht möglich sind.

Die meisten Touristenreisen nach Nordkorea werden daher von Agenturen angeboten, die als Vermittler auftreten. Diese sind vielerorts in der Welt zu finden, manche unterhalten auch eine Filiale in Beijing. Dank Internet und der Suchmaschine des Vertrauens kann sich jeder Interessierte selbst ein Bild machen. Ich nenne hier daher, basierend vor allem auf eigenen, subjektiven Erfahrungen, nur einige wenige Namen. Wie auch immer Sie sich entscheiden, es kann nicht schaden, einmal nachzufragen, wer eigentlich der Kooperationspartner auf nordkoreanischer Seite ist, denn den gibt es unweigerlich.

Die mit über zwanzig Jahren Erfahrung älteste und nach eigenen Angaben auch bei weitem umsatzstärkste Reiseagentur, die sich auf Nordkorea spezialisiert hat, ist Koryo Tours mit Sitz in Beijing. Das Unternehmen wurde 1993 von Nick Bonner gegründet, einem Briten, den ich seit über 15 Jahren kenne und schätze. Sein Herz hängt eigentlich an der Kultur, vor allem am Film und der Malerei. Um sich diese Leidenschaft finanzieren zu können, gründete dieser sympathische Exzentriker die Reiseagentur. Zu den bekanntesten von ihm produzierten Arbeiten zählen die Dokumentarfilme *A State of Mind* über die Arirang-Massengymnastik, *Crossing the Line* über das Leben des amerikanischen Deserteurs James Dresnok, der bis zu seinem Tod 2016 über fünf Jahrzehnte in Nordkorea lebte, und *The Game of Their Lifes* über die nordkoreanische Fußballnationalmannschaft, die 1966 das Viertelfinale der Fußball-WM erreichte. *Comrade Kim Goes Flying* ist eine romantische Komödie über eine Kohlearbeiterin, die unbedingt zum Zirkus will. Nicks Geschäftspartner Simon Cockerell ist ein Vollprofi und kaum noch zu beeindrucken, weder von bizarren Kundenwünschen noch vom Verhalten der nordkoreanischen Partner. Er verfügt nach meiner Einschätzung weltweit über die größte Erfahrung im operativen Reisegeschäft, wozu auch der Umgang mit allzu neugierigen Fragen von Journalisten gehört.

Wer es besonders jugendlich mag, der ist beim als überaus spaßbetont und locker geltenden Unternehmen Young Pioneer Tours richtig. Auf einer meiner Reisen konnte ich mit großer Belustigung beobachten, wie einer ihrer Reiseleiter bei den sehr konservativen Nordkoreanern mit Bermudashorts und schulterlangen Rasta-Locken für Aufsehen sorgte.

Eine Nische hat sich das in London beheimatete Unternehmen Political Tours ausgesucht, mit dem ich seit 2012 mit durchwegs guten Erfahrungen kooperiere. Gegründet und geführt von Nicholas Wood, der früher als Journalist für die BBC und die *New York Times* arbeitete, bietet PT intensiv vorbereitete und von Experten begleitete Touren im oberen Preissegment mit sehr kleinen Gruppen an. Zielgruppe sind politisch interessierte, gebildete und in der Regel gut betuchte, abenteuerlustige Individualtouristen, die mehr über die Konfliktherde dieser Welt erfahren wollen. Zu den Mitreisenden gehören dann auch schon mal die Erbin eines großen internationalen Familienkonzerns, ein Unternehmer des Jahres oder ein Top-Manager aus dem Silicon Valley.

Im deutschsprachigen Bereich sind etwa zwei Dutzend meist kleinere Firmen in Voll- oder Teilzeit mit der Vermittlung von Reisen nach Nordkorea befasst. Darunter ist das im Berliner Prenzlauer Berg beheimatete Unternehmen Pyongyang Travel, mit dem ich seit 2017 gelegentlich zusammenarbeite.

## Der Reiseverlauf: Meist ein Fertigmenü

Eine freie Gestaltungsmöglichkeit bei der Zusammenstellung des Reiseprogramms haben westliche Reisende nicht. Es steht in der Regel fest. Wer einmal die von den verschiedenen Büros angebotenen Reisen vergleicht, wird schnell merken, dass sich alles immer um die gleichen mehrere Dutzend Sehenswürdigkeiten dreht, die auch in diesem Buch behandelt werden. Das ist übrigens kein großes Problem; vor allem bei den ersten Reisen nach Nordkorea sollte man genau diese Orte besuchen: die Hauptstadt Pjöngjang, das alte Kaesŏng und die Grenze bei P'anmunjŏm, das Freundschaftsmuseum im Myohyangsan, die Ostküste bei Wŏnsan oder den Nordosten um Ch'ŏngjin bis zur Sonderwirtschaftszone Rasŏn. In den nachfolgenden Kapiteln findet sich hierzu eine Auswahl.

Wer einen speziellen Wunsch hat, kann diesen äußern, sollte aber seinen Optimismus auf ein Mindestmaß reduzieren. Bestenfalls erhält man ein Versprechen, das dann vor Ort entweder überhaupt nicht oder nur in bis zur Unkenntlichkeit abgewandelter Form eingehalten wird. Das hat nichts mit bösem Willen oder vorsätzlichem Betrug seitens der Reiseagenturen zu tun. Nordkorea ist Nordkorea, und dort werden Besuchsziele von oberster Stelle freigegeben. Diese Liste ist nicht verhandelbar, das gilt auch für die nordkoreanischen Reisebüros. Wer also bei einer »Architekturreise« unbedingt mit nordkoreanischen Architekturstudenten zusammentreffen will, muss damit rechnen, dass diese »kurzfristig verhindert« sind. Wer bei einer »Wirtschaftsreise« ein bestimmtes Unternehmen besichtigen möchte, sollte von plötzlichen Betriebsferien ebenso wenig überrascht sein wie vom wirtschaftlich völlig irrelevanten Besuch des Märtyrerfriedhofes.

Sofern man sich also von der westlich-extravaganten Vorstellung trennen kann, den Verlauf der eigenen Reise, für die man viel Geld bezahlt, maßgeblich selbst bestimmen zu wollen, geht alles recht glatt über die Bühne. Hat man seinen Stolz einmal erfolgreich heruntergeschluckt, dann bleibt noch immer viel mehr zu sehen und zu erleben, als man je erwartet hat und als man in der kurzen Reisezeit verarbeiten kann.

## Die Geschichten hinter den Geschichten

In der Tat ist bei einer Nordkorea-Reise das größte Problem oft ganz woanders zu finden. Man sieht nämlich viel, ohne alles zu erkennen. Niemand wird einem erzählen, dass am Westmeerstaudamm an der Mündung des Flusses Taedong (koreanisch Taedonggang) in den 1980er Jahren Hunderte Soldaten ums Leben gekommen sind, weil man die jungen Männer ohne solide Ausbildung in Helmtauchgeräte gesteckt und stundenlang auf den Meeresgrund geschickt hat. Niemand erklärt dem westlichen Touristen, dass und warum das Museum der amerikanischen Kriegsgräuel in Sinch'ŏn vor seiner Renovierung deutlich weniger Hinweise auf eine Beteiligung von Südkoreanern aufwies.

Auch die nordkoreanischen Begleiter staunen jedes Mal, wenn sie von mir erfahren, dass die stilisierten drei Dächer auf dem Triumphbogen in Pjöngjang den Machtanspruch des verblichenen Kaiserreichs Korea symbolisieren. Kein nordkoreanischer Reiseleiter weist die Mitreisenden darauf hin, dass man gerade am fünften Restaurant für »Süßfleisch« vorbeigefahren ist und dass dieser Begriff ein Synonym für Hundefleisch ist. Und wer macht darauf aufmerksam, dass die auf Russisch und Koreanisch lesbare Inschrift an einer weithin sichtbaren Gedenksäule im Moranbong-Park in Pjöngjang im Gegensatz zur offiziellen Geschichtsschreibung steht, wenn dort von der Dankbarkeit gegenüber der Sowjetarmee für die Befreiung des Landes von der Kolonialherrschaft die Rede ist? Oder dass man zwar das Karl-Marx-Bild vom

Kim-Il-sung-Platz entfernt hat, aber der Arbeiter an der Spitze einer der Gruppen, die die großen Führerstatuen auf dem Mansudae-Hügel flankieren, noch immer das *Kommunistische Manifest* von 1848 in den Händen hält?

Die größte Herausforderung ist es nicht, nach Nordkorea zu kommen oder von dort wieder heil zurückzukehren. Es geht vor allem darum, zu begreifen, was man dort sieht. Man wappnet sich zwar gegen Manipulation und einseitige Information, aber was dann? Ohne Sprachkenntnisse und Einsichten in Zusammenhänge ist eine Reise noch immer hochspannend, aber nur halb so aufschlussreich.

Ideal ist daher natürlich die Begleitung durch einen Experten. Diese sind allerdings rar, und in der Regel kosten solche Reisen etwas mehr. Ich selbst nehme bei meinen Touren nur bis zu sieben Personen mit, da sind die Plätze schnell ausgebucht.

Eine kostengünstige Alternative ist die solide Vorbereitung, zu der auch dieses Buch beitragen möchte. Es gibt inzwischen unzählige Bücher und Dokumentarfilme, darunter wirklich gute wie *The Propaganda Game* des klug beobachtenden Álvaro Longoria oder *Meine Brüder und Schwestern im Norden* der großartigen und sensibel nachfragenden Sung-hyung Cho.

Einige andere Produkte haben allerdings den Mangel, dass Ahnungslosigkeit deren Urheber keineswegs daran gehindert hat, eine dezidierte Meinung zu äußern. Dass die Kenntnisse der nordkoreanischen Verhältnisse nicht sehr weit reichen, verrät sich bisweilen schon an Details. Dazu gehört die seit Jahrzehnten nicht mehr gebräuchliche Benennung »Geliebter Führer«. Besonders peinlich finde ich es, wenn einem jemand »Geheimnisse« aus Nordkorea verkaufen will, dabei aber nicht einmal den Namen von Kim Jong-un richtig aussprechen kann. Wie »Dschong-yn« muss das klingen, nicht wie »Yong-uhn«.

Nebensächlich? Stellen Sie sich einen Experten vor, der zwar kein Wort Englisch spricht und erst ein einziges Mal für eine Woche in London war, aber trotzdem im Brustton der Überzeugung über die komplexen innenpolitischen Auswirkungen des Brexit auf das Vereinigte Königreich schwadroniert. Wie viel Einblick man außer der Wiedergabe von Second-Hand-Wissen von jemandem erwarten kann, der selbst die Grundlagen nicht beherrscht, muss natürlich jeder selbst entscheiden.

Wer in diesem Buch eine systematische Darstellung der Geschichte und politisch-wirtschaftlichen Gestalt Nordkoreas vermisst, dem empfehle ich mein Buch *Innenansichten eines totalen Staates.* Es lohnt außerdem ein Blick auf englischsprachige Bücher. Nicht zuletzt sollte man sich unbedingt auch die Berichte nordkoreanischer Flüchtlinge ansehen, von denen es mittlerweile eine ganze Reihe gibt. *Flucht aus Lager 14* wäre hier zu nennen, *Mut zur Freiheit* oder *Im Land des Flüsterns.* Trotz hier und da zu vermutender Effekthascherei und einer Reihe von falschen Angaben muss man die geschilderten grausamen Aspekte des Lebens in Nordkorea kennen, auch und gerade weil man ihnen als Tourist vor Ort nicht begegnen wird.

## Was ist die beste Reisezeit?

Eigentlich ist das ein klassisches Reiseführerthema. Meist geht es darum, Wetterunbilden zu vermeiden oder auf Besonderheiten wie landestypische Feiertage vorbereitet zu sein. All das trifft im Falle Nordkoreas auch zu, doch noch ein weiterer, ungewöhnlicher Aspekt ist zu bedenken. Er hat mit der Frage zu tun, warum man eigentlich in dieses Land reisen will. Wenn es um eine Urlaubsreise im klassischen Sinne geht, also um »Erholung und Sightseeing«, dann sind der Mai sowie die Wochen von Mitte September bis Mitte Oktober ideal. Korea zeigt sich zu diesen Zeiten von seiner schönsten Seite; es regnet wenig, der Himmel ist blau und klar, die Landschaft ist grün und die Temperaturen sind angenehm. Abraten würde ich von einer Reise im Juli und im August, weil dann Regenzeit herrscht und es reichlich nass und schwül ist. Unter Umständen sind Verkehrswege nach Unwettern unpassierbar. Wer allerdings kein Problem damit hat, in Nordkorea »Spaß« in Form einer stark abgespeckten Ballermann-Variante zu haben, der sollte wissen, dass im August das schon erwähnte Pjöngjanger Bierfestival stattfindet – wenn es nicht, wie 2017, ohne Angabe von Gründen kurzfristig abgesagt wird.

Wer das »schöne« Nordkorea sehen möchte, der bleibt im Winter vielleicht besser zu Hause – außer er möchte sich das nicht unumstrittene Vergnügen des Skifahrens im Masikryŏng-Resort gönnen. Die Winter in Nordkorea sind hart; Minusgrade sind spätestens ab Dezember bis Anfang März normal, im Januar auch länger andauernd im zweistelligen Bereich. Die Heizungen sind entweder aus (bitterkalt) oder voll aufgedreht (brütende Hitze). Ob die Fahrzeuge Winterreifen haben, ist nicht sicher. Splitt und Streusalz sind knapp. Was für manch einen sicher auch eine Rolle spielt: Es wird früh dunkel, sodass weniger Zeit zum Sightseeing und Fotografieren bleibt.

Wenn das Motiv für die Reise »politische Bildung« lautet, dann ist es ratsam, um einen der großen Feiertage herum im Lande zu sein. Zu diesen Zeiten gibt es die aus dem Fernsehen bekannten Aufmärsche und organisierte Massentänze, die Straßen und Häuser sind geschmückt und die Menschen in Feiertagslaune. Zu runden Jubiläen werden Militärparaden veranstaltet. Ich habe einmal mehrere Stunden damit verbracht, am Straßenrand in Ost-Pjöngjang zu stehen und die Soldaten in ihren endlosen Kolonnen der Panzer, Raketenwerfer und sonstigen Fahrzeuge zu beobachten. Nach gelungener Präsentation vor den Mächtigen des Landes auf der anderen Flussseite zogen sie nun erleichtert wieder aus der Stadt und wurden dabei von einer ehrlich jubelnden Bevölkerung – sie waren schließlich Söhne, Väter, Brüder – verabschiedet. In den Tagen unmittelbar vor solchen Ereignissen wird überall in der Stadt geprobt, und man bekommt ein Gefühl dafür, was für ein unglaublicher Aufwand hier betrieben wird. An jeder Ecke üben kleinere Gruppen von Menschen immer wieder das Marschieren oder bestimmte Abläufe bei der Massengymnastik oder dem Massentanz. Wer wohl in der Zwischenzeit deren Arbeit erledigt?

Wegen dieses enormen Aufwandes hält sich übrigens auch wacker das Gerücht, dass die Führung den Geburtstag von Kim Jong-il, der 1941 geboren wurde, eigens auf ein Jahr später datierte, damit seine runden Geburtstage im gleichen Jahr wie die seines Vaters Kim Il-sung (geboren 1912) stattfinden. Das spart Ressourcen. Entsprechend wird auch erwartet, dass das offizielle Geburtsjahr von Kim Jong-un, das bis zum Redaktionsschluss diese Buches im Winter 2017 noch nicht verkündet wurde, auf das Jahr 1982 fallen wird, obwohl man eigentlich von 1983 oder 1984 ausgeht.

Der politische Feiertagsreigen beginnt am 16. Februar mit dem Geburtstag von Kim Jong-il, dem Tag des »hell leuchtenden Sterns«. Dieser heißt auf Koreanisch *kwangmyŏngsŏng* und ist auch der Name der nordkoreanischen Weltraumsatelliten. Am 15. April folgt der »Tag der Sonne«, ein Wortspiel mit dem Vornamen des Geburtstagskindes Kim Il-sung (Sonne + entstehen). Dies ist der höchste Feiertag in Nordkorea. Danach könnte man vielleicht noch den 25. April nennen, den Tag der Gründung der Armee, aber hier fallen die Feierlichkeiten deutlich kleiner aus. Am 27. Juli begeht man den »Tag des Sieges im Krieg zur Befreiung des Vaterlandes«, bei uns als Koreakrieg bekannt. Am 15. August wird der Tag der Unabhängigkeit in Erinnerung an die Kapitulation der Japaner auf dem Festland 1945 gefeiert. Eine größere Festivität kann, je nach Jahr, der Nationalfeiertag am 9. September werden, an dem an die Gründung der Koreanischen Demokratischen

Volksrepublik 1948 erinnert wird. Ebenfalls mit einigem Aufwand wird am 10. Oktober der Tag der Parteigründung gefeiert. Bei runden Jubiläen ist am ehesten mit Militärparaden zu rechnen.

Weitere herausragende Ereignisse von Wert für die politische Bildung sind die Handelsmessen in Pjöngjang, derzeit eine im Frühjahr und eine im Herbst, und das Internationale Filmfestival in Pjöngjang, das im September stattfindet. Einige Jahre lang wurde von August an bis in den Oktober hinein die Massengymnastik »Arirang« veranstaltet, der ich in meinem Buch *Innenansichten* ein ganzes Kapitel gewidmet habe. Allerdings wurden 2016 und 2017 keine Vorstellungen abgehalten, was kurzfristig mit der Renovierung des Stadions oder langfristig mit einer grundsätzlichen kulturpolitischen Entscheidung zusammenhängen könnte.

Wer vor allem die Probleme des Landes sehen möchte und keinen besonderen Wert darauf legt, sich dort wohlzufühlen, sollte bestimmte Jahreszeiten eher meiden. Ich habe vor allem bei Reisen im September die Erfahrung gemacht, dass Besucher ein überdurchschnittlich positives Bild von Nordkorea gewinnen. Das ist kein Wunder angesichts der noch grünen Bäume, der reifen gelben Reisfelder und der von den ersten Ernteerträgen gefüllten Bäuche von Mensch und Tier, all das getaucht in den freundlichsten Sonnenschein und überwölbt von einem azurblauen Himmel. Wem es also darauf ankommt, die Realität im Land etwas nackter präsentiert zu bekommen, der wird gerade in den tristen, grau-braunen, kalten und mit Ausnahme des Jahreswechsels und des Feiertages im Februar weitgehend ereignisarmen Monaten von November bis März seine Erwartungen erfüllt finden. Doch wenn Sie Pech haben, werden Ihnen auch dann die warmherzigen und mit größtmöglichem Einsatz für ihre Reisegruppe sorgenden nordkoreanischen Guides die schlechte Stimmung ruinieren. Nicht umsonst nennen langjährige ausländische Bewohner Nordkorea zweideutig das »Land der Überraschungen«.

## Ist es schwer, ein Visum zu bekommen?

Allmählich dämmert es einem, warum sich manche ehemalige Untertanen einer Diktatur diese gelegentlich wieder zurückwünschen, denn ähnlich wie die Organisation des Reiseablaufes ist auch die Besorgung eines Visums in Ermangelung von Optionen kinderleicht und simpel. Man bucht die Reise bei einem der wenigen spezialisierten Reisebüros und gibt dort auch den Visumsantrag nebst erforderlichen Unterlagen – in der Regel ein Farbfoto und der Reisepass – ab, und das war's. Alles Weitere klären das Reisebüro und die nordkoreanische Botschaft im eigenen Land oder in Beijing.

Den Pass kann man entweder im Original abgeben, woraufhin ein Visum direkt hineingeklebt wird, oder man schickt eine Kopie und erhält eine sogenannte Touristenkarte. Stempel für Ein- und Ausreise werden dem Inhaber einer Touristenkarte normalerweise nicht in den Pass gedrückt. Wer auf dem Landweg an die Grenze fährt, benötigt ein chinesisches Visum, gegebenenfalls zur zweifachen Einreise, da man ja auch wieder zurück muss. Ein chinesisches Visum ist nicht notwendig, wenn Ein- und Ausreise über Beijing erfolgen und der Aufenthalt dort nicht länger als 72 Stunden dauert.

Wegen der Spuren einer Nordkorea-Reise im Pass müssen Sie sich übrigens keine Sorgen machen, bis jetzt jedenfalls. Ich bin mehrmals mit einem nordkoreanischen Visum im Pass in die USA eingereist und war fast ein wenig enttäuscht, dass mich der Grenzbeamte keines für mich erkennbaren besonderen Blickes oder einer neugierig-forschenden Nachfrage gewürdigt hat. Ich kenne auch niemanden, der in Europa oder den USA ein Problem wegen eines nordkoreanischen Visums in seinem Pass bekommen hat. Umgekehrt ist es den Nordkoreanern offenbar egal, wenn man Einreisestempel aus den USA oder Südkorea vorweist.

Wer es etwas komplizierter mag oder aus irgendwelchen Gründen das Visum nicht schon in Europa erhielt, der holt sein Visum persönlich in Beijing ab. Dort muss man in der Regel sowieso durch, da es keine Direktflüge von Europa nach Pjöngjang gibt. Allerdings liegen die Öffnungszeiten der nordkoreanischen Botschaft im Stadtteil Chaoyang so, dass man nur unter dem Risiko eines Herzinfarkts am gleichen Tag noch rechtzeitig durch den berüchtigten Beijinger Straßenverkehr zum Flughafen kommt. In der Regel kostet einen das Abholen des Visums in Beijing einen Extratag. Ich persönlich bevorzuge die Zusendung des Visums auf einer Touristenkarte, denn dann weiß ich schon vor der Abreise, ob mir das Visum nicht doch verweigert worden ist. Das möchte man nicht erst in Beijing feststellen.

Fairerweise sollte ich erwähnen, dass Visa für Touristen in der Regel zuverlässig und ohne Schwierigkeiten ausgestellt werden. Ich habe nur wenige Fälle erlebt, in denen das nicht so war, und meist war ein tatsächlicher oder vermuteter journalistischer Hintergrund die Ursache.

## Sanktionen und das Finanzielle

Alles, was mit Geld zu tun hat, ist ein wenig komplizierter, nicht zuletzt wegen der Sanktionen. Sie sind auch ein Grund, warum man seine Hotels und andere Reisedetails nicht direkt in Nordkorea buchen kann. Ein Beispiel aus dem Jahr 2016, bei dem es nicht einmal um eine direkte Buchung in Nordkorea ging, illustriert das. Ein mir persönlich bekannter Herr aus Neuseeland wollte eine Anzahlung von etwa 300 Euro an ein Reisebüro nach England überweisen. Seine Hausbank schaltete eine international tätige Großbank als sogenannten Intermediär ein. Doch diese weigerte sich, die Transaktion auszuführen. Der Grund: Als Verwendungszweck hatte der Klient »Reise Nordkorea« angegeben. Das war Grund genug für das Geldhaus, wie vor einer heißen Herdplatte zurückzuzucken. Das Wort »Nordkorea« hatte eine massive und nicht unbegründete Angst davor geschürt, auf einer Schwarzen Liste der amerikanischen Finanzmarktaufsicht zu landen.

Ich habe vor einigen Jahren einmal eine geschlagene Stunde im Eckbüro des damaligen U.S. Deputy Assistant Secretary of the Treasury verbracht, der von seinem Schreibtisch aus einen schönen Blick auf das nebenan liegende Weiße Haus hat. Eigentlich sollte ich als Experte dem guten Herrn etwas über Nordkorea erzählen. Das ging auch etwa fünf Minuten lang gut; während des Rests der vereinbarten Zeit habe ich mir dann eine sehr aufschlussreiche Lektion darüber anhören dürfen, warum Nordkorea der finsterste Platz auf Erden sei und mit allen Mitteln am Vollzug jeglicher finanzieller Transaktionen gehindert werden müsse. Selbst Geschäftsleute, die Nordkorea äußerst kritisch betrachten, haben Zweifel am Sinn solcher Maßnahmen geäußert, inzwischen ist diese Blockadepolitik aber die offizielle Strategie der amerikanischen Regierung und ihrer Verbündeten.

Für Reiseinteressierte bedeutet das: Geld nach Nordkorea zu transferieren ist nicht möglich. Und bei Überweisungen an westliche Reisebüros sollte man klugerweise auf eine allzu verräterische Betreffzeile verzichten, obwohl die Transaktion völlig legal ist, da Reisen nach Nordkorea nicht verboten sind. Die ethisch-moralische Frage der möglichen indirekten Finanzierung unerwünschter Aktivitäten habe ich bereits im ersten Kapitel angesprochen.

Wo wir schon bei der Moral sind: Nordkorea ist sicher kein Einkaufsparadies, aber man kann dort durchaus Geld ausgeben, worauf ich im Kapitel zum Thema Shopping noch eingehe. Hier nur ein grober Überblick: Man sollte etwa fünf Euro pro Tag und Person an Trinkgeld rechnen. Hinzu kommen etwa fünf bis zehn Euro am Tag für zusätzliche Getränke zum Mittag und am Abend, je nach Vorlieben und Gewohnheiten auch mehr. Kaum jemand erliegt nicht der Versuchung, Postkarten und Briefmarken mit martialischen oder kitschigen Motiven zu erwerben, vielleicht auch ein gedrucktes Propagandaposter. In Devisenläden gibt es Snacks zu kaufen, und in letzter Zeit sind auch Besuche von Märkten und normalen Geschäften immer öfter erlaubt. Vereinzelt werden gegen Aufpreis auch fakultative Ausflüge und Mahlzeiten in speziellen Restaurants angeboten. Insgesamt sollte man für eine Woche in Nordkorea etwa 300 Euro rechnen, wenn man sein Kaufverhalten weitgehend im Griff hat. Es ist übrigens interessant zu beobachten, wie manche Touristen nach nur wenigen Tagen einen richtigen Shopping-Entzug durchleben und dann bei der nächsten Gelegenheit einfach um des Kaufens willen kaufen.

## Was in den Koffer darf und was nicht

Um beim Thema zu bleiben: Bargeld gehört definitiv ins Reisegepäck, denn weder an Automaten noch in Banken kann man in Nordkorea Geld abheben, westliche Kreditkarten werden nicht akzeptiert.

In Pjöngjang ist man mit Euros gut ausgerüstet, gerade bei Reisen in den Nordosten empfehle ich immer, auch ein paar chinesische Kwai (umgangssprachlich für Yuan oder Renminbi) mitzunehmen. Am besten sind kleinere Scheine, weil es gelegentlich Probleme mit dem Wechselgeld gibt. Da dem Shopping, ein zugegeben etwas frivoler Begriff in Bezug auf Nordkorea, wie gesagt ein eigenes Kapitel gewidmet ist, gehe ich an dieser Stelle nicht weiter auf die komplizierte Frage der Wechselkurse ein. Fakt ist, dass man mit Euros, Dollars und Renminbi fast alles und überall zahlen kann. Bei US-Dollar-Scheinen ist zu beachten, dass sie blitzblank, sauber, unbeschrieben und nicht eingerissen sind. Einer meiner Mitreisenden hat übrigens einmal eine verdächtig selbstgedruckt aussehende Ein-Dollar-Note als Wechselgeld zurückbekommen.

Über Unterwäsche und Socken will ich hier nicht schreiben, auch wenn vor allem Letztere, wie generell bei Reisen nach Korea und Japan, besser keine Löcher haben sollten, da man gelegentlich beim Essen auf dem Boden sitzt und dafür die Schuhe ausziehen muss.

Zur sonstigen Bekleidung: Oft höre ich von westlichen Reisenden, dass sie sich »underdressed« vorkommen. In Nordkorea, vor allem in der Hauptstadt, tragen die Menschen auffallend ordentliche und formelle Kleidung. Bei Frauen sind das Kostüme, bei Männern Anzüge mit Hemd und Krawatte. Mit Jeans und T-Shirt kommt man sich da schnell vor wie ein Kanalarbeiter im Blaumann beim Diplomatenempfang. Wer auf dieses Gefühl lieber verzichtet, sollte seine Reisegarderobe entsprechend anpassen. Beim Besuch im Mausoleum der Kims wird ohnehin angemessene Kleidung erwartet.

Interessant wird es beim Thema elektronische und optische Geräte. Grundsätzlich sind Fotoapparate und Videokameras erlaubt. Lange Zeit konnte es allerdings Ärger geben, wenn das Zoom der mitgebrachten Kamera eine zu große Brennweite (jenseits von 200 mm) aufwies. Das wird aber in der Praxis nicht mehr sehr strikt gehandhabt, wohl auch in Anerkennung der Realität der immer kraftvoller werdenden Billigkameras für Laien. Ich selbst bin öfter mit einem kompakten 600-mm-Zoomobjektiv eingereist und hatte damit nie Probleme. Hochgezogene Augenbrauen wird es allerdings geben, wenn ein angeblicher Tourist mit einer Profiausrüstung anrückt, die mehrere Kilo wiegt und einige tausend Euro kostet. Hier werden die Behörden einen getarnten Journalisten vermuten, was unangenehme Folgen haben kann. Lassen Sie das schwere Geschütz also besser zu Hause.

Professionelle GPS- und Navigationsgeräte, wie wir sie etwa aus dem Outdoor-Bereich kennen, sind ein weiteres Tabu. Das gilt theoretisch auch für Apparate, die eine entsprechende Funktion aufweisen, wie etwa Handys oder Fotokameras. Zwar wurde ich darauf angesprochen, die Einfuhr und Benutzung war jedoch möglich. Wer auf Nummer Sicher gehen will, nimmt eine Kamera ohne GPS-Funktion mit. Auch auf das Mitbringen von Landkarten würde ich verzichten, da man sich hiermit unnötig dem Verdacht der Spionage aussetzt.

Handys wurden früher am Flughafen eingesammelt und erst kurz vor der Ausreise wieder zurückgegeben. Seit Januar 2013 darf man sie bei Reisen im Land mit sich führen, wenngleich unsere SIM-Karten nutzlos sind. Erschrecken Sie aber nicht, wenn bei der Einreise der Zollbeamte anfängt, auf den Tasten herumzudrücken, und Sie zur Entsperrung des Gerätes auffordert. Er gibt dann die Kombination *#06# ein, mit der er die IMEI-Nummer auslesen kann. Damit ist eine eindeutige Identifikation des Telefons möglich. Die Nordkoreaner wollen so verhindern, dass Reisende unbemerkt ihr Handy mit jemandem im Land tauschen.

Gelegentlich wird davor gewarnt, dass die Sicherheitsbehörden heimlich Schadsoftware auf die Smartphones aufspielen oder die Adressbücher auslesen. Ich kann das aus meiner Erfahrung nicht bestätigen. Jeder muss selbst einschätzen, wie wichtig er für das Regime zu sein glaubt. Da man ein Smartphone meist ständig bei sich führt, hält sich das entsprechende Risiko in meinen Augen in Grenzen.

Unangenehm wird es allerdings, wenn man verbotene Inhalte auf dem Smartphone hat; das Gleiche gilt für alle anderen elektronischen Geräte wie Notebooks und Tablets sowie für Printerzeugnisse. Zu den Dingen, die man definitiv nicht nach Nordkorea mitnehmen sollte, gehören religiöse Materialien aller Art, Pornografie, südkoreanische Medienprodukte wie zum Beispiel Seifenopern sowie generell alles, wo »Korea« draufsteht. Auch dieses Buch, ob gedruckt oder als elektronische Version, lassen Sie bitte daheim. Hintergrund der Null-Toleranz-Politik ist oft schlicht der Mangel an entsprechend ausgebildetem Personal im Verhältnis zur wachsenden Zahl von Reisenden. Kein Zollbeamter nimmt sich die Zeit, ein deutsches oder englisches Buch Seite für Seite zu lesen. Entdeckt er den Schriftzug »Korea«, so gilt ein Generalverdacht. Die Folge sind endlose Fragen, die Zeit und Nerven kosten.

Trotz fehlenden Internets können Notebooks und Tablets übrigens gerade für Notizen im Bus nützlich sein, denn die Straßen sind außerhalb der Hauptstadt oft sehr holprig und machen das Schreiben mit Stift und Papier zu einer echten Herausforderung.

Was bei der Einreise ebenfalls gezählt wird, sind Speichermedien aller Art. Ihre Inhalte werden üblicherweise nicht durchsucht. Auch hier geht es darum, dass man nicht aus Versehen eines »verliert« und damit »ungewollt« die Menschen in Nordkorea mit »verstörenden« Inhalten konfrontiert. Wer sich selbst gut kennt und weiß, dass er etwas schusselig ist, sollte besonders aufpassen. Die Behörden verstehen hier überhaupt keinen Spaß. Um unnötige Hektik bei der Einreise zu vermeiden, stecken Sie alle Speichermedien wie SD-Karten, USB-Sticks und Ähnliches am besten schon vorher in eine Plastiktüte und zählen Sie sie. Bei der Ausreise sollte die Anzahl dieselbe sein. Ich kann nur mit Nachdruck davon abraten, besonders clever sein zu wollen und Speichermedien zu schmuggeln. Vor allem am Flughafen gibt es moderne, leistungsfähige Scanner, und auch an den Bahnhöfen haben die Behörden aufgerüstet.

Die Stromversorgung in Nordkorea ist bekanntermaßen nicht immer stabil. Gründe sind entweder Netzüberlastung, Transportprobleme bei der Kohle oder niedrige Wasserstände in den Stauseen. Egal welche Ursache zutrifft: Der Strom ist weg. Nachts hat das konsequenterweise zur Folge, dass es im gesamten Umkreis schlagartig dunkel wird. So weit, so erwartbar. Nur wird es dort in einem Maße finster, wie wir es in unseren zumindest indirekt immer beleuchteten Städten so nicht kennen. Pechschwarz ist hier der richtige Ausdruck. Daher: unbedingt etwas zum Leuchten mitbringen und griffbereit haben. Früher wäre das eine Taschenlampe gewesen, heute tut es auch eine entsprechende App auf dem Handy – sofern man sie installiert hat und wenn der Akku nicht gerade leer ist. Eine Powerbank für das stromnetzunabhängige Aufladen von Handy und Kamera ist auch keine schlechte Idee, hier sollte man jedoch die Sicherheitsvorschriften an chinesischen Flughäfen beachten. In China ist die Mitnahme von besonders leistungsstarken Powerbanks im Flugzeug nämlich ebenso verboten wie die von Geräten, deren Leistung nicht explizit ausgewiesen ist.

Grundsätzlich gilt die Regel: das Schlimmste erwarten, das Beste hoffen. Im Februar 2017 zum Beispiel wurden bei meiner Einreise keine Speicherkarten gezählt, und auch die IMEI-Nummer des Handys wurde nicht ausgelesen. Wenn das so ist, wunderbar. Nur kann man sich nicht darauf verlassen, denn in Nordkorea können sich die Dinge sehr schnell in die eine oder die andere Richtung ändern.

## Alle Wege führen über China

Von Spezialfällen einmal abgesehen, gibt es drei Möglichkeiten, in Nordkorea einzureisen. Alle führen über China; eine regelmäßige direkte Verbindung von Deutschland, Österreich oder der Schweiz gibt es nicht. Die Reisebüros, die Nordkorea-Touren anbieten, erwarten üblicherweise die individuelle Anreise nach China. Die Einreise aus Moskau oder Wladiwostok in Russland per Flugzeug oder Bahn ist möglich, wird aber für westliche Touristen nur selten angeboten.

Der Klassiker ist der Direktflug ab Beijing. Dieser startet üblicherweise von Terminal 2. Vorsicht: Die Flüge aus Europa landen meist am neuen Terminal 3, der aber, je nach Verkehrslage, mindestens eine halbe Stunde (!) Transferzeit von den Terminals 1 und 2 entfernt ist. Wenn man die chinesischen Einreiseformalitäten mitsamt Abholung des Gepäcks und die Suche nach dem Shuttlebus hinzurechnet, dann sollten Sie nicht zu knapp vor dem Weiterflug landen und hoffen, dass es keine Verspätung gibt oder dass nicht gerade ein lokaler Feiertag wie das chinesische Neujahr ist. Der ist nämlich mit massiv erhöhtem Passagieraufkommen an der Passkontrolle verbunden. Als Faustregel und im Interesse eines halbwegs gesunden Pulsschlages empfehle ich daher mindestens drei, besser vier Stunden zwischen geplanter Landung aus Europa und dem Weiterflug nach Pjöngjang. Wer ganz sichergehen will und die Zeit hat, der landet einen Tag früher.

Wer sowohl für die Ein- als auch für die Ausreise den Flug über Beijing gewählt und in China keinen längeren Aufenthalt vorgesehen hat, kommt in den Genuss der visafreien Einreise nach China. Das spart 50 Euro, zwei Gänge zur chinesischen Botschaft und eine Seite im Reisepass, erfordert aber den Nachweis, dass innerhalb von 72 Stunden ein Anschlussflug gebucht ist. Dieser Nachweis ist im Falle einer Weiterreise nach Nordkorea nicht immer einfach, da die Flugdokumente oft in letzter Sekunde ausgestellt werden und manchmal erst direkt am Schalter von Air Koryo in Beijing abgeholt werden können. Das Reisebüro hilft hier aber weiter, zur Not mit einer auf Chinesisch verfassten Bescheinigung. Allerdings darf man bei dieser Form der Einreise Beijing nicht verlassen.

Die Ankunft in Pjöngjang erfolgt in der Regel am frühen Nachmittag auf dem Flughafen Sunan nördlich der Hauptstadt. Ri Söl-ju, die Ehefrau des gegenwärtigen Führers Kim Jong-un, stammt übrigens aus dieser Gegend. Beim Überfliegen der chinesisch-nordkoreanischen Grenze – die Flugroute führt nicht über das Meer, sondern folgt dem Küstenverlauf – wird man darauf hingewiesen, dass der Große Führer Kim Il-sung im Alter von 13 Jahren einst diese Grenze nach China überschritt in der festen Absicht, erst wieder zurückzukehren, wenn er das Land von den japanischen Kolonialherren befreit habe.

Zwei Fluglinien bedienen die Strecke PEK-FNJ, so die im Flugverkehr üblichen offiziellen Three-Letter-Codes. Wer von Anfang an das pure Nordkorea-Erlebnis haben möchte, nimmt nicht Air China, sondern Air Koryo, die früher einmal Joson Minhang hieß (daher auch das Kürzel JS) und 2006 bis 2010 aufgrund einer Betriebsuntersagung mit ihren alten IL-86 in Europa nicht fliegen durfte. Dieses Verbot wurde gelockert, nachdem moderne Tupolev TU-204 und Antonov AN-148 aus Russland angeschafft wurden, mit denen man in der Regel auch von Beijing nach Pjöngjang fliegt. Das Prädikat »schlechteste Airline der Welt« hat die Unternehmensberatung Skytrax der Fluglinie 2015 trotzdem verliehen, was ich bei aller berechtigten Kritik nicht nachvollziehen kann.

Im Flieger selbst wundert man sich zunächst über die Zweiklassengesellschaft, denn auch in nordkoreanischen Flugzeugen gibt es eine Business- und eine Economy-Abteilung. So viel zum Thema Gleichheit im Sozialismus. Für den kurzen Hopser von unter zwei Stunden ist die Holzklasse aber völlig ausreichend. Die Überraschung wächst, wenn man feststellt, dass die Flugbegleiterinnen im eigentlich doch als eher prüde bekannten Nordkorea die wohl kürzesten Röcke tragen, die in diesem Job weltweit derzeit üblich sind. Das kann beim auf Zehenspitzen ausgeführten Schließen der Gepäckfächer schon einmal Einblicke gewähren, die einem gut erzogenen Europäer die Schamesröte ins Gesicht treiben. Während man diese Eindrücke noch verdaut, wird einem auch schon das – abgesehen von den Führerstatuen auf dem Mansudae-Hügel – vermutlich meistfotografierte Objekt Nordkoreas präsentiert: ein Hamburger. Zumindest sehen die zwei runden glatten Weißbrotstücke mit einem panierten Hühnerschnitzel dazwischen auf den ersten Blick so aus. Die verteilten nordkoreanischen Zeitungen, verfügbar auf Englisch oder in der Landessprache, werden manchmal – und dann mit Nachdruck – wieder eingesammelt. Schade; der Informationswert ist zwar fragwürdig, aber sie geben ein schönes Souvenir ab.

Am Flughafen erwartet einen die in solchen Einrichtungen übliche Armada von Uniformträgern. Sofort fallen einem alle Schauergeschichten über Nordkorea ein, und man fragt sich, ob das mit der Reise wirklich so eine gute Idee war. Aber ein Zurück gibt es nicht, also lächelt man unschuldig und fügt sich ins Unvermeidliche. Wer etwas entspannter ist, nutzt die Gelegenheit und lässt sich von einem Mitreisenden beim Aussteigen auf der Gangway des Air-Koryo-Fliegers fotografieren. Neuerdings verlassen allerdings auch hier die Fluggäste immer öfter die Maschine über den »Finger«, was ein deutlich weniger schönes Motiv für ein Erinnerungsfoto abgibt.

Früher, als das alte Flughafengebäude noch stand, wurde man von einem großen Führerporträt begrüßt. Das neue, unter persönlicher Anleitung von Kim Jong-un entworfene und gebaute Terminal hat derzeit kein solches Bild an seiner Außenfassade. Warum? Tja … Kaum gelandet, schon darf man sich freuen, auf eine der vielen unbeantwortbaren Fragen zu Nordkorea gestoßen zu sein. Gewöhnen Sie sich daran, das bleibt in den nächsten Tagen so. Viel Spaß beim Spekulieren. Und vielleicht wird gerade in diesem Moment ein Kim-Il-sung-Bild an die Fassade montiert.

Wenn Sie auf Ihr Gepäck warten und sich bange fragen, ob es vielleicht noch einsam am Flughafen in Beijing herumsteht oder ob gerade ein grimmiger Zollbeamter Ihren Koffer auseinandernimmt, lenken Sie sich doch ein wenig ab und schauen einmal auf die riesigen Mengen an Waren, die neben den regulären Koffern auf dem Gepäckband an Ihnen vorbeiziehen. Flachbildschirme, Computer, Haushaltsgeräte, Kartons mit unidentifizierbarem Inhalt – kaum einer von ihnen scheint der offiziellen Begrenzung von 20 Kilogramm zu entsprechen. Mehrmals pro Woche, wenn Flugzeuge aus Beijing, Shenyang oder Shanghai eintreffen, findet hier ein bilateraler Handel zwischen Nordkorea und China statt, der wie viele ähnliche Transfers in keiner Statistik auftaucht. Bei der Einreise mit dem Zug ist das Volumen sogar noch größer, nur registriert man das in der Hektik des Aussteigens in Pjöngjang meist nicht.

Der Rest ist weitgehend Standard – Passkontrolle, dann Zoll. Hier hängt der Verlauf sehr von der politischen Großwetterlage ab. Manchmal geht alles ganz einfach und schnell. Im schlimmsten Falle werden die Handys registriert, und die leidlich gut Englisch sprechenden Beamten erfassen die Anzahl der Speichermedien und durchsuchen das Gepäck nach Büchern und Zeitschriften. Das nervt gewaltig, zumal es dauern kann, bis die gesamte Gruppe die Tortur überstanden hat. Die gute Nachricht: Ich habe noch niemanden getroffen, den man wegen der Einfuhr von zu vielen Zigaretten oder zu viel Hochprozentigem belangt hätte. Die Abnahme von Fingerabdrücken und den Retina-Scan, die in den USA zur Standardprozedur gehören, muss man in Nordkorea derzeit auch nicht erwarten.

Nach dem Zoll erwarten einen schon die immer mindestens zwei Reiseleiter beziehungsweise Guides mit breitem Lächeln und in der Regel recht guten Sprachkenntnissen. Letztere sind vor allem darum bemerkenswert, wenn man bedenkt, dass diese meist ausschließlich im Lande erworben wurden. Die Extremsportler unter Ihnen lernen jetzt, dass in einer kollektivistischen Gesellschaft immer das schwächste Glied in der Kette zählt. Wer also mit allerlei Tricks und Kniffen des erfahrenen Weltreisenden als Erster den Hürdenlauf durch die Stationen der Einreise schafft, darf warten, bis auch das letzte verwirrte Mitglied der Gruppe den Parcours absolviert hat. Man kann die Zeit dann nutzen, um sich am Schalter des Mobilfunkanbieters Koryolink eine SIM-Karte zu besorgen; doch mehr dazu im Kapitel über die Kommunikation. Auf geht die Fahrt mit dem Bus, in der Regel der Marke »King Long«, Richtung Stadt, von der man zuerst die pyramidenförmige Fassade des Ryugyŏng-Hotels erblickt. Nein, das ist keine Raketenabschussrampe.

Für alle, die sich dem Ziel langsam nähern möchten, gibt es die Möglichkeit der Anreise mit dem Zug, und auch hier ist meist China der Ausgangspunkt. Populär ist die knapp 1400 Kilometer lange Zugfahrt von Beijing über Dandong und Sinŭiju nach Pjöngjang. Der Spaß dauert etwa 24 Stunden im Vierer-Schlafwagen-Abteil. Das ist die einzige Gelegenheit, bei der man Nordkorea »unbetreut« erlebt, da die Reiseleiter erst an der Endstation zur Gruppe stoßen. Hier lernt man mit etwas Glück chinesische und nordkoreanische Geschäftsleute kennen und kann sich langsam auf das Abenteuer Nordkorea einstellen. Ein wenig aufregender wird es erst an der Grenze. Gewöhnlich werden Sie mit dem Abendzug um 17:27 Uhr ab Beijing fahren und gegen 7 Uhr morgens die chinesische Grenzstadt Dandong am Fluss Yalu, koreanisch Amnok, erreichen.

Man kann auch hier erst zusteigen, was durchaus empfehlenswert ist, aber eine Übernachtung in Dandong erfordert. Der Aufwand lohnt sich, denn der Anblick der Grenze vor allem bei Dunkelheit ist atemberaubend. Auf der einen Flussseite eine chinesische Boomtown mit Hochhäusern aus Stahl und Glas, grellen Lichtern, Leuchtreklame, Autos, und einer ansteckend wirkenden Geschäftigkeit. Hier wächst eine Weltmacht, das sieht man sofort. Dann die Brücke über den Fluss – die Strecke von starken Lampen erhellt und die Außenseiten kitschig grün beleuchtet, bis … zur Mitte des Flusses. Dann wird es dunkel. Schlagartig. Fast glaubt man, die Brücke ende hier, aber das ist einfach nur Nordkorea. Bei genauerem Hinsehen erkennt man auch dort Lichter, die aber von der keineswegs zufällig verschwenderischen Stromnutzung der Chinesen komplett überlagert werden. Auf der Fahrspur für Automobile stauen sich die LKW. Auf der nordkoreanischen Seite erwarten einen in der Stadt Sinŭiju niedrige, etwas angeschmuddelte Gebäude in einem Stil, den man mit großem Wohlwollen als sozialistische Variante des Bauhaus bezeichnen könnte. Der Kontrast zu Dandong ist beinahe schmerzhaft.

Die Einreiseprozedur dauert eine gefühlte Ewigkeit, planen Sie knapp fünf Stunden ein und beachten Sie, dass für eine längere Zeit die WCs im Zug abgeschlossen werden. Auf der chinesischen Seite muss man aus dem Zug aussteigen, um mit dem Gepäck die Sicherheitsüberprüfung zu durchlaufen und die Passformalitäten zu erledigen. Auf der nordkoreanischen Seite blieb man bis 2016 im Zug und wurde von den nordkoreanischen Behörden im Abteil besucht. Neuerdings berichten Reisende, dass sie auch dort mitsamt dem Gepäck aussteigen mussten, um in einem benachbarten Bahnhofsgebäude die Kontrollen zu absolvieren. Am besten richtet man sich auch hier auf maximale Strenge ein und freut sich, wenn der tatsächliche Ablauf etwas milder ausfällt als erwartet. Diese Dinge ändern sich häufig, sodass zuverlässige Vorhersagen schwer sind. In jedem Falle werden hier Pässe beziehungsweise Touristenkarten gestempelt sowie in der Regel auch Handys, Speichermedien und Publikationen überprüft und dokumentiert. Die Zollbeamten werfen einen gründlichen Blick in die Koffer.

Von Sinŭiju aus geht die Fahrt weiter nach Süden, durch je nach Jahreszeit grüne oder beige-braune nordkoreanische Landschaften mit Feldern, Dörfern, Losungen und Führerbildern. Am Bahnhof in Pjöngjang werden Sie von den Guides in Empfang genommen und nach einem etwas hektischen Marsch zum Bahnhofsvorplatz mit dem Bus ins Hotel oder zum ersten Besichtigungspunkt gebracht. Von nun an muss oder darf man sich um fast nichts mehr selbst kümmern.

Eine ungewöhnliche Variante der Einreise bietet der nordkoreanische Nordosten: Seit einiger Zeit ist es möglich, zu Fuß die Grenze zwischen dem chinesischen Tumen und dem nordkoreanischen Namyang zu überqueren. Für mich ist das die beeindruckendste Art, das Land zu betreten. Dieser Weg ist allerdings mit einem gewissen Aufwand verbunden. Zunächst muss man nach Yanji reisen, in das Herz des Autonomen Bezirks Yanbian in der Provinz Jilin. Hier lebt ein großer Teil der koreanischen Minderheit in China, und entsprechend gibt es hier unzählige direkte und im Alltag sichtbare Geschäftskontakte mit Nordkoreanern. Yanji allein ist darum bereits eine Reise wert, vielleicht verbunden mit einem Besuch bei der YUST, der Yanbian University of Science and Technology, einer von südkoreanischen Christen betriebenen Universität, die in der PUST (Pyongyang University of Science and Technology) mitten in Nordkorea eine Schwesteruniversität hat. Ja, Sie haben richtig gelesen, südkoreanische Christen. Das ist wieder so ein Beispiel dafür, dass man in Nordkorea auf Unerwartetes treffen kann.

Ich habe bei Yanji abends einmal mit meiner Gruppe ein einsam auf einem Hügel liegendes Restaurant besucht, in dem nordkoreanische Kellnerinnen nordkoreanisches Essen servierten und noch dazu nordkoreanische Gesangs- und Tanzeinlagen präsentierten. Einige Mitreisende äußerten den Verdacht, dass dort auch noch andere Dienstleistungen angeboten würden. Gerüchte aus dem Munde von angetrunkenen Chinesen – also bitte mit Vorsicht genießen – besagen, dass in China tätige nordkoreanische Frauen nach Ablauf ihres dreijährigen Aufenthaltes vor der Rückreise in die Heimat auf ihre Jungfräulichkeit untersucht werden. Deren Wiederherstellung ist bei Bedarf mit Hilfe eines chinesischen Arztes möglich. Angeblich dürfen die Frauen von ihrem in China verdienten Geld 30 Prozent behalten, was noch immer erheblich über dem durchschnittlichen Einkommen in Nordkorea liegt. Wie auch immer, hier sieht man, wie der Export von Arbeitskräften real aussehen kann. Offiziell arbeiten etwa 50 000 Menschen aus Nordkorea in China – Dunkelziffer unbekannt; oft ist von 100 000 und mehr die Rede.

Wer will, kann in Yanji auch in einem vom nordkoreanischen Staat betriebenen und den verstaubten Charme der 1980er Jahre ausstrahlenden Hotel wohnen, dem Liujing oder Ryugyŏng (nicht mit dem gleichnamigen Pyramidenbau in Pjöngjang zu verwechseln). Doch wer sowieso nach Nordkorea weiterreist, der sollte sich das vielleicht nicht antun und lieber noch einmal westlichen Standard in einem modernen chinesischen Hotel genießen. Auch das ist natürlich Geschmackssache.

Von Yanji fährt man mit dem Auto etwas über eine Stunde nach Tumen. Das ist eine, man möge mir verzeihen, recht unansehnliche Kleinstadt am gleichnamigen Grenzfluss, der in Nordkorea Tuman heißt. In den letzten Jahren haben die Chinesen dort allerdings gewaltig investiert. Zuerst in ein bombastisches, sich freundschaftlich – man könnte auch sagen provokant – nach Nordkorea öffnendes Kulturzentrum aus Stahl, Glas und edlen Hölzern. Dann folgte ein Bauboom. Auch eine Aussichtsplattform wurde errichtet, von der aus man auf die nordkoreanische Seite und den Ort Namyang hinüberschauen kann, der einen Bahnhof hat und etwa 200 Häuser. Die nordkoreanische Seite ist übrigens leicht an den kahlen, nur von niedrigem Buschwerk bewachsenen Berghängen zu erkennen, während auf der chinesischen Seite dichte Wälder wachsen.

Wer einen guten örtlichen chinesischen Führer hat, kann in Tumen mit Vertretern christlicher Untergrundorganisationen zusammentreffen, die Menschen aus Nordkorea herausschmuggeln, mit japanischen Journalisten, die Bündel voll Geld für

Informationen aus Nordkorea zahlen, und mit allerlei anderen Personen, die an der Beschaffung von Informationen interessiert sind. Ein wenig fühlt sich das an wie eine fernöstliche Variante von Jack Londons Dawson City.

Man verlässt China nach Zahlung einer Ausreisegebühr von etwa zehn Renminbi über ein topmodernes Gebäude und zieht nach den entsprechenden Formalitäten seinen Koffer zu Fuß über eine knapp 500 Meter lange, kaum vier Meter breite Betonbrücke, in deren Mitte ein einfacher und von niemandem bewachter gelber Farbstreifen darauf hinweist, dass man jetzt die Grenze überschreitet. Am Ende der Brücke auf nordkoreanischer Seite begrüßt einen schon das Porträt von Kim Il-sung. In einer Baracke erfolgen die Einreiseformalitäten, man trifft seine wie immer mindestens zwei Reiseführer, und weiter geht es mit dem Bus.

Ob Sie zu Fuß, per Bus, Bahn oder Flugzeug eingereist sind: Jetzt beginnt sie, die Erkundung dieses mysteriösen Landes. Die Hürden, die Nordkorea einem dabei in den Weg stellt, sind etwas höher als in anderen Ländern. Vor allem gibt es eine Reihe von Einschränkungen, auf die man sich einstellen sollte.

# 3

# Kommunikation und Medien: Landestypische Eigenheiten

An der Kommunikation zeigt sich besonders deutlich, dass die Uhr in Nordkorea anders tickt. Der Staat ist misstrauisch, um nicht zu sagen paranoid, was die Geheimhaltung einerseits und eventuelle westliche Einflüsse auf seine Staatsbürger andererseits angeht. Der Kommunikation der Nordkoreaner untereinander und mehr noch jener zwischen Ausländern und Nordkoreanern sind daher deutliche Grenzen gesetzt. Diese sollte man kennen, um nicht unbewusst in Konflikt mit geltenden Regeln zu geraten. Allerdings gibt es auch hier Ausnahmen und legale Möglichkeiten.

## »Only beautiful, please«: die heikle Kunst des Fotografierens

Das Fotografieren zählt zu den am heißesten diskutierten Themen unter Nordkorea-Reisenden. Gleich nach der Ankunft wird man freundlich, aber bestimmt darauf hingewiesen, was alles nicht erlaubt ist. Die Liste ist lang und kann je nach Reisezeitpunkt und bereister Gegend variieren. Meine vorsichtigen Hinweise an die Guides, dass man eine Tour rein taktisch und im Sinne der guten Stimmung vielleicht besser nicht mit einer Aufzählung der geltenden Verbote beginnen sollte, treffen gelegentlich durchaus auf offene Ohren. Aber jeder Bürokrat weiß: Vorschrift ist Vorschrift. Und so findet die Belehrung trotzdem statt, als ganz spezieller Willkommensgruß.

Also: Man darf nicht aus dem Bus heraus fotografieren; man

darf keine Menschen bei der Arbeit fotografieren; man darf keine Militärangehörigen fotografieren; man darf keine auf dem Boden sitzenden Menschen fotografieren; man darf nicht auf Märkten fotografieren; generell soll man immer brav um Erlaubnis fragen. Der ehemalige britische Botschafter in Nordkorea, John Everard, hat das sehr treffend in einem Buchtitel zusammengefasst: *Only Beautiful, Please.*

So weit die Theorie. In der Praxis sieht es anders aus, denn allein die oben genannten Punkte würden ja bedeuten, dass man den Fotoapparat getrost zu Hause lassen kann. Versuchen Sie einmal, eine nordkoreanische Menschenmenge zu fotografieren, ohne dass ein Uniformträger dabei ist – fast unmöglich. Und die Hälfte der Zeit verbringt man im Bus, gehalten wird nur an Monumenten und anderen Sehenswürdigkeiten; selbstverständlich macht man Fotos aus dem Busfenster und wird in der Regel auch nicht daran gehindert.

Wirklich aufpassen muss man bei den Führern, das heißt vor allem beim Fotografieren ihrer Abbilder. Die Glassärge der verstorbenen Führer Kim Il-sung und Kim Jong-il kann man zwar besichtigen, man muss aber vorher alle Kameras und Mobiltelefone abgeben. Bilder und Statuen der Kims müssen immer in voller Größe aufgenommen werden, ohne Teile davon abzuschneiden. Auf vermeintlich lustige Einlagen, Gesten, Luftsprünge, Handstände, Montagen oder Ähnliches sollte man generell und vor allem vor Bildnissen dieser mit nahezu religiöser Andacht verehrten Herrschaften tunlichst verzichten. Das sind nationale Symbole, hier verstehen die Nordkoreaner keinen Spaß.

Auch Militärfahrzeuge oder Soldatentrupps, außer bei Paraden, fotografiert man tatsächlich besser nicht. Das Gleiche gilt für Fahrzeuge mit schwarzen Nummernschildern – Vorsicht, Militär.

Worauf es ansonsten ankommt, sind Takt- und Fingerspitzengefühl. In den ersten ein, zwei Tagen sollte man sich ein wenig zurücknehmen und nicht demonstrativ mit der Kamera im Anschlag seinen Körper aus dem geöffneten Busfenster hängen. Wenn man ein wenig Respekt und Verständnis zeigt – die Reisebegleiter haben sich die Regeln nicht ausgedacht, sondern müssen sie nur umsetzen –, dann stellt sich so etwas wie unausgesprochenes Vertrauen ein. Sofern nicht wirklich ein völlig inakzeptables Motiv wie eine Militärkolonne den Weg kreuzt, werden die Guides dezent wegschauen.

Wie gesagt, es kommt auf das richtige Maß an, und auch auf so etwas wie Teamgeist. Ein übermäßig eifriger, unsensibler und beratungsresistenter Dauerfotografierer mit ständig piepender und klickender Kamera kann die Geduld der Guides überstrapazieren und das Leben der ganzen Reisegruppe enorm kompliziert machen. Oft weisen übrigens die Mitreisenden, nicht die nordkoreanischen Begleiter, den Betreffenden in die Schranken. Dass man sich damit zum Werkzeug des Unterdrückungssystems macht, fällt in der Aufregung nicht immer sofort auf. Hier erhält man eine Lehrstunde in Psychologie, die zeigt, wie erschreckend effizient und perfide eine Diktatur funktioniert.

Auf meinen verschiedenen Reisen habe ich schon so gut wie alles fotografiert, was man in Nordkorea zu sehen bekommen kann. Dazu gehören fliegende Händler am Straßenrand, Ochsenkarren, Lastwagen mit qualmendem Holzvergaser, am Boden sitzende Menschen (so wartet man in Korea), *Inminban* (Einwohnergruppen, ich habe sie in den *Innenansichten* erläutert) bei der Arbeit, Rollstuhlfahrer, Kraftwerke, Schlaglöcher, Züge, Häfen, rostige Schiffe, an Spielautomaten sitzende Jugendliche in Pjöngjang, Autos mit abgefahrenen Reifen. Keines dieser Fotos hat besonderen Mut erfordert, und ich habe sie nicht heimlich gemacht. Man muss kein Held sein, um in Nordkorea gute Fotos zu schießen.

Bisher ist es allerdings leider kaum möglich, das Treiben auf den Märkten zu fotografieren. Ich habe einige Märkte in Pjöngjang und in Rasŏn im Nordosten des Landes besucht, was bei den Reiseorganisatoren an sich schon ziemlich schwer durchzusetzen ist, aber hier wird das Fotografierverbot radikal durchgesetzt. Meine Appelle, dass solche Aufnahmen doch ein positives Image des Landes transportieren und daher eher gefördert als verboten werden sollten, sind regelmäßig ohne jede Wirkung verhallt. Daher war ich schwer überrascht, als dieses Verbot im Februar 2017 im Kwangbok-Einkaufszentrum (mehr dazu in Kapitel 7) nur halbherzig umgesetzt wurde. Hatte ich einfach Glück, haben die Behörden letztlich doch dazugelernt oder schert sich einfach niemand mehr um die Verbote? Man sollte vorsichtig sein, auf Basis einzelner Beobachtungen weitreichende Schlussfolgerungen zu ziehen. Fakt ist aber: Oft geht mehr, als man denkt, also ruhig einmal etwas versuchen und nie aufgeben.

Doch bleiben wir realistisch. Das, was mit dem wirklichen Alltag der Menschen in Nordkorea zu tun hat, bekommen westliche Reisende kaum zu sehen, und noch weniger können sie es fotografieren. Als Student bin ich 1991 täglich mit dem O-Bus gefahren, wie eine Sardine eingequetscht zwischen Pjöngjangern auf dem Weg zur Arbeit oder nach Hause. Das ist Touristen heutzutage nicht möglich. Man darf ein paar Stationen mit der U-Bahn fahren, und das wird einem schon als absolutes Highlight verkauft. Fotos sind dort übrigens erlaubt.

Wer sich fragt, wo die nordkoreanische Hausfrau – im Land gilt noch weitgehend die traditionelle Rollenverteilung – ihre Lebensmittel einkauft, wird meist ohne Antwort und ohne Foto wieder nach Hause fliegen. Die Ausgabestellen für Lebensmittelrationen sind nicht zugänglich. Gleiches gilt mit wenigen Ausnahmen für den Ort, wo der nordkoreanische Mann sein Feierabendbier trinkt. Zwar kann man Schulen und Kindergärten besuchen, aber das gerät zur Show – was bei uns nicht anders wäre. Oder wie normal fänden Sie es, wenn chinesische Touristen auf dem Weg von Schönbrunn in Wien zum Checkpoint Charlie in Berlin mal schnell dem Schulunterricht Ihrer Kinder beiwohnen würden?

Trotzdem: Die nahezu perfekte Abschottung vom wahren Leben in Nordkorea frustriert Besucher auf Dauer und macht sie, je nach Persönlichkeit, traurig oder wütend. Es ist anstrengend, ständig um Dinge bitten zu müssen, die eigentlich normal sind. Vor dem Essen noch schnell eine Runde um das Hotel drehen? Keine Chance. Ein Spaziergang durch das Stadtzentrum? Mal sehen, Stirnrunzeln, Tuscheln, okay, 200 Meter, vielleicht, wenn es gut läuft – dann aber immer als Gruppe und unter den hektisch-wachsamen Blicken der Guides. Kein Wunder, dass man jedem auch noch so kleinen Aufblinken von realem Alltag nahezu besessen nachjagt. Dass das nichts mit Spionage oder mit der Absicht zu tun hat, Nordkorea später zu Hause in einem schlechten Licht darzustellen, sondern dass man nur das Gefühl haben möchte, wirklich im Land zu sein – das verstehen die Behörden nicht. Und wenn sich mal ein Fensterchen öffnet, kommt sofort die Paranoia ins Spiel. Ist das jetzt echt oder gestellt? Was für ein Dilemma.

An der Rückkehr in das plötzlich als Leuchtturm der individuellen Freiheit erscheinende Beijing schätze ich am meisten, endlich die Kamera beiseitelegen zu können und nicht mehr den fast zwanghaften Drang zu empfinden, jedes noch so kleine Alltagsdetail abfotografieren zu müssen.

Noch eine Anmerkung technischer Art: Clever ist, wer eine unauffällige, aber gute Kamera mitnimmt. Was bedeutet das genau? Die Größe zählt hier im umgekehrten Sinne. Das Gerät der Wahl ist also eine solide Kompaktkamera. Die Realität des Fotografierens in Nordkorea macht Wechselobjektive sowieso meist nutzlos, da man ständig in Bewegung ist und bei den interessanten Motiven eigentlich immer aus der Hüfte schießen muss. Wichtig sind vor allem eine schnelle Reaktionszeit des Auslösers und des Autofokus sowie eine hohe Lichtstärke des Objektivs.

Fotoenthusiasten wird es die Zornesröte ins Gesicht treiben: Ich habe beeindruckende Fotos gesehen, die ein Mitreisender mit einem High-End-Smartphone gemacht hat (das mit der angebissenen Frucht). Ein Vorteil lag auch darin, dass in der Regel niemand merkte, dass er mit dem aus der Hemdtasche ragenden Gerät überhaupt fotografierte.

Ich rate übrigens zu maximaler Offenheit. Kein Foto ist es wert, dass man dafür in Nordkorea unter Spionageverdacht gerät, zumal sowieso schon alles mindestens ein Dutzend Mal fotografiert wurde und im Internet bei den diversen Anbietern abgerufen werden kann. Ich benutze meine Kamera immer so offen, dass man mich jederzeit am Fotografieren hindern kann, und komme trotzdem mit etwa 3000 Fotos nach Hause, von denen viele recht aussagekräftig sind. Es kann allerdings nicht schaden, wenn man sich frühzeitig – und solange die Bedienungsanleitung oder das Internet noch in Reichweite sind – mit der Frage befasst, wie man die eigene Kamera in den von mir so genannten »Nordkorea-Modus« versetzen kann: Schalten Sie sämtliche Piep- und Klicktöne ab. Heimlichtuerei ist nicht zu empfehlen, aber man muss ja auch nicht ständig lautstark auf sich aufmerksam machen.

## Kann man telefonieren?

Um es vorwegzunehmen: Wer unbedingt aus Nordkorea heraus telefonieren will, kann das tun, muss aber relativ viel Geld ausgeben. Man kann entweder im Hotel ein Festnetztelefon benutzen, das sich in einem dafür vorgesehenen Servicebereich befindet, oder hier und da auch direkt vom Zimmer aus telefonieren. Oder man kauft sich am Flughafen oder im Hotel eine SIM-Karte von Koryolink. Diese passt in die bei uns üblichen Smartphones.

Die SIM-Karte kostete 2016 als Einmalversion 60 Euro. Wenn

man sie bei einer späteren Reise erneut verwenden will, werden weitere 20 Euro fällig. Dieser Betrag enthält aber keine Freiminuten. Dafür sind noch einmal 20 Euro zu zahlen, was zum Beispiel für ein zehnminütiges Telefonat nach Wien reicht. Der Minutenpreis beträgt letztlich satte 10 Euro.

Soweit wir wissen, gibt es in Nordkorea mindestens drei vom gleichen Anbieter betriebene Mobilfunknetze, die allerdings parallel zueinander existieren. Das heißt, dass die Nutzer des einen Netzes nicht mit den Nutzern der anderen Netze telefonieren können. Ein Netz ist für Ausländer reserviert, eines für Inländer, und eines steht staatlichen Behörden zur Verfügung. In anderen Worten: Sie können mit Ihrer teuren SIM-Karte von Koryolink nicht Ihre Guides anrufen.

Betreiber dieser Netze einschließlich Koryolink ist seit 2008 die Cheo Technology, ein Joint Venture des nordkoreanischen Staates mit der ägyptischen Firma Orascom. Ende 2015 wurde allerdings berichtet, dass Orascom die Kontrolle über Cheo verloren hat und dass dieser Teil an den Joint-Venture-Partner, das Ministerium für Post und Telekommunikation, veräußert wurde. Ferner wurde das Monopol durch zwei weitere rein nordkoreanische Unternehmen aufgebrochen, die unter den Namen *pyŏl* (Stern) und *kangsŏng* (von *kangsŏng taeguk*, »starkes und mächtiges Großreich«) operieren.

Nach neuesten Berichten soll die Zahl der Mobilfunkbesitzer in Nordkorea 2016 bei über drei Millionen gelegen haben, was bei einer Bevölkerung von 25 Millionen zwölf Prozent entspricht. Diese Zahl erlaubt einen interessanten Rückschluss auf die Größe der wachsenden Mittelschicht.

Die von den Nordkoreanern verwendete Hardware reicht von einfachen Telefonen mit grobpixeligem Farbdisplay über Klapphandys bis hin zu modernen Android-Smartphones der Marken P'yŏngyang, Arirang oder Chindallae. Eine Internet-Verbindung wie bei uns gibt es nicht. Der Nutzen dieser Geräte liegt daher neben der klassischen Telefonfunktion und dem Austausch von Textnachrichten vor allem in der Offline-Nutzung zum Spielen, für Notizen, für das Zeigen von Fotos oder das Abspielen von Musik und Filmen. Die Preise für ein solches Gerät betragen je nach Modell umgerechnet etwa 100 bis 200 Dollar.

Die Netzabdeckung soll laut Orascom bei über 90 Prozent liegen. Das klingt glaubwürdig, wenn man sich die Funkmasten auf vielen Hügelkuppen und die ständig mit dem Telefon am Ohr herumlaufenden Menschen überall im Land vor Augen führt. In Pjöngjang begegnet man inzwischen wie bei uns auch immer mehr »Handy-Zombies«, die ständig auf den Bildschirm starren und weder nach rechts noch links schauen, wenn sie auf der Straße unterwegs sind. Textende und spielende Handynutzer sieht man überall in der U-Bahn oder wenn man mit dem Bus an einer Straßenbahn vorbeifährt.

Interessant wird es, wenn man in den Einzugsbereich ausländischer Mobilfunknetze gerät. Das ist an den Grenzen des Landes der Fall. In Kaesŏng auf dem zentralen Hügel vor den Führerstatuen loggt sich das westliche Mobiltelefon in die Netzwerke der südkoreanischen Mobilfunkbetreiber Korea Telecom oder SK Telecom ein. Ähnliches geschieht an der 1400 Kilometer langen Grenze zu China im Norden. Man kann an diesen Orten, ohne vom nordkoreanischen Staat überwacht zu werden, mit dem Ausland telefonieren oder anderweitig Informationen übertragen. Vor allem in den Grenzregionen sind die Behörden daher ständig auf der Suche nach illegalen Handys und versuchen mit technischen Mitteln, ausländische Mobilfunkfrequenzen zu blockieren.

Nun wird klar, warum bei der Einreise die IMEI-Nummer registriert wird. Ich habe einmal erlebt, dass eine meiner Mitreisenden im Schutz der Dunkelheit von einem Nordkoreaner gebeten wurde, ihm ihr Handy zu verkaufen. Soweit wir wissen, sind billige Handys neben USB-Sticks besonders begehrte Schmuggelware, die entweder von China aus oder von Geheimdiensten und antinordkoreanischen NGOs anderweitig, zum Beispiel per Ballon, in die Grenzregionen gebracht wird.

## Internet = Intranet

Die meisten Nordkoreaner haben keinen Zugang zum Internet, können aber das landeseigene Intranet nutzen. Einen Plan mit den wenigen erreichbaren Webseiten findet man zum Beispiel in der neuen Bibliothek in Ch'ŏngjin. So viel sei gesagt: Das Angebot ist übersichtlich und für Ausländer üblicherweise nicht zugänglich. Allerdings bietet die oben genannte Firma Koryolink für Ausländer eine SIM-Karte mit mobilem Internetzugang an. Das kostet 40 Dollar extra, zuzüglich saftiger Gebühren je nach Datenvolumen. Einen Film sollte man sich da vielleicht lieber nicht streamen und beim Abrufen von E-Mails hoffen, dass keine großen Attachments dabei sind. Was mit den bei solchen Vorgängen übermittelten Daten und Passwörtern passiert, darüber darf spekuliert werden. Wer es die paar Stunden bis Beijing nicht mehr aushält, für den gibt es am Flughafen Sunan ein sehr schnelles und, wie es aussieht, komplett unzensiertes Internet-Terminal. Ähnliche Angebote kann man in den internationalen Hotels finden. Auch ein USB-Modem wird von Koryolink angeboten, ich habe es allerdings noch nicht ausprobiert.

All diese Zugänge können bislang nur von Ausländern genutzt werden, mit Ausnahme einer sehr kleinen Zahl von Privilegierten und Spezialisten. Von nordkoreanischen Bekannten habe ich immer wieder Gerüchte gehört, dass auch sie bald einen echten Internetzugang bekommen sollen; bisher blieb das ein frommer Wunsch. In Fachkreisen wird vermutet, dass die Sicherheitsbehörden derzeit – wie damals vor Einführung des digitalen Mobilfunks 2008 – noch an einigen, räusper räusper, speziellen technischen Features basteln.

## Nordkoreanische Tablet-Computer

Damit rechnet man nun wirklich nicht: Nordkorea, ein armes Land mit Problemen bei der Grundversorgung der Bevölkerung, in dem alle ständig arbeiten, marschieren oder an einer politischen Schulung teilnehmen und sowieso alles Geld für Atomwaffen ausgegeben wird – wie geht das mit Tablet-Computern zusammen? Wozu braucht man die ohne Internet?

Mindestens vier einheimische Marken gibt es: Arirang, Samjiyŏn, Ach'im (gesprochen: atschim) und Ullim. Ich besitze die ersten zwei, ein Ullim hätte ich 2016 kaufen, aber nicht außer Landes bringen können, ein Ach'im habe ich 2017 in einem Geschäft gesehen. Die Geräte werden in Nordkorea zumindest montiert, auch wenn nicht alle Komponenten hier produziert werden. Die Software ist teils modifizierte Importware, teils selbst entwickelt.

Alle nordkoreanischen Tablets nutzen Android als Betriebssystem. Die Preise variieren je nach Ausstattung, entsprechen aber dem internationalen Niveau und liegen zwischen 75 und 350 Euro. Die Geräte können sich mit dem Intranet verbinden, haben aber regulär keinen Internetzugang. Entsprechend viele Apps und Inhalte sind vorinstalliert. Dazu gehören sehr aufwendig gestaltete Wörterbücher, eine Enzyklopädie, eine Art koreanischer Duden, diverse Sprachlernprogramme zum Beispiel für Chinesisch, Koch-Apps mit Videosequenzen und Rezepten, Spiele wie Angry Birds, eine Reihe von E-Books einschließlich der Schulbücher für die Grund- und Mittelschule, die Werke der Führer natürlich, ein Office-Paket und diverse andere Apps. Es gibt USB-Anschlüsse und Slots für SD-Karten, mit denen die eher bescheidene Speicherkapazität erweitert werden kann, und jeweils mindestens eine Kamera. Das Samjiyŏn hat darüber hinaus noch einen eingebauten analogen TV-Tuner und eine kleine ausziehbare Antenne.

Ein unschätzbarer Vorteil von Tablets wie auch von Notebooks ist die Unabhängigkeit von konstanter Stromversorgung, die in Nordkorea bekanntermaßen nicht immer gewährleistet ist.

Eigentlich wären solche Produkte wie die Tablets kaum der Rede wert, ginge es nicht um Nordkorea. Da rechtfertigt die Kombination aus Hightech-Gerät, den entsprechenden Fähigkeiten der Nutzer und den offensichtlich vorhandenen individuellen finanziellen Mitteln sehr wohl einen Blick des Reisenden. Und ein Thema zum Fachsimpeln unter Tekkies ergibt sich auch, was uns zum nächsten Thema bringt.

## Gespräche mit Einheimischen

Was für das Fotografieren gilt, trifft im Prinzip auch auf Kontakte mit Nordkoreanern zu: »Only beautiful, please.«

Natürlich geht es dabei nicht um die äußerliche Schönheit der Gesprächspartner, auch wenn hier und da der Verdacht geäußert wurde, dass bei den Begegnungen zwischen Nord- und Südkoreanern, die vor einigen Jahren im Rahmen der Sonnenscheinpolitik ermöglicht wurden, der Staat seine Delegierten sehr wohl mit Bedacht ausgewählt habe. So soll zum Beispiel die sehr attraktive heutige First Lady Nordkoreas Mitglied einer 90-köpfigen Cheerleader-Truppe gewesen sein, die anlässlich der Asienspiele 2005 als Begleitung des Sportteams nach Südkorea entsandt wurde.

Doch das sind Äußerlichkeiten, über die man bei einem so geheimniskrämerischen Land wie Nordkorea nun einmal gern spekuliert. Geschenkt. Was den Reisenden aber in der Tat besonders schmerzlich auffällt, sind die viel zu wenigen Gelegenheiten, bei denen man überhaupt einmal mit Nordkoreanern ins Gespräch kommt. Dabei sind die Menschen dort von Haus aus, wenn man so pauschalisieren will, sehr offen und kommunikativ. Übertriebene Zurückhaltung gehört nicht zu den tradierten gesellschaftlichen Standards. Die Koreaner, Nord wie Süd, sind neugierig und reden gern und viel. Wer durch das Land fährt oder geht, dem entgehen die sich drehenden Köpfe und interessierten Blicke nicht. Auch ein mutiges »hello« von Kindern und Teenagern, gefolgt von einem verlegen-offensiven Grinsen, ist durchaus normal.

Wer aber hofft, auf der Straße, in einem Park oder einer Kneipe spontan mit Einheimischen ins Gespräch zu kommen, wird in der Regel enttäuscht werden. Erstens gelangt man an solche öffentlichen Plätze sowieso nur schwer, steht zudem meist unter Zeitdruck und hat grundsätzlich Begleitung. Ferner sind die meisten Nordkoreaner ständig irgendwie beschäftigt, was allerdings nichts über die Produktivität aussagt. Und natürlich ist da die Sprachbarriere. Nordkoreaner lernen in der Schule zwar Englisch, aber die meisten DDR-Bürger konnten nach fünf oder sieben Jahren Russischunterricht auch wenig mehr als »Guten Tag«, »Auf Wiedersehen« und, fragen Sie mich nicht warum, »Sehenswürdigkeiten« sagen. Da westliche Besucher ihrerseits selten Koreanisch sprechen, ist damit der Kommunikation eine natürliche Barriere vorgeschoben.

Entscheidend ist aber die Befürchtung der Nordkoreaner, sich durch ein nicht autorisiertes Gespräch mit einem Ausländer Ärger einzuhandeln. Hinzu kommt die »Fürsorge« der Behörden, ihren geliebten Bürgern den Stress des Gesprächs mit neugierigen Europäern zu ersparen. Als ich mich 1991 / 92 in Pjöngjang zum Sprachstudium aufhielt, konnte ich mich oft nicht einmal nach der Uhrzeit erkundigen, ohne dass der Befragte umgehend die Flucht ergriff. Ein Treffen mit Germanistikstudenten, die im selben Gebäude studierten, kam während des gesamten Semesters nicht zustande.

Später beschränkten sich meine Begegnungen hauptsächlich auf solche Gesprächspartner, die beruflich mit mir zu tun hatten, also quasi dienstlich mit mir kommunizieren mussten.

Mit wem kann ich mich also in Nordkorea als Tourist unterhalten? Vor allem natürlich mit den Reiseleitern. Diese sind schließlich zum Zweck des Sprechens mit Touristen angestellt worden, wobei hier auch gleich der Haken liegt: Egal ob sie nun die Wahrheit sagen, ein wenig beschönigen oder knallhart lügen, die Atmosphäre im Land und unser Vorwissen führen unweigerlich dazu, dass wir unaufrichtiges Theater vermuten. Ich weiß aus langjähriger Erfahrung, dass das keineswegs immer der Fall ist, aber was nützt das. Vertrauen ist ein zartes und empfindliches Pflänzchen, da genügt ein einziger kalter Windhauch, und es geht unwiederbringlich ein.

Meine Empfehlung lautet daher: bloß nicht »zumachen«, sondern bei aller gesunden Skepsis die Möglichkeiten nutzen, die sich bieten. Oft steht auf dem Programm der Besuch einer Schule, besonders des Englischunterrichts. Hier wird man gelegentlich einem Schüler oder einer Schülerin zugeteilt und darf beziehungsweise soll sich dann zwanzig Minuten auf Englisch unterhalten, und zwar ohne dass sonst noch jemand zuhört. Okay, die Kids sind darauf vermutlich vorbereitet worden, aber es sind eben auch Kinder, die darüber hinaus sehr clever sind und oft ein beeindruckendes Englisch sprechen.

Es gibt noch andere Nordkoreaner, deren Fluchtmöglichkeiten angesichts einer Gruppe von Ausländern eingeschränkt sind, mit denen Sie also ein paar Worte wechseln können. Dazu zählen Verkäuferinnen in den Devisengeschäften, das Personal der Restaurants, in denen die Touristen verpflegt werden, und die Hotelangestellten. Hinzu kommen die zahllosen lokalen Touristenführer mit ihrem enzyklopädischen Wissen über die exakten Maße, Gewichte und sonstigen Zahlen zu den von ihnen präsentierten

Sehenswürdigkeiten. Ich selbst spreche am liebsten mit dem Busfahrer, bei dem Sie aber mit Englisch oder Deutsch nicht weit kommen werden.

Die gute Nachricht: Neuerdings scheint sich die Scheu der Nordkoreaner allmählich zu verlieren. Vor allem in der Hauptstadt hat niemand mehr Angst vor Ausländern, oft wird man nicht einmal mehr besonders zur Kenntnis genommen. Zu viele Besucher sind dort unterwegs. Außerdem sind die Menschen heute im Vergleich zu meinen ersten Aufenthalten in den 1990er Jahren viel selbstbewusster und wohl auch informierter. Zwar hat mich im Mai 2016 ein älterer Angler am Taedong-Fluss verärgert und sehr einsilbig weggeschickt, als ich ihn nach seinem Fangerfolg fragte, aber das kann mir an der Donau in Wien auch passieren, vor allem, wenn es bisher nicht gut gelaufen ist. Gerade an Feiertagen klappt es hier und da mit einer Plauderei aber schon ganz gut. Und wenn man dann noch auf alkoholisierte Männer mittleren Alters trifft, dann wird man schnell einmal vertrauensselig umarmt und mit einem wahren Redeschwall überschüttet.

Die Frauen Nordkoreas sind bekanntlich sehr selbstbewusst. Ich freue mich immer, wenn in meiner Gruppe ein halbwegs attraktiver junger Mann ist – der wird nämlich von Damen aller Altersgruppen umschwärmt wie eine nektartriefende Blüte neben einem Bienenstock und kichernd mit indiskreten Fragen über seinen Beziehungsstatus bombardiert, die die Guides mit großem Vergnügen übersetzen.

Das bringt uns zum Inhalt von Gesprächen. Ein absolutes Tabu sind grundsätzlich die Führer und ihre Familien. Weder das Äußere noch die Charaktereigenschaften der Familie Kim sind als Gesprächsstoff geeignet, einmal abgesehen von den offiziellen Biografien und Anekdoten, die auch im regulären Besuchsprogramm ausführlich dargeboten werden. Nur bei der First Lady habe ich einmal so etwas wie verstohlene Neugier bemerkt, da man außerhalb Nordkoreas bisweilen mehr über solche Dinge erfahren kann als im Land selbst. Im Februar 2017 war ich just in der Woche im Land, als in Malaysia der Halbbruder des Führers vergiftet wurde; das Thema wurde komplett ignoriert, vorsichtige Gesprächsversuche sofort blockiert.

Wer einen guten Führerwitz kennt, sollte ihn tunlichst für sich behalten. Selbst die freundlichsten Nordkoreaner werden zur Furie, wenn ein Ausländer ihre Führung beleidigt, von den Folgen einer Ausweitung zur Staatsaffäre ganz abgesehen. Innerhalb der Reisegruppe einigen wir uns meistens auf so etwas wie ein Alias, um nicht ständig für prüfend-forschende Blicke zu sorgen, wenn wir im für Außenstehende ansonsten unverständlichen Gespräch untereinander wieder einmal »Kim Il-sung« oder »Kim Jong-un« gesagt hatten. Das ist wie mit den Büchern über Korea beim Zoll: Auch wenn der Inhalt unschuldig sein mag, stehen sie unter Generalverdacht.

Ebenfalls zu beherzigen ist: Wer sich daheim mit einigen historischen Ereignissen befasst hat, etwa der Befreiung von den Japanern oder dem Koreakrieg, der sollte sein Wissen nicht lauthals äußern. Zweifel an der Rolle Kim Il-sungs bei der Befreiung des Landes oder an der Aussage, dass der Koreakrieg mit einem Angriff Südkoreas begonnen hat, begreifen die Nordkoreaner nicht als Anlass zu einer sachlichen Diskussion, sondern als böswilligen Angriff auf die Landesehre.

Ebenso wenig goutiert werden Fragen nach den Arbeitslagern und der Menschenrechtssituation im Land. Das ist für viele Reisende schwer zu ertragen, da uns dieses Thema beschäftigt und empört. Die Antwort lautet in diesen Fällen unter Hinweis auf Guantanamo und die vielen Obdachlosen, dass die USA selbst die größten Verletzer von Menschenrechten auf der Welt seien und dass es sich bei den einschlägigen Berichten über Nordkorea um Feindpropaganda handele, mit der man das Land international isolieren und unter Druck setzen wolle. Mehr werden Sie nicht zu hören bekommen, dafür aber gründlich die Chemie ruinieren.

Zu den zwar erlaubten, aber unergiebigen und daher frustrierenden Gesprächsthemen gehört so gut wie alles, was mit konkreten Zahlen und Daten zu tun hat. Man bekommt entweder keine Antwort, oder die Zahlen sind so unglaubwürdig, unvollständig oder widersprüchlich, dass man am liebsten mit der Faust auf den Tisch hauen möchte. Vielleicht bin ich als Volkswirt hier auch besonders sensibel, wer weiß. Aber fragen Sie doch einmal nach dem üblichen Monatseinkommen – viel Spaß dabei. Drei Fragen, vier meilenweit voneinander entfernte Antworten. Oder erkundigen Sie sich, wie lange der Militärdienst dauert, ob er verpflichtend ist und ob Frauen auch zum Militär müssen. Wenn Sie besonders schmerzfrei sind, schieben Sie eine Frage nach dem Bruttosozialprodukt oder der Inflationsrate hinterher. Ob nun schlicht wegen Nichtwissens oder als bewusste Falschaussage: Viel Glaubwürdiges werden Sie nicht erfahren, dafür jede Menge voneinander abweichende Versionen erhalten.

Einräumen muss ich allerdings, dass meiner Erfahrung nach die ungewöhnlichsten und deplatziertesten Fragen gelegentlich die interessantesten Antworten produzieren. Ich war schon in Begleitung einiger sehr, sehr exzentrischer Menschen in Nordkorea unterwegs und bin jedes Mal zusammengezuckt, wenn sie unsere armen Begleiter mal wieder mit einer in keiner Weise politisch korrekten Bemerkung oder Frage konfrontierten. Und doch waren gerade das oft die Momente, in denen ich etwas Neues gelernt habe. Es kommt wohl auch darauf an, wer die Frage stellt. Mir als Experten steht da manchmal das eigene Wissen im Weg.

In jedem Fall kann ich als Reisender meine Zufriedenheit zumindest ein wenig selbst steuern. Wenn ich mich ständig darüber ärgere, was ich alles mit wem nicht besprechen kann, dann habe ich zwar recht, werde damit aber nicht weiterkommen. Erfahrene Reiseveranstalter wie Koryo Tours empfehlen ihren Klienten daher beim Briefing vor dem Reiseantritt, sich auf die Themen zu konzentrieren, die unbedenklich und erlaubt sind, sowie aus der Not eine Tugend zu machen und die armen Reiseleiter, die ja nicht weglaufen dürfen, gnadenlos auszuquetschen.

Fragen Sie also einfach nach den Lieblingsspeisen, den besten Restaurants, den Plänen für die Kinder, nach dem ersten Kuss. Lassen Sie sich einen koreanischen Witz erzählen oder die Familiengeschichte. Wo will man in Pjöngjang am liebsten wohnen? Welches Handy ist das beste? Welche Autos sind cool? Wohin gehen Jugendliche zum Tanzen? Wer ist die angesagteste Band oder Schauspielerin? Was macht man, um nicht dick zu werden? Wohin würde man am liebsten mal in den Urlaub fahren? Welche ist die beste Fußballmannschaft? Die Liste der möglichen Fragen ist endlos.

Und doch klingt das einfacher, als es ist. So aufschlussreich die Einblicke in die kleinen menschlichen Freuden, Nöte und Träume der Guides oder des Hotelpersonals auch sein können, es bleibt doch immer das nagende Gefühl, dieses Land nicht wirklich verstehen zu können. Eine Woche lang hält man das aus. Wer darüber hinausgehende Ambitionen hat, braucht vor allem Geduld und ein dickes Fell.

## Silben im Quadrat: koreanische Sprache und koreanische Namen

Die koreanische Sprache ist stärker mit dem Japanischen als mit dem Chinesischen verwandt. Das gilt für die Grammatik, aber auch für die Wörter und die im Koreanischen kaum bedeutsame Rolle der Laute in der gesprochenen Sprache. Doch trotzdem war China, was auch immer man zur jeweiligen Zeit darunter verstand, über Jahrhunderte hinweg der große Kulturgeber.

Das hatte unweigerlich Einfluss auf die Sprache, die eine Vielzahl von chinesischen Lehnwörtern enthält. Man könnte das vielleicht mit der Wirkung des Lateins auf die deutsche Sprache vergleichen. Die gebildete Oberschicht in Korea hat übrigens noch bis zum Ende des 19. Jahrhunderts klassisches Chinesisch für die offizielle schriftliche Kommunikation verwendet.

In Nordkorea hat man im Sinne einer nationalistischen Sprachpolitik seit vielen Jahren aktiv versucht, chinesische Lehnwörter durch »echte« koreanische Begriffe zu ersetzen. Auch hat sich Nordkorea, ähnlich wie Frankreich, lange dagegen gesträubt, Begriffe aus dem Englischen zu übernehmen. Das bereitet im Gespräch zwischen Nord- und Südkoreanern manchmal Schwierigkeiten.

Ein Beispiel für die oft eher willkürliche Sprachpolitik bieten die Länderbezeichnungen für Deutschland, Österreich und die Schweiz. In Südkorea nennt man Deutschland in Ableitung des in China verwendeten Begriffes *togil*. In Nordkorea hat man diese Bezeichnung ebenfalls lange benutzt, sie vor einigen Jahren aber durch das zunächst etwas sperrig aussehende *toich'willandŭ* ersetzt, was aber exakt der koreanischen Aussprache von »Deutschland« entspricht.

Es ist ein beachtlich moderner Ansatz, die komplette Landesbezeichnung direkt aus der Landessprache zu übernehmen. Selbst in Japan wird Deutschland nur *doitsu* genannt, in Anlehnung an »Deutsch«. Konsequent wird diese neue Idee in Nordkorea aber nicht angewendet. Österreich, das auf Chinesisch *àodìlì* heißt, wird in Nordkorea nach wie vor in der koreanischen Aussprache dieser Zeichen *ojiri* genannt. Die Schweiz heißt seit je her *sŭwisŭ*, was interessanterweise wieder dem Original »Suisse« entspricht, nicht dem chinesischen *ruìshì*.

Es kann für kurze Unterhaltungen unterwegs recht hilfreich sein, die in Nordkorea übliche Bezeichnung des eigenen Landes zu kennen, denn »Germany«, »Austria« und »Switzerland« werden nicht überall verstanden. Auch Missverständnissen kann man vorbeugen; nicht umsonst gibt es in Österreich T-Shirts mit der Aufschrift »No Kangaroos in Austria« zu kaufen.

All jenen, die schon etwas Japanisch oder Chinesisch sprechen können, fällt es deutlich leichter, Koreanisch zu lernen. Wenn Sie also zu dieser glücklichen Gruppe gehören, dann lohnt sich vielleicht vor der Reise sogar noch ein Sprachkurs. Doch auch alle anderen sollten sich überlegen, sich mit ein wenig Mühe die Grundlagen der koreanischen Sprache anzueignen, allem voran das Alphabet. Die Koreaner schreiben nämlich in der Tat nicht mit chinesischen Zeichen, auch wenn viele von ihnen – abhängig vom Bildungsniveau – diese zumindest passiv beherrschen.

Die gute Nachricht: Das heutige koreanische Alphabet besteht aus 14 Konsonanten und zehn Vokalen, also 24 Buchstaben. Diese kann man recht schnell erlernen. Gewöhnungsbedürftig ist allerdings, dass die Koreaner ihre Buchstaben nicht wie wir einen nach dem anderen aneinanderreihen, sondern in Silben schreiben. Diese Silben können aus mindestens zwei und maximal vier Buchstaben bestehen. Bei einer aus vier Buchstaben bestehenden Silbe liest man den Quadranten oben links zuerst, gefolgt vom Quadranten oben rechts, dann folgt der Quadrant unten links und schließlich der unten rechts. Diese Schreibweise führt dazu, dass sich die Buchstaben sozusagen ineinander verhaken. Einem westlichen Auge kommt dann eine Silbe wie ein Zeichen vor, und zum flüssigen Lesen bedarf es einiger Übung.

Hinzu kommt, dass das koreanische Alphabet Buchstaben hat, die wir nicht kennen. So gibt es zwei Varianten des Buchstaben »o«. Einer davon wird gesprochen wie in »Ofen«, der andere wie in »offen«. Daher die auch in diesem Buch gebrauchte Unterscheidung in »o« und »ŏ«. Neben dem Vokal »u« gibt es auch einen Laut, der wie eine Mischung aus einem knappen »ü« und einem

»i« gesprochen wird und mit »ŭ« wiedergegeben wird; eher wie in »Sünde«, nicht wie in »Süden«. Ein richtiges »ü« gibt es übrigens auch, was mich besonders freut, da mein Vorname die Menschen im Ausland nämlich in der Regel vor unlösbare Aussprache- und Schreibprobleme stellt. Allerdings kommen Koreaner mit Konsonanten ohne nachfolgenden Vokal nicht gut zurecht; »Frank« wird zum kaum wiederzuerkennenden »p'ŭrangk'ŭ«.

Koreanische Nachnamen bestehen übrigens meist aus einer Silbe und Vornamen aus zwei Silben. Vor allem zu Letzterem gibt es einige Ausnahmen, auf die ich später anlässlich des Märtyrerfriedhofs in Kapitel 8 noch einmal zurückkomme. Wichtig ist, dass der Familienname in der Regel zuerst genannt wird. Wenn sich also jemand mit »Hallo, ich bin Kang-Tong-Sam« vorstellt, dann ist das vermutlich ein Herr Kang, kein Herr Sam. Dumm natürlich, wenn der Herr Kang vorher ein Buch über westliche Namenskonventionen gelesen hat, sich an die Bräuche seiner Gäste anpassen will und sich als »Tong-Sam-Kang« vorstellt. Also fragen Sie sicherheitshalber nach.

Und wenn Sie schon über Namen sprechen, können Sie ja vielleicht auch gleich nach deren Bedeutung fragen. Das ist ein gutes Thema, um eine Unterhaltung zum Laufen zu bringen, denn koreanische Namen beruhen fast immer auf chinesischen Zeichen. Bei Männern wird man unweigerlich auf maskuline Symbolik stoßen, etwa *ch'ŏl* (Stahl) oder *ryong* (Drachen); wenn die Eltern eher akademische Ambitionen für den Nachwuchs hatten, dann kommt wohl auch mal ein *mun* (Schrift, Zeichen) oder *hak* (Lernen) im Namen vor. Bei Frauen findet sich oft ein *mi* (schön) oder *hyang* (Duft). Aber wie gesagt, es gibt viele Variationen, und das Thema ist schön unpolitisch, was Ihre Gesprächspartner freuen wird.

Wenn Ihnen das zu langweilig ist, können Sie ja einmal ganz verschmitzt fragen, was USA auf Koreanisch heißt und welche

Bedeutung der Name hat. Da kommt dann nämlich *miguk* (»schönes Land«) heraus.

Was gelegentlich passieren kann, ist, dass die gleiche Person unter verschiedenen Namen auftritt. Das muss kein vorsätzliches Täuschungsmanöver sein; es ist in Korea traditionell nicht unüblich, dass man im Laufe der Zeit seinen Vornamen ändert. Fragen Sie Ihren Guide, wie man ihn oder sie in der Kindheit genannt hat, werden Sie auf freudig überrascht hochgezogene Augenbrauen treffen. Ein prominenter Namensveränderer war Kim Il-sung, der Staatsgründer Nordkoreas. Er wurde als Kim Sŏng-ju geboren, nahm aber einen *nom de guerre* an, ähnlich wie die Herren Uljanow (Lenin) oder Tschugaschwili (Stalin).

Auf die Verwendung von Vornamen bei der Anrede sollte man allerdings tunlichst verzichten. Es ist kein Zufall, dass der Nachname in Korea zuerst genannt wird. Ein Herr Kim ist und bleibt für die meisten Menschen immer ein Herr Kim, auch wenn er mit Vornamen Kwang-il heißt. Vornamen sind engen Freunden und jüngeren Familienmitgliedern vorbehalten. Ein Nachname wird in der Anrede grundsätzlich von einem Titel begleitet. Das bei uns übliche »Herr« oder »Frau« gibt es in Nordkorea nicht; man spricht sich dort je nach Funktion mit »Direktor« oder »Lehrer« oder dem allgemeingültigen »Genosse« *(tongmu)* an. Das hat nichts mit einer Parteimitgliedschaft zu tun; etwas Ähnliches gab es auch während meiner Militärdienstzeit in der DDR, wo wir uns ebenfalls mit »Genosse XY« anzusprechen hatten. In Nordkorea heißt das dann Genosse Kim, oder *»Kim tongmu«*. Dabei kommt der Nachname zuerst, danach erst der Titel. Reisenden aus dem deutschsprachigen Raum fällt diese formelle Anrede in der Regel leichter als Amerikanern und Skandinaviern. Andere Formen der Anrede, wie etwa »älterer Bruder« *(hyŏngnim)* oder »Mutter / Vater von XYZ« *(XYZ omma / appa)*, kommen für kurzfristige Besucher eher selten in Frage.

Übrigens gibt es trotz der theoretisch egalitären sozialistischen Ideologie im traditionell höchst hierarchischen Korea noch einen zweiten Begriff für Genosse, den man vielleicht mit »verehrter Genosse« übersetzen könnte: *tongji*. Wer einen eindeutig übergeordneten Koreaner, nennen wir ihn Choe, korrekt anreden will, der spricht ihn mit »*Choe tongji*« an. Für den Hausgebrauch macht man als Reisender jedoch schon mit einem »*tongmu*« genug Eindruck. Die in Südkorea häufig als neutrale Anrede verwendeten Begriffe *tangsin* oder *ssi* sind in Nordkorea weniger üblich.

Zum Thema der korrekten Aussprache koreanischer Namen gibt es viel zu sagen, hier die Kurzfassung. Bei den meisten Namen hilft es, wenn man sich vorstellt, Englisch als Muttersprache zu haben. Aus dem geschriebenen »Park« wird dann »Pak«, was genau den drei für diesen häufigen Familiennamen verwendeten koreanischen Buchstaben entspricht (der Amerikaner würde Pak ansonsten fälschlicherweise wie Päk aussprechen).

Für Besucher mit Deutsch als Muttersprache ist vor allem das oft zu lesende »J« ein Problem. Es wird nämlich mitnichten wie in »Junge« ausgesprochen, sondern englisch wie in »joke«. Kim Jong-il spricht man also korrekterweise Kim-Chong-Il aus. Die zwei »o« habe ich schon erwähnt; daher auch die Unterscheidung in »ŏ« und »o«, beziehungsweise »eo« und »o«. Aus diesem Grund schreibt man die südkoreanische Hauptstadt auch Seoul, obwohl in den dafür verwendeten zwei Silben »sŏ« und »ul« weit und breit kein »e« vorkommt.

Die nordkoreanische Hauptstadt wird bei uns Pjöngjang geschrieben und gelegentlich wie »Föng-jang« gesprochen. Man ahnt es schon, das »ö« ist nicht real und das »f« ebenso wenig. In Korea gibt es nämlich ein normales »p«, das eher weich und ins »b« gehend gesprochen wird, und ein behauchtes, etwas härter klingendes »p«, wie es auch im Namen der Hauptstadt auftaucht. »Pyong-yang« spricht man es richtig aus.

All das kann ziemlich verwirrend sein. Mein Tipp: Schreiben Sie sich am besten immer die gehörten Namen von Personen und Orten so auf, dass Sie sie später selbst korrekt wiedergeben können. Die Notizen müssen Sie ja niemandem zeigen.

## Ärger mit »Nord«: Wie nennt man das Land richtig?

Eigentlich eine seltsame Frage; Nordkorea ist Nordkorea, sollte man meinen. Doch das stimmt nicht ganz. Die offizielle Staatsbezeichnung ist Koreanische Demokratische Volksrepublik, die Abkürzung wäre richtigerweise KDVR. Üblich ist bei uns jedoch die Abkürzung DVRK, die von der in den USA gebräuchlichen englischen Version abgeleitet und eigentlich nicht korrekt ist, weil im koreanischen Original »Koreanische« nun einmal am Anfang steht und nicht am Ende.

Das eigentliche Problem ist aber die Silbe »Nord«. Denn nach der offiziellen Lesart ist Korea nach wie vor *ein* Land, auch wenn es zurzeit geteilt ist. Während daher »nördlicher Teil von Korea« politisch korrekt wäre, ist es »Nordkorea« nicht, da es zwei Länder impliziert. In englischsprachigen Veröffentlichungen der Staatsmedien ist daher immer von »south Korea« die Rede, mit einem kleinen »s«, und nicht, wie sonst üblich, von »South Korea«.

Was sollten wir als westliche Besucher also nun sagen? Am einfachsten wäre wohl »Korea«, da sich aus dem Kontext sowieso ergibt, dass man über den Norden spricht. Im Englischen verwendet man in der Regel »DPRK«, Democratic People's Republic of Korea. Uns kommt das »DVRK« aber weniger leicht über die Lippen, ich fand »KDVR« leichter.

Je nach Reiseleitung werden Sie bemerken, dass manche Guides längst aufgegeben haben und »Nordkorea« oder »North Korea« einfach akzeptieren oder sogar selbst verwenden. Es kann aber nicht schaden, sich der Tatsache bewusst zu sein, dass es sich hier um ein potenziell sensibles Thema handelt. Wenn man schon mit Anlauf in ein Fettnäpfchen springt, dann sollte das zumindest nicht unbewusst geschehen.

## Losungen und Transparente

Etwas sticht in Nordkorea sofort nach der Ankunft ins Auge: Das gesamte Land ist übersät mit Losungen, Spruchbändern, Plakaten und Mosaiken.

Leider bleibt deren Inhalt den meisten Touristen aufgrund der fehlenden Sprachkenntnisse verborgen. Aber selbst bei bildlichen Darstellungen erschließt sich der Sinn nur bedingt, denn hier wird gern mit Symbolen gearbeitet. Ein Beispiel sind die Führer, die oft durch besondere Blumen oder auch ihre Geburtsorte versinnbildlicht werden. Wer also auf einem großen Mosaik zwei traditionelle koreanische Häuser und eine schneebedeckte Blockhütte erspäht, der blickt eigentlich auf Kim Il-sung, seine Frau Kim Jong-suk und deren Sohn Kim Jong-il. Für Kim Jong-un gibt es übrigens noch kein Symbol – weder eine Blume noch ein Geburtshaus. Allerdings wird er, ebenso wie seine Vorgänger, in einer Reihe von Liedern verherrlicht, die natürlich allesamt auf Koreanisch gesungen werden und daher dem westlichen Reisenden ein Buch mit sieben Siegeln bleiben.

Komplett verloren ist man ohne Koreanisch- und Kontextkenntnisse bei Schriftzügen, die an Gebäuden, an Fahrzeugen, auf eigens dafür errichteten Plakatwänden oder auch auf riesigen Tafeln mitten in der Landschaft zu lesen sind. Das ist ein echter Verlust, weil man hier viel über die Lage im Land und die aktuelle Politik der Regierung erfahren könnte. Wenn zum Beispiel Anfang 2013 unsere Nachrichten monatelang von einer Stufe der

Eskalation nach der anderen berichteten und die koreanische Halbinsel auf einen Krieg zuzusteuern schien, dann war es sehr aufschlussreich, überall im Land Losungen zu sehen, die vor allem auf die Stärkung der Wirtschaft ausgerichtet waren und nicht etwa Aufforderungen zur Mobilmachung oder zum verstärkten Hass auf die Feinde enthielten.

Auch als sich die Experten fragten, wie wohl Kim Jong-un seinen Herrschaftsanspruch legitimieren würde, gaben die Losungen wertvolle Hinweise. Als Kim Jong-un erstmals als »Große Sonne des 21. Jahrhunderts« bezeichnet wurde – ein Titel, der bis dahin seinem Vater vorbehalten war –, kam etwas Klarheit in die Selbstsicht des neuen Führers. Und als Transparente mit den Worten »Verbesserung der Lebensverhältnisse des Volkes« bei seiner ersten Rede in der vordersten Reihe auftauchten, war das ein Hinweis darauf, dass es ihm zur Legitimierung seines Führungsanspruches nicht vorrangig um die Ideologie gehen würde.

Antworten auf die Frage, wie sich Kim Jong-un seine politische Einordnung in die Familiendynastie vorstellt, wurden und werden ebenfalls aus den Losungen ersichtlich. Sein Großvater war nach seinem Tod 1994 nicht nur per Verfassungsänderung zum »ewigen Präsidenten« ernannt worden, sondern seine fortgesetzte Präsenz wurde auch durch die Losung »Der Große Führer Kim Il-sung wird auf ewig mit uns sein« zum Ausdruck gebracht. Als Kim Jong-il 2011 starb, wurden umgehend alle diese Losungen mit großem Aufwand umgestaltet, sodass sie nun lauten: »Die Großen Genossen Kim Il-sung und Kim Jong-il werden auf ewig mit uns sein«. Das stellt den Versuch von Kim Jong-un dar, das kraftvolle Image des Großvaters und Staatsgründers mit der zum Vater bestehenden Nähe zu verknüpfen.

Aus den Losungen lässt sich auch viel über das Leben der Menschen in Nordkorea erfahren. Vor dem 7. Parteitag der Partei der Arbeit im Mai 2016 fand zum Beispiel landesweit eine 70-tägige

Kampagne statt, die zu größeren Arbeitsanstrengungen aufrief. Überall – auf der Straße, in den Gebäuden – sah man Plakate, auf denen die Betrachter gefragt wurden: »Hast auch Du heute schon Dein Soll erfüllt?«, verbunden mit einem Countdown der noch verbleibenden Tage für diese Aktion.

In den Bergen findet man oft Transparente und Plakate mit der Aufforderung, den Wald zu schützen oder mit offenem Feuer achtsam umzugehen. Zu den saisonalen Losungen gehören Mitteilungen wie »August und September sind Monate der Hygiene«. In der Sonderwirtschaftszone Rasŏn habe ich sogar einmal ein Transparent mit der Aufschrift »Lasst uns den Außenhandel vorrangig behandeln« gesehen. An den Arbeitsplätzen hängen Kalligraphien mit Sätzen wie »Wenn die Partei befiehlt, dann werden wir folgen«. Am Straßenrand gibt es Steine mit der Aufschrift »Das Glück, einen großen Führer zu haben«. Kindergärten erkennt man an der über dem Eingang prangenden Aufschrift »Wir sind glücklich«, während an Schulen »Wir danken Dir, Vater Kim Jong-un« zu lesen ist.

Eine Art von Losungen erkennt man auch ohne Koreanischkenntnisse. Wenn mitten im normalerweise weiß auf Rot gehaltenen Schriftzug zwei Silben mit schwarzer Farbe geschrieben wurden, dann bezieht sich das mit größter Sicherheit auf die USA, genauer den »US-Imperialismus« *(mije)*.

Bei der Gestaltung der Losungen gibt es interessante Unterschiede. So sind im Nordosten viele mit weißer Farbe auf blauem Untergrund geschrieben, was angeblich keinen besonderen Anlass hat. Vielleicht stimmt das sogar, oder die rote Farbe war ausgegangen, wer weiß. Jedenfalls hilft solches Wissen zum Beispiel bei der geographischen Zuordnung von Fotos.

Nicht alle Schriftzüge sind politische Parolen. Es gibt auch Werbung, die auf Restaurants, Geschäfte oder Badehäuser hinweist. Diese Schilder sind oft an der goldenen Farbe der Buchstaben oder der allgemein bunteren Gestaltung erkennbar.

Es lohnt sich also auf jeden Fall, wenn kein Sprachkundiger unter den Mitreisenden ist, hier und da die Guides nach der Bedeutung der allgegenwärtigen Schriftzüge zu fragen. Sie sind ein elementarer Bestandteil des nordkoreanischen Alltagslebens. Und man darf sie zwar nicht mit nach Hause nehmen, aber bedenkenlos und ohne Einschränkungen fotografieren.

## Führerbilder am Revers

Hierum ranken sich unzählige Gerüchte. Es geht um die Abzeichen in verschiedenen Formen, die alle Nordkoreaner an der linken Brustseite tragen, außer auf Arbeitskleidung oder beim Baden.

Man erkennt entweder Kim Il-sung oder Kim Jong-il, mal auf rundem, mal auf eckigem Grund, in letzter Zeit auch immer häufiger beide vereint auf einer roten Fahne. Nordkoreaner erhalten diese Abzeichen in einer Zeremonie von ihrer jeweiligen Tätigkeitsstelle. Das kann die Militäreinheit sein, die Fabrik oder die Universität. Viele Menschen haben daher mehrere solche Anstecker. Ein Nordkoreaner hat mir einmal gezeigt, wie sie hübsch nebeneinander aufgereiht und von außen unsichtbar an die Innenseite seiner Brusttasche geheftet waren.

Ausländer werden nur sehr selten der Ehre für würdig befunden, eines der Abzeichen verliehen zu bekommen. Ich habe einmal erlebt, wie ein italienischer Rechtsanwalt, der in der Hauptstadt eine Kanzlei eröffnen wollte, nach wenigen Tagen mit dieser Auszeichnung bedacht wurde. Ich selbst besitze übrigens kein offizielles Abzeichen. Wer unbedingt einen dieser Anstecker haben möchte, ohne dafür gleich Parteimitglied oder Großinvestor werden zu wollen, der sollte einfach in China danach fragen, dort wird er garantiert fündig. In Dandong etwa werden sie in allen Formen, Farben und Größen angeboten.

## Film und Fernsehen in Nordkorea

Es ist kein Zufall, dass die Herrschaften im speziellen politischen Kontext Nordkoreas die Wirksamkeit des Films besonders zu schätzen wissen. Er ist hier sogar zur Chefsache geworden. Kim Jong-il, der Vater des gegenwärtigen Führers, war als besonderer Verehrer dieses Mediums bekannt. Er hat einige theoretische Werke dazu verfasst und sich als Regisseur betätigt. Zu den skurrilen Geschichten des nordkoreanischen Films gehören die Entführung eines südkoreanischen Regisseurs und seiner Ehefrau, einer Schauspielerin, sowie die Schaffung einer nordkoreanischen Version von Godzilla mit dem Namen Pulgasari. Wer mag, kann diese und viele andere Einzelheiten im exzellent recherchierten und sehr empfehlenswerten Buch von Johannes Schönherr, *North Korean Cinema,* nachlesen.

Die Nordkoreaner lieben Filme, wie andere Menschen auch. Ihr Zugriff auf Produkte aus dem Ausland ist allerdings begrenzt; das alle zwei Jahre stattfindende »P'yŏngyang Film Festival«, auf dem auch Filme aus Europa, nicht aber aus Südkorea und aus den USA, gezeigt werden, stellt hier eine seltene Ausnahme dar. Man sieht also vor allem heimische Produktionen, die im Kino oder im TV ausgestrahlt werden und auch auf DVD verfügbar sind. Mit der Verbreitung von Computern machen entsprechend bestückte USB-Sticks die Runde.

Von Flüchtlingen, die in Südkorea leben, hört man einhellig, dass sich die offiziell verbotenen Produkte der südkoreanischen Unterhaltungsindustrie in Nordkorea großer Beliebtheit erfreuen. Angeblich schauen alle heimlich Seifenopern. Erwarten Sie nicht, zu einem solchen Event eingeladen zu werden. Aber wer die Augen offenhält, erkennt womöglich bestimmte Attribute und Verhaltensweisen, die durchaus als Nachahmung des in solchen Filmen Gesehenen interpretiert werden können. Auch Seouler

Slang scheint sich in bestimmten Kreisen Nordkoreas zu verbreiten, vor allem unter der jungen Mittelschicht.

Zu den offiziell verfügbaren Medien gehören in der Hauptstadt drei TV-Sender, von denen einer vor allem Filme zeigt. Im Rest des Landes empfängt man meist nur einen Sender. Unnötig zu erwähnen, dass es sich um Staatsfernsehen handelt. Seit 2016 soll es in ausgewählten Gebieten IP-TV geben, also per Datenleitung an die Haushalte übertragenes Fernsehen. Das ist nicht nur ein technischer Fortschritt, sondern macht auch Antennen überflüssig, mit denen man »aus Versehen« die falschen Sender empfangen könnte.

West- oder, besser gesagt, Südfernsehen gibt es in Nordkorea nicht. Das ist ein sehr wichtiger Unterschied zu meiner Heimat DDR, in der die meisten von uns, bis auf die armen Dresdner, mit ARD, ZDF und diversen Dritten Programmen aufgewachsen sind. Auch auswärtige Radiosender können in Nordkorea nicht empfangen werden, die Signale sind geblockt. Jedenfalls ist das die Theorie. In manchen Hotels laufen Al Jazeera, Deutsche Welle TV oder BBC; wer weiß, vielleicht vergisst die Putzfrau ja gelegentlich, den Fernseher beim Reinigen des Zimmers auszuschalten.

Ich muss beim Thema Film immer an einen nordkoreanischen Bekannten denken, der mir mit einiger Wehmut ob seines noch vergleichsweise jungen Alters seine Traumvorstellung vom Rentnerdasein so geschildert hat: den ganzen Tag zu Hause bleiben und Filme schauen.

## Kleine Geschenke erhalten die Freundschaft?

Oft werde ich gefragt, was man als Tourist nach Nordkorea mitbringen sollte. Hierzu habe ich eine dezidierte Meinung, die von den Empfehlungen der meisten Reisebüros abweicht. In aller Kürze: keine Geschenke.

Geschenke haben eine Funktion. Man will Freundschaft aufbauen oder pflegen, Danke sagen, sich erkenntlich zeigen, das Eis brechen, sich revanchieren oder bestimmten Ereignissen wie Geburtstag, Feiertage und Ähnlichem gerecht werden. Gut, aber was davon trifft im Fall einer touristischen Reise nach Nordkorea zu? Anders gefragt, wenn Sie nach Gran Canaria fliegen oder auf die Malediven, eine Rundreise durch Mexiko machen oder durch Tibet, was bringen Sie dann mit? Stangenweise Zigaretten? Schnaps? Kosmetika? Buntstifte? Wie kann man etwas kaufen für jemanden, den man noch gar nicht kennt?

Üblich ist es, am letzten Abend den einheimischen Reisebegleitern Trinkgeld zu geben. Hier sollte man nicht knausrig sein, je nach Leistung natürlich. Die Guides arbeiten innerhalb eines festgesetzten Rahmens, haben aber doch einen gewissen Spielraum, um Ihnen die Reise ein wenig interessanter und angenehmer zu machen. Das sollte sich im Trinkgeld niederschlagen, üblich sind fünf Euro pro Person und Tag, beziehungsweise das Äquivalent in Dollar oder Yuan. Ich sammle diesen Betrag am liebsten schon vor der Reise von den Mitreisenden ein und überreiche das Geld – nach vorheriger nochmaliger Diskussion über die tatsächliche Zufriedenheit – im Namen der Gruppe. Damit vermeide ich das Problem, dass jemand am letzten Tag kein Geld mehr übrig hat oder dass es Streit wegen der Höhe des Betrages gibt. Die Summe wird unter den zwei Guides und dem Fahrer aufgeteilt und in drei verschlossenen Umschlägen überreicht; zuvor konsultiert man am besten den Anführer der Truppe. Unterwegs laden wir die Guides immer mal auf einen Drink ein, und beim Besuch von Devisenrestaurants zahlen wir immer das Essen. Der Fahrer darf während der Reise nicht trinken, für ihn kaufe ich in einem Hotel eine Flasche seiner Wahl. Ich nehme immer auch zwei Stangen Zigaretten für unvorhergesehene Gelegenheiten unterwegs mit und verteile den Rest am letzten Abend ebenfalls unter den Guides und dem Fahrer.

Was kleine Geschenke für Kinder angeht, habe ich hier und da unerfreuliche Erfahrungen gemacht. Einerseits wurde ich einige Male fast schon aggressiv gedrängt, in einem bestimmten Geschäft Süßigkeiten zu kaufen, die beim planmäßigen Besuch einer Schule oder eines Kindergartens den Erzieherinnen übergeben werden sollten. Andererseits gab es das strikte Verbot, mitgebrachte Süßigkeiten, Buntstifte oder Plüschtiere an Kinder zu verteilen, die zufällig unseren Weg kreuzten. Offenbar hatten es Reisende übertrieben und zu gönnerhaft Geschenke verteilt. Im Kleinen kann man hier erleben, was auch Hilfsorganisationen seit Jahrzehnten berichten. Es gibt gelegentlich ein stark ausgeprägtes Anspruchsdenken, zugleich wird unter Hinweis auf den Nationalstolz jedoch das vom Geber erwartete Maß an Dankbarkeitsbezeugungen verweigert und es gibt Versuche der Behörden, zu bestimmen, wer etwas erhält und wer nicht. Das Resultat ist bestenfalls eine peinliche, unbehagliche Situation und schlimmstenfalls beiderseitige Frustration.

Jeder Reisende muss letztlich selbst entscheiden, ob er etwas mitbringt und was. Vor allem die Guides sind in der Regel verwöhnte Mitglieder der oberen Mittelschicht, das sollte man berücksichtigen. Sie kennen und schätzen teure ausländische Markenprodukte und reagieren auf Billigware eher beleidigt. Ich würde mein Reisegepäck schonen und vor Ort entscheiden, welche kleine Aufmerksamkeit ich verschenken möchte. Gelegenheiten zum Einkauf, auch von Importwaren, gibt es in den Hotels.

Was recht gern gesehen wird, sind Kleinigkeiten für die zahllosen örtlichen Guides, in der Regel Frauen in traditionellen koreanischen Gewändern. Das können alles in allem locker dreißig Personen sein, denen man im Lauf der Reise für jeweils selten mehr als eine Stunde begegnet. Konkret wurde Nivea-Creme als willkommenes Präsent genannt, auch für Männer.

## Verhalten gegenüber Behörden und Offiziellen

Nordkorea ist eine Diktatur. Der Staat ist allmächtig. Mit den Vertretern des Staates sollte man entsprechend vorsichtig umgehen oder sich den Konsequenzen stellen. Wer ein Held sein will, mag das gern tun, solange es nicht auf Kosten anderer passiert.

Wenn es zu Problemen kommen sollte, dann helfen Besonnenheit und Freundlichkeit weiter. Im Zweifel überlässt man das Reden den Guides, dafür sind sie da. Das Zimmer gefällt nicht? Das Essen schmeckt nicht? Das Wechselgeld stimmt nicht? Man ist bei Rot über die Straße gegangen und wurde von einem Verkehrspolizisten angehalten? Man hat angeblich ein böses Foto gemacht? Bleiben Sie ruhig und fragen Sie die Reiseleiter, die werden nicht weit sein. Riskieren Sie keinen Alleingang.

# 4

# Unterbringung: Der Charme des Sozialismus

Auch bei einem so außergewöhnlichen Reiseland wie Nordkorea stellen sich ganz profane Fragen. Wie und wo wohnt man als Gast in Nordkorea? Welchen Komfort kann man erwarten? Kann man das Leitungswasser trinken? Wenn man die Wahl hat, welches Hotel wäre zu bevorzugen?

Meist haben wir auf unseren komplett durchgebuchten Reisen keine Wahl und müssen das nehmen, was kommt. Wie der Einzelne mit dem Dargebotenen umgeht, ist wie so oft in Nordkorea eine Frage der Perspektive. Wenn Ausländern die besten verfügbaren Unterkünfte und das beste Essen angeboten werden, ist das dann wieder so ein typisch nordkoreanischer Täuschungsversuch, da wir doch wissen, dass viele Menschen deutlich schlechter leben? Oder ist es, wie man in den meisten anderen Ländern annehmen würde, Ausdruck von Gastfreundschaft und auch Nationalstolz?

Viele Besucher entscheiden sich für die erste Variante. Dann müsste man genau genommen konsequent jeden Stromausfall, jede kalt bleibende Dusche und jedes fehlende Stück Toilettenpapier als Ausdruck anerkennenswerter Ehrlichkeit werten.

## Was hat man allgemein zu erwarten?

Wie fast alles in Nordkorea ist das Reisen ein vom Staat betriebenes oder zumindest kontrolliertes Geschäft. Es dient dem Geldverdienen ebenso wie der Darstellung des Landes nach außen. Es muss daher nicht überraschen, dass westliche Touristen in der Regel in den besten Hotels untergebracht werden, die mit der Lebenswirklichkeit vieler Nordkoreaner wenig gemein haben.

Das heißt nicht, dass die Hotels sämtlichen bei uns gewohnten Komfort bieten. Meist verströmen die Unterkünfte in Nordkorea etwas, das man vielleicht mit »Ostblock-Charme« übertiteln könnte. Der Geschmack der Einrichtung orientiert sich an den 1970er und 80er Jahren, es gibt viel Marmor und Messing, monströse Kristallleuchter und hohe Räume, gewaltige Sitzmöbel und riesige Tische. Die Atmosphäre ist eher kalt und unpersönlich, trotz des stets sehr aufmerksamen und bemühten Personals. Wirklich gemütlich wird es in Nordkorea selten.

Man hat häufig den Eindruck, dass die Hotels ihre besten Zeiten hinter sich haben. Das ist kein Zufall: Sozialistische Wirtschaftssysteme sind durch Einmalinvestitionen mit darauffolgenden permanenten Reparatur- und Instandhaltungsmaßnahmen gekennzeichnet. Letztere erfolgen in der Regel durch landeseigene Mittel und müssen ohne Importe auskommen. Anstatt zu erneuern, wird repariert. Das führt trotz der hohen handwerklichen Kunst der damit befassten Arbeiter im Laufe der Zeit bestenfalls zum Bild einer in die Jahre gekommenen Schönheit. Im schlimmeren Falle bietet sich der Anblick von Flickschusterei, was vor allem bei Sanitärinstallationen und der Elektrik auf Dauer einen sehr speziellen Eindruck hinterlässt.

Ich will an dieser Stelle erwähnen, dass die Nordkoreaner durchaus hochwertig bauen und einrichten können, davon kann man sich in neuen Anlagen wie dem Wissenschaftszentrum überzeugen. Dort herrschen Sauberkeit und Präzision bis ins kleinste Detail und in die fernste Ecke.

Angesichts der eingangs gemachten Bemerkung über den besten Eindruck, den man bei Ausländern hinterlassen möchte, stellt der eher mittelmäßige Zustand der Hotels einen gewissen Widerspruch dar. Andererseits kostet die qualitativ hochwertige Wartung solcher Gebäude viel Geld. Und da es im Lande derzeit – noch – keine Konkurrenz im Hotelsektor gibt, setzt man die Prioritäten entsprechend. Auch ideologisch-politisch bietet sich eine Erklärung an: Zwar schätzt man die ausländischen Gäste sehr, aber das Augenmerk des väterlich-fürsorglichen Führers liegt, wo sonst, auf dem Wohlergehen der eigenen Bevölkerung. Das war jedenfalls viele Jahre lang die offizielle Auskunft, wenn man nach der mittlerweile wenigstens hübsch verkleideten Bauruine des Ryugyŏng-Hotels in Pjöngjang gefragt hat.

Meine Anmerkungen zur Qualität der Unterkünfte will ich nicht als hämische Kritik, sondern als neutrale Feststellung verstanden wissen. Nordkorea ist ein vergleichsweise armes Land. Wer dort europäischen Fünf-Sterne-Standard erwartet, muss sich den Vorwurf der Überheblichkeit gefallen lassen. Allerdings zeigt die Sonderwirtschaftszone Rasŏn, was gemeinsam mit Partnern heute auch in Nordkorea möglich ist. Dort findet man, nicht zuletzt dank der engen Kooperation mit den Chinesen, Unterkünfte, die ohne Abstriche westlichen Standards entsprechen. Ich habe bereits in anderen Fällen, etwa bei E-Bikes, Rasŏn als eine Art Vorreiter wahrgenommen. In ein paar Jahren könnte sich die Unterkunftssituation also dramatisch verbessert haben.

## Wasser: Gar nicht so einfach

Oft beginnt der Besuch im Hotel, vor allem außerhalb der Hauptstadt, damit, dass man gesagt bekommt, zu welchen Uhrzeiten es warmes Wasser gibt. Hier sollte man genau zuhören, da es sich in der Regel nur um jeweils eine Stunde am Morgen und am Abend handelt. Zähne kann man auch mit kaltem Wasser putzen; eine kalte Dusche oder Haarwäsche ist hingegen nicht jedermanns Sache.

Die Wasserqualität in von Ausländern frequentierten Hotels in Nordkorea ist grundsätzlich gut. Nimmt man aber den Zustand der sichtbaren Industrieanlagen zum Maßstab und zieht daraus seine Schlüsse, dann geht man besser keine Risiken ein. Es ist zu empfehlen, Leitungswasser nicht zu trinken. Mineralwasser in Plastikflaschen gibt es in Nordkorea dank den vor eineinhalb Jahrzehnten begonnenen marktwirtschaftlichen Aktivitäten überall und zu äußerst günstigen Preisen zu kaufen. Manche Reisende nehmen auch Desinfektionsmittel in flüssiger Form oder als Gel mit.

Gelegentlich, vor allem außerhalb der Hauptstadt, stößt man auf unkonventionelle Lösungen. So kann es vorkommen, dass im Bad ein großer Wasserkübel steht, in dem ein Tauchsieder schwimmt. Das ist dann der Warmwasserboiler. Auf dem Land sieht man häufig auch noch Brunnen, mit denen Touristen allerdings nicht in Kontakt kommen.

## Sanitäre Einrichtungen

Die sanitären Einrichtungen in den von Ausländern besuchten Hotels entsprechen unseren Standards, es handelt sich also um WCs zum Hinsetzen. Der Zustand ist zwar oft abgenutzt, aber stets blitzblank sauber. Unterwegs findet man auch die in China üblichen in den Boden eingelassenen Schüsseln, über die man sich hocken muss. Das kann je nach Trainingszustand eine Herausforderung für die Oberschenkelmuskulatur und die Knie bedeuten. Auch der Umgang mit der Kleidung bei der Benutzung solcher Fazilitäten will gelernt sein. Solche Nebensächlichkeiten können zu einem echten Problem werden – also machen Sie ruhig einmal zu Hause eine Trockenübung. Kleiner Tipp: Versuchen Sie, wie es die Koreaner tun, die Fersen beim Hocken auf dem Boden zu lassen. Das steigert die Stabilität und man hält länger durch.

Wie in vielen Ländern der Dritten Welt haben die Abflussrohre in Nordkorea oft einen sehr geringen Durchmesser. Sie verstopfen schnell, wenn man zu viel oder zu dickes Toilettenpapier verwendet oder andere Gegenstände hinunterspülen will. Manchmal findet man deshalb auf den WCs an der Wand kleine Drahtkörbe für das benutzte Papier. Das ist kein schöner Anblick, aber immer noch besser als eine überquellende Kloschüssel.

Eine Besonderheit, die man heutzutage vor allem außerhalb der Hauptstadt vorfindet, sind Alternativen zur Wasserspülung, da diese gelegentlich nicht funktioniert. Wenn Sie beim Bezug Ihres Hotelzimmers feststellen, dass die Badewanne voll Wasser ist, dann lassen Sie dieses um Himmels willen nicht ab. Das hat nicht der Vorgänger oder das Reinigungspersonal vergessen; das ist Ihre Reserve für den Notfall. Meist schwimmt ein großes Schöpfgefäß in der Wanne herum. Damit kann man den Spülkasten des WCs nachfüllen oder direkt Wasser in die WC-Schüssel gießen.

In den WCs öffentlicher Einrichtungen sind für diesen Zweck gemauerte und geflieste Becken vorhanden. Dort wird einem ganz nebenbei die gesamte Absurdität einer sozialistischen Wirtschaft vor Augen geführt: Die Becken, die wegen eines Mangels an Wasser und an Strom für den Betrieb der Pumpen errichtet wurden, laufen über, wenn einmal genug von beidem vorhanden ist, da die Wasserhähne permanent offen sind und sich niemand die Mühe macht, sie zuzudrehen.

## Strom: Mal ist er da, mal ist er weg

In den letzten Jahren hatte ich den Eindruck, dass die Stromversorgung in Nordkorea deutlich besser geworden ist. Aber trotzdem muss man mit Stromausfällen rechnen, da auch bei vorhandener Energie die maroden Netze gelegentlich kollabieren. Bei niedrigem Wasserstand oder im strengen Frost des Winters funktionieren die Wasserkraftwerke nur eingeschränkt. Denken Sie also an die Mitnahme einer Lichtquelle.

Auch beim Aufladen elektronischer Geräte sollte man die unzuverlässige Stromzufuhr berücksichtigen. Warten Sie nicht, bis der Akku leer ist – genau dann könnte auch die Stromleitung tot sein. Die Mitnahme eines Ersatzakkus ist daher besonders sinnvoll. Die Spannung beträgt übrigens 220 Volt. Ein Weltstecker leistet gute Dienste, da man in Nordkorea verbaut, was man bekommt – das können wahlweise Steckdosen aus Japan, Russland oder China sein.

Neben der Ernährung ist die Verfügbarkeit von Energie eine der von Kim Jong-un in seiner Neujahrsansprache vom Januar 2017 erwähnten Hauptherausforderungen der nordkoreanischen Wirtschaft. Seine Untertanen lösen dieses Problem auf ihre Weise. In den Fenstern, vor allem außerhalb der Hauptstadt, sieht man überall Solarpaneele, die im Inneren der Häuser an Autobatterien angeschlossen sind und diese tagsüber aufladen. Am Abend betreibt man damit dann Lampen und Fernseher.

Für energieintensivere Anwendungen wie Heizen oder Kochen ist das allerdings zu wenig. Wer zur richtigen Jahreszeit im Lande ist und seine Augen aufhält, wird am Straßenrand große Haufen schwarzen Staubes entdecken. Das ist Steinkohle in Pulverform, nordkoreanisch *sŏkt'an*, die mit etwas Kleber vermischt und in runde Stahlformen mit mehreren Löchern gepresst wird. In Südkorea wurden diese *yŏnt'an* genannten Briketts bis Ende der 1980er Jahre noch in der Mehrzahl der Haushalte verwendet, bevor sie von Öl- und Gasheizungen abgelöst wurden. In Nordkorea sind Kohlebriketts auf dem Land eine wichtige, wenngleich ziemlich teure Energiequelle. In normalen Wintermonaten braucht ein Haushalt drei *sŏkt'an* pro Tag, im kalten Januar sind es vier. Auf dem Land wird auch viel mit Biogas gekocht. Wenn man genau hinschaut, dann erkennt man die von der entsprechenden Grube direkt in die Küche verlaufenden Plastikschläuche.

Wem bei der Einreise und auf dem Weg durch das Land die abgeholzten Berghänge aufgefallen sind, der findet in der Energieknappheit die Antwort auf die Frage, warum die Koreaner wider besseres Wissen das Risiko von Bodenerosion eingehen. Denn bevor man im Winter friert, sammelt man lieber Feuerholz. Wenn es nicht auf dem Boden liegt, dann schneidet man es vom lebenden Baum. Viele der Menschen, die ständig auf den Straßen Nordkoreas mit riesigen Bündeln auf dem Rücken oder dem Gepäckträger ihres Fahrrades unterwegs sind, transportieren solches Kleinholz, um es zu verkaufen oder um damit das Feuer in der eigenen Küche zu betreiben. Solange Nordkorea keinen dauerhaften Zugang zu Öl und Gas hat und einen Großteil seiner Steinkohle zur Erwirtschaftung von Devisen exportiert, so lange werden die aus der Abholzung resultierenden Umweltschäden ein Problem bleiben – trotz staatlicher Kampagnen zur Wiederaufforstung und zum Umweltschutz.

## Schlafen: Koreaner mögen's hart und warm

Koreaner schlafen traditionell auf dem Boden. Das ist praktisch, weil man kein Bett benötigt und somit den gleichen Raum zum Wohnen, Essen und Schlafen nutzen kann. Außerdem werden koreanische Häuser durch die *ondol* (»warmer Stein«) genannte Fußbodenheizung erwärmt; die Abluft der Kochstelle in der Küche wird unter dem gesamten Haus hindurch zu einem außen angebrachten Schornstein geleitet. Das beste Zimmer in einem nach alter Tradition gebauten Haus ist daher jenes neben der Küche.

Koreaner sind eher harte Schlafunterlagen gewohnt; auf den Boden legen sie eine etwa fünf Zentimeter dicke Matratze, das war's. Die Betten funktionieren oft nach dem gleichen Prinzip und sind nicht immer so weich, wie man es von daheim kennt. Vorsicht also, wenn Sie sich schwungvoll ins Bett fallen lassen wollen. Besonders in Hotels auf dem Lande sind die Betten gelegentlich erhöhte Teile des Fußbodens mit integrierten Heizrohren.

Gelegentlich wird man Ihnen eine Wahlmöglichkeit bieten. Ich persönlich ziehe selbst ein hartes Bett dem Fußboden vor, vor allem in der Heizperiode, denn dann wird es auf dem Boden von unten richtig warm. Mit der Regelungstechnik in Nordkorea ist es nicht weit her; in vielen Hotels kennt man nur kochend heiß oder eisig kalt. Da man den Gästen immer das Beste bieten will, sind die Räume vom Herbst bis zum Frühjahr hoffnungslos überheizt. Wer am Boden schläft, der kocht im eigenen Saft, und an Schlaf ist kaum zu denken.

Das Wissen um den eigenen privilegierten Status und darum, dass zur gleichen Zeit viele Menschen in Nordkorea frieren, sollte einen eigentlich dankbar stimmen, aber das funktioniert nicht immer. Einige meiner Mitreisenden haben in ihrer Verzweiflung schon mal mitten im Winter die Klimaanlage eingeschaltet und die Raumtemperatur erfolgreich von 30 Grad auf 24 Grad senken können. Mir war das zu verschwenderisch; ich öffnete stattdessen das Fenster zur minus acht Grad kalten Außenwelt, um allerdings kurz darauf vom draußen patrouillierenden Nachtwächter in rüdem Ton zurechtgewiesen zu werden.

## Hotels in Pjöngjang: Wichtige Unterschiede

Da Individualreisen nahezu ausgeschlossen sind, haben Sie bezüglich der Unterkunft in der Regel nicht die Qual der Wahl. Sollten Sie aber für sich und andere eine eigens nach Ihren Vorstellungen gestaltete Reise planen, dann ist es durchaus sinnvoll, sich auch über das Hotel Gedanken zu machen. Es gibt einige Unterkünfte, die aus verschiedenen Gründen erwähnenswert sind.

In Pjöngjang werden westliche Reisende in der Regel im Yanggakdo-Hotel auf der gleichnamigen Insel im Fluss Taedong untergebracht, oder sie wohnen im Koryŏ-Hotel in der Nähe des Bahnhofs. Für Geschäftsreisende gibt es noch das Ch'anggwangsan-Hotel, das vor allem durch seine Lage beim Eislaufstadion und einen modernen Wellness-Bereich besticht, das beim Büro der Parteizeitung gelegene Haebangsan-Hotel mit einem recht gut sortierten Supermarkt sowie das kürzlich renovierte und sehr empfehlenswerte Pot'onggang-Hotel.

Die üblichen Hotels für Touristen sind das Yanggakdo und das Koryŏ. Wer die Wahl hat, dem sei das Letztere empfohlen, nicht nur wegen der hauseigenen Bierbrauerei. Nordkorea zu bereisen, das ist ein ständiger Kampf darum, das Land so nahe wie möglich zu erleben. Das Koryŏ-Hotel mit seinen markanten Zwillingstürmen und der rostbraunen glänzenden Fassade bietet aufgrund seiner zentralen Lage das Gefühl, sich in der Stadt aufzuhalten. Man kann aus den Fenstern einen besseren Blick auf so etwas wie Alltagsleben auf der Straße oder in Hinterhöfen erhaschen. Und wenn überhaupt, dann besteht die Chance auf einen unbegleiteten Spaziergang durch die Straßen der Stadt eher hier. Auch ist der Bahnhof zu Fuß erreichbar. Im Frühjahr 2017 wurden am Hotel einige Renovierungsarbeiten vorgenommen.

Das Yanggakdo-Hotel ist wegen der Lage auf der Insel im Taedonggang isolierter gelegen. Es gibt nur einen einzigen Zugang über eine Brücke, und der ist gut bewacht. Bis 2016 konnte man auf der Insel frei umherlaufen, doch das ist seit dem Fall Otto Warmbier vorbei. Ich muss trotzdem innerlich immer ein wenig grinsen, wenn ich den Namen Yanggakdo höre. Dieses Wort bedeutet »Insel des Schafshorns«, eine Referenz an den länglich-tropfenförmigen Grundriss dieser Insel. Eine wirklich sehr kompetente und bemühte Reiseleiterin hatte allerdings ein kleines Problem bei der Aussprache. Wer weiß, was ein »Agathe-Bauer-Song« ist, der wird verstehen. Ihr »horn of sheep« hörte sich nämlich, man verzeihe mir, sehr nach »hall of shit« an. Das führte dazu, dass sie von meinen glucksenden englischsprachigen Mitreisenden immer wieder gebeten wurde, doch die Bedeutung des Namens Yanggakdo zu erklären. Die arme Frau geriet fast an den Rand der Verzweiflung, bis sich jemand mit vom Lachen tränenüberströmtem Gesicht endlich erbarmte und sie auf den kleinen Aussprachefehler hinwies.

Das Schafshorninselhotel Yanggakdo ist etwas neuer als das Koryŏ, doch beide Häuser machen einen ähnlich abgewohnten Eindruck und bestechen vor allem durch sozialistischen Kitsch und weniger durch eine gediegene Atmosphäre oder hypermoderne Eleganz. Doch das haben wir ja auch nicht erwartet. In beiden Häusern findet man ein Mindestmaß an Bequemlichkeit, es gibt fließendes Wasser, Strom und Wärme, die Zimmer sind sauber, das Bier ist kalt und das Personal freundlich.

Es entscheidet also wie gesagt die Lage. Für das Yanggakdo spricht, dass es von den oberen Stockwerken aus eine sehr schöne Aussicht auf den westlichen und den östlichen Teil von Pjöngjang bietet. Aber: Auch Pjöngjang ist eine Stadt, die niemals schläft, jedenfalls in manchen Ecken und ausgerechnet am Fluss vor dem Hotel, wo die ganze Nacht hindurch schwere Eimerketten rattern. Um vier Uhr früh ist Schichtwechsel, dann – und nur dann – ist für eine halbe Stunde Ruhe.

Diese extrem lästige Baggerei ist eine Folge des Anfang der 1980er Jahre gebauten Westmeerstaudammes, auf den ich in Kapitel 11 noch eingehe. Er verringerte die Fließgeschwindigkeit des Taedonggang erheblich, der nun weitaus weniger Sediment transportieren kann. Das allerdings wird wegen der weitgehenden Abholzung der Baumbestände in den Bergen reichlich ausgespült.

Es lagert sich an flachen Stellen ab und droht, den Fluss aufzustauen und zu Überschwemmungen in der Hauptstadt zu führen. Da der Bau des Staudammes auf Anweisung des Führers Kim Ilsung und unter Anleitung seines Sohnes geschah, wird dieses Problem nicht thematisiert.

Doch manchmal wird aus der Not eine Tugend. Angesichts der in den letzten Jahren rasant zunehmenden Bautätigkeit in der Hauptstadt ist der vom Grund des Flusses heraufbeförderte lästige Sand zu einem willkommenen Rohstoff geworden. Zwar hat Nordkorea auch lange Küsten, aber der Transport über weite Strecken ist aufgrund des schlecht funktionierenden Straßen- und Schienennetzes sehr aufwendig. Das Baggern im Fluss ist inzwischen so lukrativ geworden, dass sich angeblich so etwas wie eine private Schattenwirtschaft entwickelt hat. Der Nachtschlaf der Anrainer wird da zur Nebensache.

Davon abgesehen ist es wenig sinnvoll, zum Kühlen die Fenster zu öffnen – was trotz der bemerkenswerten Höhe von fast 50 Stockwerken möglich ist. Die Treppenhäuser und Fahrstuhlschächte fungieren als Kamin, sodass der entstehende Luftzug die warme Luft aus dem Zimmer nach draußen befördert, dafür aber unter der Tür hindurch mit ohrenbetäubendem Pfeifen warme Luft aus dem Hotelinneren ins Zimmer hineinsaugt.

Beide Hotels haben Buchläden, in denen man häufig zu besseren Preisen einkauft als im Internationalen Buchladen gegenüber dem Kaufhaus Nummer Eins. Im Koryŏ gibt es darüber hinaus einen hervorragend ausgestatteten High-End-Supermarkt, in dem man ebenso ausschließlich in westlicher Währung zahlt wie im deutlich kleineren Laden im Yanggakdo.

Es hält sich hartnäckig das Gerücht, dass ausländische Gäste in allen nordkoreanischen Hotels von den Behörden überwacht werden. Überall sollen Wanzen und Kameras versteckt sein, in den Fernsehern etwa oder in den Radios. Ich sagte ja schon, einer gewissen Paranoia kann man sich hier nur schwer entziehen, und tatsächlich sind Diktaturen häufig von einer wahren Informationssammelwut besessen. Ob das mit der Überwachung einfacher Touristen nun stimmt oder nicht – verhalten Sie sich am besten so, als würde tatsächlich jemand zusehen und zuhören.

## Das Minsok Ryŏgwan in Kaesŏng

Das in meinen Augen schönste Hotel Nordkoreas ist das Minsok Ryŏgwan in Kaesŏng, auf Englisch »Folk Customs Hotel« genannt. Es liegt mitten in der malerischen Altstadt von Kaesŏng, der ehemaligen Hauptstadt des buddhistischen Koryŏ-Reiches und dem einstigen kommerziellen Zentrum Koreas. Da ganz in der Nähe die Waffenstillstandsverhandlungen stattfanden, blieb der Stadt das Flächenbombardement erspart, das den Rest Nordkoreas im Koreakrieg dem Erdboden gleichmachte. Weiß gestrichene einstöckige Häuser mit schwarzen Ziegel- und Schieferdächern drängen sich hier eng aneinander und bilden ein Gewirr aus schmalen Gassen und kleinen Hinterhöfen. Das Hotel wurde mitten in diesem Viertel im traditionellen Stil erbaut. Es besteht aus knapp zwanzig jeweils um einen Innenhof herum angeordneten Ensembles mit hölzerner Veranda und mit Papier bespannten Schiebetüren. Hier hat man am ehesten den Eindruck, dem Ostblock der 1970er entwischt und in Korea angekommen zu sein.

Durch die Anlage fließt ein kleiner Bach, der von steinernen Brücken überspannt wird, über die man zum Servicebereich gelangt. Dort sitzt man beim Essen auf dem Boden; hier bewähren sich dann auch die lochfreien Socken. In der kleinen Bar nebenan arbeitet eine sehr attraktive und, Vorsicht, verschiedener westlicher Sprachen mächtige Dame, an der schon Dutzende meiner nordkoreanischen Begleiter verzweifelt, aber vergeblich ihren

Charme ausprobiert haben. Dagegen ist Chefpropagandistin Sook Yung Park aus dem Film *The Interview* kalter Kaffee.

Im Geschäft gleich neben dem riesigen rotbraun angestrichenen und mit Metall beschlagenen zweiflügeligen Holztor zur Stadt werden verschiedene Souvenirs angeboten, die eine Beziehung zu dem 1392 untergegangenen Reich Koryŏ haben, darunter grüne Seladonkeramik oder lokale Ginseng-Produkte. Draußen fahren Fahrräder und Autos vorbei, Kinder rufen, Autos hupen; man fühlt sich dem wahren Nordkorea ein wenig näher.

Üblicherweise wohnt man hier, wenn eine Besichtigung der Baracken bei P'anmunjŏm in der Demilitarisierten Zone vorgesehen ist. Zu den Highlights einer Nordkorea-Reise gehört der Spaziergang vom Hotel quer durch den geschäftigen Alltag hinauf auf den Berg zu den Führerstatuen. Von hier oben hat man einen großartigen Blick über die Altstadt und mit etwas Glück den schon erwähnten südkoreanischen Handyempfang.

Das Minsok Ryŏgwan ist auch ein Symbol des schwierigen innerkoreanischen Verhältnisses. Es geht zwar ursprünglich auf Gebäude aus der letzten koreanischen Königsdynastie zurück und wurde bereits 1989 im Zuge der damals in Pjöngjang stattfindenden Weltfestspiele der Jugend und Studenten eröffnet, doch seinen Durchbruch sollte es nach dem ersten innerkoreanischen Gipfeltreffen im Juni 2000 erreichen. Die Staatsführer Nord- und Südkoreas einigten sich dort unter anderem auf einen massiven Ausbau des Tourismus. Südkoreanische Besucher sollten das nur knapp 70 Kilometer von Seoul entfernte Kaesŏng besichtigen dürfen und im Minsok Ryŏgwan übernachten. Das ging auch einige Zeit gut, mit über 12 000 südkoreanischen Gästen (oft Tagestouristen) in Kaesŏng allein im Juni 2008. Im Dezember 2008 wurden die innerkoreanischen Reisen aus politischen Gründen wieder verboten. Heute langweilt sich das Personal in der selten komplett ausgebuchten Anlage und hofft auf bessere Zeiten.

## Das Ryonggang Hot Spring House

Hinter diesem wohlklingenden Namen, auf Koreanisch Ryonggang Ont'angwŏn, verbirgt sich ein ehemaliges Gästehaus der Partei, das seit einigen Jahren als Hotel für ausländische Reisende genutzt wird. Man erhält hier eine Vorstellung von der Parallelwelt solcher Gästehäuser und Paläste, von denen es im Land viele geben soll, die man als Tourist aber nie zu sehen bekommt.

Die Anlage liegt gut versteckt in einem kleinen bewaldeten Tal südwestlich von Pjöngjang, wobei die Anfahrt trotz der nur knapp 40 Kilometer Luftlinie je nach Wetterlage und Straßenverhältnissen bis zu zwei Stunden dauern kann. Unterwegs kommt man an einer Windkraftanlage vorbei, die vor einiger Zeit mit Hilfe einer amerikanischen NGO als Modell für lokale alternative Energiegewinnung errichtet wurde. Da das Hotel nicht direkt an der Hauptstraße liegt, fährt man quer durch die nordkoreanische Provinz, was nach dem in Stein gekleideten und von Hochhäusern dominierten Pjöngjang eine deutliche und willkommene Abwechslung darstellt. Oft ist es bei der Ankunft schon fast dunkel. Dass man da ist, merkt man daran, dass die Straße auf den letzten paar hundert Metern plötzlich etwas glatter wird und von weiß bemalten faustgroßen Steinen gesäumt ist.

Das Hotel selbst ist nicht ein einzelnes Gebäude, sondern ein umzäuntes und von Soldaten bewachtes Gebiet von 48 Hektar, in dem wie in einem großen Park sieben zweistöckige, im traditionellen koreanischen Stil aus Beton errichtete villenartige Häuser verstreut sind. Im Zentrum des Areals liegt ein *Sŏbisŭ Ssent'ŏ* (Service Center), das aus unerfindlichen Gründen nicht mehr so heißen darf, aber trotzdem ein Restaurant und diverse Billardtische und Tischtennisplatten beherbergt.

Hier bewährt sich einmal mehr die mitgebrachte Lichtquelle, denn der Weg vom Restaurant zurück zum Haus auf unbekanntem

Gelände und auf gewundenen, sich durch Birkenwäldchen und hohe Büsche schlängelnden unbeleuchteten Wegen kann nachts eine Herausforderung sein.

Die Zimmer selbst waren einmal äußerst luxuriös ausgestattet, aber der Zahn der Zeit hat hier schon ein wenig genagt. Man kann sich für ein paar Stunden wie ein Staatsgast aus Rumänien, der DDR oder Kuba fühlen. Die Besonderheit an diesem Gästehaus sind die heißen Quellen, die Grund dafür waren, dass man diesen Ort wählte. Jedes Zimmer hat sein mit kleinen Mosaikfliesen verkleidetes Tauchbecken, das man wahlweise mit heißem Vulkanquellwasser oder normalem Leitungswasser volllaufen lassen kann. Aber Vorsicht: Das etwa 55 Grad heiße Quellwasser ist leicht radioaktiv, es enthält unter anderem Radon und Brom. Man sollte es weder trinken, noch sich länger als 15 Minuten darin aufhalten. Dafür hilft so ein Bad, zumindest wenn man den Beteuerungen des Personals und der ausliegenden Broschüre glauben darf, gegen so gut wie alles. Der Legende nach ist man durch einen Jäger auf die heilende Wirkung gestoßen; er soll einst beobachtet haben, wie sich verletzte Tiere in diesem Wasser niedergelassen und dadurch selbst geheilt haben.

Wo wir gerade bei Warnungen sind: Gern wird einem hier als besondere Delikatesse ein Muschel-Barbecue angeboten. Ich rate davon ab, auch wenn das, wie so vieles, Geschmackssache ist. Meine Zurückhaltung hat vor allem mit der Zubereitungsform zu tun; es wird einfach ein Haufen mehr oder weniger frischer Muscheln mit Treibstoff übergossen und angezündet. Dass man das, wie immer beteuert wird, nicht herausschmeckt, kann ich keineswegs bestätigen.

Noch eine Anekdote zum Ryonggang. Da man mit Dokumentationen zu Nordkorea offenbar gutes Geld verdienen kann, reiste ein Team um den britischen »investigativen Journalisten« Todd Sweeney 2013 »undercover« ins Land. Dabei missbrauchte er eine

Gruppe von Studenten der London School of Economics ohne deren Wissen als Tarnung, was ihm später wütende Proteste der Universität und eine Rüge des BBC Trust einbrachte.

Die Sendung in der Reihe *BBC Panorama* wurde trotzdem ausgestrahlt. Gleich zu Beginn sieht man Herrn Sweeney mit ernstvorwurfsvollem Gesicht, voll gerechter Empörung und mit viel Pathos an einen Stacheldrahtzaun herantreten, hinter dem sich vermutlich – so nehmen es jedenfalls die meisten westlichen Zuseher unwillkürlich an – eines der berüchtigten Konzentrationslager Nordkoreas befindet. Dem ist allerdings nicht so; Herr Sweeney befindet sich bei dieser Szene selbst hinter Gittern, er steht nämlich innerhalb des Geländes des Ryonggang Hot Spring House und schaut zum außerhalb des Komplexes liegenden Dorf hinüber, aus dem ab sechs Uhr morgens die üblichen Propagandaklänge schallen. Willkommen in der verrückten Realität Nordkoreas – und ihrer manchmal nicht weniger schrägen Darstellung unsererseits.

## Das Homestay Village Minbak Sukso

Es klingt zu schön, um wahr zu sein, und ist es demzufolge wohl auch nicht: Es gibt in Nordkorea einen Ort, wo man in einem koreanischen Haus bei Koreanern übernachten kann, neudeutsch Homestay.

An der Ostküste südlich der Provinzhauptstadt Ch'ŏngjin liegt das derzeit landesweit einzige Dorf, das diese Möglichkeit bietet. Diese Einzigartigkeit deutet schon darauf hin, dass es sich hier nicht um eine plötzliche und grundsätzliche Einsicht in die Wünsche ausländischer Touristen handelt. Vielmehr kann man das Homestay Village eher mit dem Ryonggang Hot Spring House vergleichen: Es ist ein etwas anderes Hotel. Die über ein Dutzend Häuser sind durch gepflegte Wege miteinander verbunden und wie ein Dorf angeordnet. Sie werden von jeweils einer Person oder auch einer ganzen Familie betreut, die sich in der Regel im Untergeschoss aufhält. Die Gäste wohnen im Dachgeschoss mit eigenem Bad. Auf Wunsch bringt einem die Gastmutter, üblicherweise eine *ajumma* (das ist der koreanischer Begriff für eine Frau mittleren Alters), einen Plastikeimer mit heißem Wasser die Treppe hinauf.

Die Anlage liegt wunderschön in einer malerischen Bucht an der Küste des glasklaren Ostmeeres, umsäumt von niedrigen Bergen. Die Häuser bestehen aus Stein und sind von liebevoll gepflegten Gärten umgeben, in denen allerlei Gemüse wie Sojabohnen oder Chilischoten wächst. An der Küste liegen Fischerboote, und bei den im flachen Wasser liegenden Felsen tauchen Männer in Neoprenanzügen nach Meeresfrüchten. Auf dem Gelände gibt es Ochsen, die in Nordkorea vor allem als Zugtiere genutzt werden, hier und da bellt ein Hund. Das Dorf verfügt über ein zentrales Gebäude, in dem man seine Mahlzeiten einnehmen und ein wenig einkaufen kann.

Die Anreise erfolgt meist bemüht »abenteuerlich« per Boot. Das kostet 30 Yuan (vier Euro) pro Person extra und ist ein wenig Touristennepp, man kann es aber je nach Perspektive auch einfach als eine nette Abwechslung betrachten. Der Bus hält an einer Landzunge, wo man schwimmen gehen kann (an Badesachen denken!) und dann ein Picknick einnimmt. Mehrmals sind wir hier auf eine sehr gesprächige Gruppe von Studenten aus der Hauptstadt gestoßen, die an diesem Ort ihre Ferien verbracht haben – so sagten sie jedenfalls. Oder hat man sie extra für uns dorthin bestellt? Diese verdammte Paranoia, man wird sie nicht los. Danach wird jedenfalls besagte Tour mit einem Küstenfischerboot angeboten, die nach einer Viertelstunde des Herumtuckerns im küstennahen Bereich vor dem Homestay Village endet.

Im Dorf erfolgt die Zuweisung der Unterkünfte, wobei man sich zwischen solchen mit Bett und solchen mit Matte auf dem

Fußboden entscheiden kann. Offenbar sind die nordkoreanischen Bauern sehr variabel mit ihren Gästezimmern. Dann werden verschiedene Freizeitaktivitäten offeriert.

Besonders populär ist das Herstellen von *ttok*, koreanischen Reiskuchen, die durch das wiederholte Schlagen eines Klumpens klebrigen gekochten Reises mit einem riesigen Holzhammer erzeugt werden. Der westliche Gast wird eingeladen, der Bäuerin bei dieser Arbeit zu helfen. Die arme Frau lächelt ein wenig gequält, und bald wird klar, warum. Sie setzt sich so weit außerhalb der Reichweite des Holzhammers, dass sie gerade noch den Reisklumpen mit den hoffentlich auch am Abend noch intakten Fingerspitzen auf dem als Unterlage dienenden Granitstein festhalten kann, während ein Tourist nach dem anderen mit viel Wucht, aber nicht immer zielsicher das mörderische Werkzeug schwingt. Nachdem alle ihre Fotos gemacht haben, wird man in die gute Stube der Bäuerin gebeten, um die Resultate zu verkosten. Anschließend wird diskret für diese Dienstleistung kassiert, pro Person 20 Yuan (drei Euro).

An gleicher Stelle kann man auch Reisnudeln herstellen; dazu wird vorbereiteter Reis-Teig mittels eines langen Hebels durch ein Sieb gepresst. Die dünnen Fäden landen in einem darunter aufgestellten Topf mit kochendem Wasser und werden zu Nudeln. Diese werden später getrocknet. Auch diese Einsicht in traditionelle Arbeitsweisen auf dem Land ist nicht umsonst, aber doch recht interessant und darum bei Touristen entsprechend beliebt. Wer mag, kann – ebenfalls gegen Gebühr – auch an einem Volleyballmatch gegen die Männer des Dorfes teilnehmen oder sich im koreanischen Ringkampf *ssirŭm* üben. Am Abend sitzt man dann um ein Holzfeuer oder erfreut sich an einer weiteren Portion Benzin-Muscheln.

Es gibt jedoch auch hier Grenzen. Zwei meiner Mitreisenden nutzten glücklich die plötzlich vorhandene vermeintliche Freiheit und Normalität. Sie machten sich nach endlosen auslauffreien Tagen im Bus und in der Enge von Hotellobbys auf den Weg, um die Anlage (Pardon, das Dorf) zu Fuß zu erkunden. Sie gerieten dabei wohl auf Abwege. Jedenfalls gab es einen riesigen Aufstand, als unsere Guides darüber in Kenntnis gesetzt wurden, dass man zwei Ausländer in einem sicherheitsrelevanten Bereich ohne Begleitung angetroffen habe. Auf Nachfrage stellte sich heraus, dass die beiden in ein Gespräch vertieft ein paar hundert Meter über die Grenzen des Dorfes hinausgegangen und einem Militärposten gefährlich nahe gekommen waren. Die resultierende Aufregung dauerte noch mehrere Stunden, und schon wussten wir wieder, wo wir hier eigentlich waren.

Etwas skurril ist der Umgang mit Amerikanern, die ansonsten – eigentlich ein Wunder angesichts der knallharten antiamerikanischen Propaganda – mehr oder weniger unbehelligt bleiben. Doch im Homestay Village haben sie es nicht leicht. Zwar dürfen sie sich tagsüber dort aufhalten und an all den »spontanen« volksnahen Freizeitaktivitäten teilnehmen, aber abends geht es mit einem der Guides per Bus in ein separates Hotel in den Bergen. Im Dorf an der Küste übernachten dürfen Amerikaner nicht, aus Sicherheitsgründen. Was genau das heißt, konnte oder mochte man mir bisher noch nicht erklären. Vielleicht liegt es daran, dass sich eine der Abschussanlagen für die nordkoreanischen Raketen bei Musudan-ri nur 20 Kilometer weiter südlich befindet. Das Problem hat sich seit Mitte 2017 allerdings sowieso erledigt, da die eigene Regierung Amerikanern das Reisen nach Nordkorea nicht mehr gestattet.

Auch im Homestay Village kommt es einmal mehr darauf an, dass man aus der offensichtlichen Inszenierung das Beste macht, anstatt sich in Zynismus und Verweigerung zu flüchten. Natürlich ist das kein richtiges Dorf, und die Gasteltern sind eine Art objektgebundene Angestellte. Doch sie sind auch sehr freundliche Menschen, die einem zumindest einen gewissen Kontakt zu den ansonsten unerreichbar fernen normalen Nordkoreanern ermöglichen. Ich wünsche ihnen insgeheim immer, dass diese Rolle ihr einziger Job ist, denn dann hätten sie es eigentlich recht gut getroffen – bis auf die Frau mit den Reiskuchen vielleicht, die ständig um ihre Finger fürchten muss.

So wie man den Besuch der Geburtsstätte des Führers Kim Il-sung dazu nutzen kann, um einmal in Ruhe ein traditionelles koreanischen Bauernhaus zu besichtigen, so bietet das Homestay Village einen gewissen Einblick in das Leben der Nordkoreaner auf dem Lande. Man sieht, was im Garten so alles wächst, lernt traditionelle Werkzeuge kennen und kann mit jemand anderem als immer nur den Guides kommunizieren, allerdings nur auf Koreanisch oder mit Übersetzungshilfe. Wunderschön und malerisch gelegen ist die Anlage allemal, und wie eine Plakette anzeigt, hat sich hier sogar Kim Jong-il einmal sehen lassen.

# 5

# Essen und Trinken: Kimch'i, Pizza, Hundefleisch

Nordkorea hat Mitte der 1990er Jahre eine schlimme Nahrungsmittelkrise erlebt, die die unfassbare Zahl von mehreren hunderttausend, manchen Quellen zufolge auch von über einer Million, Opfern gefordert hat. Die Gründe sind vielfältig und reichen von unfähigem Management und einem ineffizienten Wirtschaftssystem über ungünstige Umweltbedingungen, geoökonomische Veränderungen und Sanktionen bis hin zu einer fragwürdigen politischen Prioritätensetzung in Pjöngjang.

Laut Welthungerhilfe hat Nordkorea zwar inzwischen das Problem der unzureichenden Versorgung mit Kalorien in den Griff bekommen, deren Zusammensetzung bleibt aber problematisch. Kohlenhydrate dominieren, es mangelt vor allem an Protein und Fett. Nur selten sieht man übergewichtige Normalbürger. Diese laufen einem noch am ehesten in der Hauptstadt über den Weg, wo sich inzwischen Indikatoren einer Überflussgesellschaft wie Fitnessstudios wachsender Beliebtheit erfreuen. Die Schere zwischen der Hauptstadt und dem Rest des Landes klafft auch bei der Ernährung weit auseinander.

## Eine zweigeteilte Gesellschaft

Westliche Reisende sind in der glücklichen Lage, stets hervorragend versorgt zu werden. Das war schon während meines Auslandssemesters in Nordkorea Anfang der 1990er Jahre der Fall und ist es noch heute. Man sollte jedoch angesichts all der Delikatessen, die sich auf dem Esstisch stapeln, nicht vergessen, dass derartiger Überfluss für viele Nordkoreaner noch immer unvorstellbar ist.

Als Reisender in Nordkorea, wie auch in anderen Ländern mit Nahrungsmittelknappheit, stellt man sich immer die Frage, ob man überhaupt hier sein sollte und ob man mit Appetit essen darf. Isst man vielleicht jemandem etwas weg?

Letzteres kann man weitgehend ausschließen. Mit den Devisen, die ein Ausländer für die Reise bezahlt, kann ein Vielfaches der konsumierten Menge an Lebensmitteln importiert werden. Und es würde gegen alle meine Erfahrungen mit staatlichen Unternehmen sprechen, wenn das Küchenpersonal in den für die Speisung der Ausländer zuständigen Häusern nicht ganze Großfamilien mitversorgen würde.

Doch auch auf legalem Wege ist es vielen Menschen in Nordkorea inzwischen möglich, sich reichlich und gut mit Essen zu versorgen. Wer die derzeit noch seltene Gelegenheit hat, einmal einen der Märkte besuchen zu können, der findet dort alles – von der Banane bis zur Kiwi. Allerdings entsprechen die Preise den unsrigen, was die nordkoreanischen Esser in solche mit und solche ohne das nötige Kleingeld teilt.

Ich fahre mit offenen Augen durch Nordkorea und habe einerseits auf dem Weg zum Musterdorf Ch'ŏngsanri eine Frau gesehen, die von einem Lastwagen gefallene Maiskörner vom schlammigen Boden aufsammelte. Andererseits konnte ich in Restaurants der Hauptstadt schon öfter Koreaner beobachten, die nach dem Essen sogar Fleisch auf ihren Tellern zurückließen.

Nordkoreas Gesellschaft ist zweigeteilt. Eine Gruppe ist wohlhabend genug, um sich ein Leben jenseits von grundlegenden Sorgen um Ernährung, Wohnen, Heizung und Kleidung zu leisten. Diese neue Mittelschicht, und das ist positiv, ist in den letzten Jahren immer größer und im Alltag offener sichtbar geworden – nicht nur für Touristen übrigens, sondern auch für den Rest der Gesellschaft.

Wie hält eine ausdrücklich egalitäre Gesellschaft wie die nordkoreanische eine solche Zweiteilung auf Dauer aus? Langfristig vermutlich gar nicht, sofern nicht die glaubhafte Hoffnung auf sozialen Aufstieg für alle besteht. Genau das scheint aber derzeit allen Unkenrufen zum Trotz tatsächlich der Fall zu sein. Regelmäßige Besucher Nordkoreas berichten übereinstimmend, dass sich die Lage im Land in den letzten Jahren sichtbar und kontinuierlich gebessert hat. Davor sollte man bei aller angebrachten Kritik und trotz der vielen noch im Argen liegenden Dinge nicht die Augen verschließen.

## Kimch'i: Die koreanischste aller Speisen

Eine der spannendsten Fragen immer und überall ist: Was gibt es zu essen? Nun ist dies weder ein Kochbuch noch ein Restaurantführer, Sie müssen also keine vollständige Auflistung aller koreanischen Speisen befürchten. Einige der wichtigsten, uns meist fremden Bezeichnungen sollte man aber kennen, bevor man sich auf eine Reise nach Nordkorea begibt.

Fragt man einen Koreaner, was für ihn das Symbol koreanischen Essens ist, dann wird er unweigerlich »Kimch'i« sagen. Südkoreanische Touristen in Europa haben oft eine Packung davon im Reisegepäck. Als ich mit meinen Eltern in den 1970er Jahren in der Sowjetunion lebte, gab es sogar einmal einen kleinen Skandal deswegen. Die in der Stadt lebenden Nordkoreaner hatten nämlich ihren Kimch'i selbst hergestellt, was zu wütenden Beschwerden der anderen Hausbewohner wegen der erheblichen Geruchsbelästigung führte.

Was ist das also? Ganz einfach, Kimch'i ist milchsäurevergorener Chinakohl, der wie unser Sauerkraut traditionell ein lebenswichtiger Vitamin-C-Lieferant in der kalten Jahreszeit war und ist.

Dank den Portugiesen, die im 16. Jahrhundert verschiedene Pflanzen aus der Neuen Welt nach Asien brachten, wird der Kimch'i heute nicht nur mit Salz, Knoblauch und Fischsoße, sondern auch mit reichlich Chilipaste angesetzt. Oft kommt Zucker oder ein anderer Süßstoff dazu. Das Resultat ist mittelmäßig scharf und hat einen sehr eigenen Geschmack. Kimch'i gehört zu jeder Mahlzeit in Korea, einschließlich Frühstück. Ausländer lieben oder hassen ihn. Achtung, Suchtgefahr: Wie beim bitteren Bier schmeckt das Gericht zunächst ungewohnt, bis man langsam eine Vorliebe entwickelt und nach einer Weile nicht mehr ohne leben möchte.

Es gibt eine ganze Kultur um den Kimch'i und unzählige Rezepte. Neben Chinakohl kann man auch Rettich oder Gurken zu Kimch'i verarbeiten, man kann ihn kurz oder lange einlegen, mit oder ohne Chili und so weiter. Ich persönlich mag *kkaktugi* am liebsten, das sind zu Kimch'i verarbeitete Rettichwürfel, oder den aus Gurken gemachten *oikimch'i*. Die gemeinschaftliche Herstellung des Winterkimch'i, das sogenannte *kimjang*, ist eine Art gesellschaftliches Großereignis. Wer im Spätherbst in Nordkorea ist, der wird überall Berge von Chinakohl entdecken, die auf die Haushalte verteilt werden und in der Hauptstadt in der Regel zunächst auf den Balkonen landen, bevor sie dann verarbeitet und in großen Tontöpfen eingelegt werden.

Ich habe einmal den schweren Fehler begangen, Kimch'i bei mir zu Hause im Kühlschrank zu lagern. Das hat zu scharfen Protesten seitens meiner Frau geführt und in der Konsequenz zu einem kategorischen Einfuhrverbot für jegliche Form von Kimch'i in unserem Haus. Das Problem? Egal wie gut man den Behälter abdichtet, früher oder später wird alles im Kühlschrank den säuerlich-scharfen Geruch und Geschmack von mit Knoblauch vergorenem Kohl annehmen. In Südkorea gibt es daher eigene Kimch'i-Kühlschränke, in denen die Delikatesse getrennt von anderen Lebensmitteln aufbewahrt wird; in Nordkorea hat sich dieser Luxus noch nicht durchgesetzt. Auf dem Land wird der Kimch'i sowieso in eigens dafür hergestellten großen, in den Boden eingelassenen Tontöpfen gelagert, die im Sommer durch ein darüber errichtetes Strohdach vor direkter Sonneneinstrahlung geschützt werden. Ein solches Ensemble kann man zum Beispiel neben dem Geburtshaus des Staatsgründers Kim Il-sung besichtigen und so der Hommage an den Führer noch etwas Nützliches abgewinnen.

Wer übrigens in Südkorea erwähnt, einmal in Nordkorea gewesen zu sein, muss auch mit der Frage nach dem Geschmack des dortigen Kimch'i rechnen. Die erhoffte Antwort lautet, dass er »irgendwie natürlicher« schmeckt. Das kommt von der romantisierenden Annahme, dass Nordkorea so etwas wie eine in der Zeit stehengebliebene Version Südkoreas vor der Hyperindustrialisierung ist. Nordkorea setzt dieses Stereotyp gelegentlich geschickt ein, um sich im Süden als Vertreter des »wahren« Korea zu präsentieren.

## Hundefleisch: Ansichtssache

Da wir schon von Stereotypen reden: Ja, Koreaner essen Hunde. In Nordkorea fährt man vor allem auf dem Land an zahlreichen Hundefleischrestaurants vorbei, die euphemistisch »Süßfleisch-Haus« *(tankogijip)* heißen. Doch ganz so weit muss man gar nicht fahren; im Erdgeschoss des Yanggakdo-Hotels und links neben dem Eingang des Koryŏ-Hotels gibt es koreanische Restaurants, in denen ebenfalls auf Wunsch »Süßfleisch« serviert wird.

Aber keine Sorge, in Nordkorea würde man niemals Ausländern ungefragt Hundefleisch servieren. Man kennt dort unsere Vorbehalte, und außerdem ist es eine zu große Delikatesse, um sie einfach heimlich einem Fremden unterzujubeln. Wem es ein Trost ist: Nicht jeder Hund wird automatisch zu einer Mahlzeit verarbeitet.

In Korea gibt es eine ganz bestimmte Rasse, die eigens zum Zweck des Verzehrs gezüchtet wird, auch wenn in Zeiten der Not Ausnahmen gemacht werden. Und bevor Sie sich zu laut entrüsten, denken Sie einmal an die treuherzigen Augen eines kuscheligen Kaninchens, an ein niedlich quiekendes rosiges Ferkelchen oder ein fröhlich über die Weide springendes Kälbchen. Die landen bei uns ja auch vielfach im Kochtopf, am Spieß oder in der Wurst.

Trotzdem ist Hundefleisch nicht jedermanns Sache. Ich habe es sozusagen aus wissenschaftlichen Gründen probiert. Der Geschmack ist eher streng, ein wenig wie Hammel. Koreanisches Hundefleisch ist zudem ziemlich fettig und wird üblicherweise in einer Suppe serviert. Es spielt in der traditionellen Medizin eine Rolle und soll unter anderem gegen zu große innere Hitze helfen, weshalb es besonders gern in den heißen Wochen im Sommer gegessen wird. Dass diese bei uns Hundstage heißen, ist ein seltsamer Zufall.

Ein guter Grund, auf den Genuss von Hund zu verzichten, ist die traditionelle Tötungsmethode. Da das Fleisch recht zäh ist, soll das Tier vor dem Tod großem Stress ausgesetzt werden, weil das daraufhin ausgeschüttete Adrenalin das Fleisch angeblich mürbe und zart mache. Ich habe selbst noch keiner Schlachtung eines Hundes beigewohnt und werde auch in Zukunft gern darauf verzichten. Eine Kollegin hat aber in den 1980er Jahren in Seoul einige Wochen neben einer Hundeschlachterei gelebt und berichtete von grauenhaften Szenen und Schreien wie von Kleinkindern, wenn die Tiere langsam zu Tode geprügelt wurden. Mag sein, dass das heute anders ist, aber das Bild bekommt man nur schwer aus dem Kopf. Ich habe mehrmals nackte, leicht bläulich angelaufene Hundekadaver auf einem Markt in Yanji in China gesehen und muss gestehen, dass das kein erfreulicher Anblick war.

In Seoul gehörte es übrigens zu den Verschönerungsmaßnahmen der Stadt vor den Olympischen Spielen 1988, dass Hundefleischrestaurants von den Hauptstraßen verbannt wurden. So weit geht die nordkoreanische Charmeoffensive gegenüber westlichen Besuchern allerdings noch nicht.

## Was es sonst noch zu essen gibt

Zum Glück hat die koreanische Küche noch viel mehr zu bieten. Das Grundnahrungsmittel ist, welche Überraschung, der Reis. Allerdings war im alten Korea weißer, das heißt geschälter Reis teuer, er stand daher nur einer privilegierten Schicht zur Verfügung oder gehörte allenfalls an Feiertagen zur Mahlzeit. Die ärmeren Koreaner mussten im Alltag mit braunem Reis, Gerste, Mais oder Kartoffeln vorliebnehmen. Nach einer koreanischen Redewendung, die der Staatsgründer Kim Il-sung aufgriff, wird Wohlstand durch drei Dinge symbolisiert: dass man sich in Seide kleidet, in einem ziegelgedeckten Haus lebt und weißen Reis isst.

Während man in Japan und Südkorea, zunehmend auch in China, angesichts wachsenden Übergewichtes bei Kindern und Jugendlichen Aufklärungskampagnen gegen den überhöhten Konsum der Kalorienbombe Reis veranstaltet, ist er in Nordkorea nach wie vor ein begehrtes und hoch geschätztes Nahrungsmittel. Es gibt ihn, wie Kimch'i, eigentlich zu jeder Mahlzeit, jedenfalls sollte das idealerweise so sein. Traditionell kommt er als letzter Gang, zur finalen Sättigung. Daran erkennt man, wann ein mehrgängiges Mahl zu Ende ist. Im Alltag essen viele Koreaner Reis gemischt mit Mais, Gerste oder anderen Zerealien. Brot ist eher unüblich und vor allem als süßliches, weiches Weißbrot verfügbar. Für viele Menschen in Nordkorea ist Reis aber auch heute noch ein Luxus; hier zeigt sich die erwähnte Einkommensschere.

Neben Reis isst man in Nordkorea vor allem Kartoffeln, häufiger als in Südkorea, was unter anderem am kälteren Klima im

Norden liegt. Man findet sogar so eine Art Pommes frites, die sowohl in Hamburgerrestaurants als auch als Beilage zu normalem Essen serviert werden.

Was der Ausländer nicht oder nur auf ausdrückliche Nachfrage zu essen bekommt, ist *injokogi,* »künstliches Fleisch«. Dabei handelt es sich um eine Notlösung aus der Zeit der Hungersnot der 1990er Jahre, die sich inzwischen aber als billiges Fastfood großer Beliebtheit erfreut und wegen der gesunden Zusammensetzung sicher auch Chancen auf dem westlichen Markt hätte. Man nimmt die Rückstände der Sojasoßenproduktion, die auch die Grundlage der bräunlichen *twoenjang*-Paste bilden. Wir kennen sie als Basis der Miso-Suppe. Diese grünlich-braun aussehende vegane Masse wird ausgepresst und dann in lange, etwa einen Millimeter dicke Streifen gerollt, die man mit Reis, diversen Saucen, Gemüse oder auch Fleisch füllen kann. Das Resultat erinnert ein wenig an den auch Touristen angebotenen *kimbap,* das koreanische Äquivalent zur schnellen Currywurst. Wir kennen die außen von Seetang *(kim)* zusammengehaltenen und innen mit Reis *(pap)* und diversen Gemüsesorten, Ei und eventuell auch Fisch oder Fleisch gefüllten und in Schreiben geschnittenen Rollen als Maki Sushi. Eine vorgeschnittene Rolle kostet an einem nordkoreanischen Imbissstand 2000 Won, also etwa 25 Eurocent.

Klassischerweise wird koreanisches Essen auf vielen kleinen Schüsselchen und Tellerchen auf einmal serviert. Zu beliebten Speisen zählen Tofu aus Sojabohnen, verschiedene eingelegte Gemüse, pikante Pfannkuchen *(p'ajŏn),* Fisch und andere Meeresfrüchte, Eier, Huhn und Ente, Schwein und Suppen. Gegessen wird mit einem großen Löffel und mit Stäbchen, die meist aus Metall sind und an der Spitze deutlich schmaler zulaufen als die Essstäbchen in China oder Japan. Als Gewürze sind Sojasoße, Salz, Knoblauch, Chili und Sojapaste üblich. Gern wird auch Ingwer verwendet, es gibt Schälchen mit kleinen Blättern grünen

Seetangs und mit winzigen getrockneten Fischlein, und wenn es besonders exklusiv zugehen soll, dann bietet man in Honig eingelegten Ginseng an. Huhn mit Ginseng, Knoblauch und Reis gefüllt, serviert in einer Suppe, nennt man *samgyet'ang*. Das ist eine echte Delikatesse. Das Feuerfleisch *pulkogi*, ein am Tisch zubereitetes Barbecue aus in würziger Marinade eingelegtem Rindfleisch, ist ein Festtagsessen und auch in europäischen Korea-Restaurants sehr beliebt. Ich persönlich mag *kkaennip* ganz besonders. Das sind äußerlich einer großen Brennnessel ähnliche Blätter der Perilla beziehungsweise Shiso. Man genießt sie entweder frittiert oder eingelegt oder verwendet sie roh zum Einwickeln von kleinen Fleischstücken.

Sushi und Sashimi gibt es bei uns in Europa längst nicht mehr nur in den Hipster-Lokalen der großen Städte. Korea ist von Wasser umgeben und daher traditionell ein Ort, wo viele frische Meeresfrüchte gegessen werden. Kein Wunder also, dass man auch in Korea rohen Fisch isst. Er heißt hier *hoe* und erfreut sich großer Beliebtheit. Wie Süßfleisch wird dieses Gericht Ausländern nicht ungefragt vorgesetzt. Ein häufiger Snack zum abendlichen Bier ist *ojingŏ*, getrockneter Tintenfisch. Man sieht ihn an der Küste gelegentlich an langen Wäscheleinen im Wind trocknen, der Geruch ist intensiv.

Frische ist beim rohen Fisch ein nachvollziehbares Qualitätsmerkmal, was allerdings gelegentlich verstörende Blüten treibt. Ich war einmal in einem Fischrestaurant in Wŏnsan an der Ostküste Nordkoreas. Nachdem ich mein Interesse an rohem Fisch bestätigt hatte, kam ein Teller mit einem noch lebenden Fisch an unseren Tisch. Dem armen Tier war an der Seite die Haut abgezogen und das Filet so kunstvoll zerschnitten worden, dass keine lebenswichtigen Organe verletzt waren. Man konnte ihn mit Stäbchen bequem bei lebendigem Leibe verspeisen. Der Fisch zuckte und schnappte nach Luft. Meine Begleiter registrierten mit hochgezogenen

Augenbrauen, dass ich als Erstes mein Essstäbchen benutzte, um das Geschöpf von seinen Leiden zu befreien. Das war zugegebenermaßen ein Extremfall, mit dem westliche Touristen üblicherweise nicht konfrontiert werden. Man sollte sich trotzdem darauf einstellen, dass Tierschutz in Nordkorea einen anderen Stellenwert hat als in Europa.

Zu meinen absoluten Lieblingsspeisen in Korea gehören gefüllte Teigtaschen, genannt *mandu*. Die Füllung gibt es vegetarisch, mit Fleisch, mit Kimch'i und in unzähligen anderen Variationen. Man isst die *mandu* gekocht in einer Suppe schwimmend oder frittiert mit etwas Sojasoße. In Südkorea kann man die fertigen Teigtaschen tiefgefroren kaufen, auch in Nordkorea ist das in der Hauptstadt gelegentlich möglich. Bei uns findet man sie im Asialaden. Am besten schmecken die *mandu* aber, wenn sie frisch zubereitet werden.

Eine weitere sichere Bank für unentschlossen über eine Speisekarte gebeugte Europäer ist ein Gericht, das sich aus dem universellen Problem der Resteverwertung am Tag nach Festmahlen ergeben hat. *Pibimbap* ist die koreanische Antwort auf Eintopf und Auflauf. Natürlich wird *pibimbap* heutzutage frisch zubereitet, Sie bekommen also keine Reste zu essen. Bei südkoreanischen Fluglinien gehört dieses Gericht inzwischen sogar zum Standard bei Langstreckenflügen.

In einer Schüssel wird weißer Reis serviert, der mit allerlei Gemüse, Rühreistreifen und Fleisch bedeckt ist und mit Sesamöl, Sesamkörnern und separat gereichter scharfer roter Chili-Paste *koch'ujang* gewürzt ist. Es gibt unzählige Variationen, etwa die Darreichung im stark erhitzten Steintopf, in dem die Zutaten vor sich hin brutzeln, oder mit rohem Hühnerei obendrauf. Wie auch immer, Sie zeigen Landeskenntnis, wenn Sie die Stäbchen ignorieren und stattdessen zum großen Löffel greifen. Mit diesem wird zunächst die Chili-Paste in die Schüssel gegeben und dann kräftig und andauernd umgerührt, sodass sich die Zutaten schön mit dem Reis vermischen. Man isst den *pibimbap* dann auch mit diesem Löffel.

In Nordkorea muss man allerdings damit rechnen, unter der Bezeichnung *pibimbap* einfach auch einen Teller mit Reis vorgesetzt zu bekommen, der mit Möhren und ein paar Wurstschnipseln vermischt wurde. Am besten fragen Sie vorher nach, was genau man ihnen anbietet.

Zu guter Letzt noch das von meiner Frau bevorzugte koreanische Gericht. Das soll etwas heißen, da sie einen eher konservativen und wenig abenteuerlustigen Geschmack hat, wenn es ums Essen geht. Ihr Favorit *chapch'ae* sind Glasnudeln von der Stärke unserer Spaghetti, die mit süßlicher Sojasoße gewürzt und mit Gemüse, Shiitake-Pilzen und etwas Fleisch – meist Huhn oder Gehacktes – vermischt serviert werden. Die schlüpfrigen Nudeln sind eine ziemliche Herausforderung für mit Stäbchen Ungeübte, ansonsten aber sehr zu empfehlen.

## Westlicher Einfluss, Fusion Food und Koch-Apps

Der Kontakt mit dem Ausland hat auch in Nordkoreas Küche seine Spuren hinterlassen. Diese sind mal mehr, mal weniger offensichtlich.

So hat es fast zwanzig Jahre gedauert, bis ich herausgefunden habe, was es mit dem seltsamen Kuchen namens *kasŭt'era* auf sich hatte, den ich als Student 1991 zu essen bekam. Russisch war dieser Name nicht, das war mir schnell klar. Offenbar war der Ursprung japanisch, was Sinn macht, da der Nachbar im Osten nur wenige hundert Kilometer auf dem Seeweg entfernt ist und zudem Korea von 1910 bis 1945 als Kolonie besetzt hielt. Doch sehr japanisch klang dieses Wort nicht. Erst bei einem Besuch in Portugal wurde mir klar, dass es sich hier um eine eingewanderte Variante des

Pão de Castela handelt, eines schwammartigen, relativ trockenen Kuchens. Die Portugiesen unterhielten vom 16. Jahrhundert an enge Handelsbeziehungen mit Japan; der *kasŭt'era* war also ein Begleiter der Chilischote, des Mais, der Kartoffel und des Tabaks, die auf dem gleichen Weg nach Ostasien gelangten. Die Koreaner übernahmen von Japan den Kuchen und den portugiesischen Namen in seiner japanischen Aussprache.

Nicht alle kulinarischen Kontakte hatten so erfreuliche Folgen. Das denke ich mir jedenfalls immer, wenn ich an den in Mayonnaise ertränken Apfelstückchen herumstochere, die als kalter Salat gereicht werden. Generell gilt auch in Korea, dass »gut gemeint« nicht immer »gut gemacht« ist. Wie oft habe ich in Südkorea meine Gastgeber mit aller gebotenen Höflichkeit kritisiert, wenn sie mich in ein sündhaft teures französisches Restaurant in Seoul schleppten. Das Entrecôte und die Crème brûlée waren gut gelungen, aber trotzdem meilenweit vom Original entfernt und vor allem nicht mit dem hervorragenden koreanischen Essen zu vergleichen, auf das ich mich nach dem langen Flug eigentlich gefreut hatte und das für einen Bruchteil des finanziellen Aufwandes erhältlich gewesen wäre.

Ähnlich ergeht es westlichen Touristen in Nordkorea. Sie bekommen nämlich vergleichsweise selten wirklich koreanisches Essen. Stattdessen versucht man ihre europäischen Gaumen in bester Absicht mit westlichen Speisen zu verwöhnen, was allzu oft auf trockenes Toastbrot, Spiegelei und Marmelade hinausläuft oder ein als *tonkasŭ* bezeichnetes, oft gnadenlos totgebratenes paniertes Schweineschnitzel mit Mayonnaise und Tomatenketchup. Der Name dieses Gerichts stammt übrigens ebenfalls aus Japan, wo es noch heute als *tonkatsu* äußerst beliebt ist. *Katsu* stammt angeblich vom englischen *cutlet (katsuretto)* ab, *ton* bedeutet Schwein, zusammen also Schweinekotelett. Der Knochen ging wohl irgendwie verloren, übrig blieb das Schnitzel. Voilà.

Ein »westliches« Frühstück ist allerdings nicht unbedingt die schlechteste Wahl; ich selbst habe auch nach fast drei Jahrzehnten noch meine Probleme mit dem in Korea üblichen glitschig-schleimigen Reisporridge. Doch zum Mittag und zum Abendessen empfehle ich, nachdrücklich und verbunden mit einem flammenden Appell an das patriotische Bewusstsein der koreanischen Begleiter, auf koreanischem Essen zu bestehen. Gehen Sie nicht davon aus, dass dieses immer von allein serviert wird. Am besten äußert man gleich zu Beginn der Reise gegenüber den Guides den Wunsch nach authentischem koreanischem Essen und frischt diesen Hinweis täglich auf; denn wie europäische Beamte können auch Nordkoreaner wie von einer Teflonschicht überzogen sein, von der alle äußeren Einflüsse und Einflussversuche wirkungslos abperlen. Seien Sie also lästig; auch in Nordkorea höhlt der stete Tropfen den Stein.

Anfang der 2000er Jahre machten seltsame Gerüchte die Runde. So eine Art Guerilla-Cooking verbreitete sich angeblich in Pjöngjang. Das wollte ich genauer wissen, zumal das Land ja eben noch unter einer schweren Hungersnot gelitten hatte. Eine in der Stadt lebende Bekannte nahm mich daher eines Abends mit auf eine Tour in ein unscheinbares Wohngebiet im Bezirk Taesŏng im Westen der Stadt. In der zweiten Reihe, spärlich beleuchtet, von der Hauptstraße aus nicht zu sehen und nur durch einen Hinterhof zu betreten, befand sich über einem kleinen Gemischtwarengeschäft ein Restaurant. Es war voll mit Koreanern, kein einziger Ausländer war zu sehen. Das Essen war phänomenal und besser als alles, was ich je zuvor in Korea auf dem Teller hatte. Bezahlt wurde in Dollar.

Das war mein erster Kontakt mit der neuen nordkoreanischen Küche. Neben dem positiven Geschmackserlebnis faszinierte mich vor allem die Tatsache, dass es in der Hauptstadt offensichtlich eine hinreichend große Zahl von Menschen gab, denen es wichtig war, nicht einfach nur zu essen, sondern gut zu speisen.

Die schlimmste Phase der Nahrungsmittelkrise der 1990er Jahre war offenbar vorbei.

Doch ich hatte ja auch schon vorher koreanisch gegessen, was war also anders? Wie ich erfuhr, war der neueste Schrei das »Pimpen« traditioneller koreanischer Rezepte mit Hilfe chinesischer Gewürze und Techniken. Und es stimmt: Die koreanische Küche ist gut, aber relativ einfach. Scharf, scharf, scharf, salzig, sauer und viel Knoblauch – das war's eigentlich schon. Die Speisen schmecken deutlich stärker als in der sehr zurückhaltenden, zenbuddhistisch inspirierten japanischen Kochtradition, wo man sich stellenweise schon sehr konzentrieren muss, um überhaupt etwas zu schmecken. Wer hingegen chinesisches Essen jenseits von »Hühnchen süß-sauer« kennt, der weiß, wie raffiniert und verwirrend vielfältig die hier verwendeten Geschmacksvariationen sind. Das haben sich findige Köche in Nordkorea zunutze gemacht und eine wunderbare Mischung geschaffen. Das neue koreanisch-chinesische Fusion Food ist noch immer solide und weniger komplex als das chinesische Essen. Aber es ist auch viel spannender und vielschichtiger als die traditionellen koreanischen Gerichte.

Diese kleine Schwärmerei sei mir verziehen, denn wie gesagt, das Ganze hat auch einen bemerkenswerten wirtschaftlichen und sozialen Hintergrund. Gutes Essen und gute Kleidung sind der erste Schritt aus der Subsistenz hinein in den bescheidenen Wohlstand eines Mittelklasselebens. Über Jahrzehnte hinweg hat Nordkorea vor allem deshalb funktioniert, weil die meisten Menschen einen zwar niedrigen, aber ähnlichen Lebensstandard hatten. Die Herausbildung unterschiedlicher Niveaus ist daher eine bemerkenswerte Veränderung, deren Auswirkungen wir nur erahnen können. Wie fühlt sich ein Arbeiter, der immer fleißig seinen Plan erfüllt und an politischen Schulungen teilnimmt, wenn der wesentlich weniger strebsame Nachbar plötzlich besseres Essen,

An Bord einer nordkoreanischen Antonov AN-148 auf dem Flug von Beijing nach Pjöngjang. Von wegen »klassenlose Gesellschaft«: Die Vorhänge im Hintergrund trennen die Normalsterblichen von der Business-Class ab.

Das seit fast drei Jahrzehnten unvollendete Ryugyŏng-Hotel wurde erst 2011 mit Glas verkleidet. Es dominiert mit seiner markanten Silhouette die Skyline von Pjöngjang.

Das Folklore-Hotel Minsok Ryŏgwan in Kaesŏng ist ein Nebenprodukt des vorerst gescheiterten innerkoreanischen Tourismusprojektes und eines der schönsten Hotels in Nordkorea.

Das Homestay Village *(minbak sukso)* an der Nordostküste gewährt Einblick in eine idealisierte Form des Landlebens. Amerikaner dürfen hier nicht übernachten. Ein Raketentestgelände liegt in der Nähe.

Wer es sich leisten kann, kocht und heizt mit solchen aus Kohlestaub gepressten Briketts, koreanisch *sŏkt'an*. Die Asche wird auf den Feldern als Dünger ausgebracht.

Hundefleisch gilt in Korea als Delikatesse und soll eine medizinische Wirkung haben. Es ist allerdings nicht jedermanns Sache und wird Ausländern niemals ungefragt vorgesetzt.

Werkschutz in Nordkorea: Die zwei freundlichen Damen bewachen die Zufahrt zur Taedonggang-Bierbrauerei. Zum regulären Militär gehören sie nicht, das sieht man an den Uniformen und den fehlenden Rangabzeichen.

Nur der Anstecker mit dem Führerbild und die Aufschrift auf dem Glas verraten es: Es ist Nordkorea, wo dieser Mann ein frisches Bier zapft – Marke Taedonggang.

Ein typisches Dorf: Im Vordergrund Reisfelder, dahinter das Monument der Erinnerung an die zwei verstorbenen Führer. Daneben: »Lassen wir das 21. Jahrhundert als das Jahrhundert des großen Kim Jong-un erstrahlen«.

Im Herbst wird jede verfügbare Fläche genutzt, um die Ernte zu trocknen, wie hier Mais im Musterkollektiv von Ch'ŏngsanri südlich der Hauptstadt.

Das Fahrrad ist auf dem Land das wichtigste Verkehrs- und Transportmittel. Dass Frauen nicht Radfahren dürfen, ist offensichtlich eine der vielen Falschinformationen, die zu Nordkorea kursieren.

In der Hauptstadt sieht man zunehmend elektrische Fahrräder. Diese kosten ungefähr 350 Euro und sind hier so etwas wie ein Statussymbol. Findige Geschäftsleute setzen sie auch als inoffizielle Taxis ein.

Zwar gibt es Traktoren, aber der Treibstoff ist knapp. Ochsenkarren erledigen daher oft die Schwerarbeit. Dieses Tier wurde vor kurzem geschoren, die Wolle wird weiterverarbeitet.

Pkw sind außerhalb der Hauptstadt ein seltener Anblick. Hier ein Allrad-SUV »Ppŏkkugi« (Kuckuck) von P'yŏnghwa Motors in der Hafenstadt Ch'ŏngjin an der Ostküste.

Auch in Nordkorea werden Smartphones gern zum Spielen genutzt. In der Fensterscheibe sieht man noch die eingeritzten Tags aus dem früheren Leben des aus Berlin stammenden U-Bahn-Waggons.

In den großen Städten sind Taxis inzwischen überall zu finden. Besonders intensiv ist der Wettbewerb in Pjöngjang; auf diesem Bild sieht man die Fahrzeuge von vier verschiedenen Unternehmen.

Trotz Eiseskälte warten die Frauen auf Kunden, die ihr Auto waschen lassen wollen. Die vorsichtige Liberalisierung führt vor allem bei Dienstleistungen zu neuen Angeboten.

Tief unter der Erde in der U-Bahn von Pjöngjang. Das ist nicht das Parteiorgan, sondern die Sportzeitung. Die Jubelpropaganda auf Seite 1 ist längst nicht so interessant wie die Fußballergebnisse.

Überall im Land sieht man Händlerinnen, die ihre Waren feilbieten, wie hier nördlich von P'yŏngsŏng. Die Verkaufsstände sind in den letzten Jahren größer und solider geworden, auch das Warenangebot wird breiter.

Nicht alle Händler haben eine Lizenz. Hier wird mitten in der Hauptstadt illegal Spielzeug verkauft. Die Hoffnung auf Profit scheint stärker zu sein als die Angst vor den Behörden.

Einkaufen wie im Westen: das Kwangbok-Kaufhaus. Derzeit nur ein Ort für besserverdienende Hauptstädter, für alle anderen ein Ansporn und vielleicht ein Blick in die Zukunft.

Die Masse der Menschen in Nordkorea kauft auf halblegalen Straßenmärkten wie diesem in der Hafenstadt Namp'o ein, denn die staatlichen Zuteilungen genügen längst nicht.

Mitten auf dem Gelände der ideologisch korrekten Drei-Revolutionen-Ausstellung findet zwei Mal jährlich die Handelsmesse von Pjöngjang statt. Eine willkommene Einkaufsgelegenheit für die obere Mittelschicht.

Der Triumphbogen kündet von den revolutionären Taten Kim Il-sungs und ist vollgepackt mit Symbolik. Von oben hat man einen guten Blick auf den Westteil der Hauptstadt.

Nicht nur das Wetter ist eiskalt bei diesem von den Behörden generalstabsmäßig organisierten Massentanz vor dem Kulturpalast. Die Herren im Hintergrund dürften Sicherheitskräfte in Zivil sein.

Zur Abwechslung mal keine Inszenierung für Ausländer, sondern echte Lebensfreude an einem Feiertag im Moranbong-Park. Hier kann man den Menschen näher kommen als sonst üblicherweise.

Die zwei Führerstatuen auf dem Mansudae-Hügel sind das zentrale Monument des Landes. Ausländische Besucher werden aufgefordert, Blumen niederzulegen und sich zu verneigen.

Die bronzenen Figuren rechts und links der Führerstatuen symbolisieren verschiedene Aspekte des offiziellen Geschichtsbildes. »Lasst uns die amerikanischen Imperialisten vertreiben und das Mutterland wiedervereinigen!«

Der Große Studienpalast des Volkes wurde im traditionellen Stil aus Stahlbeton errichtet. Davor erstreckt sich der Kim-Il-Sung Platz, wo die großen Paraden stattfinden. Das Wiener Kaffeehaus versteckt sich hinter den Bäumen vorne rechts.

Vor allem unter Kim Jong-un wurden in Pjöngjang einige hochmoderne Straßenzüge gebaut. Der Alltag der meisten Menschen ist weit weniger glanzvoll. In der Hauptstadt zu leben gilt dennoch als großes Privileg.

Das Museum des siegreichen vaterländischen Befreiungskrieges. Der als gewonnen betrachtete Koreakrieg ist eines der wichtigsten Ereignisse im historischen Bewusstsein der Nordkoreaner und eine der Säulen der Legitimität der Führung.

Der »Verdiente Künstler des Volkes« im Mansudae-Studio ist ausländische Touristen gewöhnt und lässt sich nicht aus der Ruhe bringen. Hier ein Beispiel koreanischer Tuschemalerei *(chosŏnhwa).*

bessere Kleidung und sogar ein zweites Fahrrad hat? Die neue Lust am Essen ist jedenfalls eines der sichtbarsten Zeichen für eine Diversifizierung in der nordkoreanischen Gesellschaft, deren Ende und Folgen noch nicht abzusehen sind.

In diesem Zusammenhang sei erwähnt, dass es nicht nur äußerst beliebte Kochsendungen im nordkoreanischen Fernsehen gibt, bei denen die noch traditionell erzogenen Frauen über die neuesten Tricks und Kniffe beim erfolgreichen Bekochen von Ehemännern und Verwandten informiert werden. Auf einem der nordkoreanischen Tablets, die ich besitze, gibt es sogar eine umfangreiche Koch-App. Hier sind mehrere Dutzend Rezepte verzeichnet, samt Zutatenliste, Kochanweisung, Fotos und kurzen Videosequenzen. Das 21. Jahrhundert lässt grüßen.

## Restaurants: Die Qual der Wahl

Auch in Nordkorea liegt der Schlüssel zum kulinarischen Glück zunächst in der Auswahl des richtigen Restaurants. Selbst hier, wo wir es eigentlich nicht vermuten würden, belebt Konkurrenz das Geschäft. Wer ein Restaurant besucht, das ausschließlich für Touristen gedacht ist, darf nicht auf großen Genuss hoffen. Schrauben Sie Ihre Erwartungen also herunter, wenn ein Restaurant dem staatlichen Tourismusunternehmen KITC gehört, die Nachbartische mit anderen Touristengruppen besetzt sind und die einzigen Koreaner im Raum die Guides und die Fahrer sind, die wohlweislich etwas anderes essen als ihre Schützlinge.

Nun lässt sich der Besuch solcher Häuser nicht immer vermeiden, aber es lohnt, einen Blick auf die Teller der üblicherweise separat sitzenden Koreaner zu riskieren. Wenn Ihnen der Anblick gefällt, dann bitten Sie doch einfach um das Gleiche. Das wird nicht gerade ein Drei-Sterne-Menü sein, aber in der Regel besser und authentischer schmecken als die Gerichte, die den Touristen zugedacht sind.

Der Jackpot sind Restaurants, die nur nebenbei von Touristen und hauptsächlich von Einheimischen besucht werden. Letztere werden ihr sauer verdientes Geld nicht zum Fenster hinauswerfen. »Richtige« Restaurants gibt es inzwischen eine ganze Reihe in Pjöngjang. Eines der ersten Häuser dieser Kategorie war das italienische Pizza-Restaurant. Es befand sich früher am Taedong-Fluss, gegenüber der ehemaligen Ankerstätte des amerikanischen Spionageschiffs »Pueblo«. Heute ist es in der neuen Wissenschaftler-Straße. Wenn Ihnen ein Essen dort optional angeboten wird, nehmen Sie unbedingt an; es lohnt sich, und der Aufpreis ist moderat. Die offizielle Bezeichnung ist übrigens *it'alia t'ŭksanmul siktang* (Italienisches Spezialitätenrestaurant).

Nun kommt es darauf an, was Ihnen wichtiger ist. Ohne Zweifel klingt es cool, wenn man daheim darüber berichten kann, in Nordkorea eine Pizza gegessen zu haben. Das kann man dann noch mit Fotos der attraktiven Köchinnen garnieren, die in einer offenen Küche die Pizzen backen und gern von ihrer mehrmonatigen Ausbildungszeit in Italien berichten. Für einen ersten Besuch ist das sicher keine schlechte Wahl.

Ich würde jedoch dazu raten, in der Karte weiter nach hinten zu blättern, wo die koreanischen Speisen aufgelistet sind. Hier fehlen zwar plötzlich die englischsprachigen Bezeichnungen, es gibt aber bunte Fotos. Die Gerichte schmecken um Klassen besser als die gleichnamigen Speisen aus den staatlichen Gaststätten. Für die gleichen knapp zehn Euro, die man für eine Pizza oder Pasta nebst Vorspeise und Getränk ausgibt, kann man sich ein großartiges Menü zusammenstellen und erfahren, wie gutes koreanisches Essen schmeckt. *Mandu,* die Teigtaschen, kosten hier zwei Euro, eine scharfe Rindssuppe *soyukgaejang* fünf Euro, einen kalten Gurkensalat mit Hühnchen *takoinaengch'ae* gibt es für knapp drei Euro. Sogar die in Südkorea populären, aus China stammenden *jjajangmyŏn* (dicke Nudeln mit einer dunkelbraunen Soße) bekommt man hier für zwei Euro, ebenso einen leckeren Kimch'i-Pfannkuchen *kimch'ijŏn*.

Das bekannteste Restaurant Pjöngjangs ist das Ongnyugwan, ein großes, aus hellgrauem Stein errichtetes zweistöckiges Gebäude mit grün glasierten Dachziegeln im traditionellen koreanischen Stil. Es liegt am westlichen Ufer des Taedong-Flusses und südlich des Moranbong-Parks neben der gleichnamigen Ongnyu-Brücke, die zum Parteigründungsmonument auf der Ostseite führt.

Das Ongnyugwan ist vor allem für seine kalten Nudelgerichte bekannt. Hier genossen zum Beispiel im Juni 2000 Kim Jong-il und sein südkoreanischer Staatsgast Kim Dae-jung ihr offizielles Bankett. Das Haus steht aber auch einfachen Nordkoreanern offen, die in der Regel mit Coupons dort essen können, die sie von ihrer Arbeitsstelle erhalten haben. Touristengruppen verkehren hier üblicherweise nicht, aber versuchen Sie es ruhig; in Nordkorea erlebt man gelegentlich auch erfreuliche Überraschungen.

Nach diesem Ausflug in die nordkoreanische Haute Cuisine wirkt es vielleicht etwas befremdlich, über Hamburger zu sprechen. Kaum etwas symbolisiert den »American way of life« so sehr wie Fastfood. Nordkorea mit seiner erklärten Feindschaft gegenüber den Amerikanern und seinem Stolz auf alles Eigene wäre doch der letzte Ort auf der Welt, wo man so etwas erwarten sollte, oder? Im Prinzip ja, würde die Antwort vom Sender Jerewan lauten, aber beachten Sie, dass es im Lande einen absoluten Führer gibt. Dieser, seinerzeit Kim Jong-il, hatte Anfang der 2000er Jahre erkannt und seinem Volk schriftlich mitgeteilt, dass Hamburger sehr kalorienreich sind und daher vor allem für die Geistesschaffenden eine angemessene Nahrung darstellen, da das Gehirn bekanntlich der größte Energiekonsument im Körper ist. Da der Wunsch des Führers in Nordkorea Gesetz ist, eröffnete kurze Zeit später in der Nähe des Kulturpalastes das erste Hamburger-Restaurant in Pjöngjang, das ich dann auch prompt besuchen konnte.

Einer Restaurantkritik enthalte ich mich, da Fastfood nun einmal Fastfood ist. Die Paddies waren jedenfalls aus Huhn, nicht aus Rindfleisch, und die Pommes waren per Hand aus der Kartoffel geschnitten, was einen gewissen Charme hat; bei uns heißt das heute Kartoffelspalten. Die Cola wurde in einem rot-weißen Pappbecher serviert, der sich bei näherem Hinsehen ebenso wie der Inhalt als eine chinesische Kopie des amerikanischen Originals herausstellte.

Es gibt mittlerweile eine ganze Reihe solcher Restaurants in Pjöngjang. Für deren Besuch gilt das Gleiche wie im Falle der italienischen Pizza: Kann man machen, der Wert liegt aber primär im Gag, der irgendwann langweilig wird.

Die *tankogijip* oder »Süßfleischhäuser« habe ich ja schon erwähnt. Wer unbedingt Hundefleisch probieren möchte, sollte sich an seinen Guide wenden. Zuvor empfehle ich aber dringend, einen Stimmungscheck in der Gruppe vorzunehmen, Sie wollen ja nicht für den Rest der Reise zum Paria werden.

Ein relativ neues Phänomen in der Hauptstadt sind Kaffeehäuser. Ja, genau, das sind Orte, wo man für astronomische Preise einen Latte macchiato und dergleichen zu sich nehmen kann. Noch ist Nordkorea eine Starbucks-freie Zone, was manchem Puristen durchaus wie ein Segen vorkommen dürfte. Ansonsten findet man dort nahezu alles, was das Herz des Kaffeetrinkers begehrt.

Einem Pionier dieses Geschäftes bin ich 2010 auf einer Handelsmesse im Drei-Revolutionen-Ausstellungszentrum in Pjöngjang begegnet. Er versuchte damals, deutsche H-Milch und Geschirrspülmittel an die nordkoreanischen Kunden zu bringen.

Es stellte sich heraus, dass dieser deutsche Landsmann nur ein paar hundert Meter entfernt von meinem Haus im 19. Wiener

Bezirk lebte. So klein ist die Welt. Er überraschte mich damals mit seiner Idee, in Pjöngjang ein Wiener Café zu eröffnen. Mit der geballten Macht meiner damals auch schon 20-jährigen Nordkorea-Erfahrung versuchte ich, ihm diese Schnapsidee auszureden. Das würde niemals klappen, davon war ich überzeugt. Ich sollte schlussendlich zumindest teilweise recht behalten, allerdings aus völlig anderen Gründen als gedacht. Der Unternehmer jedenfalls war von meinen kleinlichen Einwänden wenig beeindruckt. Er hatte zwei Jahrzehnte im China-Geschäft hinter sich und schon alles erlebt. Er sah in Nordkorea einen noch unerschlossenen Markt und wollte hier der Erste sein.

Zu meinem großen Erstaunen, das sich bald zu Bewunderung entwickelte, gelang ihm das Unmögliche. Mehr noch; er konnte ein Lokal an einem der bestmöglichen Standorte ergattern. Das Wiener Kaffeehaus, das nach einem populären historischen Pavillon benannte Ryŏn'gwang Ch'ajip, befindet sich ausgerechnet am Kim-Il-sung-Platz, den die meisten Fernsehzuschauer aus Europa vor allem von Paraden und Massentänzen kennen. Wenn Kim Jong-un auf der Tribüne steht, dann blickt er in Richtung des nur 200 Meter entfernten Museums für Koreanische Geschichte. Auf der dem Taedong-Fluss zugewandten Seite des langgezogenen Gebäudes liegt der unscheinbare Eingang. Dahinter verbirgt sich ein Raum mit runden Kaffeetischen, einem Tresen und einer soliden Espressomaschine. Früher gab es hier auch einen kleinen Supermarkt; dieser ist einer Bar und einigen Separees gewichen. Solche abgeschlossenen Räume für Privatfeiern scheinen neuerdings in der Hauptstadt der letzte Schrei zu sein.

Leicht zu finden ist das Kaffeehaus nicht, denn Werbung ist nicht erlaubt. Über dem Eingang ist ein elektronisches Spruchband angebracht, das ist alles. Auch die sommerliche Nutzung der vorgelagerten Terrasse als Freisitz, die sich förmlich aufdrängt, ist bisher trotz mehrfachen Ersuchens nicht gestattet worden. Da ich den Gründer kenne und ihm auch aus persönlichen Gründen viel Erfolg wünsche, muss ich einen Teil meines Wissens für mich behalten. Nur so viel: Ist die Katze aus dem Haus, tanzen die Mäuse auf dem Tisch. Die Eröffnung eines solchen Geschäftes ist nur als Joint Venture mit einem koreanischen Partner möglich. Solange der Chef täglich nach dem Rechten sieht, läuft alles bestens. Doch wenn er für ein halbes Jahr verschwindet und die Geschäftsführung vertrauensvoll den lokalen Kräften überlässt, dann machen Servicebereitschaft und Unternehmergeist schnell einem eher spröden Charme und sozialistischem Schlendrian Platz, und gelegentlich geht auch mal etwas »verloren«.

Hinzu kommen die Probleme, mit denen man beim Handel mit Nordkorea rechnen muss. Sanktionen machen einem das Leben schwer, der nordkoreanische Zoll kann ziemlich anstrengend sein, und am Ende bleibt außer viel Arbeit kaum etwas übrig. Ich weiß von Unternehmensberatern, die in diesem Bereich tätig sind, dass die kluge und vor allem bewusste Wahl des lokalen Joint-Venture-Partners das ausschlaggebende Kriterium für den Erfolg ist. Sonst wird man ausgenommen wie eine Weihnachtsgans.

In den letzten Jahren wächst die Konkurrenz durch andere Kaffeehäuser, an denen Personen und Familien mit großem Einfluss beteiligt sind. Man findet sie in großen Hotels, aber auch an anderen Orten. Diese Popularität ist erstaunlich, wenn man die Preise bedenkt. Ein Kaffee kostet hier locker vier Euro und mehr, und so viele Touristen gibt es gar nicht, dass sich das Geschäft nur wegen der Ausländer rechnen würde. In den Kaffeehäusern setzt sich fort, was ich schon bezüglich der überall aus dem Boden schießenden Restaurants geschrieben habe. Es gibt offenbar eine bemerkenswert große Zahl von Menschen, zumindest in der Hauptstadt, die sich den Luxus eines solchen Getränks regelmäßig leisten können. Das Vorbild ist hier ganz eindeutig China.

Ein typisches Beispiel ist das Café nahe den neugebauten

Mansudae-Apartmenthäusern direkt vor den großen Doppelstatuen der zwei verstorbenen Führer. Wenn man sich das kreisförmige Logo des Ch'angjŏn Haemaji K'ŏp'i (englisch: Sunrise Coffee) ansieht, dann meint man, irgendwo in Südkorea oder China zu sein – alles ist nagelneu, modern und erinnert ein wenig an das Design von Starbucks. Auf der Karte gibt es auch tatsächlich eine Auswahl von mit »Starbucks coffee bean« hergestellten Getränken.

Von einer Tiefgarage (!) geht es hinauf in den ersten Stock, vorbei an einem mit deutschen (!) Produkten gefüllten Supermarkt. Daneben gibt es noch drei Restaurants mit internationaler und koreanischer Küche und eine Bierbar mit Fassbier, wahlweise der Marke Taedonggang oder aus *Toich'willandŭ*. Das Café bietet nach eigener Aussage einen 24-Stunden-Dienst an. Interessant ist auch, dass der Supermarkt auf Koreanisch *syup'omak'et'ŭ* heißt. Hier ist also Schluss mit nationalistischer Sprachpolitik, die hohen Preise wollen schließlich gerechtfertigt sein.

Im Treppenhaus hängt ein großformatiges Foto eines verschwitzten Kim Jong-il im weißen Feinrippunterhemd mit Kochmütze auf dem Kopf, der mit einem Drahtkörbchen ein Stück mit Teig überzogenes Gemüse oder Fisch frittiert. Ich war von diesem so gänzlich untypischen Bild derart verblüfft, dass ich eine Weile brauchte, um den ehemaligen Führer zu erkennen. Entsprechend war ich viel zu langsam und brachte meine Kamera zu spät in Anschlag, was mir nur sehr selten passiert. Meine Begleiter bemerkten mein Zögern und hinderten mich mit großem körperlichem Einsatz, aber ohne Angabe von Gründen daran, eine Aufnahme zu machen.

Darum ging es ohne Foto weiter in das plüschige und üppig dekorierte Innere des Cafés, wo zwei junge Koreanerinnen mit großem Ernst und seltsam deplatziert wirkender Grazie den Job der Barista ausübten. Auch hier haben sich die Preise gewaschen, ein Cappuccino kostet stolze fünf Euro, wird dafür aber auch im stilvollen Henkelglas mit Untersetzer serviert. Als ich meine zwei Begleiter auf einen solchen einlud, ging ein stolzes Strahlen über ihre Gesichter. An der Wand hängt eine Tafel, die auf Koreanisch die »Geschichte des Kaffees« erklärt. Zur Dekoration gehört eine schwere Standpendeluhr im Holzkasten, gegenüber steht ein Piano. Eine mannshohe vergoldete Frauenfigur, stilistisch eine gewagte Mischung aus New Yorker Art déco und Pjöngjanger Barock, hält eine weitere Uhr hoch. Das ist er also, einer der angesagten Orte für die neureiche Mittelschicht und einer der Konkurrenten für meinen deutschen Wiener Bekannten vom Kim-Il-sung-Platz.

## Getränke und Trinksitten

Traditionelle koreanische Getränke sind Wasser, grüner Tee und Aufgüsse aus Gerste, Beeren und getrockneten Früchten. Auf der alkoholischen Seite trank der Bauer früher Makkoli, das ist eine Art milchig-weißer, leicht säuerlicher Reiswein mit einem Alkoholgehalt von rund sieben Prozent. Vielleicht wäre »Reisbier« die bessere Bezeichnung. Wer es härter mochte, der trank Soju, ein dem Arak der Mongolen ähnliches klares Destillat mit etwa 20 Prozent Alkoholgehalt.

Noch heute erfreut sich Soju in beiden Koreas großer Beliebtheit. Im Kwangbok-Kaufhaus, auf das ich später noch zurückkomme, kann man etwa zwei Dutzend verschiedene Sorten erstehen, in allen Preisklassen. Eine Renaissance des Makkoli, wie sie in Südkorea seit einigen Jahren zu verzeichnen ist, konnte ich in Nordkorea noch nicht beobachten; es gibt ihn aber. Die meisten nordkoreanischen Männer trinken jedoch neben Soju am liebsten Bier.

Nordkorea hat eine Reihe von Brauereien, die landesweit liefern oder nur in bestimmten Provinzen beheimatet sind. Es gibt ferner zahllose Kleinbrauereien, eine befindet sich zum Beispiel im Koryŏ-Hotel. Bier bedeutet in Nordkorea in der Regel Pilsner, aber es werden auch andere Sorten vom Hefeweizen bis hin zum Schwarzbier angeboten.

International am bekanntesten ist die nach dem durch Pjöngjang fließenden Fluss benannte Taedonggang-Brauerei. Ihre Entstehungsgeschichte ist interessant. Nachdem Nordkorea 2001 diplomatische Beziehungen mit der EU eröffnet hatte, vermittelte Glyn Ford, damals ein EU-Parlamentarier der britischen Labour Party, den Verkauf der Ausrüstung einer kürzlich geschlossenen Brauerei aus Wiltshire in England nach Nordkorea zum Preis von 1,5 Millionen Pfund. Die Einrichtung der Anlage wurde von deutschen Spezialisten vorgenommen.

Ich habe einige Jahre nach der Gründung 2002 gemeinsam mit Glyn die Taedonggang-Brauerei besucht. Der Eingang wurde von einer Art Werkschutz bewacht, zwei freundlichen jungen Frauen mit abgenutzten Kalaschnikows über der Schulter. Drinnen roch es gewaltig nach Maische und im Abfüllraum nach Bier, weil gefühlt jede zehnte Flasche vom Fließband purzelte und auf dem Boden zerschellte. Vielleicht war es auch nur ein schlechter Tag, immerhin wird das Produkt in Nordkorea flächendeckend angeboten und auch exportiert. Beeindruckend fand ich den pragmatischen Geschäftsgeist; im Showroom der Brauerei konnte man nämlich neben den eigenen Produkten auch Biere anderer, internationaler Marken wie Heineken oder Becks erwerben. Stolz? Wozu, solange man einen kleinen Profit machen kann. Oder man war überzeugt, dass das eigene Bier einfach das Beste ist und keine Konkurrenz zu fürchten braucht; wer weiß.

Die Preise sind übrigens moderat, zumindest aus westlicher Sicht. Eine Flasche Taedonggang bekommt man im Hotelshop für weniger als einen Euro, und ein halber Liter frisch gezapftes Bier kostet nicht mehr als zwei Euro. Der Geschmack ist recht gut, ein wenig malzig, ansonsten aber ohne lästige Aromastoffe. Man hält sich an das Reinheitsgebot. Beim Bier übertrifft Nordkorea die Konkurrenz im Süden übrigens spielend; die dortigen leichten Marken Hite und OB Lager können dem vollmundigen Taedonggang nicht das Wasser reichen.

Eine *p'okt'anju* genannte Unsitte aus Südkorea scheint sich allerdings auch in Nordkorea auszubreiten – den Seifenopern, die angeblich niemand schaut, sei Dank. Man gießt ein Glas Hochprozentigen, das kann Wodka sein, Whisky oder Soju, in ein Glas mit Bier und nennt dieses Gemisch dann wegen seiner Wirkung »Atombombe«. Es schmeckt scheußlich, und die unausweichlichen Kopfschmerzen am nächsten Tag sind auch kein Vergnügen, aber was tut man nicht alles für die Geselligkeit.

Was Trinkrituale und Etikette angeht, ähnelt Nordkorea dem Süden. Es ist unüblich, sich bei Tisch das eigene Glas einzuschenken; das ist Aufgabe des Nachbarn, man sollte also immer ein aufmerksames Auge auf den Füllstand der Gläser der neben einem Sitzenden haben. Sobald sich der Nachbar zum Nachfüllen anschickt, hält man sein Glas mit der rechten Hand hoch und unterstützt diese, je nachdem, wie höflich oder unterwürfig man sein will, noch am Unterarm mit der linken Hand. Je weiter vorn, desto höflicher. Den ultimativen Respekt drückt man aus, indem man das Glas mit beiden Händen hält. Aber bitte nicht übertreiben, sonst fühlt sich Ihr Nachbar auf den Arm genommen.

Beim Trinken dreht sich der Jüngere beziehungsweise Rangniedere ein wenig zur Seite, um dem sozial höher Stehenden rituell den Anblick des Trinkens zu ersparen, obwohl dem das in der Regel völlig egal ist. Aber die Geste zählt. Ebenso gehört es sich in Nordkorea, dass der sozial Untergeordnete um Erlaubnis fragt, bevor er sich eine Zigarette anzündet – auch wenn ich noch nie erlebt habe, dass ein solches Ansuchen abgelehnt wurde. Beim Anstoßen sollte man beachten, dass der sozial niedere Part den Rand seines eigenen Glases deutlich unterhalb des Randes des anderen Glases anschlägt. Von westlichen Touristen oder Geschäftsleuten wird eine Kenntnis dieser Konventionen nicht erwartet, konformes Verhalten wird aber mit umso mehr Dankbarkeit und Respekt belohnt.

Ebenso wie das ständige Verbeugen kommen solche Verhaltensweisen westlichen Reisenden zunächst seltsam und fremd vor, sie gehen aber wie das österreichische und bayrische »Grüß Gott« schnell in Fleisch und Blut über, sodass man sich nach der Rückkehr in die Heimat nur mit einiger Anstrengung wieder davon lösen kann und gelegentlich bei Freunden für Heiterkeitsausbrüche sorgt.

Zu den besonderen Alkoholika in Nordkorea gehört *insamsul,* der Ginsengschnaps. Das ist ein beliebtes Mitbringsel, denn er ist auch für Europäer problemlos trinkbar. Die meist hell- bis goldgelbe Flüssigkeit hat um die 35 Prozent und schmeckt nach Erde. Unnötig zu erwähnen, dass das natürlich die reinste Medizin ist, jedenfalls wenn man den Nordkoreanern glaubt. Die Qualität und der Preis richten sich nach der Größe, Form und Herkunft der Ginsengwurzel, die sich im Inneren der Flasche befindet. Große, menschenähnliche Wurzeln roten Ginsengs aus den Bergen sind besser als kleine, helle Wurzeln von einer Ginsengplantage. Ein wenig muss man wohl auch daran glauben.

Nicht jedermanns Geschmack ist *paemsul,* der Schlangenschnaps. Die armen Tiere werden angeblich lebend in die Flaschen gesteckt und dann in heißem Alkohol ertränkt. Nach ein paar Jahren löst sich das Fleisch auf, die Reste treiben als graue Flocken in der trüber werdenden Flüssigkeit herum. *Paemsul* wird vor allem Männern empfohlen, der Preis richtet sich nach der Dicke der Schlange, wie einem auf Nachfrage anzüglich grinsend mitgeteilt wird.

In Nordkorea bekommt man als Tourist an nichtalkoholischen Getränken die bei uns üblichen Mischungen aus Zucker, Wasser und Kohlensäure. Amerikanische Konzerne liefern angeblich nicht nach Nordkorea, aber Coca-Cola gibt es trotzdem, dank China. Hinzu kommen allerlei Fruchtsaftgetränke, die dem lokalen Geschmack entsprechend fürchterlich überzuckert sind. Eine bei mir nostalgische Gefühle hervorrufende Spezialität ist *saida*, was die koreanische Schreibweise des englischen Cider ist. Mit Apfelschaumwein hat die in Nordkorea erhältliche Variante aber nichts zu tun. Saida schmeckt ähnlich wie die russische Limonade, die ich in meiner Kindheit in der Sowjetunion getrunken habe. Man bekommt sie schon im Flugzeug.

Auch wenn das Verhältnis zu Malaysia aufgrund des im Februar 2017 auf dem Flughafen von Kuala Lumpur verübten Giftmordanschlags auf Kim Jong-uns Halbbruder getrübt ist, bestehen ansonsten gute Handelsbeziehungen nach Südostasien, einschließlich des Imports exotischer Getränke. In einem Restaurant in Pjöngjang bekam ich einen Energy-Drink, der auf den ersten Blick wie das bekannte Produkt aus Österreich aussah. Erst bei genauem Hinsehen entpuppte sich die goldene, mit zwei roten Stieren und blauer Schrift verzierte Dose als »Real Bull« der Marke Thailand Tech. Was wohl Herr Mateschitz davon hält?

Ich trinke meistens Mineralwasser, das es allerdings kaum mit Kohlensäure versetzt gibt; hauptsächlich erhält man die stille Variante. Seit einigen Jahren wird an landesweit Dutzenden Produktionsstätten, die in verschiedenen Joint Ventures mit Chinesen und Südkoreanern geführt werden, Quellwasser in Plastikflaschen abgefüllt. Die Flaschen sind mit absolut westlich aussehenden Banderolen umwickelt. Ein Teil der Produktion geht in den Export. Ich empfehle, ein paar Brausetabletten mitzunehmen, dann entgeht man dem Zuckerschock der üblichen Limonaden und hat doch, falls gewünscht, etwas mehr Geschmack in der Mineralwasserflasche.

Kuhmilch wird in Nordkorea kaum produziert. Es gibt sie zwar, aber sie ist teuer und wird selten verwendet. Auch Ziegenmilch wurde mir noch nie angeboten, obwohl überall im Land die von Kim Jong-il als Lösung des Ernährungsproblems Mitte der 1990er Jahre eingeführten Tiere zu sehen sind. Stattdessen sieht man im Stadtbild viele kleine Lieferwagen mit der Aufschrift »K'onguyu« (Sojabohnenmilch) umherfahren. Den fast überall erhältlichen Instant-Kaffee weißt man, außer im noblen Szene-Café, mit Trockenmilch. Über die Qualität solchen Gebräus möchte ich mich als Wahl-Wiener lieber nicht äußern, aber schließlich ist man in Nordkorea ja nicht auf Gourmet-Reise.

# 6

# Unterwegs von A nach B

Für staugeplagte Europäer ist der Straßenverkehr in Nordkorea die reinste Erholung, allerdings nimmt auch hier die Zahl der Automobile seit einigen Jahren zu. Vorbei sind die Zeiten, in denen eine Polizistin auf menschenleerer Straße den nicht vorhandenen Verkehr regelt. In Pjöngjang mutet das Straßenbild jetzt ziemlich modern an. Auf dem Land geht es da noch sehr viel bescheidener und gemächlicher zu, über Ochsenkarren sollte man sich ebenso wenig wundern wie über Fußgänger und Fahrradfahrer auf der Autobahn. Für Berliner gibt es ein Wiedersehen mit alten Bekannten.

## Im Bus durch Nordkorea

Das gebräuchlichste Fortbewegungsmittel für Ausländer in Nordkorea ist der Reisebus. Die früher weitverbreiteten japanischen Importe, zu erkennen an der Rechtssteuerung, sind schrittweise durch neuere chinesische Modelle ersetzt worden. Das Tempo ist in der Regel niedrig, was vor allem am, vorsichtig ausgedrückt, nicht gerade exzellenten Zustand vieler Straßen liegt. Schuld daran sind Witterungseinflüsse und intensive Nutzung sowie sparsame Materialverwendung, Zeitdruck und der Einsatz von Laien beim Bau. Eine Fahrt von Pjöngjang nach Kaesŏng, etwa 170 Kilometer auf der vergleichsweise gut ausgebauten, mehrspurigen Autobahn, dauert daher drei Stunden. Auf Landstraßen ist die Geschwindigkeit noch niedriger.

Für westliche Besucher stellt das aber bei genauerer Betrachtung kein Ärgernis dar, im Gegenteil. Man ist ja nach Nordkorea gefahren, um das Land zu sehen, und das geht, da Touristen so gut wie nie auf eigene Faust und zu Fuß unterwegs sein dürfen, noch am ehesten durch das Busfenster. Je langsamer, desto besser: Man sieht mehr, und die Fotos werden schärfer.

Wer mit Reisekrankheit zu kämpfen hat, sollte sich aber besser nach vorne setzen, denn die Fahrt kann außerordentlich holprig werden. Es gehört zu den von ungläubig-zufriedenen »Aah«-Rufen begleiteten Erfahrungen von Reisenden, die – im Nordosten geht das – mit dem Auto nach China zurückkehren, wenn sie feststellen, wie glatt Straßen doch sein können. Ich empfehle daher auch die Mitnahme eines Tablets für Reisenotizen, da man mit Notizblock und Stift in Nordkorea während der Busfahrten kaum einen lesbaren Buchstaben aufs Papier bringt.

In der Vergangenheit gab es vor allem nachts beim Autofahren große Sicherheitsprobleme. Um Energie zu sparen und die teuren Lampen nicht zu sehr zu strapazieren, schalteten die Fahrer früher selbst in Tunneln das Licht nur sehr sporadisch ein. Da der entgegenkommende Verkehr das ebenso machte, habe ich schon äußerst waghalsige und knappe Ausweichmanöver erlebt. Hinzu kommt, dass die Fahrer ihre Fahrzeuge auf den vergleichsweise leeren Autobahnen gern dorthin lenken, wo sich die wenigsten Schlaglöcher befinden: in die Mitte der Autobahn oder sogar auf die gegenüberliegende Fahrspur. Nicht irritieren lassen sollte man sich zudem von dem Umstand, dass auf den Autobahnen viele Menschen zu Fuß oder mit dem Fahrrad unterwegs sind. Der größte Horror sind allerdings auch hier Straßentunnel und die abendliche Dunkelheit. Es gibt keine offiziellen Unfallstatistiken, aber gerüchteweise kam es – nicht zuletzt durch die steigende Zahl an Fahrzeugen – zu so vielen Unfällen, dass Kim Jong-il höchstpersönlich Anweisung gab, die Scheinwerfer der Fahrzeuge bei

Dunkelheit einzuschalten, seit 2011 auch am Tag. Seither fühlt man sich auf Nordkoreas Straßen deutlich sicherer, zumal die Reisebusse oft keine Sicherheitsgurte haben.

Gelegentlich scheint es auch, dass die Menschen auf dem Land die Geschwindigkeit von Fahrzeugen, die sich nähern, schlecht einschätzen können und oft im letzten Moment noch versuchen, die Straße zu überqueren. Sie werden feststellen, dass der Fahrer und die Guides alles in ihrer Möglichkeit Stehende tun, um vor Einbruch der Dunkelheit am Ziel zu sein. Die wissen schon, warum.

Glücklicherweise habe ich bisher auf all meinen Reisen nur einen einzigen schweren Verkehrsunfall gesehen, an dem wir aber, ohne anzuhalten, vorbeigebraust sind. Für Ausländer ist das nichts, »only beautiful, please«. Gelegentlich hat unser Bus außerdem Fußgänger und Radfahrer zum verzweifelten Rettungssprung in den Straßengraben genötigt. Besondere Gefühlsregungen konnte ich dabei auf den Gesichtern des Fahrers und der Guides nicht erkennen. Auf entrüstete Nachfrage wurde mir etwas von »Landeiern« und »sollen sie eben aufpassen« zugemurmelt, bevor das Thema gewechselt wurde.

Als Tourist sollte man noch wissen, dass die für die gebuchte Tour zur Verfügung stehende Treibstoffmenge anhand der geplanten Strecke vorab berechnet und rationiert wird. Verübeln Sie den Guides die fehlende Bereitschaft zu Umwegen und Abstechern also nicht zu sehr. Erfahrene Busfahrer schaffen es aber, immer eine kleine Reserve dabeizuhaben oder ein wenig Treibstoff einzusparen, sodass manchmal gegen Ende der Reise Gelegenheit zu Spontanität besteht.

Vor allem im Sommer und Frühherbst sollte man viel Geduld und Flexibilität mitbringen. Der Großteil des jährlichen Niederschlages fällt in Korea in den Monaten Juli und August. Die ohnehin häufig nur aus Sand, Lehm und etwas Schotter bestehenden Straßen werden dann butterweich und schlammig. Brücken, Eisenbahngleise und Betondecken werden unterspült und machen viele Strecken unpassierbar. Besonders im Nordosten des Landes ist mit schweren Überschwemmungen und Erdrutschen zu rechnen. Für Touristen heißt das, dass bestimmte Ziele nicht angefahren werden können. Bei gesperrten Hauptstraßen sind zeitraubende Umwege auf noch holprigeren Nebenstraßen das Resultat. Aber auch dieser Misslichkeit lässt sich etwas Positives abgewinnen, denn man erhält hierbei interessante Einblicke in das Leben der Menschen jenseits der Protokollstrecken. Sie bezahlen dies allerdings mit einem Reiseverlauf, der nicht mehr der ursprünglichen Absprache entspricht.

## Beliebte Zweiräder

Der auffälligste Unterschied zu unserem Straßenbild ist der häufig zu beobachtende schier endlose Strom von Menschen, die einzeln oder in kleinen Grüppchen mitten im Nirgendwo unterwegs sind, entweder zu Fuß oder per Fahrrad, oft mit schwer aussehenden Bündeln bepackt. Hier und da sieht man Anhalter, die wir trotz reichlich vorhandenen Platzes allerdings niemals mitnehmen.

Woher kommen all die Menschen? Und wohin wollen sie? Auf diese Fragen erhalten wir, wie so oft in Nordkorea, keine Antwort. Sicher ist aber, dass diese Männer und Frauen enorme Strecken zurücklegen, denn die nächste Ortschaft ist oft viele Kilometer weit entfernt. Besonders effizient dürfte das volkswirtschaftlich nicht sein, denn Wanderer sind schließlich keine Arbeitskräfte.

Sofern die Nordkoreaner nicht zu Fuß unterwegs sind, benutzen sie außerhalb der mit Pkw gut gefüllten Städte hauptsächlich drei Verkehrsmittel: Fahrräder, Ochsenkarren und Lastwagen.

Vor allem um die Fahrräder ranken sich die für Nordkorea so

typischen Gerüchte. Angeblich ist es Frauen aus sittlichen Gründen nicht erlaubt, sie zu benutzen – völliger Blödsinn, das sieht man nach wenigen Minuten mit eigenen Augen. Überall sind Frauen auf dem Fahrrad unterwegs, sie machen auf dem Lande sogar den größeren Teil der Radler aus. Ich kann mich allerdings tatsächlich nicht daran erinnern, während meiner Zeit als Student in Nordkorea Anfang der 1990er Jahre überhaupt jemanden auf dem Rad gesehen zu haben. Damals waren die Fahrradspuren in Beijing noch doppelt so breit wie die Fahrbahnen für Autos. Massen radelnder Chinesen wurden zum Sinnbild der Volksrepublik. Offenbar wollte die nordkoreanische Führung nicht, dass auch ihr Land mit dem als Symbol der Rückständigkeit assoziierten Fahrrad in Verbindung gebracht wurde.

Wenig später wurden Fahrräder erlaubt, was aus offensichtlichen Gründen eine ungeheure Erleichterung für die Menschen war. Endlich kamen sie etwas schneller voran und konnten auch mal schwerere Lasten transportieren. Die meisten Fahrräder kamen zunächst gebraucht als Importe aus Japan, mit der Fähre Mangyŏngbong 92, die regelmäßig zwischen beiden Ländern verkehrte und heute wegen der diplomatischen Eiszeit untätig im Hafen von Wŏnsan liegt. In Japan gibt es eine große ethnisch koreanische Minderheit, die eine Zeitlang sehr enge wirtschaftliche Kontakte zu Pjöngjang unterhielt; bis Ende der 1990er war Japan der größte Außenhandelspartner des Landes. Noch heute gelten diese japanischen Fahrräder in Nordkorea als die besten.

Es fällt auf, dass bis auf einige wenige Mountainbikes die meisten Fahrräder in Nordkorea Tourenräder sind, und zwar in der Ausführung für Damen, also ohne Querstange. Das hat ganz praktische Gründe. Da sich die meisten Familien nur ein Fahrrad leisten konnten, muss es von beiden Ehepartnern genutzt werden können. Außerdem kann man mit einem Damenrad besser Lasten transportieren.

Eine weitere Besonderheit der nordkoreanischen Fahrräder ist der vorn angebrachte Drahtkorb, den ein etwa handtellergroßes Nummernschild ziert. Dort sind weiß auf Rot die Stadt oder der Stadtbezirk und eine Kennnummer verzeichnet. Das Kennzeichen erleichtert den Ordnungskräften die Bestrafung von Verkehrssündern, vor allem aber geht es wohl darum, das eigene Rad unter all den ähnlich aussehenden Exemplaren wiederzufinden. Nebenbei ist das auch der Nachweis, dass man die entsprechende Verwaltungsgebühr entrichtet hat. Die Terminologie ist hier wichtig, denn Nordkorea ist nach eigenen Aussagen ein Land ohne Steuern. Fahrradschlösser sieht man immer häufiger, Statistiken zu Fahrraddiebstählen gibt es keine. Neuerdings gibt es in der Hauptstadt sogar öffentliche Ausleihstationen für Fahrräder.

Irgendwo in der Provinz bin ich 2015 auf einen interessanten Aushang gestoßen, der die Bürger über den »Beschluss Nummer 74 des Kabinetts vom 24.11.2014« in Kenntnis setzte. Darin ging es unter anderem um die Regeln zur Benutzung von Fahrrädern. Man muss hierbei nicht nur nüchtern sein – auch das Rauchen ist während der Fahrt verboten. Das Verbot der »Überlassung von Fahrrädern an Personen ohne entsprechende Berechtigung« legt nahe, dass es so etwas wie einen Fahrradführerschein geben muss, eigentlich keine schlechte Idee. Hinweise auf eine Helmpflicht konnte ich hingegen nirgends finden.

Ich habe von einer Einheimischen Geschichten über heftige Auseinandersetzungen zwischen Ehepartnern gehört, bei denen es darum ging, wer das Familienrad benutzen darf. In der Regel gewinnt die Frau, sagte sie mir, was ich ungesehen glaube. Erstens legt man sich trotz der konfuzianischen Hierarchie, die den Mann bevorzugt, mit einer Koreanerin besser nicht an, und zweitens – das wird wohl der ausschlaggebende Grund gewesen sein – ist als Folge der Hungersnot in den 1990er Jahren die Mitarbeit der Frauen überlebenswichtig geworden. Während die Männer weiter zu ihren schlecht bezahlten staatlichen Arbeitsstellen gehen, um den Anspruch auf Sozialleistungen und Rationen nicht zu verlieren und den Schein von Systemtreue zu wahren, sichern die findigen Frauen die Ernährung der Familie durch allerlei marktwirtschaftliche Aktivitäten. Andersherum sieht man in der Hauptstadt überdurchschnittlich viele Männer auf dem Rad: Dort scheint der Staatsdienst noch gut zu funktionieren, und die Nebenverdienstmöglichkeiten für die Frauen sind begrenzt.

Als Tourist hat man solche Sorgen zwar nicht, aber auch hier tun sich in letzter Zeit interessante neue Möglichkeiten auf. Ich bin selbst überzeugter Fahrradfahrer und halte das Rad für eine der besten Möglichkeiten, eine Stadt und eine Gegend zu erkunden. Nachdem zunächst in abgelegenen Gegenden Mountainbike-Touren angeboten wurden, kann man seit 2016 auch mit dem Fahrrad durch die Hauptstadt Pjöngjang fahren, natürlich als Gruppe und nur abschnittsweise. Es gibt dort seit kurzem sogar Radwege – eine Neuerung, die aufgrund des in der Hauptstadt rasant zunehmenden Autoverkehrs sinnvoll ist.

Ein Gerücht macht in diesem Zusammenhang aktuell die Runde: Angeblich darf man in Nordkorea nur noch Räder aus einheimischer Produktion fahren. Okay, ein anderes Gerücht besagte, dass alle Männer den gleichen Haarschnitt wie Kim Jong-un tragen müssten, und das war offensichtlich eine Ente. Mir scheint die Sache mit den einheimischen Fahrrädern allerdings durchaus plausibel. In anderen Entwicklungsländern würde man das »Protektionismus« oder »Schutz von jungen Industrien« nennen. Falls es stimmt, dann ist dies ein weiterer Hinweis darauf, dass Nordkorea zu einem »normalen« Land wird.

Ein Zeichen von technologischem Fortschritt und möglicherweise ein Zwischenschritt auf dem Wege zum Moped oder Motorrad sind E-Bikes beziehungsweise Pedelecs. Ich habe diese erstmals 2013 in der Sonderwirtschaftszone Rasŏn gesehen, zwei Jahre später tauchten sie auch in der Hauptstadt auf. Da man in Nordkorea das Fahrrad meist nicht aus Überzeugung oder zur alltäglichen Fitness verwendet, sondern ganz trivial als Transportmittel, ist die Unterstützung durch einen Motorantrieb eine enorme Erleichterung. Das gilt umso mehr angesichts der sehr hügeligen Landschaft. Strom gibt es aus dem Netz oder von der Solarzelle, preisgünstige E-Bikes kommen aus China. Sie scheinen ein wahres Objekt der Begierde zu sein, jedenfalls habe ich oft gesehen, dass Angestellte ihre kleinen Gefährte direkt mit zum Arbeitsplatz genommen haben, damit sie draußen keinen neuen Besitzer fanden. Immerhin kosten sie etwa das Vierfache eines Fahrrades, und auch dieses ist schon ein Wertgegenstand.

Motorräder gibt es nur wenige, meist chinesische Modelle oder Lizenzproduktionen von Honda, gelegentlich auch eines der einheimischen Marke Pot'onggang, die vor allem von der Verkehrspolizei benutzt wird. Die sanktionsbedingte Treibstoffknappheit macht solche Verkehrsmittel bislang zum Luxus.

Ein relativ neuer Trend sind private Fahrradtaxis. Wer genau hinschaut, der sieht in der Hauptstadt an Straßenkreuzungen Männer mit ihren Fahrrädern stehen, auf dem Gepäckträger ein großes Brett als Sitzfläche. Eine Kundin naht, man verhandelt kurz, Geld wechselt den Besitzer, und auf geht's. Angeblich sollen vor allem die neuen E-Bikes zu diesem Zweck genutzt werden – Rikscha auf Nordkoreanisch sozusagen und vermutlich steuerfrei.

## Ochsenkarren: Not oder Tugend

Ochsenkarren sind ein traditionelles Transportmittel auf der koreanischen Halbinsel. Sie sind sehr geländegängig und benötigen weder Ersatzteile noch Treibstoff, wenn man einmal vom Futter absieht. Sie wurden in Nordkorea trotz des Auftauchens von importierten und im Inland gebauten Traktoren kontinuierlich genutzt.

Als ich Anfang der 1990er Jahre in Nordkorea war, galt ein Foto von einem solchen Ochsenkarren noch als Trophäe, die schwer zu erringen war. Gestandene Länderexperten zeigten sie stolz und mit verschwörerischer Miene vor. Das hat sich sehr geändert; ich habe inzwischen wohl Hunderte Ochsenkarrenfotos gemacht und bin selten dabei behindert worden. Vielleicht haben die Sittenwächter einfach aufgegeben, da inzwischen von der rasant gestiegenen Besucherzahl so viele digitale Fotos gemacht und im Internet gepostet wurden, dass ein Verbot völlig sinnlos wäre.

Jedenfalls wird man bei einer Reise durch das Land an Dutzenden dieser Gefährte vorbeikommen. Sie werden gern als romantisches Fotomotiv gebraucht. Im Frühjahr sind die Tiere deutlich abgemagert, im Herbst sehen sie gut genährt aus. Die zweirädrigen Ochsenkarren werden normalerweise von nur einem Tier gezogen und finden sowohl bei Zivilisten wie auch beim Militär Verwendung. In letzterem Falle würde ich noch immer vom Fotografieren abraten, ansonsten sollte eigentlich nichts passieren.

Es ist leicht, die vielen Ochsenkarren als Zeichen der nordkoreanischen Rückständigkeit zu betrachten. Ganz fair ist das allerdings nicht. Zum einen ist der Kontrast zu technischen Leistungen wie dem Atom- und dem Raketenprogramm einfach zu groß. Ferner wissen wir, dass Treibstoff in Nordkorea wegen der Sanktionen knapp ist, da erscheint die Verwendung von »Bio-Motoren« durchaus intelligent. Und für manche Geländeformen ist der Ochse einfach die beste technische Lösung.

Der Fairness halber sollte ich noch anmerken, dass meinem subjektiven Eindruck nach im Verlauf der letzten Jahre die Zahl der Traktoren in Nordkorea deutlich zugenommen hat. Es könnte gut sein, dass eines Tages der Ochsenkarren aus dem Straßenbild verschwindet, daher: schnell noch fotografieren!

## Brennende Lastwagen

Gewissermaßen ein Verwandter des archaischen Ochsenkarrens ist der verbeulte Lastwagen, von dessen Ladefläche es fürchterlich qualmt. Man begegnet ihm vor allem außerhalb der Hauptstadt. Natürlich brennt das Fahrzeug nicht wirklich, sondern es wird von einem hinter der Fahrerkabine angebrachten sogenannten Holzvergaser angetrieben. Diese Technologie kam nach dem Zweiten Weltkrieg auch in Europa zum Einsatz, als Treibstoff knapp war. Der Wirkungsgrad ist gar nicht einmal so schlecht, drei Kilogramm gutes Holz entsprechen etwa einem Liter Benzin.

Eine Augenweide sind die Laster nicht, und wer schon einmal gesehen hat, wie die auf der Ladefläche mitfahrenden Passagiere die Augen wegen des beißenden Qualms zukneifen, der versteht, warum es sich letztlich um eine Notmaßnahme handelt. Anders als bei Ochsenkarren wird hier nachdrücklicher darauf geachtet, dass Touristen keine Fotos machen.

Die Kooperation mit China und die rasant zunehmende Gütermenge, die auf den Straßen befördert wird, haben zum Import moderner chinesischer Lastwagen geführt, sodass man die qualmenden olivgrünen Lastwagen mit den verbeulten Kotflügeln immer seltener sieht.

Zwar ist man als Ausländer davon nicht betroffen, aber interessant zu wissen ist es schon: In Nordkorea hat sich so etwas wie eine lokale Variante von Uber entwickelt. Wer eine dienstliche Fahrt mit dem Lastwagen zu machen hat, der nimmt gegen Entgelt Reisende mit. Das einträgliche Geschäft wird von den Behörden offenbar geduldet. Hektisch winkende Menschen am Straßenrand bedeuten also potentielle Mitfahrer. Sie hören allerdings schlagartig mit dem Gestikulieren auf, wenn sie merken, dass in dem Bus westliche Touristen sitzen. Im Internet kursiert ein Handyvideo, das zeigt, wie eine resolute Koreanerin nach allen Regeln der Kunst einen jungen Soldaten zusammenstaucht, der ihr das inoffizielle Ferntaxi-Geschäft vermiesen will. Ich sagte ja, mit den koreanischen Frauen legt man sich besser nicht an.

## Öffentliche Verkehrsmittel

In den großen Städten Nordkoreas, allen voran Pjöngjang, gibt es die üblichen öffentlichen Verkehrsmittel. Was andernorts kaum eine Fußnote wert wäre, bietet im Falle Nordkoreas Stoff für endlose Gespräche, Gerüchte und Spekulationen. In welchem anderen Land der Welt wird einem eine kurze U-Bahn-Fahrt als eigener Programmpunkt im Besichtigungsprogramm verkauft? Wenn man es so betrachtet, dann sind die Nordkoreaner echte Marketinggenies.

Die U-Bahn oder Metro sieht so eindeutig sowjetisch aus, dass man gegenteilige Beteuerungen getrost ignorieren kann. Auf Rechthaberei sollte der kluge Reisende aber auch hier verzichten. Schon oben schlägt einem der typische Geruch entgegen, eine feuchtwarme Mischung aus Schweiß, Moder und wer weiß was sonst noch. Endlos lange, beängstigend schnelle Rolltreppen bringen die Reisenden etwa 100 Meter unter den felsigen Boden der Hauptstadt. Nachdem man an drei massiven Stahltoren vorbei in die Station gelangt ist, bietet sich ein Bild sozialistisch-barocker Pracht. Jede Station steht unter einem kernigen Motto wie Sieg, Vereinigung, Erneuerung und so weiter und ist entsprechend mit Mosaiken und Kristallleuchtern ausgestattet, gelegentlich auch mit einer Führerstatue.

Warum westliche Besucher die offensichtliche Tatsache, dass es sich hier um einen Luftschutzbunker für den Ernstfall handelt, nur hinter vorgehaltener Hand und mit verschwörerischer Miene erwähnen, hat sich mir nie erschlossen. Ein Geheimnis macht jedenfalls niemand daraus. Nordkorea ist ein kleines Land, das schon einmal im Krieg die Lufthoheit verloren und dafür einen hohen Preis bezahlt hat. Dass die Überlebenden für das nächste Mal vorbauen wollten, ist verständlich und nur darum erschreckend, weil man offenbar von einem nächsten Mal ausgeht.

Obwohl das Netz aus nur zwei Linien mit 16 Stationen besteht, werden Besuchern gern elektronische Linienpläne vorgeführt, die auf Knopfdruck mithilfe kleiner Lämpchen den Weg zu einer Wunschstation anzeigen. Auch hier sollte man sein Schmunzeln besser innerlich erledigen; Vergleiche mit Seoul oder Tokio würde auch der freundlichste Begleiter kaum zu schätzen wissen.

Ausländer können in Nordkorea U-Bahn fahren. Als Student tat ich das 1991 wöchentlich und ohne Anmeldung, Begleitung oder Beschränkung. Damals kostete eine Fahrt noch 0,1 Won, was laut offiziellem Umtauschkurs für kapitalistische Ausländer damals in etwa fünf deutschen Pfennigen entsprach. Die kleine Aluminiummünze musste am oberirdischen Eingang der Station in eine Schranke gesteckt werden, um passieren zu können. Als Ausländer durfte ich jedoch die dafür erforderliche Inländerwährung gar nicht besitzen. Es fand sich eine unkonventionelle Lösung: Wenn ich nur verzweifelt genug in meinen Taschen kramte, ließ mich die betont genervt dreinschauende Aufsichtsperson einfach so durch.

Heute kann man als Ausländer nicht einmal allein das Hotel verlassen, geschweige denn in die U-Bahn steigen. In einer bei genauerem Nachdenken doch recht lächerlich anmutenden Prozedur fährt man mit dem Bus zu einer bestimmten Station, meist jene mit dem interessanten Namen Chŏnsŭngyŏk (Station des Sieges im Krieg). Man begibt sich als Gruppe hinab zur U-Bahn, macht nach zwei Stationen einen Zwischenstopp, fährt weiter und steigt am Kaesŏnmun, dem Triumphbogen, wieder aus, wo bereits der Bus wartet. Das kostet nichts, jedenfalls nicht direkt, denn den

Reisepreis hat man ja schon vorher entrichtet. Normale Nordkoreaner zahlen ganz modern per Magnetkarte. Der Preis liegt bei fünf Won, nominell das 50-Fache des Preises von 1991, real ist das aber nur ein Bruchteil eines Eurocent. Ausländische Besucher dürfen in einem regulären Waggon mitfahren, man kommt also echten Menschen endlich einmal näher als auf zehn Meter. Da inzwischen ständig Touristen auf diesen Streckenabschnitten unterwegs sind, wird man oft einfach ignoriert und kann die Fahrgäste beim Handyspielen beobachten.

Zu den vielen Gerüchten um die Metro – wir sind ja in Nordkorea – gehören geheime Linien für die Führung und unterirdische Militärobjekte. Auszuschließen ist das nicht. In jedem Fall bieten diese Gerüchte einen schönen Anlass für ausländische Medien, mit den Begriffen »unheimlich«, »geheimnisvoll« und »Atombunker« zu arbeiten. Das verkauft sich prima. Ansonsten ist das einfach eine U-Bahn.

Zutreffend ist die Behauptung, dass die heute in Pjöngjang fahrenden U-Bahn-Züge aus Berlin stammen, wo sie Ende der 1990er Jahre ausgemustert wurden. Tatsächlich habe ich jedes Mal so etwas wie einen Flashback, wenn ich in Pjöngjang in einem der Züge sitze, mit denen ich sehr wahrscheinlich als Student in Berlin zur Uni gefahren bin. Zwar haben die Nordkoreaner mit großer Gründlichkeit alles entfernt, was an die deutsche Herkunft erinnern könnte, aber die in die Scheiben eingeritzten Tags sind erhalten geblieben. Inzwischen hat sich herumgesprochen, was das ist, aber bis vor einigen Jahren habe ich jedes Mal kleine Glühbirnen der Erkenntnis in den Augen meiner Begleiter aufleuchten sehen, nachdem ich ihnen erklären konnte, woher diese Beschädigungen stammen. Auch wenn »Tag« nebst der zugehörigen Jugendkultur noch einmal separat erläutert werden musste.

Zu den Besonderheiten der nordkoreanischen U-Bahn gehört übrigens, dass spezielle Sitzplätze nicht nur für Ältere und Schwangere reserviert sind, sondern auch für »Helden«. Diesen Status erhalten Nordkoreaner, die besonderen Einsatz bei der Arbeit oder im Militärdienst gezeigt und dabei körperliche Beeinträchtigungen erlitten haben.

Deutsche Waggons finden sich nicht nur bei der U-Bahn, sondern auch bei den Straßenbahnen, die allerdings derzeit von westlichen Besuchern nicht genutzt werden können. Das Schienennetz in Pjöngjang wurde Anfang der 1990er Jahre gebaut, die Fahrzeuge importierte man aus meiner Heimat Sachsen, insbesondere aus Leipzig und Dresden. Dort war man froh, die viel zu schweren und ständig die Gleise ruinierenden Tatra-Bahnen tschechoslowakischer Bauart loszuwerden. Heute verrichten sie, inzwischen oft mit einer neuen, wie handgeschmiedet wirkenden Verkleidung versehen, ihr zerstörerisches Werk in der nordkoreanischen Hauptstadt. Ich habe dort Schienen mit Verformungen gesehen, die ich nie für möglich gehalten hätte. Aber wie heißt es so schön: Besser schlecht gefahren als gut gelaufen.

Auch die Schweizer sind mit Straßenbahnzügen in Pjöngjang vertreten. Die Linie mit eigener Spurweite, die Besucher zum Mausoleum der zwei verstorbenen Führer bringt, stammt ursprünglich aus Zürich. Hier ist allerdings eine umfassende Modernisierung vorgesehen, die alten Züge dürften bald verschwinden.

Die populärsten und am weitesten verbreiteten öffentlichen Verkehrsmittel in Pjöngjang sind die Oberleitungs- oder Trolleybusse. Sie verkehren auch in einigen Provinzhauptstädten. Zu meinen intensivsten Erinnerungen an die Studienzeit in Pjöngjang gehört es, dass ich oft bis zu 200 Meter neben dem O-Bus herlief, den Türgriff in der Hand und darauf wartend, dass die Menschen im Inneren so dicht zusammengerückt waren, dass ich hineinspringen konnte. Zum Bezahlen bin ich trotz bester Absichten nie gekommen, denn der Weg zum dafür vorgesehenen Kästchen war von einer undurchdringlichen Menschenmauer versperrt.

Touristen können die Trolleybusse heute üblicherweise nicht benutzen. Allerdings habe ich 2016 mit einer Gruppe eine Fahrt mit einem solchen Gefährt durch Ch'ŏngjin an der Ostküste gemacht. Es handelte sich dabei offenbar um einen Vorführwagen. Eine Busfahrt – noch so ein touristisches Highlight, das es nur in Nordkorea geben kann.

Wer sich die O-Busse genauer anschaut, erkennt bei vielen rote Sterne, die auf die Seiten gemalt sind. In den Sternen steht »5 *man*«, was 50 000 bedeutet. Jeder Stern steht also für 50 000 Kilometer, die das betreffende Gefährt zurückgelegt hat. Bei einigen der Veteranen ist die Reihe der Sterne beachtlich lang, da hält oft nur noch der Lack die Karosserie zusammen. Seit einigen Jahren sind neuere Modelle mit modernen Plastiksitzen unterwegs, auch dies ein Zeichen der sich bessernden Verhältnisse. Voll sind die Busse alle, insbesondere zur Rushhour am Morgen und am Abend.

## Autos made in Nordkorea

Was macht der Nordkoreaner, der weder laufen, Rad fahren oder die Öffentlichen nutzen will? Er fährt Auto. Das liest sich jetzt ein wenig ironisch und ist auch so gemeint, aber andererseits ist es eine unübersehbare Tatsache, dass die Zahl der Autos vor allem auf den Straßen der Hauptstadt enorm zugenommen hat. An immer mehr Kreuzungen stehen daher auch Ampeln. Sie haben die berühmten »Blumen von Pjöngjang«, wie die in glänzenden schwarzen Lederstiefeln, blauem Rock und weißer Bluse den mehr oder weniger intensiven Straßenverkehr regelnden Polizistinnen genannt werden, an den Straßenrand verdrängt. Von dort steuern diese gelegentlich diskret per Fernbedienung die Ampeln, wenn es gilt, einem VIP den Weg frei zu machen, und sie grüßen die Limousine zackig. Die »Blumen« zählen noch immer zu den beliebtesten touristischen Fotomotiven, und sie ertragen diese Aufmerksamkeit ebenso stolz und stoisch wie in London die britischen Rotröcke mit ihren turmhohen Bärenfellmützen.

Noch vor zwanzig Jahren waren die meisten Pkw auf Nordkoreas Straßen Mercedes Benz, das typische Funktionärsauto. Dabei konnte man alle Altersklassen und Ausführungen vorfinden. Es gab sogar einen nordkoreanischen Nachbau des 190ers, den Pjöngjang 2000, der mir einmal an einer Kreuzung begegnete.

Alte Karossen fahren noch heute durch die Stadt, und die Elite hat sich, wie ihre standesbewussten Vettern andernorts in der Welt, ihre Vorliebe für die deutsche Luxusmarke bewahrt. Vereinzelt sieht man sogar einen Hummer und in den letzten Jahren öfter die in China produzierten Fahrzeuge der Marken Volkswagen und Audi. Aber am häufigsten sind Autos der P'yŏnghwa (Peace) Motor Company, deren Logo neben der Abkürzung PMC zwei weiße Tauben zeigt.

Das am weitesten verbreitete Produkt des Unternehmens, das bei Namp'o südlich von Pjöngjang produziert und sogar eine eigene Internetseite betreibt, heißt *Hwiparam* (auf Deutsch: Pfiff) und wird mittlerweile in der dritten Modellreihe hergestellt, auch wenn gerüchteweise die Produktion seit einigen Jahren stillsteht und nur noch die Logos von Peace Motors auf Wagen montiert werden, die zuvor in China hergestellt wurden. Besonders ins Auge sticht der *Ppŏkkugi*. Die knuffige Modellbezeichnung, hinter der sich der Kuckuck verbirgt, wäre im europäischen Markt kaum verkaufsfördernd, das Fahrzeug selbst kann sich aber durchaus sehen lassen – ein SUV, der auch mit Allradantrieb erhältlich ist und aus der Ferne wie ein geschrumpfter Mercedes GLS aussieht. Der *Junma* (Rennpferd) sieht einem älteren S-Klasse Mercedes ziemlich ähnlich. Sehr häufig sind auch Kleinbusse der Marke *Samch'ŏlli* (»3000 Ri«, ein Synonym für die koreanische Halbinsel).

Moment mal: Die Nordkoreaner mit ihren Ochsenkarren und Holzvergaser-Lastwagen, den altertümlichen Traktoren und den kaum vorhandenen Straßen, diese Nordkoreaner bauen moderne Autos oder tun wenigstens so? Wie passt das zusammen?

Die Antwort liegt im Ausland. Die Firma PMC trägt nicht umsonst das Wort »Peace« im Namen. Es verweist auf die Verbindung zu der in Südkorea beheimateten Vereinigungskirche, die nach ihrem Gründer gelegentlich auch Moon-Sekte genannt wird. Bekannt ist sie für ihre in Sportstadien stattfindenden Massenhochzeiten von Gläubigen, die vom Kirchenoberhaupt ausgesucht wurden und sich erst am Tag der Hochzeit kennenlernen. Eben jener Reverend Moon, der 1920 im Gebiet des heutigen Nordkorea geboren wurde, traf 1991 mit niemand Geringerem als Kim Il-sung persönlich zusammen. In Nordkorea ist das der Ritterschlag, der vieles möglich macht. Aus der Begegnung entwickelte sich das heutige Joint Venture, das von 2002 an zunächst importierte Bausätze des Fiat Siena montierte. Es folgten Bausätze chinesischer Hersteller. Im Jahr 2011, auf dem Höhepunkt der Produktion, wurden fast 2000 Autos gebaut. Seit einigen Jahren hat sich die südkoreanische Seite allerdings aus dem Joint Venture zurückgezogen, und die Fabrik läuft nur noch auf Sparflamme, wie Satellitenbilder belegen.

Als die ersten riesigen Werbetafeln mit Bildern dieser Autos in Nordkorea auftauchten, eines davon an prominenter Stelle vor dem Pjöngjanger Bahnhof, gab es ein riesiges Echo unter den Nordkoreabeobachtern. Das Land war bis dahin quasi eine werbefreie Zone. Doch die patriotischen Slogans – etwa »Vom Berg Paektu bis zum Berg Halla« als Symbol der Vereinigung der zwei Koreas oder das optimistische »Lasst uns in die Zukunft fahren« – schienen die Bedenkenträger überzeugt zu haben. Oder der Führer hatte das Ganze abgesegnet, wer weiß.

Hinter vorgehaltener Hand haben mir Nordkoreaner gestanden,

dass sie japanische oder deutsche Autos bevorzugten; die Qualität der Fahrzeuge, die aufgrund der Straßen- und Wetterverhältnisse arg strapaziert werden, hat wohl noch Verbesserungspotential. Es kommt eben immer auf den Vergleichswert an; im Verhältnis zum Trabi oder Wartburg sehen die PMC-Autos jedenfalls recht gut aus.

Das Autofahren scheint – anders als das Radfahren – übrigens hauptsächlich Männersache zu sein. Zwar entdeckt man auf Ölgemälden in Kunstausstellungen öfter Frauen, die in blauer Latzhose souverän einen Traktor übers Feld lenken, aber hinter dem Steuer von echten Taxis, LKW und Bussen habe ich in Nordkorea bisher ausschließlich Männer gesehen.

Tankstellen gibt es inzwischen immer mehr, vor allem in der Hauptstadt. Sie heißen *yŏnyup'anmaeso*, im Unterschied zum südkoreanischen *chuyuso*. Dies ist eines der vielen Beispiele, wo in den zwei Koreas unterschiedliche Begriffe genutzt werden.

## Taxis: Es lebe die Konkurrenz

Taxis sind auf den Straßen Nordkoreas erst seit wenigen Jahren unterwegs. Es gab zwar auch schon vorher die Möglichkeit, sich per Telefon ein Auto kommen zu lassen, aber in der ganzen Hauptstadt existierte nur eine Handvoll, und die Nutzung war meist Ausländern vorbehalten. Inzwischen sind Taxis in Pjöngjang fast allgegenwärtig, und sie tragen zumeist das vertraute Schild auf dem Dach. Bei einigen Taxis steht aber auch nur auf Koreanisch *t'aeksi* auf dem Schild; die Betreiber dieser Fahrzeuge vermuten ihre Kunden wohl hauptsächlich bei Einheimischen.

Bemerkenswert ist das Vorhandensein verschiedener, offenkundig miteinander konkurrierender Taxiunternehmen. Nach dem jetzigen Stand der Dinge, im Jahre 2017, gibt es insgesamt sechs, die anhand unterschiedlicher Lackierung ihrer Fahrzeuge zu erkennen sind. Die hellblau-silbernen Taxis werden von der Fluggesellschaft Air Koryo betrieben. Die rot-gold lackierten Fahrzeuge mit der Aufschrift KKG gehören der Korea Kŭmgang Group, einem Joint Venture mit einem Partner aus Hongkong, dem laut einem Bericht der *Financial Times* Geldwäsche vorgeworfen wird. Auch das Skiresort Masikryrŏng scheint im Taxigeschäft zu sein, die Autos sind bronzefarben mit aufgeklebtem schwarz-gelbem Karostreifen.

2013 wurden auf einen Schlag 80 neue Taxis der Marke BYD (Build Your Dreams) aus China importiert, die daher auch den Beinamen »Beijing Taxi« erhielten. Das BYD-Logo wurde durch den nordkoreanischen Schriftzug »Taedonggang« ersetzt. Die Taxis haben im Inneren die gleiche Mechanik für die Anzeige von »frei« oder »besetzt« – ein rotes Täfelchen, das man hoch oder herunter klappt –, wie man sie aus China kennt, nur dass hier auf Koreanisch *»pinch'a«* (freies Auto) steht. Zum Einsatz kommen auch ältere Volvos, sogar vereinzelte Wolgas aus Sowjetzeiten, knallgelbe Proton Wira aus Malaysia oder verschiedene chinesische Fabrikate.

In jedem Taxi befindet sich vorn rechts ein koreanischsprachiger Aufkleber mit dem Namen und der Lizenznummer des Fahrers sowie der Telefonnummer des Unternehmens. Die Regeln: nicht rauchen, die Schuhe nicht ausziehen, beim Aussteigen nichts im Taxi vergessen, die Inneneinrichtung vorsichtig behandeln.

Angeboten wird der Service, so liest man, rund um die Uhr, an Feiertagen und sogar für Überlandfahrten.

Bezahlt wird in harter Währung: Ein Kilometer kostet am Tag 49 Devisen-Won und nachts 98 Devisen-Won, also jeweils etwa 50 Cent oder einen Euro. Das ist kein billiges Vergnügen. Eine zunehmende Zahl von Menschen kann es sich jedoch offenkundig leisten. Ausländer dürfen die Taxis benutzen, sollten aber koreanische Sprachkenntnisse mitbringen – und die Erlaubnis, sich frei in der Stadt zu bewegen, was auf Touristen in der Regel nicht zutrifft. Man kann aber durchaus während eines langweiligen Gruppenabendessens ausbüchsen und mit einem der Guides, wenn man sich gut versteht, eine Spritztour unternehmen.

## Kleine Kfz-Kennzeichenkunde

Zu den Dingen, die Reisende in Nordkorea besonders zu beschäftigen scheinen, gehören neben den verschiedenen Anstecknadeln mit den Bildern der Führer auch die Kennzeichen der Autos. Inzwischen gibt es sogar eine eigene Wikipedia-Seite dazu. Es kann tatsächlich nicht schaden, wenn man sich zumindest in den Grundzügen auskennt. So kann man gegebenenfalls Kontakt mit Diplomaten aufnehmen oder das versehentliche Fotografieren von Militärfahrzeugen, die nicht immer sofort als solche erkennbar sind, vermeiden. Im Jahr 2016 gab es allerdings eine große Umstellung der Farbcodes, Wikipedia ist derzeit (November 2017) noch nicht aktualisiert.

*Blau:* Die meisten Kfz-Kennzeichen in Nordkorea waren bis 2016 weiß mit schwarzer Schrift; dann wurde, offenbar in Anlehnung an den Standard in China, die Farbkombination in blau-weiß geändert. Zuerst steht dort der Name der Provinz, der Stadt (etwa im Falle von Kaesŏng) oder des Stadtbezirkes (im Falle von Pjöngjang), gefolgt von einer Zahlenkombination. Die blau-weißen Kennzeichen tragen Fahrzeuge in staatlichem Besitz, das sind zum Beispiel Busse oder Dienstwagen. Der erste Teil der in der Regel durch einen Bindestrich geteilten Zahlenkombination gibt die Bestimmung des Fahrzeuges an. Fahrzeuge mit der 01 gehören zur Partei. Es gibt auch blau-weiße Kennzeichen ohne Ortsbezeichnung; diese sind grundsätzlich als »wichtig« einzustufen.

*Schwarz:* Militärfahrzeuge haben nach wie vor schwarze Kennzeichen mit weißer Schrift. Sie tragen nur Zahlenkombinationen, keine Buchstaben. Zu den Militärfahrzeugen gehören nicht nur olivgrüne Lastwagen, sondern auch völlig zivil aussehende Pkw. Der Grund: Das nordkoreanische Militär durchdringt die gesamte Gesellschaft. Es besitzt eigene Wirtschaftsunternehmen, die zum Beispiel Restaurants betreiben oder Bodenfliesen herstellen.

*Grün:* Im Privatbesitz befindliche Autos haben grüne Nummernschilder mit weißer Schrift. Das Wort »privat« ist hier nicht eindeutig; oft gehören die Autos Unternehmen, werden aber von Individuen genutzt. Früher waren diese Kennzeichen gelb.

*Rot:* Die Fahrzeuge von Diplomaten sind an den roten Nummernschildern mit weißer Schrift zu erkennen. Dort steht auf Koreanisch *»woe«* (für »Ausland«), danach kommt eine Ziffernfolge. Früher waren diese Kennzeichen blau.

*Gelb:* Die Fahrzeuge ausländischer Unternehmen und Investoren sowie von Joint Ventures tragen gelbe Nummernschilder mit schwarzer Schrift.

In Nordkorea gibt es einige Zahlenkombinationen von hoher Symbolkraft, wie 2–16 (Geburtstag von Kim Jong-il am 16. Februar) oder 4–15 (Geburtstag von Kim Il-sung am 15. April). Sogar eine Zigarettenmarke ist nach einer solchen Zahlenkombination benannt: 7–27 steht für den Sieg im Koreakrieg 1953, den Nordkorea für sich reklamiert. Enthält ein Kennzeichen eine solche Zahlenkombination, dann handelt es sich bei dem Auto oft um ein Geschenk des Führers oder um ein Geschenk anlässlich seines Geburtstags. Einen besonderen Status drückt auch ein roter Stern auf weißem Hintergrund aus.

Das mag als erster Einblick genügen. Mithilfe dieses für nordkoreanische Verhältnisse schon ziemlich präzisen Wissens können Sie übrigens recht gut testen, wie viel die Guides bereit sind, Ihnen mitzuteilen.

## Bahn und Flugzeug: Überschaubares Angebot

Der internationale Flugplan des Flughafens Sunan bei Pjöngjang ist übersichtlich. Mit Stand vom Februar 2017 verkehrt drei Mal wöchentlich (dienstags, donnerstags und samstags) eine Air-Koryo-Maschine zwischen Pjöngjang und Beijing. Mittwochs und donnerstags kann man nach Shenyang fliegen und an denselben Tagen auch in die Gegenrichtung, donnerstags und sonntags nach Shanghai sowie freitags und montags zurück. Montags und freitags geht es nach Wladiwostok und zurück. Eine Maschine nach Ŏrang im Nordosten des Landes verkehrt dienstags und freitags. Das war's.

Für eine Reise von der Hauptstadt aus in den Nordosten, etwa zum heiligen Berg Paektu (koreanisch Paektusan) oder nach Ch'ŏngjin, kommt eigentlich nur ein Inlandsflug in Frage, falls man nicht mehrere Tage Reisezeit für die 300 bis 450 Kilometer Luftlinie auf sich nehmen will. Hierzu sollte man vorher aber unbedingt mit seiner Versicherung sprechen. Eines der Reiseunternehmen, mit denen ich zusammenarbeite, lehnt es wegen des fehlenden Versicherungsschutzes ab, Inlandsflüge anzubieten. Ich selbst habe noch keinen Inlandsflug in Nordkorea absolviert, bin aber einer christlichen Reisegruppe aus den USA begegnet, die einen Flug von Ŏrang an der Nordostküste nach Pjöngjang zum sehr moderaten Preis von 80 US-Dollar pro Kopf (one-way) gebucht hatte.

Nordkorea ist derzeit dabei, seine Flughafeninfrastruktur aufzurüsten. Das geschieht in der Regel durch die Umwandlung ehemaliger Militärflughäfen in zivile Einrichtungen. Am bekanntesten ist in dieser Hinsicht der Kalma Airport bei Wŏnsan, auf dem gelegentlich sogar eine für internationale Besucher offene Flugschau abgehalten wird. In Zukunft könnten auf diese Weise neue Landesteile touristisch erschlossen werden. Die westlichen Staaten wirken allerdings dem Versuch der Nordkoreaner, den Tourismus auszubauen, mit ihren Sanktionen entgegen.

Inländische Zugfahrten sind für westliche Touristen möglich. Man muss nur ein wenig Geduld mitbringen, da die Reisegeschwindigkeit gemächlich ist. So braucht der Zug auf der Hauptstrecke von Pjöngjang nach Sinŭiju an der chinesischen Grenze, das sind 227 Kilometer, über vier Stunden. Und das ist eine vergleichsweise gut ausgebaute Strecke. Ich bin einmal die 170 Kilometer von der Hauptstadt Richtung Osten nach Wŏnsan gefahren, das dauerte die ganze Nacht.

Die Langsamkeit hat verschiedene Ursachen. Das Eisenbahnnetz Nordkoreas wurde in der japanischen Kolonialzeit aufgebaut, im Koreakrieg massiv zerstört und danach repariert, aber nie grundlegend modernisiert. Wenn Sie mit dem Bus Schienen überqueren, dann schauen Sie sich einmal die Bahnschwellen und Gleise genauer an. Die starke Abnutzung ist mit bloßem Auge zu erkennen. Hier besteht ein enormer Investitionsbedarf, der über die verfügbaren Ressourcen des Landes hinausgeht. Die Regierung versucht daher, durch Kooperationen mit dem Ausland bestimmte Teilstrecken zu modernisieren. Ein Beispiel ist eine etwa 40 Kilometer lange Bahnstrecke in der Sonderwirtschaftszone Rasŏn, die vom benachbarten Russland erneuert wurde.

Weitere Probleme sind die oft eingleisige Streckenführung, die lange Wartezeiten bei entgegenkommendem und als »wichtiger« eingestuftem Verkehr bedingt, und die wiederholten Zerstörungen der Bahnanlagen durch Hochwasser und Erdrutsche während der Sommermonate.

Angesichts der Dauer der Fahrt, des Risikos von Verzögerungen und weil man aus dem Zugfenster in der Regel zwar viel, aber doch weniger sieht als bei einer Fahrt mit dem Bus mitten durch die Ortschaften, ist diese Art des Reisens wohl vor allem etwas für Bahnenthusiasten.

# 7

# Shopping im Paradies der Werktätigen

Zugegeben, die wenigsten Besucher werden wohl wegen der großartigen Einkaufmöglichkeiten nach Nordkorea reisen, in ein Land, dessen Bruttosozialprodukt etwas über 1000 Euro pro Jahr und Kopf beträgt und wo wir sozialistische Tristesse vermuten dürfen, sogar Armut und Not. Aber wenn man schon einmal dort ist, will man vielleicht doch ein wenig Geld ausgeben. Was gibt es, wofür sich das Geldausgeben lohnt, wo findet man es, und wie bezahlt man?

## Das Mysterium der Wechselkurse

Nordkorea ist ein Land, in dem die profansten Dinge oft schwer herauszufinden sind. Das merkt man schon bei der Reisevorbereitung und spätestens dann, wenn man im Lande ist. Eine Unmenge an Gerüchten schwirrt umher, und nicht zuletzt auch wegen der Sprachhürden kommt es schnell zu Missverständnissen. Außerdem ändern sich gelegentlich die Regeln, was zu noch mehr Verwirrung führt, da man veraltete nicht mehr von aktuellen Informationen unterscheiden kann. Die Frage der Währungsarten und der Wechselkurse gehört zu diesen Themen.

Als ich zum ersten Mal in Nordkorea war, gab es noch insgesamt drei in Papierform verfügbare Währungen. Die eine war ausschließlich für Inländer gedacht. Die zwei anderen Währungen waren für Ausländer aus sozialistischen und für Ausländer aus kapitalistischen Ländern vorgesehen. Untereinander waren diese Währungen nicht tauschbar, und wer unberechtigterweise das »falsche« Geld besaß, der machte sich verdächtig. Aus diesem Grund war es für uns westliche Studenten damals auch schwierig, mit der U-Bahn zu fahren oder auf der Straße ein Eis zu kaufen, da hierfür ausschließlich in Inländerwährung bezahlt werden konnte. Es gab ganze drei verschiedene Arten von Geldscheinen: »bunte«, rote und blaue Won.

Heute ist die Angelegenheit etwas weniger kompliziert, aber noch immer ungewöhnlich. Seit 2002 gibt es nur noch eine einzige in Form von Geldscheinen verfügbare Währung. Ausländer dürfen diese zwar im Prinzip erwerben, in der Praxis gestaltet sich das aber schwierig. Es kommt also vor, dass man das Land bereist und täglich etwas kauft, aber trotzdem nicht ein einziges Mal in Kontakt mit der einheimischen Währung gerät. Ausführen darf man nordkoreanische Banknoten nicht, theoretisch jedenfalls.

Der nordkoreanische Won, internationale Abkürzung KPW (von »Korean People's [Republic] Won«), ist nicht frei konvertierbar. In anderen Worten, man kann ihn nicht überall in der Welt in andere Währungen umtauschen. Außerhalb von Nordkorea ist das nur bedrucktes Papier. Dementsprechend schenken die Nordkoreaner den Devisen, also konvertierbaren Währungen, höchste Aufmerksamkeit. Wer sich noch an die DDR und andere Ostblockstaaten erinnert, der weiß: Westgeld war Gold wert, und sowohl Individuen wie der Staat taten alles, wirklich alles, um an selbiges zu gelangen.

In Nordkorea ist dieses Problem zumindest dadurch ein wenig entschärft, dass man die einheimische Währung im Inland gegen Devisen tauschen kann. Dieser Wechselkurs ist zwar nicht in dem Sinne offiziell, dass jedermann unbegrenzt Geld umtauschen darf, aber er ist auch nicht der Schwarzmarktkurs, als der er gern bezeichnet wird. Ich habe an einer Bank in Rasŏn im Jahr 2013 einmal einen mit Computer geschriebenen Aushang gesehen, auf dem schwarz auf weiß der Wert eines Euro mit 10 476 Won angegeben wurde. Ein Dollar war 7992 Won wert. Ich habe dort auch ohne Diskussion fünf Euro in nordkoreanische Won tauschen können. Die gleichen Kurse verwenden die Markthändlerinnen, mit denen ich gesprochen habe. Auch in der Hauptstadt kann man, etwa im neuen Kaufhaus in der Kwangbok-Straße, ganz offiziell Geld zu diesem Kurs umtauschen und anschließend damit bezahlen. Im Februar 2017 betrug dieser Kurs 1:8000 für den Dollar und 1:8300 für den Euro. Man beachte die bemerkenswerte Kursstabilität; der sinkende Wert des Euro ist internationalen Trends geschuldet, der Dollar ist fast exakt auf dem Niveau von 2014 geblieben, auch wenn die vor allem seitens der Chinesen verschärften Sanktionen hier in absehbarer Zeit zu einem Kursanstieg führen dürften.

Wenn man hingegen im Hotel oder einem anderen Devisenladen etwas erwerben möchte, zahlt man direkt in der jeweiligen harten Währung. Das sind Euros, US-Dollar, chinesische Yuan (auch Renminbi, RMB) oder japanische Yen. Damit die Preise nicht in allen diesen Währungen an die Waren geschrieben werden müssen und weil sich Kurse und damit die Preise kurzfristig verändern können, haben sich die Nordkoreaner für einen Kunstgriff entschieden. Man hat eine Art virtuellen Won eingeführt, den es physisch nicht gibt, der aber bei der Umrechnung der verschiedenen ausländischen Währungen ineinander sehr praktisch ist. Diese Umrechnungsfaktoren werden fälschlicherweise als offizielle Wechselkurse bezeichnet. Gelegentlich ist auf Preisschildern ausdrücklich von *woehwawŏn*, Devisen-Won, die Rede.

Ein Dollar entspricht in diesem System (Stand 2017) etwa 110 Won, ein Euro ist etwa 115 Won wert. Die Preise in den Devisengeschäften sind entsprechend gestaltet, sodass zum Beispiel eine Flasche Taedonggang-Bier (660 ml) im Laden des Yanggakdo-Hotels 90 Won kostet und man dann als Europäer 0,78 Euro oder als Amerikaner 0,82 Dollar bezahlt. Am niedrigen Preis erkennt man auch sofort, dass es sich um Devisen-Won handelt.

Dieses System wird von Ausländern oft nicht verstanden. Immer wieder passiert es in den Analysen westlicher Beobachter, dass die sprichwörtlichen Äpfel mit Birnen verglichen werden. Wenn man zum Beispiel auf der Straße ein Eskimo-Eis kaufen möchte, dann kostet das bis zu 2000 Won. Wer diese jetzt entsprechend dem im Hotel angeschlagenen Devisen-Won-Kurs umrechnet, der muss zu dem Schluss kommen, dass ein Eis knapp 17 Euro kostet. Respekt, dann sind wir auf unseren Reisen einer Menge Millionärskindern begegnet, denn die hatten alle ein Eis in der Hand. Auch Raucher müssen in Nordkorea reich sein, denn ein Einweg-Feuerzeug kostet 5000 Won, das wären dann stolze 43 Euro.

Natürlich kostet ein Eis keine 17 Euro, sondern etwa 25 Cent, weil es in inländischer Währung verkauft wird und daher zum Kurs von 1:8000 umgerechnet werden muss. Wenn man sich die Sache mit dem realen und dem virtuellen Devisen-Wechselkurs einmal klargemacht hat, begreift man das sofort. Oder man denkt einmal kurz nach und merkt auch ohne Insiderkenntnisse, dass ein Speiseeis am Stiel sicher keine 17 Euro und ein einfaches Plastikfeuerzeug nicht 43 Euro kosten kann, nicht einmal in der Schweiz und erst recht nicht in Nordkorea.

Im Falle Nordkoreas scheinen allerdings viele Menschen bei uns bereit zu sein, jeden Unfug zu glauben. Das gilt bedauerlicherweise auch für selbsternannte Experten, die entweder überhaupt nicht ins Land reisen, oder wenn sie es tun, dann bloß vom Hotel zum Devisenladen fahren. Da kann man schon mal auf dem Holzweg landen.

Diese Missverständnisse sind beileibe keine triviale Angelegenheit. Nordkorea ist aus der Perspektive der USA und Südkoreas ein Feindesland, dessen wirtschaftlicher Status eine strategisch relevante Information ist. Der prominenteste Fehler in dieser

Hinsicht betrifft die sogenannten Choco Pies. Das sind einzeln in Plastik verpackte kleine Kekse mit Marshmallow-Füllung, die man zum Beispiel bei einem großen Online-Händler für 0,42 US-Dollar kaufen kann oder in China für etwa 0,10 US-Dollar. Laut dem amerikanischen Nachrichtensender CNN wird einer dieser Kekse auf dem nordkoreanischen »Schwarzmarkt« für beachtliche 10 US-Dollar gehandelt. Man ahnt schon, was dahintersteckt. Doch selbst der ehemalige Berater des amerikanischen Präsidenten George W. Bush hat diese Ente in seinen Memoiren erwähnt. In New York gab es 2014 sogar eine Kunstausstellung mit dem Titel »The Choco Pie-ization of North Korea«.

Der Grund, warum man den Choco Pies so viel Aufmerksamkeit widmet, ist durchaus interessant. Die südkoreanischen Fabrikbesitzer in der auf nordkoreanischem Gebiet errichteten Sonderwirtschaftszone Kaesŏng wollten von etwa 2005 an ihre Arbeiterinnen wie in Südkorea üblich durch materielle Zuwendungen motivieren. Damit war übrigens im März 2016 Schluss, da die Zone von Südkorea als wirtschaftliche Strafmaßnahme geschlossen wurde.

Doch solange es die Zone gab, blieb die einheitliche Bezahlung unterschiedlicher Arbeitsleistung ein Problem. Die Löhne mit Nordkorea waren nämlich vertraglich vereinbart und wurden nicht direkt an die Arbeiterinnen ausgezahlt. Also entschied man sich als Mittel der Belohnung für großen Fleiß für kleine Snacks, darunter eben Choco Pies. Diese stellten sich als ideale Mitbringsel für die Lieben zu Hause heraus. Wunderbar, dachten sich die Fabrikbesitzer und begannen, die Choco Pies massenweise zu verteilen. Eine von Menschenrechtsaktivisten verbreitete Erklärung war, dass die unterernährten Frauen sonst nicht genug Energie für die Arbeit gehabt hätten. Wie auch immer, den südkoreanischen Keksproduzenten Lotte wird es gefreut haben, denn pro Tag erhielt eine nordkoreanische Arbeiterin in Kaesŏng zwei Choco Pies. Bei zuletzt dort tätigen 50 000 Arbeiterinnen und 330 Arbeitstagen macht das eine jährliche Menge von über 30 Millionen Stück.

Es liegt nahe, dass diese nicht alle sofort gegessen wurden. Die Choco Pies landeten auf den nordkoreanischen Märkten, von denen es nach neuesten Forschungen etwas über 400 im ganzen Land gibt. Dort wurden sie zum Preis von etwa 1200 Won verkauft, das waren nach dem damals geltenden realen Wechselkurs etwa 0,15 US-Dollar. Die Außenwelt erfuhr von diesem Preis über das mittlerweile recht gut funktionierende Informantennetzwerk, das seine Basis in der chinesischen Grenzregion zu Nordkorea hat. Da im Westen niemand etwas mit der Zahl »1200 Won« anfangen kann, rechnete man um. Den Wechselkurs hatte man ja schwarz auf weiß im Hotel gesehen, der Rest war simple Arithmetik, und schwupp, schon kostete ein Choco Pie in Nordkorea zehn Dollar. Die Absurdität einer solchen Zahl scheint kaum jemanden gestört zu haben.

Im Februar 2017 sah ich übrigens zu meiner Freude im Ch'ŏngch'ŏn'gang-Hotel in Hyangsan eine vietnamesische (Raub-?) Kopie dieser Kekse mit dem Namen »Phaner Pie«, perfekt bis zum Aussehen der Verpackung. Kostenpunkt: fünf Euro für 12 Stück, also 42 Cent pro Keks. Noch immer ein stolzer Preis, aber sicher keine zehn Dollar.

Halten wir also fest, dass es in Nordkorea eine einheimische Währung gibt, zu der als Parallelwährungen ausländische Banknoten im Umlauf sind, deren Wert in Form eines virtuellen Devisen-Won angegeben wird. Der einzige tatsächliche Wechselkurs ist der, zu dem man Scheine der einen in Scheine der anderen Währung wechseln kann, was wie gesagt möglich ist.

Die Existenz der Devisen als Parallelwährung ist übrigens eine durchaus progressive Erscheinung, die beispielsweise die Regierung der DDR nie zugelassen hätte. Dort gab es zwar auch Devisenshops, und unter der Hand wurde viel in D-Mark bezahlt, aber man hätte niemals bei einer regulären Bank DDR-Mark zum damals geltenden Schwarzmarktkurs von 5:1 in D-Mark tauschen können oder umgekehrt. In Nordkorea geht das, ich habe im Herbst 2014 bei der Golden Triangle Bank in Rasŏn im Tausch gegen einen Fünf-Euro-Schein über 50 000 Won erhalten und im Februar 2017 im Kwangbok-Kaufhaus zehn Euro in 83 000 Won gewechselt. Einen Zwangsumtausch gibt es übrigens nicht.

Zum Geld und den Wechselkursen gibt es noch viel mehr zu sagen, etwa zu den Reformen von 2009 oder der politisch-ideologischen Symbolik der Geldscheine. Doch da sich dieses Buch vor allem mit praktischen Fragen befasst, sei an dieser Stelle wieder einmal auf *Innenansichten eines totalen Staates* verwiesen.

## Wie kauft man ein?

Zurück zur Praxis also. Wie funktioniert das Einkaufen in Nordkorea, im Hotel zum Beispiel? Geld gegen Ware? Nicht ganz, auch wenn diese westliche Sitte sich immer weiter ausbreitet.

Der traditionelle und noch immer vielerorts zu beobachtende Vorgang erinnert an die ehemalige Sowjetunion. Man geht zur Verkäuferin und wählt das zu erwerbende Produkt aus. Diese drückt einem dann einen Zettel in die Hand, mit dem man zu einer separat aufgestellten Kasse oder einem Schalter geht. Dort zahlt man und erhält zur Bestätigung einen Stempel auf den Zettel, mit dem man jetzt zur Verkäuferin zurückkehrt, um dort die inzwischen verpackte Ware im Austausch gegen das Dokument entgegenzunehmen.

Was sich wie eine Arbeitsbeschaffungsmaßnahme anhört, hat den nicht unwichtigen Nebeneffekt, dass nur sehr wenige Angehörige des Verkaufspersonals mit Geld in Berührung kommen. Nicht umsonst ist der Spruch »Vertrauen ist gut, Kontrolle ist besser« ein Zitat von Lenin.

In den Selbstbedienungs-Supermärkten westlicher Prägung, die neuerdings in Nordkorea entstehen, fährt man übrigens mit seinem Einkaufswagen wie bei uns zur Kasse vor und zahlt dort. Auch auf den Märkten wechselt das Geld im direkten Austausch gegen die Ware den Besitzer.

## Was kann man kaufen?

Kurz gesagt: Man kann heute in Nordkorea alles kaufen, was für Geld zu haben ist. Das schließt gerüchteweise Drogen und körperliche Liebe mit ein, doch hier muss ich passen, so weit reichen meine persönlichen Erfahrungen nicht. Ich bin bei immer mal wieder kolportierten entsprechenden Geschichten vorsichtig, denn Nordkorea befindet sich mitten in einem Propagandakrieg, da sind alle Mittel recht, und die Wahrheit ist sowieso das erste Opfer. Andererseits legt die Situation im Land – dramatisch auseinandergehende Einkommen, verbreitete Armut – derlei durchaus nahe. Bei einigen Gelegenheiten konnte ich tatsächlich Menschen beobachten, die ganz offensichtlich irgendetwas Illegales taten, doch die Einzelheiten bleiben Spekulation.

Was ich definitiv bestätigen kann, ist das Vorhandensein von importiertem Obst aller Art, Konsumentenelektronik vom Fernseher bis zum Notebookcomputer, von gefälschten Chanel-Handtaschen für fünf Dollar das Stück, Weißware wie Kühlschränken und Waschmaschinen, Trocknern und Geschirrspülern, Mikrowellen, Klimaanlagen und vielem mehr. Ein Müsli-Riegel der Marke Corny heißt laut koreanischem Preisschild je nach Geschmacksrichtung »Erdbeerkeks« oder »Schokokeks«. Ich komme in meinem Shopping-Report aus dem Kwangbok-Einkaufszentrum darauf zurück.

Dass das Angebot an Waren und Dienstleistungen größer ist als die Kaufkraft, erscheint uns normal, doch in klassischen sozialistischen Ländern war es das mitnichten, auch im Nordkorea vergangener Jahre nicht. Früher dominierte chronischer Mangel; die Menschen hatten zu viel Geld und keine Möglichkeit, es auszugeben.

Zur Illustration des drastischen Wandels, der sich in Nordkorea vollzogen hat, möchte ich an ein bereits im Buch *Innenansichten* zitiertes Beispiel erinnern. Als ich 1991 in Pjöngjang eine Kaffeetasse kaufen wollte, wurde mir das trotz des Vorhandenseins einer Pyramide aus gut 100 solchen Tassen verweigert. Der Grund: Die Ware war Dekoration. Verkaufen brachte keinen Gewinn, denn die Gehälter waren staatlich festgesetzt. Es verursachte nur Arbeit und Probleme, denn wie sollte man in einer Mangelwirtschaft an die zum Auffüllen der Regale benötigten Waren kommen?

Heute bietet sich Reisenden ein gänzlich anderes Bild. Überall wird verkauft, so gut es geht, mit Rabattaktionen, Werbung und falscher Freundlichkeit – ganz wie bei uns, nur vielleicht mit speziellem Lokalkolorit.

Der Wandel ist eine Folge der vorsichtigen, teilweise durch die Verhältnisse nach der Hungersnot Mitte der 1990er Jahre erzwungenen Einführung marktwirtschaftlicher Mechanismen in Nordkorea. Man sollte sicher nicht zu euphorisch sein; Nordkorea ist noch immer in seinen Grundzügen eine Planwirtschaft. Aber das Geld kann hier immer öfter seine Wirkung entfalten.

Oft zeigt sich dabei ein sehr, sagen wir, pragmatischer Umgang mit der Realität. An einem als »Souvenirgeschäft« ausgewiesenen Laden in Pjöngjang fand ich einmal ein handgeschriebenes Plakat, auf dem auf Koreanisch »Neue Kühlschränke eingetroffen« stand. Nun ist es eher unwahrscheinlich, dass man die Absicht hatte, Touristen einen Kühlschrank mit auf die Heimreise zu geben, zumal sie diese tolle Gelegenheit ja wegen der auf Koreanisch verfassten Ankündigung kaum mitbekommen hätten. Offensichtlich hatte das Geschäft eine Lizenz zum Verkauf von Souvenirs, man hatte aber herausgefunden, dass die Leute in der Umgebung Kühlschränke wollten, und geschäftstüchtig reagiert. Für uns ist so etwas grundsätzlich normal, in Nordkorea war es über Jahrzehnte hinweg undenkbar.

Es ist aber nicht so, dass überhaupt niemand landestypische Souvenirs kauft. Zu den Dingen, die westliche Besucher in Nordkorea gern erwerben, gehören Propagandakunst aller Art wie Briefmarken, Postkarten und Plakate, ferner Keramik und Folkloreartikel. Die Kunst der Seidenstickerei mit nationalen Motiven wird in Nordkorea sehr hochgehalten.

Die preiswerteste Variante der Propagandakunst sind Postkarten, wobei die verschiedenen Darstellungen der Zerstörung des Weißen Hauses in Washington besonders beliebt zu sein scheinen. Bevorzugt gekauft werden auch Soldaten in martialischen Posen oder glückliche Bäuerinnen und Arbeiter mit heroischem Gesichtsausdruck und voll offenkundig zur Schau getragener Zufriedenheit angesichts des von ihnen geschaffenen Wohlstandes. Lassen Sie sich aber zur Sicherheit die aufgedruckten Losungen übersetzen, damit Sie wissen, was genau Sie da verschicken oder verschenken. Die Zahl der Menschen im Westen, die Koreanisch können, steigt nämlich, und nicht jeder hat Sinn für Ironie. So wurde ein Kollege allen Ernstes antiamerikanischer Umtriebe bezichtigt, weil er auf einer Internetseite seine Sammlung nordkoreanischer Propaganda-Motive gezeigt hatte.

Was übrigens gar nicht so einfach zu bekommen ist, sind echte Propagandaplakate. Inzwischen gibt es in Südkorea und im Westen eine richtige Sammlerszene, die sich um die von Hand gemalten Stücke reißt. Eine schöne Auswahl kann man sich in Beijing im Büro von Koryo Tours anschauen. Vom Diebstahl solcher und ähnlicher Propagandamaterialien in Nordkorea rate ich aus gegebenem Anlass – denken Sie an Otto Warmbier – dringend ab.

Eine gewisse Besonderheit sind Briefmarken. Sie werden mit

erheblichem Aufwand produziert und oft als Set oder in eigens gestalteten Broschüren verkauft, allerdings in der Regel ungestempelt. Zu den zu erwartenden Motiven zählen die Führer, darunter mein Lieblingsmotiv: Es zeigt Kim Jong-un und seinen Vater Kim Jong-il in ihren Parkas mitten auf einem mit grauen Bodenplatten bedeckten Platz. Was diese Briefmarke auszeichnet, sind die erkennbaren Schatten eines halben Dutzends anderer Personen. Diese waren auf dem mir ebenfalls vorliegenden Originalbild noch zu sehen, auf den Briefmarken sind sie in bewährter Weise – wenngleich nicht völlig professionell – herausretuschiert worden. Als sicher unerwartetes Motiv steht eine Serie zur Hochzeit von Lady Diana und Prince Charles bei westlichen Reisenden regelmäßig an oberster Stelle auf der Skala bemerkenswerter Überraschungen.

Es gibt in Nordkorea eine Vielzahl sehr talentierter Malerinnen und Maler, die entweder im koreanischen Stil mit Wasserfarbe malen *(chosŏnhwa)* oder in Öl *(yuhwa)*. Die besten unter ihnen haben Titel wie »Verdienter Künstler des Volkes«. Während der Zeit des politischen Tauwetters zwischen Nord- und Südkorea zwischen 1998 und 2008 entwickelte sich in Südkorea ein spekulativer Markt für nordkoreanische Kunst, um den es in letzter Zeit allerdings still geworden ist. Fest steht, dass man mit einem Gemälde von Künstlern wie dem bereits verstorbenen Chŏng Chang-mo eine echte Wertanlage zu Hause hat. Ich persönlich kaufe eher nach Geschmack und finde immer wieder etwas. Nein, keinen Kitsch oder sozialistischen Realismus, sondern ausdrucksstarke, mit großer Meisterschaft gemalte Werke. Wie sagte mir ein buddhistischer Mönch in einem Kloster in Nordkorea mit Blick auf ein zentrales Symbol seiner Religion, die Lotusblüte: Auch in einem schmutzigen Teich kann etwas sehr Schönes wachsen.

Nordkoreanische Kleidung wird als Mitbringsel immer beliebter, vor allem die landestypischen Anzüge für Männer, die man von der Stange kaufen oder, besser noch, schneidern lassen kann.

Ich habe einen Bekannten auch schon zu einem Friseur begleitet, als er einen neuen Haarschnitt wünschte. Keine Sorge: Man muss nicht befürchten, ungefragt eine Kim-Jong-un-Frisur verpasst zu bekommen. Und da wir in Korea sind, werden überall Ginseng-Produkte wie Tee, Pulver oder Schnaps angeboten.

Nicht käuflich erwerben können Ausländer die allgegenwärtigen Abzeichen mit dem Konterfei der Führer. Das heißt aber nicht, dass man keine Abbilder von Kim Il-sung, Kim Jong-il oder Kim Jong-un mit nach Hause nehmen kann. In den Buchläden und Briefmarkenshops gibt es entsprechende Briefmarken-Sonderdrucke zu speziellen Anlässen, ferner Ausgaben der diversen Werke der Kims in verschiedenen Sprachen, die meist ein Bild enthalten. Sehr pfleglich sollte man mit allem umgehen, was ein solches Abbild enthält. Ein Foto eines der Führer zu knicken, mit Kaffee zu bekleckern oder gar als Packpapier zu verwenden gilt als schlimmer Fauxpas.

## Günstiges Essen, teure Kunst: Wie sind die Preise?

Nun, billig ist das Einkaufen in Nordkorea beileibe nicht. Für Importware wie Bananen, Spirituosen oder Elektronik liegt das auf der Hand; hier zahlt man sogar mehr als bei uns, da sich die Sanktionen preissteigernd auswirken. Doch auch sonst haben die neuen Geschäftsleute – meistens Frauen – schnell erkannt, dass unsere Kaufkraft groß ist und wir in der Regel die tatsächlichen Produktions- beziehungsweise Einkaufskosten nicht einschätzen können. Achten Sie einmal darauf: Gelegentlich wird man Sie nach den Preisen für dieses oder jenes Produkt in Ihrer Heimat fragen. Antworten Sie ruhig wahrheitsgemäß, aber seien Sie gewiss, dass die nächsten Ausländer genau diese Preise präsentiert bekommen werden.

Was in Nordkorea vergleichsweise günstig zu haben ist, sind reguläre Speisen und Getränke. Zum Glück hat man noch nicht erkannt, dass ausländische Gäste wegen der starken Beschränkungen ihrer Bewegungsfreiheit nahezu alternativlos sind, was zum Beispiel den Kauf von Wasser angeht. Dieses wird im Bus oft kostenlos verteilt, anstatt wie andernorts üblich Preise von einem oder zwei Euro dafür zu verlangen. Eine Flasche Bier im Hotel-Shop in Pjöngjang oder im Seemannsclub in Ch'ŏngjin ist für weniger als einen Euro erhältlich, und selbst das frisch gezapfte Bier am Abend kostet in der Regel deutlich unter drei Euro. Allerdings gehen die Preise weit auseinander; ich habe für einen halben Liter Fassbier im Ragwŏn-Restaurant in Pjöngjang auch schon erstaunlich niedrige 60 Euro-Cent bezahlt, ähnlich wie in der Tschechischen Bierbar in Rasŏn. Besonders teuer ist es dagegen, wenig überraschend, im Drehrestaurant auf dem Dach des Yanggakdo-Hotels in Pjöngjang. Die Speisen in den Restaurants bewegen sich allgemein im Bereich von zwei bis fünf Euro, die Pizzen sind für etwa sieben Euro zu haben. Das sind die Preise von 2017; auch in Nordkorea weiß man inzwischen, was Inflation ist, und passt die Preise daher regelmäßig an.

Für Kunst kann man stolze Summen zahlen. Das teuerste Gemälde, das ich jemals in Nordkorea erworben habe, hat mich 400 Euro gekostet, es geht aber problemlos weiter die Preisskala hinauf, man kann mehrere tausend Euro für ein Bild eines bekannten Künstlers zahlen. Wenigstens kann man dieses einrollen; der Transport von Bodenvasen oder geschnitzten Holztigern dürfte da schon schwieriger werden. Kleinere recht hübsche Aquarelle findet man in Kaesŏng für um die fünf Euro. Eine für das Land typische Seidenstickerei erhält man ab etwa 30 Euro. Mein etwa einen Meter breites Tuschegemälde des winterlichen Kratersees auf der Spitze des Berges Paektu habe ich von 60 auf 50 Euro herunterhandeln können.

Leider hat man in Nordkorea wohl schon vor längerer Zeit mitbekommen, was wir daheim für Konzerte, Opernbesuche und ähnliche Veranstaltungen zahlen. Anders ist es nicht zu erklären, dass ein Ticket für die Massengymnastik Arirang, die bis 2015 im Mai-Stadion mit über 10 000 Mitwirkenden aufgeführt wurde, für Ausländer beachtliche 80 bis 150 Euro kostete. Dafür saß man dann allerdings auch an einem mit grünem Samt bezogenen Tisch in der Mitte der Tribüne. Arirang-Festspiele kann man derzeit nicht besuchen, die Veranstaltung wurde bis auf weiteres abgesetzt. Offen steht ausländischen Gästen ein Besuch in einem der zwei Zirkusse der Hauptstadt, was ich gern für eine kleine Kaffeepause im Gespräch mit Nordkoreanern nutze, während sich meine Gruppe zum Preis von 20 bis 30 Euro pro Person die Vorstellung ansieht.

Auf den Genuss von Eis auf der Straße müssen wir in Nordkorea nicht verzichten. Je nach Ort und Laune der Verkäuferin bekommen Sie es für einen oder zwei chinesische Yuan, das sind maximal 25 Cent. Die Produkte der Marke Eskimo sind industriell hergestelltes Speiseeis und in der Regel ohne Probleme genießbar. Eine Rolle *kimbap*, also eine in Seetang gewickelte Reisrolle mit einer Füllung aus Ei und Gurke – wir würden das bei uns Sushi nennen –, kostet am Kiosk ebenfalls zwei Yuan, also einen Viertel Euro. *Kimbap* ist wie schon beschrieben ein sehr beliebtes Fastfood und auch für europäische Gaumen sehr gut geeignet.

Gelegentlich sieht man Obstverkäufer auf den Straßen, allerdings schwanken deren Preise je nach Standort stark. Am Vergnügungspark Taesŏngsan in Pjöngjang wurden Bananen einmal für zehn Yuan (etwa 1,50 Euro) pro Stück verkauft. Für den gleichen Preis erhalten Einheimische auf dem Markt in Rasŏn schon ein ganzes Kilo.

Da Informationen über nordkoreanische Preise schwer zu finden sind und viele Besucher interessieren, zähle ich hier einige

Beispiele sehr ausführlich auf. Wenn Sie es nicht so genau wissen wollen, dann bitte diesen Abschnitt einfach überspringen.

Eine Ananas im Supermarkt in Pjöngjang gibt es für drei Euro, ebenso ein Kilo Orangen. Für ein Kilo Mandeln zahlt man dort 16 Euro. Ein Kilo Weintrauben kostet auf dem Markt ungefähr vier Euro. Selbst deutscher »Bonduelle Goldmais« ist im Angebot; eine kleine Dose schlägt mit 2,50 Euro zu Buche. Ein Liter deutsche H-Milch Marke »Dairystar« im Tetrapack ist mit 1,50 Euro vergleichsweise günstig. Zwei Äpfel habe ich auf einem Markt schon für 2,50 Yuan gesehen, also etwa 40 Euro-Cent, und eine Gurke gibt es für 50 Euro-Cent. Das ist etwa so viel, wie man auf dem Markt für ein Kilogramm Reis bezahlen muss, wobei hier die Preise saisonal sehr schwanken.

Die nordkoreanischen Läden bieten eine beachtliche Auswahl an Spirituosen, die aber durchaus ihren Preis haben. Eine Flasche Johnnie Walker Red Label kostete früher mal um die 25 Euro, 2016 waren es dann schon 56 Euro. Eine Flasche Gordon's Dry Gin gab es im gleichen Jahr für 25 Euro, das ist etwa doppelt so viel wie in Europa. Japanischer Nikka Whisky, Single Malt, kostet satte 100 Euro, was allerdings dem in Europa dafür zu zahlenden Preis nahekommt. Wer noch immer zu viel Geld hat, kann auch eine Flasche Hennessy XO für knapp 500 Euro kaufen, die Variante V.S.O.P. der gleichen Marke gibt es »schon« für 160 Euro. Das ist jeweils ein Vielfaches der bei uns geltenden Preise und offenbar ein Ausdruck der Sanktionen, die speziell für Cognac gelten und diesen erheblich verteuern. Dann vielleicht doch lieber die Flasche Bacardi Lemon für 37 Euro. Oder, noch besser, man bleibt abstinent. Das ist auch angesichts von Preisen angeraten, die deutlich unter dem bei uns üblichen Wert liegen. So habe ich in einem Geschäft in der Provinz – nahe der chinesischen Grenze – eine Flasche Remy Martin XO für 300 chinesische Yuan gesehen, das sind etwas über 40 Euro oder ein Drittel des bei uns üblichen Preises. Ob Schnäppchen oder Fälschung, das muss der Hausverstand entscheiden.

Zigaretten sind in Nordkorea sehr beliebt; selbst Kim Jong-un sieht man oft rauchend. Eine Stange nordkoreanischer Zigaretten habe ich auf einem Markt für rund 130 Yuan gesehen, das sind knapp 20 Euro. Gelbe Camel »made in China« kosten pro Stange fast das Doppelte, etwa 35 Euro. Ich selbst rauche nicht, kann also die Qualität nicht beurteilen. Allerdings haben mir die Nordkoreaner erzählt, dass sie aus westlichen Ländern importierte Zigaretten viel lieber haben als die »billigen« Varianten der Markenprodukte aus China. Besonders unbeliebt sind wohl die rot-weißen Marlboro, die man für einen relativ günstigen Preis am Flughafen in Beijing bekommt. Über diese hat sich ein Nordkoreaner einmal wirklich bitterlich bei mir beschwert: Angeblich habe irgendwann jemand in einem westlichen Reiseführer behauptet, dass diese in Nordkorea ganz besonders beliebt seien. »Seitdem bringt uns jeder diese Dinger mit – dabei schmecken die grauenhaft!« So viel zum Thema Geheimtipps.

Die Auswahl an Süßigkeiten ist vergleichsweise eingeschränkt. Eine Tüte Bonbons schlägt mit 70 Cent zu Buche, sechs deutsche Corny-Riegel gibt es im Nobelcafé bei den Mansudae-Apartments für knapp vier Euro; dort zahlt man für ein Stück Tiramisu umgerechnet zwei Euro und für ein Croissant 60 Euro-Cent. Eine Dose mit fertigem Kaffee Marke Pokka aus Malaysia oder Singapur gibt es für 60 Euro-Cent. Mehr zu den Preisen für einzelne Produkte folgt im nächsten Abschnitt beim Thema Kwangbok-Einkaufszentrum.

Gelegentlich wird man als Besucher gebeten, den Führern des Landes »seinen Respekt« zu erweisen. Das schließt nicht nur das ungeliebte Verbeugen ein, sondern man wird auch aufgefordert, an einem Denkmal Blumen niederzulegen, die man zuvor kaufen muss. Die Preise dafür sind in den letzten Jahren kontinuierlich gestiegen, was in mehrfacher Hinsicht ärgerlich ist. Zum einen ist es sicher nicht jedermanns Sache, auf Aufforderung vor einem Monument Blumen niederzulegen. Außerdem kann man sich des Verdachts nicht erwehren, dass die Blumen wieder eingesammelt und nochmals verkauft werden, sobald man die Gedenkstätte verlassen hat. Vor diesem Hintergrund erscheinen die zehn Yuan, also 1,50 Euro, die man am Wangjaesan-Monument im Nordosten hinblättern muss, noch halbwegs akzeptabel. In Pjöngjang am Mansudae-Monument zahlt man inzwischen das Vierfache, Tendenz steigend.

Überhaupt ist mir aufgefallen, dass man in Nordkorea in den vergangenen Jahren immer aggressiver versucht, den Touristen das Geld aus der Tasche zu ziehen. Dies ist natürlich keine auf Nordkorea beschränkte Erfahrung, und man darf auch die begründete Vermutung äußern, dass wegen der Sanktionen der Druck des Staates, Devisen zu erwirtschaften, auf all jene stark zugenommen hat, die mit Ausländern zu tun haben. Das Wissen darum macht die Sache allerdings auch nicht angenehmer.

Ein eklatantes Beispiel ist das Angebot der Kellnerinnen im Hotel in Hoeryŏng, für nicht weniger als 500 Yuan am Abend eine Gesangs- und Tanzvorführung zu geben. 500 Yuan, etwa 70 Euro – das ist ein sehr guter Monatslohn in der Sonderwirtschaftszone Rasŏn, für den eine Näherin sechs Tage pro Woche hochkonzentriert arbeiten muss. Immerhin kann man hier noch dankend abwinken. Die zugegeben sehr beeindruckende Vorführung im Kindergarten des Stahlwerks in Ch'ŏngjin ist jedoch oft bereits im Reiseverlauf enthalten, man kann sich ihr also nicht entziehen; hier werden 200 Yuan fällig, die nach Auskunft der Leiterin der Einrichtung für Süßigkeiten für die Kleinen ausgegeben werden. Nachprüfen kann man das natürlich nicht.

## Wo kann man einkaufen?

Die Einkaufsmöglichkeiten für Touristen sind in Nordkorea aufgrund der stark eingeschränkten Bewegungsfreiheit und der Währungsproblematik eher übersichtlich. Am unkompliziertesten kann man im Hotel einkaufen, wo man sich auf Touristen eingestellt hat und das Sortiment eines kleinen Tante-Emma-Ladens bereithält. Es gibt das, was Reisende so brauchen: Kosmetika, Snacks und Getränke alkoholischer und nichtalkoholischer Art. Wählerisch sollten Sie aber nicht sein.

Die zweite große Kategorie der Shopping-Möglichkeiten bilden die diversen Buch- und Briefmarkenläden. Diese befinden sich entweder ebenfalls in den Hotels oder bei Sehenswürdigkeiten. Es gibt auch einige Geschäfte, die separat betrieben werden, deren Standort man aber kennen muss. Das Angebot ist jedes Mal vergleichsweise ähnlich: nordkoreanische Bücher und Broschüren in verschiedenen westlichen Sprachen, von Englisch über Deutsch bis Russisch und Spanisch. Neben den unvermeidlichen Schriften der Führer findet man auch Wörterbücher oder nützliche Dinge wie eine Sammlung von Gesetzestexten oder die Landesverfassung. Hinzu kommen CDs und DVDs mit kulturellen Inhalten »made in DPRK«.

Was man als Tourist üblicherweise nicht bemerkt, ist ein Fragebogen, der vom Personal beim Verkauf von Publikationen ausgefüllt werden muss. Zu den verlangten Informationen gehören der Name der Delegation, das Zielland der Ausfuhr, Zweck des Kaufs, Art der Publikation und Zeitpunkt des Erwerbs. In der Regel wird der Reiseleiter diese Daten liefern. Was die Behörden jedoch damit anfangen – das weiß nur der Erfinder dieses Fragebogens allein.

Die Buchläden bieten üblicherweise auch Bilder an: Aquarelle, Ölgemälde, Seidenstickereien und diverse andere Arbeiten, wie Malerei mit Steinstaub oder Applikationen von diversen Naturmaterialien. Wer ein traditionell aussehendes Mitbringsel sucht, wird mit einem Aquarell kaum falsch liegen, zumal die Preise günstig sind und man die Blätter leicht transportieren kann.

Neben den Buchhandlungen gibt es einige ausschließlich auf Kunst spezialisierte Geschäfte, in Pjöngjang zum Beispiel eines hinter dem Parteigründungsdenkmal und ein anderes direkt auf dem Gelände des Mansudae-Kunststudios. In Rasŏn liegt eines nördlich des Hauptplatzes. Kaum verfehlen lassen sich einige breiter aufgestellte Souvenirshops, die neben den genannten Produkten auch Ginseng-Erzeugnisse, Schmuck, Textilien, Nippes, Elektronik und Kunsthandwerk verkaufen. Die Guides werden Sie sicher hinführen.

Sehr bedauerlich ist, dass man als westlicher Ausländer zu den Orten, an denen die Nordkoreaner tagtäglich einkaufen, in der Regel keinen Zugang hat.

Ich selbst habe einige Märkte besuchen können, in Pjöngjang und außerhalb, und kann berichten, dass es dort absolut nichts zu sehen gibt, was man um jeden Preis verstecken müsste. Wir reden hier nicht von spontan am Stadtrand entstandenen Flächen, wo die Menschen unter freiem Himmel auf am Boden ausgebreiteten Planen ihre kärglichen Waren feilbieten. Auch so etwas gibt es zwar, doch es existieren auch Hunderte reguläre Märkte, die in eigens dafür errichteten Gebäuden mit sauberen und ordentlich aufgereihten Marktständen abgehalten werden. Die Händlerinnen – das sind in der Tat zumeist Frauen – haben eine Lizenz, der Eingang wird bewacht. Die Preise auf diesen Märkten sind frei, bis auf eine vom Staat gesetzte Obergrenze für bestimmte Produkte wie Reis, die aber von Markt zu Markt variieren kann. Es geht geschäftig, laut und fröhlich zu, endlich sieht man einmal die Menschen Nordkoreas in einem von uns als natürlich und normal empfundenen Umfeld. Doch auch dort, wo man mit etwas Glück als Tourist so einen Markt besuchen kann – etwa auf der T'ongil-

Straße in Pjöngjang oder in Rasŏn –, ist das Fotografieren strikt untersagt. Darum gibt es auch nur wenige Fotos von nordkoreanischen Märkten. Die Währung ist dort übrigens meist der chinesische Yuan, man kann aber auch zum realen und tagesaktuellen Kurs in einheimischer Währung bezahlen. Euro und Dollar sind ebenfalls willkommen.

## Einkaufsparadies: Das Kwangbok-Einkaufszentrum

Neuerdings – mal sehen, wie lange – besteht für Ausländer die Möglichkeit, im Kwangbok-Einkaufszentrum im Westen der Hauptstadt einzukaufen. Das Kaufhaus wurde Anfang 2012 eingeweiht, nur wenige Tage nach dem Tod von Kim Jong-il und der Machtübernahme durch seinen Sohn Kim Jong-un. Noch am 15. Dezember 2011 waren beide, Vater und Sohn, zu einer sogenannten »Vor-Ort-Anleitung« in den Neubau gekommen, woran zwei rot-goldene Plaketten neben der in den zweiten Stock führenden Rolltreppe erinnern. Solche Anleitungen – auf Koreanisch *hyŏnji chido* – sind schon seit den Zeiten von Kim Il-sung eine der Standardformen der Führung in Nordkorea. Das kann man sich ungefähr so vorstellen: Der universalgeniale Chef rauscht mitsamt Entourage herein, lässt sich kurz etwas vom schlotternden Verantwortlichen erklären, kommentiert und gestikuliert, alle schreiben mit, und dann entschwindet er wieder. Kim Jong-un absolviert etwa 140 solche Besuche pro Jahr.

Bis 2016 prangte der Name des Kaufhauses – wörtlich »Kwangbok-Wohngebiets-Einkaufs-Zentrum« – in Koreanisch und in Chinesisch an der Außenfassade. Erst seit 2016 können Ausländer das Kaufhaus besuchen. Als ich im Februar 2017 dort war, fiel mir auf, dass die chinesische Aufschrift verschwunden war. War das ursprüngliche Joint Venture beendet worden und das Haus vollständig in nordkoreanischen Besitz übergegangen? Solche Informationen erhält man nur inoffiziell und unbestätigt aus der Gerüchteküche, aber genau um eine solche Übernahme soll es sich handeln. Dagegen spricht allerdings, dass die Preisschilder im Kleingedruckten noch immer zweisprachig – Koreanisch und Chinesisch – gehalten sind.

Wem auch immer das Geschäft gehört: Was hier passiert, ist »echtes« Shopping. Hier kaufen Nordkoreaner ein, auch wenn sie in der Regel aus der neuen Mittelschicht stammen, da für andere die Waren unerschwinglich sind. Diese Gruppe ist aber recht groß; geschätzte drei Millionen Nordkoreaner landesweit, von denen die meisten in der Hauptstadt leben. Es gibt keine Zugangsbeschränkungen oder Kontrollen an den Eingängen, und was am wichtigsten ist: Man bezahlt mit *»uri ton«* (unser Geld), also mit regulären nordkoreanischen Won, nicht mit Dollar, Euro oder Renminbi in Form virtueller Devisen-Won. Die lokale Währung tauscht man an einem kleinen Kassenhäuschen im hinteren Teil des Erdgeschosses zum jeweils angeschlagenen Tageskurs ein und hält erstmals nordkoreanisches Geld in der Hand. Akzeptiert wurden im Jahr 2017 US-Dollar (1:8000), Euro (1:8300), chinesische RMB (1:1100) und japanische Yen (1:63). Anders als in Briefmarkenläden, wo Touristen gern entwertetes altes Geld als Souvenir verkauft wird, erhält man hier die aktuell gültigen neuen Scheine, die sich unter anderem daran erkennen lassen, dass sich auf den 5000-Won-Noten kein Bild von Kim Il-sung mehr befindet. Gerüchten zufolge ist eine 10 000-Won-Note in Planung; diese dann höchste Banknote soll wieder wie gewohnt das Konterfei des Staatsgründers zieren.

In einer Ecke hängt Werbung für eine Kundenkarte, die ausschließlich in diesem Kaufhaus gültig ist und Rabatte verspricht. Plastikkarten sind in Pjöngjang nicht unüblich, es gibt sie für die Benutzung der U-Bahn schon lange, und die ersten Geldkarten sind schon um das Jahr 2004 herum aufgetaucht. Aber eine Rabattkarte speziell für ein bestimmtes Kaufhaus, das ist ungewöhnlich und verrät den Einfluss der Chinesen.

Das Kwangbok-Einkaufszentrum erstreckt sich über drei Stockwerke und entspricht von Aufbau und Angebot ungefähr einem unserer Kaufhäuser. Im Erdgeschoss befindet sich ein nahezu westlichen Standards entsprechender Supermarkt. Hier kann man seinen Einkaufswagen durch lange Regalreihen schieben und mit Lebensmitteln von Obst und Gemüse über Brot bis hin zu Chips und Fleisch, alkoholischen und nicht alkoholischen Getränken, diversen Haushaltswaren wie Pfannen und Töpfen, Haushaltsreinigern und Zigaretten vollladen. Nur weißer Reis ist nicht erhältlich.

Um eine Vorstellung vom Preisniveau und den Relationen zu vermitteln, führe ich hier einige Waren und Preise auf. Das hilft auch bei der Einschätzung, wie willkommen oder wertvoll ein aus Europa mitgebrachtes Geschenk sein könnte. Das könnte nach Interessenslage ein wenig trocken werden; in dem Falle bitte einfach zum nächsten Abschnitt springen.

Eine Flasche Olivenöl kostet stolze 79 000 Won (zehn Euro), ein Kilogramm mit diversen Gemüsen und Getreidearten vermischter Reis 13 000 Won (1,60 Euro), ein Kilo Schweinefleisch ist verhältnismäßig günstig für 15 400 Won (zwei Euro) zu haben. An Obst gibt es Äpfel, Nashi-Birnen, Mandarinen und Melonen. Auch ganze Ananas und Bananen liegen im Kühlregal. Das Kilo Äpfel kostet 5500 Won, das sind 70 Cent. Ein Kilo Kartoffeln gibt es für 2100 Won, also etwa 25 Cent. Wie bei uns wird das Obst an einer elektronischen Waage gewogen und mit einem Aufkleber versehen.

Die Regale mit Soju, dem typisch koreanischen alkoholischen Getränk, sind lang und zeigen Dutzende von verschiedenen Marken. Die billigeren Flaschen kosten 2500 Won, es geht aber auch teurer mit bis zu 15 000 Won. Milch gibt es mit Ananas- oder mit Erdbeergeschmack. Bier erhält man in Dosen oder Flaschen; neben dem bekannten Taedonggang zu 4700 Won findet man das einheimische Kyŏnghŭng, das um 6300 Won kostet, oder die ziemlich freche Raubkopie von Heinecken mit dem Namen »Hello-Beer« aus Singapur zum Preis von 3600 Won pro kleiner Dose.

Sogar ein Weißbier gibt es hier, Marke Zibert, um 4600 Won pro Flasche. Die Frau vor mir an der Kasse hatte gleich zehn Flaschen davon im Einkaufswagen, es scheint also zu schmecken. Vergleichsweise billig ist das P'yŏngyang-Bier zu 2300 Won pro Flasche. Für eine Flasche Rotwein muss man tiefer in die Tasche greifen, die Preise reichen von 36 000 Won für einen billigen italienischen Rotwein der Marke Botte Buona, bei uns für unter 3 Euro zu haben, bis über 100 000 Won. Eine Flasche ukrainischen Sekt leistet man sich für rund 40 000 Won, also fünf Euro.

In Nordkorea wird viel geraucht. Je nach Marke zahlt man für eine Stange Zigaretten der Marke P'yŏngyang etwa 40 000 Won, eine Stange Taedonggang kann bis zu 130 000 Won kosten, das sind etwa 15 Euro und in etwa der Preis, den man auch in Beijing auf dem Flughafen für Zigaretten zahlt. Die derzeit beliebteste Marke »7.27« habe ich übrigens nicht finden können.

Einige der genannten Produkte mögen uns recht preiswert erscheinen, für Nordkoreaner ist das aber ein ziemlicher Batzen Geld. Die am besten verdienenden Schwerstarbeiter kommen mit viel Glück auf etwa 200 bis 300 Euro im Monat, Arbeiter in der Leichtindustrie auf 70 bis 100 Euro, oft weniger. Kein Wunder also, dass bei meinem Besuch zwar mehrere hundert Nordkoreaner ihre Einkaufswagen vor sich her schoben, diese aber eher mit günstigen Produkten wie Kartoffelchips, Brot oder Soju bestückt waren.

An der Kasse wird nur mit Scheinen der Werte 5000, 2000 und 1000 gearbeitet (zur Erinnerung, 1000 Won sind etwa 12 Cent). Für kleineres Wechselgeld nimmt man Kaugummis, von denen eine Packung zu fünf Stück 300 Won kostet.

Neben dem Lebensmittelgeschäft gibt es im Erdgeschoss des Einkaufszentrums auch Fernseher, Kühlschränke, Fahrräder und E-Bikes. Hier befinden wir uns mitten im Luxusbereich. Eine in China hergestellte Siemens-Frontlader-Waschmaschine vom Typ IQ100 etwa kostet 5,6 Millionen Won, das sind 675 Euro – doppelt so viel, wie man in Deutschland dafür zahlen müsste und für nordkoreanische Besserverdiener gleichbedeutend mit zwei Monatslöhnen. Ein kleiner Kühlschrank ist erschwinglicher mit 1,4 Millionen Won beziehungsweise 170 Euro. Für eine Kühlgefrierkombination der Marke XINGX mit glänzend roter Front werden 2,9 Millionen Won verlangt, das sind 350 Euro.

Daneben stehen E-Bikes, die man neuerdings in der Hauptstadt sehr häufig sieht. Es gibt verschiedene Fabrikate, zwei aus China Marke Meiying für 2,65 Millionen Won (320 Euro), aber auch zwei einheimische Modelle Marke Rŭngnado, die um 2,8 Millionen Won oder 335 Euro kosten. Für ein normales Fahrrad müssen Nordkoreaner weniger als ein Viertel berappen.

Sobald die Grundbedürfnisse gedeckt sind, sorgen sich auch die Menschen in Nordkorea um ihr Äußeres. Die Auswahl an Kosmetika ist groß und enthält sowohl einheimische als auch aus China und Japan importierte Produkte. Ich habe überdies allein acht Sorten Zahnpasta gesehen, von Kinderprodukten über eine mit Vitamin angereicherte Sorte bis zu einer besonders teuren Zahnpasta mit »Nano-Technologie«. Die Preise reichten von günstigen 3800 bis zu 30 000 Won, das entspricht 3,60 Euro. Alle Produkte sind auf Koreanisch beschriftet und tragen Markennamen wie Chip'yŏngsŏn, Pŏmgol oder Malgŭn Ach'im. Letzteres bedeutet »klarer Morgen« und bezieht sich auf die alte chinesische Bezeichnung für Korea, die im Deutschen gern mit »Land der Morgenstille« wiedergegeben wird.

Aus China stammen die Haartönungen für etwa 30 000 Won und der Gilette-Mach-3-Rasierer für 70 800 Won. Für einen Eyeliner zahlt frau zwischen 9200 und 43 500 Won, eine Reinigungsflüssigkeit (nordkoreanisch *salgyŏlmul*) für das Gesicht kostet 18 000 Won. Bei Letzterer liegt eine bunte Werbebroschüre der Firma »Korea T'aesŏng Außenhandelsunternehmen« aus. Die Werbebotschaft: »Unser Gesichtsreinigungswasser hilft, unser aller Wunsch nach Schönheit zu erfüllen«. Wer sich für ein aus Japan importiertes Produkt der Marke Bioré entscheidet, muss mit 53 100 Won (6,50 Euro) deutlich tiefer in die Tasche greifen.

Wie im Westen lauern hinter dem Tresen Verkäuferinnen darauf, den Kundinnen mit allerlei Kunstfertigkeit ihre Produkte nahezubringen. Willige Opfer finden sich schnell, und es wird probiert und gefachsimpelt. Fast muss man sich zwingen, sich zu erinnern, dass das hier Nordkorea ist – lange Zeit eines der konsumfeindlichsten Länder der Welt. Davon kann angesichts solcher Bilder keine Rede mehr sein. Hier geht es nicht anders zu als in einem beliebigen Einkaufszentrum in Beijing.

Ein chinesischer Lufterfrischer der Marke Winner kostet 40 000 Won, man kann aber für ein japanisches Produkt auch 97 400 Won, immerhin 12 Euro, ausgeben – ein stolzer Preis für das bisschen Chemie.

Die Schreibwarenabteilung bietet alles vom A4-Schreibblock mit 100 farbigen Seiten (8000 Won), über einfache Tischtaschenrechner (32 400 Won) und die wissenschaftliche Ausführung (105 000 Won), bis zu Packungen mit zwölf bunten Faserstiften (13 500 Won). Einen hochwertigen Fineliner erhält man für 2600 Won, das sind keine 30 Cent; die Zeiten sind also wohl vorbei, in denen man mit einem Stift jemandem eine große Freude machen konnte.

Auch Elektronik gibt es im Erdgeschoss zu kaufen. Ein digitaler TV-Tuner der Marke Arirang kostet 220 000 Won. Damit kann man laut Aufschrift DVB-T2 Signale empfangen, aber auch von einem USB-Stick digitale Formate wie MPEG, MOV, MP4 und so weiter abspielen. Mitte 2016 verkündete das nordkoreanische Fernsehen übrigens, dass man nun IPTV empfangen könne – Fernsehen, das über das nordkoreanische Intranet läuft, also unabhängig von analogen oder digitalen Antennen.

Ein kabelloser akkubetriebener Lautsprecher eines chinesischen Herstellers von der Größe eines Schuhkartons, mit dem man etwa vom Handy per Bluetooth Musik abspielen kann, kostet in der kleinen Version 420 000 und in der größeren Version 790 000 Won, was in etwa unseren Preisen für Geräte mittlerer Qualität entspricht. Recht günstig ist dagegen der Tablet-Computer der einheimischen Marke Ach'im, der für gerade einmal 620 000 Won (75 Euro) angeboten wird. Allerdings scheint es sich um ein veraltetes Gerät zu handeln. Für einen LED-Flachbildschirm von Lenovo zahlt man 390 000 Won, also unter 50 Euro. Ein Flachbild-Fernseher der Marke Konka kostet 2,4 Millionen Won oder 280 Euro.

Fast hätte ich es bei dem riesigen Angebot übersehen, aber mein Sohn hat aufgepasst: Sogar Sicherheitskameras kann man kaufen. Ein beeindruckendes kindskopfgroßes Modell mit LED und Infrarotstrahlern erhält man für umgerechnet 215 Euro.

Wer hierzulande privat eine Überwachungskamera kauft, ist mir nicht ganz klar. Bei einer Reise Anfang 2017 ist mir in Pjöngjang sogar das Verschwinden der Metallgitterstäbe aufgefallen, die in den Jahren zuvor noch fast jeden Balkon im ersten und zweiten Stock geschützt hatten. Auf dem Land gibt es sie noch. Dass sich die Sicherheit in der Hauptstadt kurzfristig so sehr verbessert hat, kann ich mir nicht vorstellen; da ist wohl eher von einer zentralen Anweisung auszugehen. Vielleicht will man privat deshalb nun mit anderen Mitteln für mehr Sicherheit sorgen? Bei den Wohlstandsunterschieden, die sich inzwischen in Nordkorea offenbaren, ist das sicher keine schlechte Idee.

Mit der Rolltreppe geht es hinauf in den zweiten Stock. Hier werden vor allem Textilien und Schuhe angeboten, aber auch eine Auswahl an Einrichtungsgegenständen wie Fußbodenbeläge, ferner Werkzeuge, Transformatoren und sogar Solarpaneele. An einer Wand hängt ein Werbeplakat, auf dem die Zentralbank für die neue Plastikkarte *Chŏnsŏng* wirbt, die man sowohl zur Bezahlung wie auch zum Sparen verwenden kann. Das ist eine Neuerung; die bislang im Umlauf befindlichen Geldkarten der Marken Naenara und Koryŏ konnten ausschließlich als Prepaid-Karten genutzt werden. Offenbar bemüht man sich in Nordkorea, die Bürger dazu zu bewegen, ihr Geld auf ein Konto bei der Bank einzuzahlen. Es gibt sogar die Möglichkeit, Geld von einer *Chŏnsŏng*-Karte auf eine andere zu übertragen.

Der Jahreszeit entsprechend gab es bei meinem Besuch unter anderem Winterjacken zu kaufen. Die Preise bewegten sich hier zwischen 400 000 und 1,1 Millionen Won, das sind 50 bis 130 Euro. Für einfache Winterstiefel zahlt die nordkoreanische Frau 65 000 Won, die hochwertiger aussehende Variante aus Leder – etwa 15 Modelle stehen zur Auswahl – kostet 180 000 Won. Edel aussehende Pumps, von denen ich allein rund sechzig verschiedene Modelle gesehen habe, verkaufen sich zu jeder Jahreszeit und kosten über 200 000 Won. Für absolut moderne Turnschuhe mit einem »N« oder drei Streifen an der Seite zahlt man nur um die 100 000 Won (zwölf Euro), was chinesische Kopien vermuten lässt. Sogar Wanderschuhe gibt es, in der freien Wildbahn habe ich solches Schuhwerk in Nordkorea allerdings noch nie gesehen.

Die Schuhauswahl speziell für Männer ist, wie in anderen Ländern, deutlich bescheidener als bei den Damen. Auch hier hat man aber eine durchaus akzeptable Auswahl zwischen etwa 25 Paar schwarzen oder braunen Schuhen mit Preisen zwischen 50 000 und 250 000 Won.

Wer am Kopf friert, kann sich eine russisch geschnittene Mütze aus – ich habe nachgefragt – Hundefell aufsetzen. Interessanterweise vermeiden es die Nordkoreaner übrigens, sich selbst bei zweistelligen Minusgraden die Frisur durch eine Kopfbedeckung zu ruinieren. Eine Ausnahme bilden Soldaten und Polizisten, bei denen die Kopfbedeckung zur Uniform gehört. Man sieht im Straßenbild nur wenige Wollmützen; vor allem trägt man hierzulande Ohrenschützer.

Mein einstiges Problem, eine Kaffeetasse zu finden, hätte ich im Kwangbok-Einkaufszentrum heute nicht mehr. In der Haushaltswarenabteilung wird Geschirr aller Farben und Formen je nach Größe zu etwa 6000 bis 15 000 Won angeboten. Den Quadratmeter Parkettboden erhält man für 280 000 Won, was mit 33 Euro dem mittleren Preisniveau bei uns entspricht und damit für Nordkorea sehr teuer ist. Der heimwerkende Nordkoreaner kann hier diverse Kreissägen, Schleifmaschinen, Stichsägen und Trennschleifer der chinesischen Marke Dongcheng erwerben, wenn er zwischen 300 000 und 750 000 Won (35 bis 90 Euro) investieren möchte und kann. Für eine Kartusche mit Silikon muss der Bastler einen Euro zahlen.

In einer Ecke steht ein martialisch aussehender quaderförmiger Metallkasten von etwa einem Meter Breite, der für den astronomischen Preis von sechs Millionen Won (720 Euro) zu haben ist und als *pŏllechabi* bezeichnet wird, was so viel wie »Insektenfänger« bedeutet. Er sieht nach einer Kombination aus UV-Lampe und unter Spannung stehendem Metallgitter aus. Wer ein solches Gerät erwirbt, muss schon ein gewaltiges Problem mit kleinen Plagegeistern haben.

Die Besonderheiten Nordkoreas, vor allem die unzuverlässige Stromversorgung, machen eine Reihe von Produkten begehrt, die bei uns meist nur Fachleute kennen. Dazu zählen Inverter verschiedener Größen (600 000 bis 1,7 Millionen Won), Spannungsstabilisatoren (210 000 Won) und Solarpaneele. Die Solarpaneele sind üblicherweise an den Fenstern nordkoreanischer Wohnungen und Häuser, vor allem auf dem Land, angebracht. Sie sichern in Verbindung mit einer Batterie eine gewisse Stabilität in der Stromversorgung, die bei niedrigen Wasserständen in den Stauseen und angesichts der maroden Leitungen ein echtes Problem sein kann. Nun wissen wir auch, was so etwas kostet – es werden je nach Größe so um die 600 000 bis 800 000 Won fällig, also unter 100 Euro.

Im oberen Stockwerk des Kwangbok-Einkaufszentrums befindet sich das, was ein Amerikaner wohl Food Court nennen würde. Ihn habe ich nicht besichtigt, weiß aber aus Berichten anderer Reisender, dass sich das Angebot auch dort sehen lassen kann.

Draußen verkauft eine ältere Dame bunte Luftballons für 1000 Won pro Stück an Kinder, deren Eltern sich den Einkauf in diesem für nordkoreanische Verhältnisse paradiesischen Kaufhaus leisten können.

In der Tat stellt sich die Frage, was wir hier gesehen haben. Der Laden ist echt, die dort einkaufenden Menschen sind es auch. Mit der geschützten Welt der internationalen Hotels oder des Rakwŏn-Kaufhauses, das Devisenbesitzern vorbehalten ist, hat das nichts zu tun. Ebenso klar ist, dass die Preise im Kwangbok-Einkaufszentrum weit jenseits der Möglichkeiten der meisten Nordkoreaner liegen. Zuverlässige Daten zu Monatseinkommen sind nicht zu erhalten; weder rückt der Staat diese heraus, noch wären sie aussagekräftig, da sich die meisten Menschen auf privatem Wege ein zweites Einkommen verschaffen. Nach allem, was mir aus verschiedenen Quellen bekannt ist, dürfte ein durchschnittliches Monatseinkommen bei etwa 50 Euro liegen, für viele Menschen auch deutlich darunter. Das hebt den Preis für ein E-Bike mindestens auf das Niveau eines halben Jahreseinkommens.

Fakt ist aber auch, dass sich solche Geschäfte nicht halten könnten, wenn es keine Kunden gäbe. Erneut finden wir hier einen deutlichen Hinweis auf die neue Mittelschicht, die im Vergleich zum Durchschnittsnordkoreaner über erhebliche Kaufkraft verfügen muss. Man kann nur spekulieren, was das für den sozialen Zusammenhalt in einem Land bedeutet, das auf eine solche Ungleichheit ideologisch nicht vorbereitet ist. Erstaunlicherweise gibt es bisher keine Bemühungen von staatlicher Seite, für diese Entwicklung eine offizielle Erklärung anzubieten. Deng Xiaoping bemühte sich vor 30 Jahren in China mit der »Theorie der unterschiedlichen Geschwindigkeiten« um eine Rechtfertigung. Ein Teil der Gesellschaft sei einfach nur schneller dort, wo alle einmal hinkommen würden – das erinnert fast ein wenig an den »American Dream«. Der aktuelle Reichtum der einen Gruppe diente als Vorschau auf die wohlhabende Zukunft des Rests der Gesellschaft, was in China erstaunlicherweise sogar funktionierte. Die Nordkoreaner hingegen sind bislang auf sich allein gestellt, wenn sie eine Begründung für die immer offensichtlicher werdenden Einkommensunterschiede suchen.

# 8

# West-Pjöngjang: Das Zentrum der Macht

Die meisten Reisenden verbringen den größeren Teil ihrer Zeit in Nordkorea in der Hauptstadt Pjöngjang. Das ist auch sinnvoll; hier befinden sich mit Abstand die meisten Sehenswürdigkeiten, hier ist das politische Zentrum des Landes, und hier ist die Infrastruktur am besten ausgebaut.

In Pjöngjang lebt die Elite. Der Wohlstand ist um ein Vielfaches höher als im Rest des Landes. Das bedeutet Kaufkraft, und entsprechend blüht der Konsum. Der Staat fördert diesen Trend, denn er braucht loyale Unterstützer und bietet daher, was er kann, von Unterhaltung über Bildung bis zu Einkaufsmöglichkeiten.

Aus Gründen der Übersichtlichkeit und der unter Einheimischen üblichen Einteilung in West-Pjöngjang und Ost-Pjöngjang wird die Hauptstadt je nach Lage zum Taedong-Fluss in zwei separaten Kapiteln behandelt. Wir beginnen mit der Westseite, auf der sich der Stadtteil »Mitte« und die Regierungsgebäude befinden.

## Pjöngjang: Ein Paradies in Reichweite

Die Hauptstadt erfüllt unverhohlen eine Schaufensterfunktion. Hier will sich Nordkorea allen – Ausländern und eigenen Bürgern – von seiner besten Seite zeigen und investiert in die Infrastruktur, moderne Hochhäuser, Vergnügungsparks, Theater, Stadien. Die Stadt ist besser beleuchtet, besser ernährt, besser gekleidet und besser beheizt als der Rest des Landes. Die Bildungseinrichtungen sind top, ebenso die Karrierechancen. Von Pjöngjang aufs Land versetzt zu werden kommt einer Verbannung gleich; manch ein heute in Südkorea lebender Umsiedler aus dem Norden ließ sich seinerzeit von einem solchen drohenden Exil zur riskanten Flucht verleiten. Der umgekehrte Weg, aus der Provinz in die Hauptstadt, bedeutet einen unfassbareren sozialen Aufstieg, für den die Menschen viel in Kauf nehmen. Nordkorea ist ein zentralistischer Staat, und Pjöngjang ist sein unangefochtenes Zentrum.

Daher sollte man als westlicher Besucher nicht die eigene Bedeutung überbewerten und all die schönen Fassaden ausschließlich als Botschaft des Regimes an uns Fremde missverstehen. Nordkorea will sich in der Tat mit seiner Hauptstadt dem Ausland als moderne und großzügig gebaute, wohlhabende Stadt eines glücklichen Volkes präsentieren. Aber das ist nicht alles, und es ist nicht die Hauptfunktion.

Vor allem anderen ist Pjöngjang ein Paradies im Inland, ein nordkoreanisches Xanadu. Das ist eine ziemlich clevere Idee, denn Menschen sind selten mit dem zufrieden, was sie haben. Nordkoreanern geht es nicht anders. Ungünstig für die Systemstabilität wäre es, wenn sie ihre Sehnsüchte in eine Richtung projizierten, die vom Staat zum Beispiel durch Importeinschränkungen und Reiseverbote verbaut wird. Darüber hätten Erich Honecker und seine Genossen einiges erzählen können.

Anders sieht es aus, wenn das Ziel der Träume erreichbar ist. Dann läuft man in seinem Hamsterrad, so schnell einen die schmerzenden Beine tragen, um ins Paradies zu kommen oder um bloß nicht von dort wieder verjagt zu werden. Unsere westlichen Gesellschaften kennen die negativen Auswirkungen dieses Prinzips, vom amerikanischen *burn-out* zum japanischen *karoshi* (Tod durch Überarbeitung).

Pjöngjang erfüllt also durch seine Existenz eine wichtige systemstabilisierende Aufgabe: Es sichert die Loyalität derer, die es hierher geschafft haben, es motiviert jene, die noch auf dem Weg sind, und es lenkt die Träume und Ambitionen vieler Nordkoreaner ins Inland. Anstatt von Paris, New York, Tokio oder Seoul zu träumen, wünschen sich viele leistungswillige junge Menschen in Nordkorea ein Leben in Pjöngjang. Und sie wissen: Das goldene Ticket gibt es nur für den, der nach den vom System gesetzten Regeln spielt.

Auch aus diesem Grund verwundert die hohe Dichte an Monumenten und anderen Sehenswürdigkeiten nicht. In den folgenden zwei Kapiteln werde ich einige der wichtigsten darunter vorstellen; eine vollständige Liste ist das aber bei weitem nicht, zumal ständig neue Attraktionen hinzukommen. Für den besseren Überblick enthält dieses Buch einen Lageplan der Sehenswürdigkeiten von Pjöngjang.

## Drei-Revolutionen-Ausstellung: Ideologie und Kommerz

Wer vom Flughafen aus in den Norden von Pjöngjang hineinfährt, erkennt zur Linken eine große kugelförmige Kuppel. Sie ist Teil eines »Drei-Revolutionen-Ausstellung« genannten Komplexes, der um eine großzügig angelegte Mittelachse angeordnet ist. Kenner des Ostblocks werden an die Moskauer WDNCh denken, die »Ausstellung der Errungenschaften der Volkswirtschaft«. Mit deutlich mehr Phantasie könnte man den Aufbau auch mit »The Mall« in Washington, D. C. vergleichen. Für politisch Interessierte, die etwas über das nordkoreanische System lernen möchten, gehört ein Besuch zum Pflichtprogramm.

Die »Drei Revolutionen« sind so etwas wie der frühe Versuch, der einige Jahre nach der Revolution typischerweise eintretenden Stagnation des sozialistischen Systems entgegenzuwirken. Nachdem die 1958 ins Leben gerufene *ch'ŏllima*-Bewegung zur Erhöhung des Arbeitstempos an ihre Grenzen gestoßen war, sollte es eine komplexe Modernierungsbewegung in den Bereichen Wissenschaft und Technik, Ideologie und Kultur richten. Der Beginn der Bewegung um 1974 und das auf einer großen Gedenktafel verzeichnete Baujahr der Anlage 1980 deuten auf eine Federführung durch Kim Jong-il hin. Die »Drei-Revolutionen-Teams« waren eines seiner Instrumente im damals ausgetragenen Rennen um die Nachfolge seines Vaters.

Die Ausstellung umfasst sechs entlang einer zentralen Achse angeordnete Gebäude. In der Halle für Schwerindustrie kann man sich zum Beispiel über den Bergbau des Landes oder die Herstellung von sogenanntem *chuch'e*-Stahl informieren, für den kein Koks importiert werden muss und der vollständig mithilfe einheimischer Ressourcen produziert wird. Auch die Resultate nordkoreanischer Automobilproduktion werden präsentiert, darunter Modelle der Peace-Motors-Produktion und einige Motorräder der Marke Pugang. In anderen Hallen sieht man im Lande hergestellte Elektronik, einen Überblick über das Raumfahrtprogramm, die Errungenschaften der Leichtindustrie und Anbaumethoden in der Landwirtschaft einschließlich der Seidenraupenzucht, Neulandgewinnung und Bewässerung. Es gibt kaum einen Ort, wo man in komprimierter Form so viel über die Wirtschaft des Landes erfahren kann, obwohl das Wort »viel« nur im Vergleich zu den sonst noch spärlicher vorhandenen Informationen zu verstehen ist.

Politisch Interessierte werden die Halle der Ideologie besuchen wollen, in der man insbesondere viel über die offizielle Lesart von *chuch'e* erfährt. Die sich unter der imposanten Kuppel verbergende Halle der Raumfahrt ist hingegen eine ziemliche Enttäuschung. Wo in anderen Gebäuden dicht an dicht Exponate stehen, ist hier alles locker über den Raum verteilt, was verwundert angesichts all der Raketen- und Satellitentests. Stattdessen gelangt man im oberen Stock in eine Kuppel aus angegrautem Beton, auf die ein kaum erkennbares Abbild des nächtlichen Sternenhimmels über Pjöngjang projiziert wird. Dann gibt es noch einen Dokumentarfilm mit verwackelten Aufnahmen von zwei Raketenstarts, und das war es auch schon fast. Hier wäre ein Upgrade fällig.

Zweimal im Jahr, im Frühjahr und im Herbst, verwandelt sich das Gelände in ein Zentrum des internationalen Wirtschaftsaustauschs. Die »Internationale Handelsmesse von Pjöngjang« findet in der ursprünglich den neusten technischen Entwicklungen gewidmeten großen Halle am rechten Ende der Allee statt. Nach internationalem Vorbild werden Messestände aufgebaut. Vor allem chinesische, aber auch einige westliche Anbieter präsentieren sich.

Als ich im Herbst 2010 dort war, gab es auch eine Ausstellung der mehrheitlich bundeseigenen Deutschen Energie-Agentur GmbH zum Thema »Erneuerbare Energie made in Germany«. Das Hauptaugenmerk der Hunderten nordkoreanischen Besucher lag aber ganz woanders. Für sie war das, wie mir später erklärt wurde, eine der besten Shopping-Gelegenheiten des Jahres. Entsprechend laut und geschäftig ging es dort zu, wo Schmuck, Handtaschen, Schuhe, Lederjacken, Computer und Weißware vom Kühlschrank bis zur Waschmaschine von chinesischen Anbietern wie Haier und Hasee nicht nur präsentiert, sondern auch gleich vor Ort verkauft wurden. Auch koreanische Firmen sind üblicherweise präsent, etwa die dem Militär gehörende Sŭngni-(»Sieg«-) Gruppe, die verschiedene Arten von Fliesen im Angebot hat.

Die Termine der Messen werden rechtzeitig bekannt gegeben, ein Spezialreisebüro sollte so etwas wissen und eine Besichtigung der Drei-Revolutionen-Ausstellung in den Reiseplan aufnehmen. Offiziell ziert sich das staatliche Reisebüro, den Besuch einer Handelsmesse auf ein touristisches Programm zu setzen; doch wenn man einmal in dem Komplex ist, dann muss man eher darum kämpfen, wenigstens einen kurzen Blick in die anderen Ausstellungsgebäude werfen zu können, denn die Guides selbst zieht es unwiderstehlich in die Messehalle.

## Der Triumphbogen: Der Osten trifft den Westen

Dieses wörtlich »Tor der triumphalen Rückkehr« *(kaesŏnmun)* genannte Monument ist 60 Meter hoch und steht, wie der etwas kleinere Pariser Arc de Triomphe, unübersehbar inmitten eines mehrspurigen Kreisverkehrs, in dem es allerdings deutlich ruhiger und gesitteter zugeht als in der französischen Metropole.

Das Tor gehört zu den Geschenken, die sich Gründervater Kim Il-sung zum 70. Geburtstag 1982 machen ließ. Es erinnert an zwei Schlüsselereignisse im Leben des Führers aus den Jahren 1925 und 1945. Laut Kim Il-sungs mehrbändiger Autobiografie *Mit dem Jahrhundert* verließ er sein Elternhaus bei Pjöngjang gemeinsam mit den Eltern im Alter von sieben Jahren, um ein neues Leben in der Mandschurei zu beginnen. Als er elf Jahre alt war, schickte ihn sein Vater zurück zu den Großeltern nach Mangyŏngdae, bei denen er zwei Jahre lebte. Im Jahr 1925, im Alter von 13 Jahren, brach er wieder nach China auf und schwor, erst zurückzukehren, wenn er die Heimat von der kolonialen Unterdrückung durch die Japaner befreit hätte. Im Herbst 1945 war es dann so weit. Seine Rückkehr nach Korea heißt in der nordkoreanischen Mythologie *kwangbŏkŭi ch'ŏllikil,* der »1000-Ri-Weg [Symbol für eine große Entfernung] der Befreiung«.

Der Triumphbogen ist im Zusammenhang mit einem riesigen Mosaik zu sehen, das wenige hundert Meter davon entfernt den 1945 erst 33-jährigen Kim Il-sung zeigt, wie er vor der begeisterten Bevölkerung der befreiten Hauptstadt eine flammende Rede hält. In den einschlägigen Geschichtsbüchern kann man nachlesen, was westliche Historiker von dieser Episode halten.

Der Kopfteil des Triumphbogens besteht aus drei sich nach oben verjüngenden steinernen Ebenen, die aussehen, als hätte ein Riese eine große, eine mittlere und eine kleine Tafel Schokolade übereinandergestapelt. Auf Nachfrage wird das als ostasiatisches

Stilelement ohne Bedeutung abgetan, aber das stimmt nicht ganz. Das vom chinesischen Kulturgut beeinflusste Ostasien ist die Heimat von Symbolen, hier ist selten etwas zufällig. Das beginnt bei den Farben: Nur dem Kaiser von China stand es zum Beispiel zu, die der Himmelsrichtung »Mitte« zugeordnete Farbe Gelb zu verwenden. Daher waren ausschließlich dem Kaiser dienende Gebäude, wie etwa die Verbotene Stadt in Beijing, mit gelb glasierten Dachziegeln bedeckt. Allen anderen Adeligen und Beamten waren diese bei Strafe verboten. Zu ähnlichen Regeln gehörte neben der erlaubten maximalen Grundfläche von Häusern auch die Zahl der Dächer, die ein Gebäude haben durfte. Nur dem Kaiser waren dreistöckige Dachkonstruktionen vorbehalten; Könige durften zweistöckige Dächer haben, und alle anderen mussten sich mit einem einfachen Dach zufriedengeben. Ausnahmen gab es bei religiösen Gebäuden wie buddhistischen Pagoden, aber ansonsten hat man das bitterernst genommen. Im mittelalterlichen Korea galten diese Regeln ebenfalls strikt, anders als im geographisch, kulturell und politisch weiter entfernten Japan.

Im heutigen Nordkorea dreht sich alles um die Unabhängigkeit des Landes – zunächst von den Japanern, dann von den Amerikanern. Dabei vergessen wir manchmal, dass die früheste und gefährlichste Bedrohung der Souveränität vom großen Nachbarn China ausging. Erst 1897 erklärte der damalige koreanische König Kojong sein Land zum »Kaiserreich Groß-Han« und damit zu einem von China unabhängigen souveränen Staat. In der Hauptstadt Seoul wurde daraufhin an der Straße, die jahrhundertelang für die jährlichen Tributgesandtschaften nach Beijing genutzt worden war, das noch heute erhaltene Unabhängigkeitstor errichtet. Der alte Königspalast in Seoul hat jedoch noch immer nur ein zweistöckiges Dach.

Kim Il-sung hat zweifellos ganz bewusst dafür gesorgt, dass die Unabhängigkeit seines Landes auch und gerade durch dieses zentrale Monument im Herzen seiner Hauptstadt bekräftigt wurde. Wir Koreaner stehen mit China und allen anderen Ländern auf Augenhöhe – diese stolze Aussage der Architekten und ihres Auftraggebers steckt hinter der Konstruktion.

Geschmacklich kann man sich über den Mix aus ostasiatischem Dach und europäischem Torbogen sicher streiten. Aber fragen Sie Ihren Guide doch ruhig einmal, wie es kommt, dass ein so stolzes Land mit seiner so alten Kultur ein so zentrales Bauwerk ausgerechnet im westlichen Stil baut? Die Antwort, wenn man denn eine bekommt, wird sinngemäß so lauten: Wo denken Sie hin, wir haben das Tor ja nicht kopiert, sondern es gemäß den Lehren des Führers korrekt an die speziellen Bedingungen unseres Landes angepasst. Bei genauerem Hinsehen erkennt man tatsächlich die aus Steinen nachgebildete Form hölzerner Dachsparren am Dachüberhang, und auch die Steinsäulen sehen am oberen Ende wie eine Nachbildung der massiven Holzbalken aus, die normalerweise traditionelle koreanische Bauten tragen.

Seit 2016 kann man, was ich sehr empfehle, im Inneren des Triumphbogens mit dem Fahrstuhl hinauffahren. Dort gibt es einen großen Raum, in dem man eine kurze Präsentation zur Geschichte des Bauwerkes erlebt und die üblichen Souvenirs kaufen kann, bevor man über einige Treppen auf die rundum verlaufende Aussichtsplattform gelangt.

## Moranbong-Park: Oase mit Besonderheiten

Gleich nebenan liegt der bekannteste Park von Pjöngjang, schön angelegt um einen felsigen Hügel herum und mit einigen restaurierten alten Gemäuern. Vom Hügel bietet sich ein großartiger Blick über den Taedong-Fluss.

Im Moranbong-Park befinden sich zwei Denkmäler, die eine

Erwähnung wert sind, zumal sie bei westlichen Besuchern in der Regel nicht auf dem Besichtigungsprogramm stehen. Die Monumente erinnern an die großen Unterstützer Nordkoreas, China und die Sowjetunion. Je nach politischer Großwetterlage kann es sein, dass entweder eines von beiden, beide oder keines offizielle Aufmerksamkeit erhält.

Den Sowjets dankt man der in Koreanisch und Russisch verfassten Inschrift auf dem »Turm der Befreiung« zufolge dafür, das koreanische Volk von der Unterdrückung durch die Japaner erlöst zu haben. Das ist insofern bemerkenswert, als dass es nicht mit der gängigen nordkoreanischen Geschichtsschreibung übereinstimmt. Denn offiziell vollbrachten Kim Il-sung und seine Partisanen die Befreiung so ziemlich im Alleingang. Auf Nachfrage erhält man eine ausweichende Antwort, die auf eine Art Kompromiss hinausläuft: Es war natürlich der Große Führer, aber er hatte vielleicht ein wenig Unterstützung durch die Russen.

Die Rolle der Amerikaner und vor allem der amerikanischen Atombomben bei der Kapitulation der Japaner am 15. August 1945 wird meist verschwiegen. Das deutet auf ein Dilemma der nordkoreanischen Propaganda: Eigentlich drängt es sich förmlich auf, in der anhaltenden Debatte um das nordkoreanische Atomprogramm und angesichts der amerikanischen Bestrebungen, dieses zu verhindern, die USA für den bisher weltweit einzigen Atombombeneinsatz zu kritisieren. Doch dann müsste man auch den Sieg gegen die Japaner den Amerikanern gutschreiben, was natürlich inakzeptabel ist. Daher liest man in nordkoreanischen Verlautbarungen vergleichsweise selten etwas über »Little Boy« und »Fat Man«, und wenn, dann nur eher allgemein gehalten und als Beweis für die »menschenverachtende Natur des amerikanischen Regimes«. Angesichts solcher ideologischer Fallstricke ist es kein Wunder, dass das sowjetische Monument nicht zum regulären Besuchsprogramm von Touristengruppen gehört.

Mit den Chinesen verhält es sich ähnlich, wenngleich aus anderen Gründen. Das ihnen gewidmete Monument ist der »Turm der chinesisch-koreanischen Freundschaft«, der nur einen Katzensprung von der chinesischen Botschaft entfernt am nordwestlichen Ende des Parks steht. Dort wird fast einer Million sogenannter Volksfreiwilliger gedacht, die vom Herbst 1950 an brüderlich-solidarisch in den Koreakrieg eingriffen und unter großen Opfern eine Auslöschung Nordkoreas verhinderten. Auch Maos einziger Sohn Anying war unter den Toten; ihn ehrt man allerdings separat an anderer Stelle weiter im Norden des Landes. Wer weiß, wie die Entwicklung Chinas und damit auch der Welt nach dem Tod von Mao 1976 verlaufen wäre, wenn sein Sohn ihn beerbt hätte und nicht die höchst unbeliebte Viererbande.

Der Koreakrieg heißt in China offiziell »Krieg des Widerstandes gegen die US-Aggression und zur Unterstützung Koreas«. Gemäß der nordkoreanischen Geschichtsschreibung wehrte Kim Il-sung den feigen Angriff der Amerikaner auf sein Land ab, und er errang den glorreichen Sieg im »Siegreichen Vaterländischen Befreiungskrieg«. Aus nach 1990 geöffneten osteuropäischen Archiven geht hervor, dass die Chinesen schon wenige Wochen nach Ausbruch des Koreakrieges begannen, Truppen an der Grenze zu konzentrieren, da sie von einer drohenden Niederlage der nordkoreanischen Armee aufgrund fehlender Reserven, zu lang gedehnter Nachschublinien und einer ungenügenden Sicherung der Küsten ausgingen.

Davon bekommt man in Pjöngjang nichts zu hören. Die nordkoreanische Geschichtsschreibung weist China die Rolle von einer Art Juniorpartner zu, der für die Bereitstellung von Nachschub und Hilfstruppen zuständig war. Die Chinesen sind in der Regel diplomatisch genug, um das neutral lächelnd im Raum stehen zu lassen. Doch wer den aktuellen Zustand der bilateralen Beziehungen zwischen Pjöngjang und Beijing einschätzen will, muss lediglich schauen, ob und wie oft der »Turm der Freundschaft« im Mittelpunkt offizieller Gedenkfeiern und Medienberichte steht. Da konnte man in den letzten Jahren ein beachtliches Auf und Ab verzeichnen, mit einer Tendenz zu Letzterem.

Im nördlichen Teil des Parks reckt sich der Fernsehturm weithin sichtbar gen Himmel. Als ich diesen 1991 fotografieren wollte, tauchte quasi aus dem Nichts ein keineswegs freundlicher Herr auf und machte mir unmissverständlich und wie immer ohne Angabe von Gründen klar, dass das nicht erlaubt sei. Es hatte wohl etwas mit der Nutzung durch das Militär zu tun, erfuhr ich später. Heute gibt es dieses Verbot nicht mehr, auch wenn das Bauwerk nach wie vor an den Außenseiten mit Kommunikationstechnologie bedeckt ist. Ich würde empfehlen, hier betont offen und langsam zu fotografieren oder die Guides zu fragen. So schön ist der Turm nun auch wieder nicht, als dass er Ärger wert wäre. Vor einigen Jahren konnte man sogar in das Drehrestaurant hinauffahren, das wäre sicher ein lohnender Aussichtspunkt.

Im Südwesten des Parks überragt das leuchtend grüne Dach eines neoklassizistischen weißen Gebäudes die umgebenden Baumwipfel. Es gehört zum Moranbong-Theater, das 1946 mit sowjetischer Hilfe gebaut wurde und eines der wenigen in Nordkorea überlebenden Zeugnisse des von Stalin damals bevorzugten architektonischen Stils ist. Hier tagte 1948 erstmals das nordkoreanische Parlament, die Oberste Volksversammlung.

So viel zur hohen Politik, der man in Nordkorea nie für längere Zeit entkommen kann. Doch der Moranbong-Park hat auch andere Vorzüge. Er gehört zu den wenigen Orten, an denen man als Ausländer das Gefühl bekommen kann, unter normalen Menschen zu sein und nicht einer Inszenierung gegenüberzustehen. Schon als Student 1991 war mir aufgefallen, dass sich die Menschen in diesem Park oft anders verhielten als anderswo in der Stadt. Sie kamen zum Picknicken, sie tanzten, sie sangen, sie lachten, und nichts davon schien auch nur ansatzweise organisiert oder gesteuert zu sein. Im Moranbong-Park trifft man auch auf viele Senioren, die im sonstigen Stadtbild eher selten zu sehen sind.

Besonders empfehlenswert ist ein Besuch an einem Sonn- oder Feiertag. Dann bietet sich ein Bild, wie man es in Nordkorea nicht oft zu Gesicht bekommt. Überall haben sich kleinere Gruppen und Grüppchen zum Picknick zusammengefunden. Besonders an Feiertagen, wenn es eine Fleischration und Bier vom Staat gibt, bringen die Pjöngjanger einen kleinen Grill mit. Sie essen aus mitgebrachten Plastikdosen und trinken Bier und Soju. Die alkoholischen Getränke bleiben nicht ohne Wirkung, sodass bald die Ghettoblaster aufgedreht werden und überall ein erst verhaltenes, dann immer wilderes Getanze beginnt.

An einigen Orten versammelt sich ein richtiggehendes Partyvolk, wobei die Frauen aller Altersgruppen für hiesige Verhältnisse beachtlich laszive Bewegungen zeigen und die Männer vor lauter Testosteron kaum noch gerade stehen können. Gut möglich, dass das, was so beiläufig aussieht, vorher im Freundeskreis minutiös geübt wurde, etwa wenn eine von einer Vortänzerin angeführte Gruppe von sieben, acht Frauen zu elektronischer Musik tanzt. Sie werden mit bewundernden Ausrufen und Beifall bedacht. Die wenigen Ausländer, die sich staunend durch die feiernden Koreaner schlängeln, werden nicht sonderlich zur Kenntnis genommen. Die Einladung zum Mittanzen bleibt nicht aus, und sie wirkt echt und von Herzen kommend. Der Gegensatz zu den seelenlosen Massentänzen auf öffentlichen Plätzen, bei denen Ausländer ebenfalls gelegentlich zum Mitmachen aufgefordert werden, könnte nicht größer sein.

Die gute Stimmung an einem Feiertag kann allerdings auch schnell kippen. Einmal wurden wir, schon auf dem Rückweg zum Bus, von einem offenbar angetrunkenen Nordkoreaner angesprochen. Leutselig erzählte er uns, er sei einmal in Europa gewesen und liebe es. Er legte die Arme um unsere Schultern und wurde aggressiv, als die Guides ihn vorsichtig von uns lösen wollten. Nicht lange, und es kam Sicherheitspersonal in Zivil und schaffte den laut zeternden Mann mit festem Griff davon, Ziel unbekannt. Ich kann nur hoffen, dass er einfach zum Ausnüchtern mitgenommen wurde und später nach Hause durfte. Der plötzliche Umschwung von Harmonie und Freude zu Härte und Brutalität war jedenfalls schockierend und hinterließ uns alle an diesem Abend sehr bedrückt.

Der Vorfall war eine Erinnerung daran, dass wir als Ausländer eine große Verantwortung haben. Unsere bloße Anwesenheit in Kombination mit der Wirkung des Alkohols hatte den Mann zu Handlungen und Äußerungen veranlasst, die ihm möglicherweise Schwierigkeiten einbrachten. Hätten wir uns also von vornherein von ihm abwenden, nicht mit ihm sprechen sollen? Das wäre sicher die falsche Schlussfolgerung; dann hätte das System, das ja auf eben solche Selbstzensur setzt, gewonnen. Und doch ist es wichtig, aufmerksam zu sein, denn unser Verhalten kann auf Kosten anderer gehen. Man darf nie vergessen, welches Land man da gerade bereist.

## Mansudae-Hügel und Führerstatuen

Die Symbole des totalen Staates begegnen einem überall. Südlich des Moranbong-Parks erhebt sich der Mansudae-Hügel, zu dem breite Steintreppen hinaufführen. Auf seiner Kuppe stehen vor dem Revolutionsmuseum die zwei riesigen Statuen der Führer Kim Il-sung und Kim Jong-il. Sie werden flankiert von zwei Gruppen aus Bronzefiguren.

Dies ist einer der heiligsten Orte in Nordkorea, in einem Atemzug zu nennen mit den Geburtsorten der Führer oder ihrer letzten

Ruhestätte. Alles hier hat symbolische Bedeutung, die sich dem westlichen Besucher nicht ohne weiteres erschließt.

Überragt wird die Anlage von zwei etwa zwanzig Meter hohen bronzefarbenen Statuen des Vaters und des Großvaters des aktuellen Führers von Nordkorea. Bis April 2012 stand Staatsgründer Kim Il-sung allein auf der Kuppe. Sein Abbild war bei dessen Errichtung anlässlich des 60. Geburtstags 1972 goldfarben, wurde später aber in die etwas weniger protzige Bronze umgefärbt. Es geht das Gerücht, dass das nach einem besonders nachdrücklich formulierten Missfallen der sowjetischen und der chinesischen Seite erfolgt sein soll. Das würde allerdings bedeuten, dass sich die Nordkoreaner in einer solchen Frage vom Ausland haben hineinreden lassen. Viele Jahre nach Ende der ursprünglich durchaus engen Kooperation mit den zwei großen Nachbarn und einem Bruch Anfang der 1960er Jahre, von dem sich die bilateralen Beziehungen nie so recht erholt haben, ist das wenig wahrscheinlich. Glaubhafter erscheint mir daher eine andere Version, die besagt, die Umfärbung sei aus pragmatischen Gründen geschehen: Die goldene Oberfläche habe das Licht so stark reflektiert, dass kaum noch Details zu erkennen gewesen seien. Die offizielle nordkoreanische Erklärung wirkt angesichts der gigantischen Dimensionen der Anlage unfreiwillig komisch: Demnach sei die Umfärbung ein Ausdruck der Bescheidenheit des Großen Führers.

Vier Jahrzehnte lang, mehr als zwei davon zu seinen Lebzeiten, stand die Statue von Kim Il-sung einsam und allein auf dem Hügel. Sie zeigte einen Mann mittleren Alters mit ernstem, visionär-nachdenklich schräg nach vorn gerichtetem Blick, gekleidet unter dem westlich geschnittenen Mantel in die koreanische Version des Mao-Anzugs. Der ausgestreckte rechte Arm wies in einer in solchen Kreisen offenbar sehr beliebten Pose gleichsam in die Zukunft.

Wenige Monate nach dem Tod von Kim Jong-il wurde die einsame Statue des Staatsgründers Kim Il-sung um ein Abbild seines

Sohnes ergänzt. Kim Jong-il hatte zu seinen Lebzeiten keine derartige Verehrung seiner Person zugelassen. Möglicherweise war dies – in Übereinstimmung mit der offiziellen Sichtweise – ein Ausdruck seiner Bescheidenheit. Vielleicht hatte er aber auch verstanden, dass es besser war, den Befreier des Landes, den Gründer des Staates und den siegreichen Beschützer gegen die Amerikaner dem Volk in Reinform zu präsentieren und seine eigene Legitimation daraus zu beziehen, von eben diesem Übermenschen zum Nachfolger auserkoren und jahrzehntelang ausgebildet worden zu sein.

Enkel Kim Jong-un kann sich aus profanen biologischen Gründen – er war beim Tod von Kim Il-sung erst elf oder zwölf Jahre alt – kaum als politisches Ziehkind seines Großvater darstellen. Wenn eines nicht allzu fernen Tages sein offizieller Mythos verkündet werden wird, dann darf man zwar detaillierte Geschichten und auch Bilder als Beleg für seine Nähe zum Quell aller Legitimität im nordkoreanischen System erwarten. Doch einstweilen ist vor allem seine Verbindung zum Vater Kim Jong-il offensichtlich und unbestritten. Da es jener aus den genannten Gründen versäumte, eine eigene, vom Staatsgründer unabhängige Legitimation aufzubauen, muss Kim Jong-un seine beiden Vorfahren – den kraftvollen und den ihm nahen – nun zu einer Einheit verschmelzen. Eines der ersten deutlich sichtbaren Zeichen dieser Strategie war die Errichtung der Doppelstatue auf dem Mansudae-Hügel.

Ich war zum Zeitpunkt der Einweihung im April 2012 in Nordkorea. Was ich zu sehen bekam, war bemerkenswert. Man hatte nicht nur das machtvollste Symbol des Landes um das gleich hohe Abbild seines weit weniger charismatischen Sohnes ergänzt; auch war das Aussehen der Kim-Il-sung-Statue stark verändert worden. Er schaut jetzt dem Betrachter ins Gesicht anstatt über seinen Kopf hinweg. Vor allem aber ist er seither älter dargestellt, trägt eine Brille, einen westlichen Anzug und zeigt ein breites Lächeln, das Zufriedenheit mit dem Erreichten ausdrückt.

Der Sohn zu seiner Seite hält den linken Arm wie sein Vater hinter dem Rücken. Kim Jong-ils rechter Arm allerdings hängt am Körper herab. Es ist noch immer Kim Il-sung, der in Nordkorea in die Zukunft weist. Bei der Enthüllung im April 2012 trug Kim Jong-il einen westlichen Mantel über dem für ihn charakteristischen zweiteiligen Overall. Im September 2012 war ich erneut vor Ort und konnte beobachten, wie die Statuen nach nur wenigen Monaten wieder unter einem mit weißem Stoff verkleideten Gerüst verschwanden. Im folgenden Frühjahr sah ich dann den Grund: Die ansonsten unveränderte Statue von Kim Jong-il trägt seither den Parka, mit dem er in den Wintermonaten üblicherweise unterwegs war.

Ich wage zu behaupten, dass wirklich jeder westliche Besucher der Stadt eher früher als später zu diesem Monument geführt wird, um den zwei Statuen mit einer Verbeugung und Blumen seinen Respekt zu erweisen. Pro Gruppe genügt üblicherweise ein Strauß. Man stellt sich in einer Reihe auf, wobei die Guides immer ein wenig verzweifeln, wenn es die militärisch ungedrillten Ausländer wieder einmal nicht sofort schaffen, die Fußspitzen an der gleichen Fuge im mit Granitplatten bedeckten Boden auszurichten. Dann erfolgt die Aufforderung, sich in stiller Ehrerbietung zu verbeugen. Die Oberkörper knicken in der Hüfte ab und biegen sich nach vorn. Die Rebellen unter den Besuchern neigen nur den Kopf, die besonders diensteifrigen Gäste schaffen einen Winkel von 90 Grad, was aufgrund der fehlenden Übung immer ein wenig linkisch aussieht.

An dieser Stelle kann man sich durchaus politisch genötigt vorkommen, schließlich ist bei uns die Verbeugung eher unüblich, zumal vor dem Abbild eines ausländischen Staatsoberhauptes und Diktators. Die Verneigung ist unter Besuchern immer ein heiß diskutiertes Thema. Meine Freunde von Koryo Tours sagen zu diesem Thema ihren Reisenden ebenso lapidar wie pragmatisch: Wer sich nicht verbeugen will, sollte nicht nach Nordkorea fahren. Das könnte man sicher ein wenig umgänglicher formulieren, aber es ist etwas dran. Ich persönlich habe meinen Frieden mit dieser und den vielen noch folgenden Verbeugungen gemacht, denke mir meinen Teil und erinnere mich außerdem daran, dass ich auch daheim gelegentlich Menschen mit »Guten Tag« begrüße, denen ich eigentlich das Gegenteil wünschen würde.

Wer es schafft, sich durch solche Überlegungen nicht innerlich blockieren zu lassen, der sollte seinen Blick noch ein wenig schweifen lassen.

An einer Wand im Hintergrund der beiden Führerstatuen erstreckt sich ein 70 Meter breites Mosaikbild des Kratersees Ch'ŏnji (Himmelssee) auf dem Gipfel des schneebedeckten heiligen Berges Paektu. Dieser Berg besitzt in mehrfacher Hinsicht große Symbolkraft. Mit etwa 2750 Metern ist er die höchste Erhebung der gesamten koreanischen Halbinsel. Hier hat Nordkorea dem Süden also etwas voraus, und die Nordkoreaner sind stolz darauf. Außerdem verläuft mitten durch den Kratersee die Grenze mit China. Sowohl China als auch Nordkorea beanspruchen den gesamten Berg für sich, die gegenwärtige Grenze markiert daher so etwas wie eine zeitweilige Einigung. Beide Länder, immerhin angebliche sozialistische Verbündete, sollen in den 1960er Jahren sogar mit Waffengewalt um den Berg gekämpft haben. Koreanische Nationalisten nördlich und südlich des 38. Breitengrades bereiten sich schon darauf vor, diesen und andere territoriale Ansprüche gegen China nach der Vereinigung Koreas geltend zu machen. Ein Grund mehr dafür, dass die Chinesen – wie andere auch – an einem vereinten Korea derzeit nicht sonderlich interessiert sind.

Schließlich ist der Paektusan auch ein Hinweis auf Kim Jong-il, der zum Zeitpunkt der Errichtung des Monuments nur inoffiziell als Nachfolger auserkoren war und sich in der Trainingsphase befand. Der 1972 erst 30 Jahre zählende älteste Sohn des Führers war bei diesem und anderen Projekten zu Ehren des in Ostasien höchst wichtigen 60. Geburtstages seines Vaters federführend. Nach offizieller Lesart erblickte er im Februar 1942 in einem schneebedeckten Blockhaus am Fuße des Berges Paektu das Licht der Welt. Über der wohlig-warm illuminierten Hütte, die westliche Betrachter nicht ganz zufällig an den Stall von Bethlehem erinnert, erschien just im Moment der Geburt ein hell leuchtender Stern. Dieser heißt auf Koreanisch *kwangmyŏngsŏng*. Er ist heute nicht nur der Namensgeber für den als Staatsfeiertag begangenen Geburtstag am 16. Februar, sondern auch für alle nordkoreanischen Weltraumsatelliten.

Das Gebäude, dessen Außenmauer das Mosaik ziert, beherbergt das Revolutionsmuseum. Westliche Besuchergruppen werden gelegentlich hier hineingeführt, können aber immer nur wenige Räume besichtigen und dürfen in der Regel nicht fotografieren, wie immer ohne Angabe von Gründen. Die Ausstellung ist der revolutionären Tätigkeit der Führer gewidmet und enthält eine Fülle von einschlägigen Erinnerungsstücken, Reliquien, Schautafeln, Fotos und Dokumenten. Für den nicht spezialisierten westlichen Besucher zählt hier vor allem der visuelle Eindruck, da er mit den ungewohnten Details kaum etwas anfangen kann.

Die beiden Führerstatuen vor dem Museum werden flankiert von zwei revolutionär dreinschauenden bronzenen Figurengruppen, die sich jeweils um eine Reihe roter Fahnen herum geschart haben.

Die Personengruppe auf der (schaut man auf sie) linken Seite der Führerstatuen symbolisiert die Kämpfe der Vergangenheit. Soldaten in martialischen Posen drängen zu beiden Seiten der roten Fahnen vorwärts, links im Kampf gegen die Japaner, rechts im Koreakrieg. Sie werden unterstützt von Zivilisten, die durch den Transport von Munition und Verpflegung oder durch ihre

Ortskenntnisse zum Sieg beitragen. Bemerkenswert ist die Spitzengruppe, die aus zwei uniformierten Kämpfern und einer zivil gekleideten jungen Frau besteht. Diese hält ein Buch mit dem Titel »Zehn-Punkte-Programm der Vereinigung zur Wiederherstellung des Vaterlandes« im Arm. Der Kämpfer an der Spitze reckt ebenfalls ein Buch in die Höhe. Was steht dort in gut lesbarer koreanischer Schrift? »K. Marx und F. Engels: Manifest der Kommunistischen Partei«. Auf der Fahne steht: »Lang lebe das Banner des ewig siegreichen Marxismus-Leninismus«.

Zwar würde man eine solche Symbolik bei einem nach 1945 entstandenen sozialistischen Land durchaus erwarten, aber diese ausdrückliche Verehrung von Marx und Lenin entspricht keineswegs der aktuellen Selbstdarstellung des Regimes. Sowohl die Namen als auch die Abbilder dieser Heiligen der kommunistischen Bewegung sind nämlich fast komplett aus dem öffentlichen Bild Nordkoreas und auch aus den diversen Schriften und Propagandalosungen verschwunden. Im Herbst 2005 konnte ich noch große Ölgemälde von Marx und Lenin an einer Fassade am Kim-Il-sung-Platz sehen; inzwischen sind diese entfernt worden. Eine gute Gelegenheit, die Guides nach der Bedeutung der Lehren des Marxismus-Leninismus im heutigen Nordkorea zu fragen und die aktuell gültige Version zu erfahren.

Die Gruppe auf der gegenüberliegenden Seite symbolisiert die Kämpfe der Gegenwart und der Zukunft. Man sieht revolutionäre Zivilisten beim friedlichen sozialistischen Aufbau in den üblichen heroischen Posen der Arbeiter, Bauern und Intellektuellen. Die Arbeiterfigur an der Spitze stützt sich mit der linken Hand auf ein großes Zahnrad und hält mit der nach oben gestreckten anderen Hand dem Betrachter ein Buch entgegen, auf dem »Gesammelte Werke von Kim Il-sung« geschrieben steht. Dahinter reckt ein Stahlarbeiter die Fackel des *chuch'e* gen Himmel, auf der die Grundprinzipien dieser Lehre wie ideologische Unabhängigkeit,

Selbstverteidigung und Autarkie in der Wirtschaft eingraviert sind. Alle schauen ernst und entschlossen in die Ferne.

Hinter dem Spitzentrio ist auch hier das aus Bronze gegossene Volk durch eine lange Reihe revolutionär im Wind flatternder Fahnen aus rotem Stein zweigeteilt. Auf der linken Seite sieht man unter dem Symbol der Partei eine Gruppe von Zivilisten, die auf Konstruktionspläne schauen, sich vor Glück in den Armen liegen, Akkordeon spielen oder sich anderweitig idealtypisch verhalten. Auf der rechten Seite sind Kämpfer verschiedener Waffengattungen zu erkennen. Auch das für revolutionäre Kunst typische Maxim-Maschinengewehr mit dem geriffelten wassergekühlten Lauf und den zwei Transporträdern darf nicht fehlen. Auf die Soldaten folgen unter der Staatsflagge der Koreanischen Demokratischen Volksrepublik weitere Zivilisten, die für das um seine Befreiung kämpfende Volk Südkoreas und die in Japan lebenden Koreaner stehen. Manche tragen Stirnbänder, auf denen »Wiedervereinigung« steht. Auf der Fahne im Hintergrund liest man: »Lasst uns die Amerikaner vertreiben und das Mutterland wiedervereinigen!«

Die Führerstatuen auf dem Mansudae-Hügel sind die größten und berühmtesten, aber nicht die einzigen Exemplare ihrer Art. Im ganzen Land gibt es Hunderte, wenn nicht Tausende davon, auch wenn diese in der Regel etwas kleiner sind und erst Schritt für Schritt um Kim Jong-il ergänzt werden.

In Europa weniger bekannt ist der Umstand, dass der Hersteller der Statuen, das Mansudae-Kunststudio, seine Kompetenz auch exportiert. Vor allem in Afrika sind Bronzen aus Nordkorea für die Darstellung des eigenen Befreiungskampfes sehr beliebt. Auch der eine oder andere Diktator hat sich bereits auf diese Weise verewigen lassen. Gemäß den 2016 verhängten Sanktionen des Westens darf Nordkorea allerdings keine Produkte des Mansudae-Studios mehr exportieren, zumindest offiziell.

## Ch'ŏllima-Denkmal: Kein Pegasus

Geht man rechts an den monumentalen Führerstatuen auf dem Mansudae-Hügel vorbei und schaut Richtung Norden, sieht man ganz in der Nähe ein geflügeltes Pferd über den Baumwipfeln schweben. Das ist nicht Pegasus, sondern eine aus der koreanischen Sagenwelt entnommene Figur, die in kurzer Zeit große Entfernungen zurücklegen kann. Der aus dem Chinesischen stammende Name des Pferds, *ch'ŏllima*, bedeutet wörtlich »1000-Ri-Pferd«, nach der in Ostasien verwendeten Maßeinheit. Ein *Ri* entspricht etwa 400 Metern.

Das geflügelte Pferd wurde zum Symbol der nach ihm benannten *ch'ŏllima*-Bewegung. Diese ist Nordkoreas Antwort auf den Großen Sprung der Chinesen unter Mao. Sie wurde zur gleichen Zeit, 1958, ins Leben gerufen und sollte die Arbeiter zu stärkeren Anstrengungen motivieren. Das ideologische Vorbild derartiger Kampagnen findet man in der Sowjetunion des Jahres 1935 unter dem Stichwort Stachanow.

Bedenklich ist, dass der *ch'ŏllima*-Gedanke trotz Marktreformen und eines neuen, jungen Führers nicht aus dem Portfolio der Wirtschaftspolitik in Nordkorea verschwunden ist. Noch 2016 gab es zwei sogenannte Temposchlachten, bei denen die Menschen erst für 70 und dann noch einmal für 200 Tage aufgefordert wurden, ihre Arbeit sozusagen im Sprint zu erledigen. Um zu zeigen, dass es noch schneller gehen muss, hat Kim Jong-un dem *ch'ŏllima* ein Upgrade um Faktor zehn verpasst und es in *mallima* umbenannt, was »10 000-Ri-Pferd« heißt. Das passt gut mit anderen neuen Schlagwörtern wie »Tempo von Pjöngjang« oder »in einem Atemzug« *(tansume)* zusammen.

Wenn Sie vom Mansudae-Hügel auf das Denkmal schauen, können Sie die Guides ja einmal fragen, was sie von der Idee des erhöhten Tempos halten und wie sich das speziell in ihrem

Arbeitsalltag äußert. Sollen sie den Touristen vielleicht zehnmal mehr Sehenswürdigkeiten pro Tag zeigen? Ein wenig Ironie muss erlaubt sein und wird auch meist verstanden.

Am Fuß des Mansudae-Hügels in südöstlicher Richtung, Richtung Flussufer, steht ein Ensemble moderner Hochhäuser mit rundem Grundriss. Die Türme wurden Mitte 2012 fertiggestellt und waren der erste sichtbare Erfolg, den der damals noch neue Führer Kim Jong-un seinem Volk präsentieren konnte. Eine Zeit lang waren die Mansudae-Apartments die coolste Adresse in Pjöngjang, das werden Ihnen sicher auch die Guides bestätigen. Spannend ist die Frage, wie man denn in den Genuss einer solchen Wohnung kommt. Mit der allgemeinen Aussage, dass der Staat einem die Wohnung zuweist, würde ich mich nicht zufriedengeben. Wir wissen, dass es in Pjöngjang einen florierenden grauen Wohnungsmarkt gibt. Zwar wird nicht direkt mit Immobilien gehandelt, denn die gehören nach wie vor allesamt dem Staat; aber das Wohnrecht kann man von den aktuellen Mietern zu teils stattlichen Preisen in harten Dollars erwerben. Offiziell ist das dann einfach ein Wohnungstausch.

## Kim-Il-sung-Platz und Großer Studienpalast des Volkes

Der Kim-Il-sung-Platz gehört sicher zu den im Ausland am besten bekannten Orten in Nordkorea. Wer hat nicht schon einmal die Paraden gesehen, mit der Führung oben auf der Tribüne und dem Volk, das weit unter seinen Herrschern auf einer riesigen Fläche ameisengleich jubelt, marschiert, lebende Bilder formt oder patriotische Losungen hochhält.

Dem Besucher des im Alltag meist gähnend leeren Platzes fallen die mit weißer, ein wenig verwaschener Farbe auf dem Boden aufgebrachten Markierungen auf, die die präzise ausgerichtete

Ordnung der zu Tausenden Aufmarschierenden erklären helfen. Unter dem Platz befindet sich ein Einkaufszentrum. Es war einige Zeit geschlossen, soll neuerdings aber wieder zugänglich sein. Das entbehrt nicht einer gewissen ungewollten Symbolhaftigkeit: Oben paradiert weithin sichtbar das System, unten tobt ungehemmt der Konsum.

Der Platz ist an drei Seiten von Gebäuden umgeben, im Osten öffnet er sich gen Taedong-Fluss. Das auffälligste Gebäude ist der Große Studienpalast des Volkes. Staatssozialistische Systeme nach sowjetischem Muster lieben den Begriff »Palast«. Damit will man zweierlei sagen: dass die neuen Herren jetzt die ehemals unterprivilegierten Arbeiter und Bauern sind, die ihrem neuen Stand gemäß in Palästen wohnen und arbeiten; und dass der Staat alles für seine Menschen tut, ihnen gar allenthalben Paläste baut, weil er ihr bescheidener Diener ist. Es gibt deshalb auch Kulturpaläste, Kinderpaläste und so weiter. Das Motto beim Bau der von repräsentativen Fassaden gesäumten Stalinallee (heute Frankfurter Allee) in Berlin Anfang der 1950er Jahre war seinerzeit auch »Paläste für Arbeiter«.

Der Große Studienpalast des Volkes in Pjöngjang reiht sich in diese Tradition ein – mit landestypischer Note, versteht sich. Aus schwerem grauem Stein in einem an koreanische Architektur erinnernden neotraditionellen Stil gebaut, hat das Gebäude einen quadratischen Grundriss mit einer Gesamtfläche von 100 000 Quadratmetern und 600 Räumen. Errichtet wurde es, wen wundert das jetzt noch, anlässlich eines runden Geburtstages von Kim Il-sung im Jahr 1982. Besonders auffallend sind die grün glasierten Dachziegel, die das koreanisch geschwungene, eine Holzkonstruktion imitierende Dach bedecken. Im Unterschied zum Triumphbogen hat man westliche Elemente hier nur sehr zurückhaltend untergebracht, sodass das Haus von außen ein wirklich gelungenes und harmonisches Bild abgibt. Auf der dem Kim-Il-sung-Platz zugewandten Vorderseite befindet sich die große Tribüne, von der aus die Führung zu besonderen Anlässen auf ihr Volk herabschaut.

Es ist gar nicht so leicht zu erklären, was der Große Studienpalast des Volkes eigentlich ist. Im Kern ist er wohl tatsächlich, so wie es einem immer gesagt wird, eine Bibliothek. Es gibt Lesesäle und einen Online-Katalog sowie eine Ausgabestelle. In einigen Räumen findet sich auch eine kleinere Handbibliothek, aus der man Bücher direkt entnehmen kann. Darüber hinaus ist der Studienpalast eine Art Volkshochschule, an der Sprachkurse stattfinden und spezielle Vorträge vor allem zu naturwissenschaftlichen Themen gehalten werden. In den letzten Jahren werden diese zunehmend per Streaming über das landeseigene Intranet Zusehern in anderen Bibliotheken des Landes zugänglich gemacht.

Je nachdem, an welchem Tag der Nordkorea-Reise man den Studienpalast besucht, reagieren westliche Touristen auch schon einmal genervt auf die mit unschuldigem Gesicht von der lokalen Führerin vorgetragene Erklärung, dass jeder Bürger des Landes zu diesem Ort wann immer gewünscht Zugang habe und alle Bücher ohne Einschränkung ausleihen dürfe. Dafür ist das innen mit viel Marmor, Messing und Kristall ausgekleidete palastartige Gebäude mit seinen hohen Decken, breiten Treppen und endlos langen Gängen viel zu leer, und niemand glaubt ernsthaft, dass ausgerechnet dies der eine Ort im Land sein soll, wo der Informationszugang nicht strengstens reguliert wird.

Hier arbeiten davon abgesehen einige sehr kluge und erstaunlich kritisch denkende Menschen. Um diesen nicht unnötigen Ärger zu bereiten, muss ich an dieser Stelle vage bleiben, aber zumindest so viel: Ich bin von Angestellten mehrfach hinter dem Rücken unserer Guides mit der entrüsteten Aussage konfrontiert worden, dass es ja wohl eine Schande sei, wie Touristen gelegentlich behandelt und in ihrer Bewegungsfreiheit eingeschränkt würden. Auch fragte man mich mit der größten Neugier und ohne viel

Zurückhaltung in einer Weise über die Vorgänge in der Welt aus, die erhebliche Zweifel an der im eigenen Land offiziell verbreiteten Version erkennen ließ. Man sieht, dass es auch in einem von außen so gleichgeschaltet wirkenden Land wie Nordkorea eigenständiges, kritisches Denken geben kann. Da macht der Palast seinem hochtrabenden Namen in der Tat alle Ehre.

Sofern nicht gerade ein Großereignis ansteht und entsprechende Vorkehrungen getroffen werden, kann man übrigens auf die obere Terrasse des Studienpalastes hinausgehen, von wo man einen sehr schönen Blick über das Stadtzentrum von Pjöngjang hat. Im Fahrstuhl werden die Knöpfe von einer eigens dafür beschäftigen Mitarbeiterin gedrückt. Direkt vor dem Zugang zur Terrasse befindet sich seit einigen Jahren ein kleiner Laden, in dem man die Touristen im Austausch gegen T-Shirts, Softdrinks und sonstigen Kleinkram um ihre harte Währung erleichtert.

An der nordöstlichen und der südöstlichen Seite des Platzes stehen sich das Geschichts- und das Kunstmuseum gegenüber. Wie überall in der Welt ist ein wirklich sinnvoller Besuch solcher Sammlungen sehr zeitaufwendig. Bei einer einwöchigen Reise findet er, wenn überhaupt, meist nur im Eiltempo statt. Beim Geschichtsmuseum, das sich der gesamten koreanischen Historie widmet, kommt noch hinzu, dass man nicht allein durch die Räume streifen darf, sondern von einer lokalen Führerin in Empfang genommen wird. Die Dame gibt ihre Erklärungen auf Koreanisch ab, unsere Guides übersetzen, und alles dauert viel länger, als es sollte. Aus diesem Grund kommen die Gruppen häufig nicht sehr weit über die Kammkeramik und Bronzedolche hinaus und verpassen die Räume zur neueren Geschichte.

Sollte auf Ihrem Programm der Besuch des Geschichtsmuseums stehen, dann beraten Sie sich vorher in der Gruppe und bitten dann die Guides, Ihnen ganz bestimmte Räume oder Zeitabschnitte zu zeigen, vielleicht beginnend mit Mitte des 19. Jahrhunderts. Sehr aufschlussreich ist auch die Geschichte des höfischen Machtkampfes zur Zeit der Chosŏn-Dynastie (1392 bis 1910). Da kann man auf unverfängliche Art recht viel über die noch heute lebendigen Traditionen der koreanischen Politik lernen.

Das Geschichtsmuseum in Pjöngjang ist die Mutter aller solcher Einrichtungen im Lande. Wer etwa das Museum der koreanischen Geschichte in Hamhŭng an der Ostküste besucht, der wird feststellen, dass Aufbau und Auswahl der Exponate nahezu exakt gleich sind, wobei in der Hauptstadt alles eine Nummer größer ist.

In solchen Museen, ebenso wie in Traditionskabinetten von großen Unternehmen, sollte man einen genaueren Blick auf dort ausgestellte Zeitungsartikel werfen. In der Regel handelt es sich um vergrößerte und auf Karton gezogene Kopien von Artikeln aus der regionalen oder der landesweiten Parteizeitung, in denen über ein bestimmtes Ereignis berichtet wird. Oft beginnt solche Hofberichterstattung mit einer Aufzählung der VIPs. Das ist üblicherweise der langweiligste Teil an so einem Produkt des landestypischen Journalismus. Mit einer Ausnahme.

Mit etwas Glück findet man nämlich eine Lücke im Text, oft eindeutig als nicht besonders professionell gemachte Ausradierung zu erkennen. Wenn man dann noch ein wenig Koreanisch kann, sieht man, dass dort zwar ein Titel, aber kein Name mehr steht, in der Art von: »ferner war auch anwesend Genosse___, der Vorsitzende des Kreiskomitees für Maschinenbau«. Das kommt gar nicht so selten vor. Offenbar handelt es sich um eine der vielen Personen, die in Ungnade gefallen sind und deren Namen und Gesichter aus allen Veröffentlichungen entfernt wurden. Es ist schon faszinierend, wie wenig man sich bemüht, diese Tilgung diskret zu erledigen; fast ist zu vermuten, dass eine Erziehungsabsicht dahintersteht. Für westliche Besucher ist es jedenfalls interessant, einmal die bei uns aus Stalin-Zeiten bekannte Praxis, jemanden zur »Unperson« zu erklären, so unmittelbar zu erleben.

Das Kunstmuseum auf der gegenüberliegenden Seite des Platzes ist ebenfalls sehenswert. Man findet hier einige sehr schöne Beispiele traditioneller koreanischer Malerei, zumeist zurückhaltend kolorierte Tuschezeichnungen aus der Chosŏn-Zeit und auch religiöse buddhistische Kunst. Die der Gegenwart gewidmeten Abteilungen zeigen einige repräsentative Beispiele der nordkoreanischen Fassung dessen, was bei uns als sozialistischer Realismus bezeichnet wird: glückliche, leicht pausbäckige Bäuerinnen, Traktoren auf Feldern, reiche Ernte, heldenhafte Stahlarbeiter, jede Menge Darstellungen des bewaffneten Kampfes und natürlich die Führer bei all ihren Tätigkeiten, vom Frontbesuch bis zum entspannten Nachmittag mit einer Gruppe von Kindern.

Am Ende des Rundganges kommt man in den unvermeidlichen Verkaufsraum, wo man zu teilweise stolzen Preisen großformatige Kopien der klassischen Gemälde, aber auch neuere Kunst in Tusche oder Öl erwerben kann. Bilder der Führer werden übrigens hier wie auch anderswo nicht verkauft.

Nachdem man den Kim-Il-sung-Platz und die ihn umgebenden Gebäude gesehen und ihre Bedeutung für das nordkoreanische System verstanden hat, wird man auch meine Verblüffung angesichts der Tatsache begreifen, dass man für das erste Wiener Café ausgerechnet Räumlichkeiten an der dem Fluss zugewandten Seite des Geschichtsmuseums zur Verfügung gestellt hat, anstatt es in eine Seitengasse oder gleich nach Ost-Pjöngjang zu verbannen.

## Museum des Koreakrieges: Triumph und Mahnung

In einer Biegung des in den Taedonggang mündenden Pot'ong-Flusses, gleich neben dem pyramidenförmigen Ryugyŏng-Hotel, liegt das unter Kim Jong-un renovierte und erweiterte »Museum des siegreichen vaterländischen Befreiungskrieges«.

Der Inhalt des Museums ist eigentlich selbsterklärend. Wie auch anderswo auf der Welt wird hier der Sieg der eigenen Streitkräfte über die Feinde anhand einer Vielzahl von Ausstellungsstücken gefeiert, und man gedenkt der Opfer – 2,5 Millionen Menschen, damals ein Viertel der Bevölkerung Nordkoreas. Die Feinde werden durch eine Ausstellung von Beutewaffen gedemütigt. Zu Letzteren gehört das amerikanische Spionageschiff »Pueblo«, das 1968 im Ostmeer (Japanisches Meer) von der nordkoreanischen Marine aufgebracht wurde und bis zum Neubau des Museums am Westufer des Taedonggang vor Anker lag.

Nach nordkoreanischen Aussagen hatte das Schiff die Hoheitsgewässer Nordkoreas verletzt; glaubt man den Amerikanern, dann wurde es in internationalen Gewässern gekapert. Wie auch immer, den Nordkoreanern fiel eine komplette amerikanische Besatzung nebst einem mit geheimer Elektronik und entsprechenden Dokumenten vollgestopften Aufklärungsschiff in die Hände. Das war sicher militärisch ein kleines Fiasko, aber die psychologische Wirkung war ungleich stärker. Die Amerikaner, schwer in ihrem Stolz getroffen, fordern bis heute immer wieder die Rückgabe der Trophäe, was die nordkoreanische Seite stets genüsslich ablehnt. Wer weiß, vielleicht wird die Auslieferung einmal Teil von vertrauensbildenden Maßnahmen im Rahmen von Friedensverhandlungen sein.

Als Besucher sieht man sich zunächst in der Mannschaftsmesse einen Dokumentarfilm an, der die nordkoreanische Sicht der Ereignisse schildert. Wer dabei nach hinten schaut, wird auch die überdimensionale Softeismaschine bemerken. Ich frage mich immer, ob die nordkoreanischen Soldaten, die diesen Ort in großen Gruppen besuchen, nicht ab und zu einmal an die eigenen harten Lebensbedingungen denken, wenn sie sehen, welcher Luxus schon in den 1960er Jahren im amerikanischen Militär üblich war. Der in den nordkoreanischen Medien oft zu lesende Leitsatz des

Führers, dass die Armee »unter Gefechtsbedingungen« trainieren soll, ist nämlich in der Praxis nichts als ein Euphemismus für simpelste Unterbringung, Kälte, Nässe, Hitze, schlechte hygienische Bedingungen und karge Versorgung. Ich habe mit vielen Nordkoreanern über ihre Militärdienstzeit gesprochen und in der Regel sehr düstere Blicke geerntet. Hier und da ließ jemand durchblicken, dass er noch heute unter den körperlichen Folgen leidet, von den seelischen Verletzungen ganz zu schweigen. Nordkorea ist ein hartes Land, und in der Militärdoktrin zählt, ähnlich wie seinerzeit in der Sowjetunion, das Leben des einzelnen Soldaten nicht viel angesichts der alles andere in den Schatten stellenden Aufgabe der Verteidigung der Heimat.

Nach dem Dokumentarfilm durchwandert man das Schiff und sieht unter anderem den Chiffrierraum, eine Sammlung von Dokumenten einschließlich eines Schuldeingeständnisses der Crew sowie draußen am Schiff die mit roter Farbe auf dem grauen Tarnanstrich umrandeten Einschüsse, die während des kurzen Kampfes entstanden sind.

Die »Pueblo« zeigt, dass der Koreakrieg längst nicht vorbei ist; immerhin wurde sie 15 Jahre nach Abschluss des Waffenstillstandsabkommens aufgebracht. Nordkoreaner erleben hier, dass die Bedrohung durch die Amerikaner real und andauernd ist. Man erkennt auch die konstanten Muster, die sich durch das nordkoreanische Narrativ ziehen. Ein friedliches Land wird von finsteren Feinden bedrängt, wehrt sich schließlich erfolgreich und verspricht jedem, der es noch einmal versucht, ein ähnlich schmachvolles Schicksal. Man kann davon ausgehen, dass die überwiegende Mehrheit der Nordkoreaner diese Sicht der Dinge uneingeschränkt teilt.

Ich würde auch und gerade in diesem Museum empfehlen, eigene Geschichtskenntnisse für sich zu behalten. Der Koreakrieg zählt zu den Kernelementen des nordkoreanischen Gründungsmythos und der Verehrung von Kim Il-sung. Fakten oder deren Interpretation anzuzweifeln ist in den Augen der Nordkoreaner ein Angriff auf ihr Land, eine sachliche Auseinandersetzung darüber ist nicht möglich. Ersparen Sie sich, der Gruppe und den Guides die Folgen, zumal Sie nie wissen können, ob die westliche Seite es mit der Wahrheit – dem laut Hiram Johnson ersten Kriegsopfer – selbst wirklich immer so genau genommen hat.

Im eigentlichen Ausstellungsgebäude, in das der alte Bau des Museums geschickt integriert wurde, findet man unter anderem ein riesiges Rundpanorama. Hell und Dunkel wechseln sich ab, Kampflärm erklingt, Rauch und Explosionen werden an die Wände projiziert, Lampen leuchten wie Glut. Ein Flugzeug erscheint, Mündungsfeuer flackert auf, Glas splittert und Angriffsgebrüll ertönt.

Der Besucher sitzt auf einer kleinen, sich langsam drehenden Tribüne in der Mitte dieses Spektakels und schaut auf die vorüberziehende Szenerie der Schlacht von Taejŏn, einer Großstadt etwa 140 Kilometer südlich von Seoul. Ende Juli 1950 besiegte die nordkoreanische Armee hier in einem drei Tage dauernden Kampf die 24. Division der Amerikaner und nahm deren Kommandeur, General William F. Dean, gefangen. Er war der ranghöchste im Koreakrieg gefangen genommene amerikanische Offizier. Die amerikanische Militärgeschichte sieht die verlorene Schlacht übrigens als strategischen Sieg, da man den Vormarsch der nordkoreanischen Truppen für einige Tage aufhalten und in dieser Zeit eine für den weiteren Kriegsverlauf entscheidende Verteidigungslinie um die im Südosten der Halbinsel gelegene Stadt Pusan aufbauen konnte. Das Panorama ist in »4D« ausgeführt. Vor einem gemalten Hintergrund sind reale Objekte wie ganze Panzer und Kanonen, Gewehre, Steine und Wachsfiguren angeordnet. Licht- und Soundeffekte verstärken den Eindruck.

Das für mich Faszinierendste am 2013 neu eröffneten Museum

Schräg: In der Meari-Schießanlage kann man mit auf Kleinkaliber umgerüsteten Kalaschnikows auf Zielscheiben, Glasflaschen und sogar lebende Hühner und Fasane schießen.

Ältere Schüler im Pionierpalast von Pjöngjang. Sie befolgen die im Hintergrund zu sehende Anweisung von Kim Jong-un, die Ausbildung in den Naturwissenschaften zu verstärken.

Das Geburtshaus von Kim Il-sung, der wichtigste Wallfahrtsort Nordkoreas. Es bietet die seltene Gelegenheit, ein traditionelles Bauernhaus zu sehen.

Der Märtyrerfriedhof. »Verehrter Genosse Kim Hyŏk. Offizier der Koreanischen Revolutionsarmee. Geboren am 11.10.1907. Teilnahme an der Revolution 1928. Beitritt zur Armee Juli 1930. Tod im Gefecht am 25. August 1930«.

Steingewordener Führungsanspruch: das Grab des Urvaters alles Koreaner, Tan'gun, unweit von Pjöngjang.

Familienporträt in der Blumenausstellung: Die Führer und ihre Symbole sind fest ins Leben der Menschen Nordkoreas integriert. »Die ewige Sonne des Militär-zuerst-Koreas«.

Inmitten von Monumenten und Aufmärschen sieht man immer wieder den Alltag. Das Fischen ist besonders bei älteren Männern ein beliebter Zeitvertreib. Oft sieht man sie in großen Gruppen am Fluss.

»Einhundert Schlachten, einhundert Siege«. So lautet das auf den Hochhäusern montierte Motto der Partei, der dieses Monument gewidmet ist. Der goldene Schriftzug lobt sie als »Organisatorin und Lenkerin aller Siege des koreanischen Volkes«.

»Ein Herz und eine Seele«: Die Schriftzüge an den Seiten des Chuch'e-Turms beschwören die untrennbare Einheit des Führers und der Massen. Im Vordergrund eine Figurengruppe mit dem Parteisymbol.

Das Monument der Wiedervereinigung spannt sich über die Autobahn in Richtung Südkorea. Rechts unten die Glücklichen, die den noch ihrer Befreiung Harrenden auf der anderen Seite aufmunternd zuwinken.

Straßenszene in P'yŏngsŏng. Im Vordergrund skatet ein Junge am Verkaufsstand der Sportlotterie vorbei, im Hintergrund verweist ein Schild darauf, dass man hier sein Fahrrad sicher unterstellen kann.

Einer der typischen kleinen Straßenmärkte, das Militär schaut unbeteiligt zu. Die Frau vorne links verkauft »Eskimo«-Eis – bei Minusgraden im Februar. Weiter hinten dürfte sich ein regulärer Markt befinden.

Das buddhistische Kloster Pohyŏnsa im Myohyang-Gebirge. In der Anlage aus dem 11. Jahrhundert präsentiert man stolz den ältesten erhaltenen Abdruck der *Tripitaka Koreana* genannten Sammlung buddhistischer Schriften.

Man findet sie in allen Klosteranlagen des Landes: Mönch, Genosse, oder Genosse Mönch? Stets fragt man sich, was echt und was Teil einer Inszenierung ist. Offiziell herrscht in Nordkorea Religionsfreiheit.

Die Freundschaftsausstellung: Sammlung ausländischer Geschenke an die Familie Kim als symbolischer Ausdruck modernen Tributs. Drinnen ist das Fotografieren verboten.

Brutale Zuschaustellung von wirtschaftlicher Überlegenheit: Die Grenzbrücke zwischen Dandong und Sinŭiju. Im rechten Viertel – dort, wo die Lichter abrupt enden – beginnt der nordkoreanische Teil.

Die Verhandlungsbaracken bei P'anmunjŏm. Der Sand auf der nordkoreanischen Seite der Trennlinie soll bekräftigen, dass man die Teilung als zeitweilig ansieht. Die Klimaanlagen sind von Samsung – ein Vorgriff auf die Vereinigung?

Die Altstadt von Kaesŏng. Wegen der Nähe zu P'anmunjŏm, dem Ort der Waffenstillstandsverhandlungen, blieb sie als einer der wenigen Orte in Nordkorea vom Bombardement im Koreakrieg verschont.

Stahlarbeiter in Kangsŏn. Ein dem offiziellen Selbstbild des Systems perfekt entsprechendes und daher unbedenkliches Fotomotiv. Das Plakat im Hintergrund fordert anlässlich des 7. Parteitages zur Steigerung der Stahlproduktion auf.

Ein alter Mann am Straßenrand bietet das Nachfüllen von Gasfeuerzeugen und neue Feuersteine an. Aufnahmen von Armut werden von den staatlichen Behörden nicht gern gesehen.

Künstler bei der Arbeit oder Kunststudenten bei der Ausbildung kann man oft antreffen, vor allem an landschaftlich und architektonisch schönen Orten. Man darf sie jederzeit problemlos fotografieren.

Nordkoreas Männer verbringen ihre Jugend beim Militär. Diese Zeit ist hart, sie formt aber auch lebenslange Freundschaften. Fotos von Soldaten sind streng verboten.

Das Museum der amerikanischen Kriegsverbrechen, im Vordergrund das »Grab der 400 Mütter«. Über dem Eingang steht: »Vergesst niemals die Lehren der blutgetränkten Erde von Sinch'ŏn!«

Im Museum werden die den Amerikanern vorgeworfenen Taten mit schonungsloser Offenheit dargestellt. Ölgemälde und Wachsfiguren ergänzen Zeugenaussagen, Zeitdokumente und Artefakte.

Viele Jahre lang war sie ein Bindeglied zu Japan und brachte Besucher, Waren und Geld. Heute liegt die Fähre »Mangyŏngbong 92« langsam vor sich hin rostend im Hafen von Wŏnsan.

Blick auf die ehemalige Wilhelm-Pieck-Allee in der im Koreakrieg zu fast 90 Prozent zerstörten Stadt Hamhŭng, die in den 1950er Jahren durch die DDR wiederaufgebaut wurde.

Links die chinesische Stadt Tumen, rechts das nordkoreanische Namyang. Vor dem Bau des Grenzzaunes auf chinesischer Seite konnte man hier Nordkoreaner dabei beobachten, wie sie mitten am Tag den Grenzfluss durchwateten.

Westliche Touristen können hier ganz legal zu Fuß die Grenze überqueren. Sie ist erkennbar am Streifen und den intakten Laternen. Auf der anderen Seite ist durch die Bäume schon der Bahnhof von Namyang zu erkennen.

Tauchen nach Meeresfrüchten an der Ostmeerküste südlich von Ch'ŏngjin. Muscheln, Krabben und Fische aus den noch weitgehend sauberen nordkoreanischen Gewässern sind wichtige Exportwaren. Hauptabnehmer ist China.

Ein Konzert direkt vor unserem Hotel in Rasŏn. Die Aufführung ist ein Dank der Führung an die Helfer bei der Beseitigung schwerer Hochwasserschäden. So nah kommt man den Menschen im Rest des Landes normalerweise nicht.

Diese Näherinnen in der Sonderwirtschaftszone Rasŏn dürften inzwischen arbeitslos sein, seitdem internationale Sanktionen Nordkorea auch den Export von Textilien verbieten.

Ein letzter Blick auf das Dreiländereck im Nordosten. Die Eisenbahnbrücke führt nach Russland, der protzige Wachturm hinten links gehört zu China. Von dort können die Chinesen das Meer sehen, aber nicht erreichen.

ist jedoch die Eingangshalle. Dort steht eine überlebensgroße Figur von Kim Jong-un in weißer Uniform. Es dauert eine Weile, bis man verwirrt begreift, dass er das gar nicht ist, sondern sein Großvater Kim Il-sung im Alter von 38 Jahren. Wer schon vorher aufmerksam im Hotel und anderen öffentlichen Gebäuden auf die dort angebrachten Foto-Wandzeitungen geschaut hat, dem ist aufgefallen, dass der Taten von Kim Il-sung oft unter Rückgriff auf Fotos aus dem Anfang seiner Herrschaft gedacht wird. Die Wandzeitungen sehen übrigens im fernen Nordosten genauso aus wie in der Hauptstadt; das Design ist zentral vorgegeben.

Noch vor wenigen Jahren sah man auf solchen Darstellungen Kim Il-sung als Mann im mittleren oder schon fortgeschrittenen Alter. Heutzutage hingegen versucht die Propaganda, durch eine geschickte Gegenüberstellung von Bildern die Ähnlichkeit zwischen ihm und seinem Enkel Kim Jong-un zu betonen. Gerüchte, wonach Letzterer sich sogar extra ein gewisses Übergewicht angegessen haben soll, halte ich für fragwürdig. Allerdings weicht Kim Jong-uns Frisur so deutlich von allem ab, was sonst in Sachen Haartracht in Nordkorea zu sehen ist, dass man hier tatsächlich ein bewusstes Bemühen um die Herstellung einer Ähnlichkeit mit dem Großvater unterstellen könnte.

Doch was im Foyer des Kriegsmuseums passiert, hat eine neue Qualität. Anstatt den Enkel an den Großvater anzupassen, sieht es so aus, als passe man die Gesichtszüge des Großvaters an den Enkel an. Das geschieht bei der großen Statue, aber auch auf einer Reihe von gemalten Illustrationen, die man im Museum betrachten kann. Auch hier gilt, dass westliche Besucher gut beraten sind, solche Gedanken nicht zum Gegenstand der Diskussion mit einem der örtlichen oder den eigenen Guides zu machen. Das Aussehen der Führer wird in Nordkorea weder kommentiert noch diskutiert.

## Mansudae-Kunststudio: Die Propaganda-Fabrik

Denkmäler prägen das Straßenbild Nordkoreas und vor allem das in der Hauptstadt. Für die Herstellung all der Bronzestatuen, Skulpturengruppen, Reliefs, Granitmonumente und riesigen Mosaiken ist das Mansudae-Kunststudio zuständig. Es ist nach dem gleichnamigen Hügel im Zentrum der Hauptstadt benannt, auf dem die Mutter aller nordkoreanischen Monumente steht, die um Kim Jong-il ergänzte Statue von Kim Il-sung.

Touristen können das Studio besuchen, das eigentlich ein riesiger Gebäudekomplex nahe der Metro-Station Puhŭng (Wiedergeburt) ist. Angeblich arbeiten dort mehrere tausend Menschen, was angesichts der gigantischen Aufgaben sicher keine Übertreibung ist.

Das Studio ist nicht nur in Nordkorea, sondern auch für das Ausland tätig, etwa bei der Herstellung der schon erwähnten Monumente in Ländern Afrikas wie Angola, Botswana, Kongo, Namibia oder Zimbabwe. Auch in Algerien und Ägypten haben die Nordkoreaner gebaut. Am bekanntesten ist wohl das «African Renaissance Monument« im Senegal; man kann es sich im Internet anschauen. Eine eher unerwartete Begegnung mit einem Werk des Mansudae-Kunststudios erlebt man beim Besuch der Tempelanlage Angkor Wat in Kambodscha. Im dortigen Museum befindet sich ein Rundpanorama, das bei genauerem Hinsehen einige sehr deutliche Parallelen zum Panorama im Museum des Koreakrieges aufweist.

Im Januar 2012 stand das Gelände des Kunststudios besonders im Fokus der Aufmerksamkeit, weil hier die erste Doppelstatue der zwei verstorbenen Führer errichtet wurde. Es handelt sich um ein gleich rechts neben der Einfahrt stehendes, man möge mir verzeihen, ziemlich kitschiges gigantisches Reiterstandbild aus Bronze. Mehr war in der kurzen Zeit seit dem Ableben

Kim Jong-ils wenige Wochen zuvor wohl nicht zu machen gewesen, aber immerhin. Falls man nicht heimlich vorgefertigt hatte, dann war das eine zumindest technisch herausragende Leistung und zeigt die enorme Effizienz dieser Produktionsstätte revolutionärer Kunst.

Das bringt uns zu der Frage, ob das, was da mit verschiedenen Techniken auf oder aus Papier, Seide, Keramik, Stein und Metall hergestellt wird, wirklich Kunst ist. Wenn »Kunst« von »Können« kommt, dann ist sie einfach zu beantworten: Auch der schlimmste Kritiker des Systems wird den nordkoreanischen Kunstschaffenden eine herausragende technische Meisterschaft attestieren.

Darüber hinaus allerdings liegt auf der Hand, dass die Frage »Kunst oder keine Kunst« kaum abschließend beantwortet werden kann. Nicht umsonst betrachten wir in unseren Gesellschaften jeglichen Versuch der Bevormundung besonders kritisch, sei es bei der Kleidung, dem Haarschnitt oder eben auch beim Kunstgeschmack.

Dem steht eine sehr klare Haltung des nordkoreanischen Staates gegenüber: Was Kunst ist, bestimme ich, könnte Kim Jong-il gesagt haben, dem eine besondere Affinität zur Kunst attestiert wurde. Und auch wenn es den Begriff »entartete Kunst« in Nordkorea offiziell nicht gibt, so besteht doch eine eindeutige Ablehnung des »l'art pour l'art«, der Kunst um der Kunst willen. Jedes Werk, egal ob bildende Kunst, Musik oder Literatur, muss einen Zweck erfüllen – und dieser hat mit den politischen Zielen des Systems zu tun. Dazu gehören die Verehrung der Führer, die Förderung des Nationalismus, der Kampf gegen die Feinde des Landes und die Förderung dessen, was man »sozialistische Moral« nennt.

Aus dieser Perspektive ist nordkoreanische Kunst also grundsätzlich Propagandakunst. Wer bei uns wagemutig genug ist, öffentlich etwas anderes zu behaupten, der macht sich schnell verdächtig und wird oft kurzerhand als »Kim-Versteher« abgetan.

Ich möchte dieser undifferenzierten Sicht das schon angeführte Zitat des nordkoreanischen buddhistischen Mönches gegenüberstellen: Auch in einem schmutzigen Teich kann etwas sehr Schönes wachsen.

Am Ende ist es einmal mehr jedem Besucher selbst überlassen, sich eine Meinung zu bilden. Wer durch das Land reist, wird jedenfalls an besonders schönen Orten in den Bergen oder vor alten Gebäuden viele Menschen finden, die an einer kleinen Staffelei, vor der Sonne durch einen Schirm geschützt, mit Bleistift, Kreide, Tusche oder Öl malen. Wer sich in den diversen Galerien umschaut, findet fotorealistische Darstellungen ebenso wie zum Impressionismus neigende Stile, Kitsch ebenso wie anmutige Schönheit.

Offener Kritik an den bestehenden Verhältnissen wird man nicht begegnen. Trotz allen Relativierens muss man klar sagen: Die Kunst in Nordkorea ist dem System untergeordnet.

## Meari-Schießstand: Hühner und Kalaschnikows

In dieser 2014 renovierten Attraktion kann man mit Pistole, Karabiner und Kalaschnikow schießen, allerdings alles im Kleinkaliber von 5,6 Millimeter. Ein Schuss kostet 50 Cent, außer mit der Kalaschnikow, da ist es ein Euro. Auch wenn es sich um eine automatische Maschinenpistole handelt, wird nur Einzelfeuer geschossen. Darauf achtet eine stark geschminkte junge Frau, die beim Nachladen hilft.

Das hat ganz praktische Gründe. Mitte der 1980er habe ich in der vormilitärischen Ausbildung in der DDR mit ebendieser Waffe geschossen und kann berichten, dass sie ausgesprochen störanfällig ist. Im Gegensatz zum sehr unempfindlichen Original mit seinem Kaliber 7,62 Millimeter, das selbst auf 250 Meter erstaunlich präzise schießt, hat die Kleinkaliber-Kalaschnikow oft Ladehemmung. Also nur Einzelfeuer. Dafür ist ein martialisch aussehendes Zielfernrohr aufmontiert, das allerdings schlecht eingestellt ist. Die ballistische Kurve der leichten Munition fällt ohnehin schnell nach unten ab, man trifft ohne Übung also nicht viel. Aber wer kann schon von sich behaupten, in Nordkorea mit einer Kalaschnikow geschossen zu haben? Da drückt man auch mal beide Augen zu und vor allem genussvoll ab.

Skurriles Detail: Zu den Zielscheiben gehören neben Klappscheiben in verschiedenen Formen und Größen sowie an Stricken aufgehängten Glasflaschen auch lebende Tiere. Das sind Fasane und Hühner, die man nach dem mehr oder weniger waidgerechten Erlegen in eigens dafür bereitliegenden Plastikbeuteln mit nach Hause nehmen kann. Die armen Vögel sind hinter einem Maschendrahtzaun auf engstem Raum eingesperrt und harren, scharrend und pickend umherlaufend, ihres hoffentlich schnellen und schmerzlosen Endes. Hier kostet ein einziger Schuss ganze fünf Euro. Das angeschlossene Restaurant soll die frischesten Hühner von ganz Pjöngjang anbieten, hat man mir mit einem Augenzwinkern erzählt.

Die Einrichtung steht westlichen Touristen offen, die Reaktionen daheim kann sich jeder selbst ausmalen. Während man eventueller Missbilligung wegen einer Nordkorea-Reise und sogar wegen des Genusses von Hundefleisch noch halbwegs unter Hinweis auf Bildungsinteresse begegnen kann, werden einem zum freizeitspaßigen Abschlachten von Hühnern und anderen Tieren wohl kaum gute Argumente einfallen. Man muss ja auch wirklich nicht jeden Blödsinn mitmachen. Meine Gruppe hat sich jedenfalls auf das Massakrieren von Zielscheiben und Glasflaschen beschränkt.

Man kann hier übrigens sogar etwas gewinnen, so verspricht es ein Aushang auf Koreanisch. Ich erwähne die Sprache, weil sie zeigt, wer die Hauptzielgruppe ist.

Wer bei zehn Schuss zehn Treffer landet, kann im angeschlossenen Geschäft im Wert von 1000 *woehwawŏn*, also Devisen-Won, einkaufen; das sind immerhin ungefähr zehn US-Dollar, also genau der Preis, den man für die zehn Schuss mit der Kalaschnikow zahlen muss. Wer den Karabiner verwendet, kann sogar das Doppelte seines Einsatzes erhalten. Bei einer Trefferquote von fünf aus zehn gibt es immerhin noch 100 Devisen-Won in Form eines Einkaufsgutscheines. Ein Schelm, der Böses dabei denkt: Jedenfalls hat kaum jemand von uns allzu viel getroffen, auch wenn erfahrene Schützen dabei waren. Die Waffen sind vermutlich nicht besonders präzise eingestellt. Vielleicht sollte ich auch noch erwähnen, dass niemand meine Gruppe auf diese nur in Koreanisch angeschriebene Gewinnmöglichkeit aufmerksam gemacht hat. Wenn Sie also die Anlage besuchen und sich ein gutes Resultat zutrauen, dann fragen Sie nach.

Eine weitere Schautafel gibt Auskunft über die Zahl von Jägern und Sportschützen im Verhältnis zur Gesamtbevölkerung. Für Österreich sind 110 000 Jäger und 60 000 Sportschützen bei einer Bevölkerung von acht Millionen angegeben. In Deutschland mit seinen 80 Millionen Einwohnern übersteigt nach dieser Tabelle die Zahl der 1,45 Millionen Sportschützen die der 326 000 Jäger. Von den 8,8 Millionen Schweizern sind 320 000 Jäger und 70 000 Sportschützen. Besonders jagdfreudig sind hiernach übrigens die Franzosen mit 1,65 Millionen Jägern bei 57 Millionen Bürgern. Diese Zahlen scheinen übrigens einigermaßen zu stimmen. Angaben zu Nordkorea fehlen leider und waren auch auf Nachfrage nicht zu erhalten.

Draußen verkündet ein Schild in recht höflich gehaltenem Koreanisch: »Kunden, die Schnaps oder Bier getrunken haben, können keine Schießdienstleistung erhalten«. Verbotsschilder erzählen oft ihre ganz eigene Geschichte.

## Pionierpalast: Nachwuchsförderung und Menschenzoo

Am südwestlichen Ende der Stadt, wo die Kwangbok-Straße in die zur Hafenstadt Namp'o führende »Autobahn der heldenhaften Jugend« übergeht, steht der »Mangyŏngdae-Schüler-Palast«, oft auch Kinderpalast oder Pionierpalast genannt. Vor dem riesenhaften Gebäude kündet eine Bronzeplastik von glücklichen Kindern. Diese erinnert mich unvermeidlich an sowjetische Märchen und Comics, wenn ich mir den Schlitten, die Kosmonautenuniform, den wallenden Bart oder den Goldenen Schlüssel ansehe. Natürlich werden derlei subversive Gedanken von den Guides entrüstet abgelehnt: Das ist alles rein koreanisch!

Vor dem Palast sieht man gelegentlich so etwas wie eine Fahrschule, die sich größter Beliebtheit erfreut. In einem besonders großzügigen Moment durfte meine Reisegruppe einmal sogar 200 Meter weit auf dem menschenleeren Parkplatz am Ende der Stadt umherwandern, da wir uns über zu wenig Auslauf beschwert hatten. Ich bin einiges gewohnt, aber angesichts dieser Frechheit ist es auch mir schwergefallen, die Contenance zu bewahren.

Im Inneren kann man wie in einem Menschenzoo in verschiedenen Räumen Kindern beim Musizieren, Seidensticken, Kalligraphieren oder Tanzen zusehen. Gelegentlich gibt es eine Vorstellung. In einem riesigen Theaterraum sitzt man dann auf grünen Plüschsesseln und sieht sich eine technisch exzellente Darbietung perfekt dressierter Kinder an. Mir ist dort immer sehr unbehaglich zumute, ich habe aber auch schon viele westliche Besucher erlebt, die ganz begeistert waren.

Der Vollständigkeit halber sollte ich sagen, dass es solche Einrichtungen im ganzen Land gibt und dass sie eine bei den Eltern sehr willkommene Gelegenheit der extracurricularen Betätigung der Kinder sind. Hier können diese ihre Talente entdecken und weiterentwickeln, vor allem im musischen und im artistischen

Bereich. Wie alle sozialistischen Länder hat Nordkorea ein sehr gut organisiertes System der Talentfindung und -förderung.

## Geburtshaus von Kim Il-sung: Mangyŏngdae

Die Bedeutung von Kim Il-sung für Nordkorea kann man nicht überbetonen. Er ist nicht nur der Befreier des Landes von den Japanern, der Beschützer vor den Amerikanern und der Gründer des Staates, sondern auch die höchste und im Prinzip sogar alleinige Quelle der Legitimität für seine zwei Nachfolger. In Tausenden von sogenannten Vor-Ort-Anleitungen bereiste er sein Land kreuz und quer. Wo immer er war und das Gesehene kommentierte, dort befinden sich rote Erinnerungsplaketten mit goldener Schrift. Auch sein Sohn und sein Enkel haben sich diese Methode des persönlichen Mikromanagements zu eigen gemacht. Wen wundert es also, wenn Mangyŏngdae, die offizielle Geburtsstätte dieses Übervaters, eine besondere Verehrung genießt.

Am Fuße eines dicht bewaldeten Hügels und ganz in der Nähe des Taedonggang liegt in einem penibel gepflegten Park im Südwesten der Stadt ein kleines traditionelles koreanisches Bauernhaus mit Lehmwänden, Strohdach und Nebengebäuden. Hier lebten die Großeltern eines gewissen Kim Sŏng-ju, der am 15. April 1912 – just dem Tag, als die »Titanic« sank – geboren wurde. Einige Jahre lang wohnte das Kind, das später unter dem Namen Kim Il-sung bekannt werden sollte, bei seinen Großeltern. Das Haus gilt heute als sein offizieller Geburtsort.

Im zweiten Jahr der kolonialen Besetzung Koreas durch die Japaner war dem Lande sein Messias geschenkt worden. Früher war die Gegend eine Begräbnisstätte für wohlhabende Pjöngjanger Aristokraten. Die Familie des kleinen Sŏng-ju pflegte die Gräber der Reichen und durfte daher auf dem Gelände wohnen.

Aus geomantischer Sicht ist die Lage dieses Ortes ideal: Im Norden erhebt sich ein Berg, der den Ort vor den negativen Kräften schützt, die dieser Himmelsrichtung zugeschrieben werden. Nach Süden hin ist das Land offen, sodass die positive Energie frei fließen kann; hinzu kommt die Kraft des im Süden liegenden Flusses. Im Westen wird die Energie weiter durch einen kleineren Wasserarm kanalisiert und gebündelt, ebenso im Osten durch eine Biegung des Taedonggang. Paläste und buddhistische Klöster wurden im alten Korea üblicherweise so angelegt.

Das koreanische Wort für die bei uns als »Fengshui« bekannte Geomantie ist *p'ungsu* (Wind und Wasser). Ihre Guides werden die Überlegungen hinsichtlich der idealen Lage von Mangyŏngdae sicher bestätigen. Sie können sie ja auch einmal fragen, ob der Ort der Bestattung des Führers am entgegengesetzten Stadtende ähnlich perfekt ausgewählt wurde. Eigentlich sollte die politisch korrekte Antwort lauten, dass man heutzutage in Nordkorea solch abergläubischen Konzepten nicht mehr folgt; vielleicht gibt es aber auch eine kleine Überraschung.

In seiner Autobiografie *Mit dem Jahrhundert* berichtet Kim Ilsung ausführlich von seiner Kindheit. Ferner gibt es eine endlose Zahl von Anekdoten aus seinem Leben, die auch die frühe Phase behandeln und besonders gern an Orten wie diesem zum Besten gegeben werden. Ich erspare Ihnen hier eine Wiedergabe der Inhalte, die im Wesentlichen auf folgende Aussagen hinauslaufen: Die Familie Kim war arm und bescheiden, aber stets patriotisch. Kim war ein gutes und kluges Kind, das früh Führungsqualitäten zeigte. Er wurde von seinem Vater und Großvater revolutionär erzogen, er half den Älteren und wurde von ihnen ebenso wie von seinen Altersgenossen respektiert.

Je nachdem, wann Sie der Weg im Rahmen Ihrer Reise hierher führt, werden Sie vielleicht schon eine gewisse Ermüdung angesichts solcher Informationen verspüren. Halten Sie die Augen trotzdem offen. Sehr zu empfehlen ist in jedem Falle eine genaue Betrachtung des Hauses, denn viel näher werden Sie einem traditionellen koreanischen Bauernhof auf dieser Reise nicht kommen. Beachten Sie die tiefer gelegte Küche, von der aus der heiße Rauch unter dem Boden entlangzieht und die übrigen Räume erwärmt. Sehen Sie sich die traditionellen Arbeitsgeräte an und lassen Sie sich die Funktionsweise erklären. Man sieht die Rauchutensilien des Großvaters, ein aus Stroh geflochtenes Häuschen zur Aufbewahrung der Lebensmittelvorräte, große Tontöpfe zur Fermentierung und Lagerung des eingelegten Chinakohls Kimch'i und noch viele andere Dinge mehr.

Im Haus hängen Fotos, die Kim Il-sung in verschiedenen Altersstufen mit seinen Verwandten zeigen. Interessanterweise erscheinen nirgends Geschwister, was verwunderlich ist, da vor allem ärmere Menschen zu jener Zeit sehr viele Kinder hatten. In der Tat hatte Kim noch mindestens zwei Brüder, von denen einer in sehr jungen Jahren von den Japanern ermordet wurde. Im Herbst 2017 lebte sogar noch Kim Yŏng-ju, der acht Jahre jüngere Bruder von Kim Il-sung. Westliche Historiker behaupten, er sei seinerzeit als Nachfolger im Gespräch gewesen, Mitte der 1970er Jahre aber seinem Neffen Kim Jong-il im Kampf um die Nachfolge unterlegen und seither in relative Bedeutungslosigkeit versunken. Heute ist er immerhin Ehren-Vizepräsident des Parlaments. Sie können versuchen, mehr über ihn zu erfahren, aber bitte in aller Vorsicht.

Man kann sich allerdings unverfänglich anhand der Familie Kim oder vielleicht auch anhand der Familie der Guides einmal die koreanischen Namenskonventionen und Familienverhältnisse erklären lassen. Tragen Ehepaare nach der Hochzeit den gleichen Namen? Was ist ein Generationenname? Haben Verwandte väterlicherseits und mütterlicherseits eine unterschiedliche Bedeutung? Gibt es eigentlich Scheidungen? Wer bekommt dann die Kinder, das Haus und den Hund? Hat Kim Il-sung nach dem Tod seiner ersten Frau 1949 nochmals geheiratet? Letztere Frage könnte die Unterhaltung sehr plötzlich beenden, also heben Sie sich diese bis zum Schluss auf.

Vor dem liebevoll konservierten Geburtshaus gibt es einen Brunnen mit Schöpfkelle. Der Aberglaube besagt, dass einen das Wasser jünger macht. Versuchen Sie es ruhig; zur Not gibt es ja Immodium oder Kohletabletten.

Bei gutem Wetter kann man vielleicht noch kurz zu dem in geringer Entfernung liegenden Vergnügungspark laufen. Auch in Nordkorea kennt man die Macht der Assoziation: Kinder besuchen das Geburtshaus des Staatsgründers und haben dann Spaß auf dem Karussell oder der Achterbahn. Kim Jong-un war daher im April 2012 ziemlich verärgert, als er den heruntergekommenen Zustand des Parks bemerkte. Die Zeitungen des Landes berichteten, die Verantwortlichen zitterten, das Militär übernahm die Renovierung.

## Mausoleum der Führer: Kŭmsusan-Palast der Sonne

Im Nordosten der Stadt liegt der Ort, an dem Kim Il-sung nach seinem Tod im Jahr 1994 zur letzten Ruhe gebettet wurde, und zwar im wahrsten Sinne des Wortes. Ausländer können den unter seinem Sohn Kim Jong-il in ein Mausoleum umgewandelten ehemaligen Amtssitz des Ewigen Präsidenten, den Kŭmsusan-Palast der Sonne, donnerstags und sonntags nach vorheriger Anmeldung besuchen. Hierfür wird formelle Kleidung erwartet. Theoretisch bedeutet das Anzug mit Krawatte für Männer und Kostüm für Frauen, in der Praxis ist man bei Ausländern aber etwas flexibler, da Besucher aus dem Westen für ihre legere Kleidung bekannt sind. Sandalen, kurze Hosen und T-Shirts sind allerdings nicht akzeptabel; bei allen anderen Kleidungsstücken werden die

Guides versuchen, das Beste aus ihren Gruppenmitgliedern herauszuholen, oft mit einem resignierten Blick ob der Hoffnungslosigkeit dieses Unterfangens. Wer nicht unbedingt mit betont informeller Kleidung ein Statement abgeben möchte, dem empfehle ich die Mitnahme von zumindest moderat feiner Garderobe. Immerhin wird man den einbalsamierten Leichnamen zweier ehemaliger Staatsführer gegenüberstehen.

Die Gestaltung der Anlage und die Choreographie des Besuches sind eine genauere Betrachtung und ein bewusstes Erleben wert. Vergessen Sie die Mausoleen von Lenin oder Mao, das hier ist eine andere Liga. Wer den Begriff »Architektur der Macht« kennt, wird viele Elemente wiederfinden: lange Gänge, die einen auf den Besuch bei einer wichtigen Person einstimmen; hohe Räume mit mächtigen Säulen, die dazu führen, dass man sich klein und unbedeutend fühlt; gedämpftes Licht und ernste Musik, die eine feierliche Stimmung erzeugen. Es gibt gelbe Linien, die nicht zu überschreiten sind, und überdimensionierte lebensechte Statuen der Führer, zu denen man aufschaut.

Fotos und Videos sind nicht erlaubt; alle persönlichen Gegenstände bis auf die Uhr und die Geldbörse sind an der Garderobe abzugeben. Über lange Transportbänder wird man dann in das mit Marmor, Messing und Kristall reich ausgestattete Hauptgebäude gefahren, wo man verschiedene Stationen durchläuft. Man verbeugt sich vor zwei Führer-Statuen. Dann geht es per Fahrstuhl hinauf zu einer Reinigungsanlage wie aus der Halbleiterproduktion, in der man durch starke Luftströmung aus zahllosen Düsen von Staubpartikeln befreit wird. Nach der innerlichen Reinigung kommt also die äußerliche Säuberung. Das Gerät ist übrigens der Tod jeder sorgfältig gepflegten Langhaar-Frisur.

So vorbereitet betritt man das Allerheiligste. In der Mitte des mit gedämpftem Licht beleuchteten Raumes – dunkler Granit, hohe Decke – steht, bewacht von besonders groß gewachsenen

Soldaten in perfekt sitzender Uniform und mit stoisch ernsten Gesichtern, ein gläserner Sarkophag. Darin liegt der einbalsamierte Körper von Kim Il-sung, bedeckt mit einer roten Flagge der Partei der Arbeit Koreas. Man wird in Grüppchen zu vier Personen eingeteilt und umrundet den Sarkophag einmal. Dabei verneigt man sich jeweils am Fußende und an den beiden Seiten, nicht aber am Kopfende. In diesem Saal bitte weder laut sprechen oder gar lachen. Die Nordkoreaner verstehen hier absolut keinen Spaß. Denken Sie daran: Für die Menschen in Nordkorea ist das der Befreier und Verteidiger ihres Landes, nicht der stalinistische Diktator, als der er bei uns gesehen wird.

Es folgt ein Raum mit den Orden und anderen Ehrungen, die Kim Il-sung zu Lebzeiten zuteilwurden und hauptsächlich aus dem Ostblock und nicht paktgebundenen Ländern stammen.

Die gleiche Prozedur wie bei Kim Il-sung wiederholt sich in einer weiteren Halle mit dem dort liegenden Kim Jong-il. Auch hier dreht man, sich drei Mal vor dem Leichnam verbeugend, seine Runde und gelangt anschließend in einen Raum mit Auszeichnungen.

Dann folgen Ausstellungsräume mit Devotionalien aller Art, darunter deutsche Autos und sogar ein Schnellboot. Besonders fasziniert sind Besucher meist von dem Eisenbahnwaggon, in dem Kim Jong-il auf einer Inspektionsreise durch entlegene Gebiete des Landes im Dezember 2011 gestorben sein soll. Der Grund der wilden Tuschelei, die an dieser Stelle üblicherweise einsetzt, ist das gut sichtbar mit dem Apple-Logo versehene MacBook, das aufgeklappt auf seinem Schreibtisch steht.

Wenn man nach etwa zwei Stunden wieder zur Garderobe zurückkehrt, macht sich eine gewisse Erleichterung breit; es ist in der Tat schwer, sich gegen die kunstvoll herbeigeführte Anspannung zu wehren. Zum Abschluss darf man auf dem riesigen Vorplatz des Palastes noch Fotos machen. Hier sind eigens kleine

Tribünen aufgebaut, damit auch größere Gruppen von meist einheimischen Besuchern diesen Moment in angemessener Ordnung für die Ewigkeit festhalten können. Für mindestens eine westliche Reisegruppe war hier die Tour zu Ende, als es sich ein Mitglied nicht verkneifen konnte, auf dem Platz einen Handstand zu machen. Die Guides verloren ihren Job und wurden nicht mehr gesehen.

All jene, die es mit ihrem Gewissen nicht vereinbaren können, das Mausoleum zu besuchen, können sich einfach weigern oder den diplomatischen Weg wählen und über ein plötzlich auftretendes Unwohlsein klagen. Ungewohntes Essen, der Jetlag, die schwächliche Konstitution eines westlichen Ausländers – der Kreativität sind keine Grenzen gesetzt. Die Guides werden das akzeptieren. Doch auch hier empfehle ich, sich besser vor Buchung einer Nordkorea-Reise entsprechende Gedanken zu machen. Man muss die Gastgeber ja nicht lieben; es ist aber auch unnötig, sie gezielt zu beleidigen.

## Taesŏngsan-Märtyrerfriedhof

Nur etwa drei Kilometer Luftlinie vom Mausoleum entfernt liegt eine weitere wichtige revolutionäre Stätte. Die Gestaltung des Märtyrerfriedhofes auf dem Berg Taesŏng (koreanisch Taesŏngsan) entspricht auch hier recht gut dem, was man als ideale Lage gemäß *p'ungsu* ansehen würde.

Bei der Zufahrt mit dem Bus kommt man zunächst am kürzlich renovierten Zoo vorbei, der für die Bürger Pjöngjangs per U-Bahn, Station Rakwŏn (Paradies), erreichbar ist. Vor allem am Wochenende und an Feiertagen ist hier die Hölle los, auch weil der Besuch in der wärmeren Jahreszeit gern mit einem Picknick verbunden wird.

Am Parkplatz vor der U-Bahn-Station gabelt sich die Straße. Rechts geht es zum Taesŏngsan-Vergnügungspark mit seinen Fahrgeschäften und der sehr dominanten Nachbildung eines alten Festungstors mit einem ungewöhnlichen eckigen Torbogen. An Feiertagen mischen sich hier Hunderte westlicher Touristen mit nordkoreanischen Besuchern. Es gibt Vorführungen aller Art, von Blasmusik bis zu traditionellen Sportarten. Der Kontrast zur üblicherweise stets sauberen Trennung von Einheimischen und Ausländern im Rest der Stadt ist zu auffällig, als dass ich mich hier besonders wohlfühlen würde, aber manchmal muss man in Nordkorea nehmen, was man bekommt. Also verdrängen Sie die Paranoia und versuchen Sie, mit den Menschen zu kommunizieren, dort ist das beiden Seiten erlaubt.

Wenn man links an der U-Bahn-Station vorbeifährt, kommt man zum Berg Taesŏng, was so viel wie »Große Festung« bedeutet – eine Anspielung auf eine einstige Verteidigungsanlage. Lange Granittreppen führen hinauf auf den Gipfel. Touristen werden üblicherweise bis zum vorletzten Treppenabsatz gefahren, die Nordkoreaner erklimmen den heiligen Ort vom Tal aus.

Oben angekommen genießt man bei gutem Wetter einen herrlichen Blick über die Hauptstadt. Schaut man sich um, so glaubt man allmählich, dass Nordkorea mindestens die Hälfte aller Bronzevorräte der Welt verbraucht haben muss, denn auch hier gibt es reichlich von diesem Material. Bis zur Kuppe des Hügels ziehen sich acht Reihen von je 16 bis 18 Bronzebüsten. Bei meinem Besuch im Februar 2017 habe ich insgesamt 154 davon gezählt, einschließlich der separaten, obersten Reihe. Jede Büste ruht auf einem Granitsockel mit Angabe des Namens, der Funktion, des Geburtstages, des Todestages und der Todesart. Es handelt sich um Menschen, die für die koreanische Revolution ihr Leben gelassen haben. Jedes Gesicht ist höchst detailgetreu als idealisiertes Abbild der zu ehrenden Person gestaltet. Hauptsächlich geht es hier um Individuen, die am Kampf gegen die Japaner teilgenommen haben. Den Toten und Helden des Koreakrieges ist ein eigener, unter Kim Jong-un neu gebauter Friedhof neben der Straße zum Flughafen gewidmet.

Die oberste, etwas vom Rest abgesetzte Reihe ist 15 besonders wichtigen Menschen gewidmet. Unter ihnen ist auch Kim Jong-suk, die Ehefrau von Kim Il-sung und Mutter von Kim Jong-il. Die zwei verstorbenen Führer sind hier übrigens nicht abgebildet, dafür aber der 1935 getötete Bruder von Kim Il-sung, Kim Ch'ŏl-ju (Ch'ŏl-ju, Sŏng-ju, Yŏng-ju – »ju« ist hier also offenbar der Generationenname). Ferner sieht man im Dienst für das Vaterland ergraute oder früh gestorbene Revolutionäre und enge Kampfgenossen von Kim Il-sung wie Ch'oe Hyŏn (der Vater des oft als »Nummer zwei« gehandelten Ch'oe Ryŏng-hae) oder O Chin-u, zu seinen Lebzeiten der mächtigste Militär des Landes. Auch hier stellt man sich, der Aufforderung der Guides inzwischen fast schon routiniert folgend, in einer Reihe auf und verbeugt sich. Sie interessieren sich für die Oberschicht Nordkoreas? Bitte sehr, da ist sie. Wer diesen Familien entstammt, der gehört zum revolutionären Hochadel.

Man kann sich die Zeit zwischen den langatmigen Erklärungen und Aufzählungen von Fakten damit vertreiben, die Zahl der Frauen festzustellen oder die Zahl der Revolutionäre, die einsilbige Vornamen haben. In Korea ist es nämlich eigentlich üblich, dass Familiennamen aus einer und Vornamen aus zwei Silben bestehen. Ausnahmen gibt es, sie sind aber relativ selten – nur nicht auf dem Märtyrerfriedhof. Fast möchte man annehmen, dass ein einsilbiger Vorname auf mysteriösen Wegen zu einem besonders revolutionären Leben führt. Kim Ch'aek, An Kil, Ch'oe Hyŏn, Kang Kŏn, Nam Il … Allein in der obersten Reise hat ein Drittel der Personen einen einsilbigen Vornamen. Das Thema ist unverfänglich genug, um darüber auch mit den Guides zu reden, die darauf angesprochen entweder verständnislos schauen und diese Idee verwerfen oder unsicher kichern.

Wer das Glück hat, unter den hier auf dem Berg Verehrten einen Verwandten zu wissen, der genießt in Nordkorea eine privilegierte Stellung. Einmal hatte ich sogar einen Guide, der mir stolz seinen Vorfahr zeigen konnte – was nebenbei einiges über den Stellenwert dieses Berufes in der nordkoreanischen Hierarchie verrät.

# 9

# Ost-Pjöngjang: Monumente und Entertainment

Der Ostteil der Stadt wird oft ebenso stiefmütterlich behandelt wie die in Wien »Transdanubien« genannte Ostseite der Donau. Doch auch Ost-Pjöngjang hat durchaus einiges zu bieten. Unmittelbar am Flussufer stehen einige der bekanntesten Monumente, und in einer Flussbiegung im Norden liegt der im Sommer beliebte Munsu-Wasserpark. Auch das Botschaftsviertel befindet sich hier. Die deutsche Botschaft teilt sich dort in trauter Einigkeit mit den Vertretungen Schwedens und des Vereinigten Königreiches eben jenes Gebäude, das einmal die Botschaft der DDR war.

## Grab von Tan'gun: Instrumentalisierung des mythischen Gründers

Etwa 30 Kilometer nordöstlich von Pjöngjang, aber administrativ gesehen innerhalb des Stadtgebietes gelegen, erhebt sich auf einem Hügel über einer alten Grabanlage eine aus hellem Stein errichtete Stufenpyramide. Fast will man an das ägyptische Sakkara denken, doch hier ist alles neu. Die Anlage mit ihren langen Treppen und aus Stein gemeißelten Tigerfiguren beherbergt angeblich die sterblichen Überreste eines gewissen Tan'gun. Das ist nicht der Großvater von Kim Il-sung oder irgendein alter König, sondern, man höre und staune, der Gründer Koreas, der als Sohn eines himmlischen Wesens und einer menschgewordenen Bärin im Jahr 2333 vor unserer Zeitrechnung geboren wurde. Zum Vergleich, Konfuzius lebte etwa 1800 Jahre später.

Mancher Besucher aus dem Westen wird das als großen Witz abtun. Fakt ist, dass Kim Il-sung wenige Jahre vor seinem Tod höchstpersönlich seine Archäologen angewiesen hat, das Grab zu finden, und sie waren klug genug, um prompt zu liefern. Wozu das Ganze? Um den Führungsanspruch Pjöngjangs auf der koreanischen Halbinsel zu untermauern. Wo, wenn nicht in der Nähe der letzten Ruhestätte des Landesgründers, könnte das Zentrum eines wiedervereinigten Korea sein?

Wer ins Innere der Pyramide will, muss etwa 100 Euro extra zahlen. Dafür bekommt man dann einen Sarkophag und ein paar alte Knochen zu sehen; das Geld kann man auch besser investieren.

## Mai-Stadion: Sport und Show

Allein aufgrund seiner Größe und der zentralen Lage auf einer Insel im Taedong-Fluss ist das über 100 000 Menschen fassende Stadion nicht zu übersehen. Es wurde, wie viele andere Gebäude und ganze Straßenzüge, mit Blick auf die Olympischen Spiele 1988 gebaut. Den nicht ganz unpolitischen Zuschlag des IOC hatte zwar 1981 Seoul erhalten, aber Kim Il-sung hatte auf eine gemeinsame Austragung gehofft. Gänzlich unrealistisch war das nicht; immerhin fanden entsprechende Gespräche statt. 1987 war nach überzogenen Forderungen Nordkoreas allerdings klar, dass daraus nichts werden würde, was unter anderem zu einem blutigen Anschlag auf ein südkoreanisches Passagierflugzeug führte.

Nordkorea suchte nach einem Ersatzevent und fand ihn in Form der Weltfestspiele der Jugend und Studenten 1989. Besonders bekannt wurde das Mai-Stadion durch die hier in unregelmäßiger Folge veranstalteten Massenspektakel »Arirang«, die vor allem durch ihre von Tausenden von Kindern geformten beweglichen Bilder für Aufsehen gesorgt haben. Seit 2015 finden keine solchen Spiele mehr statt. Früher konnten westliche Touristen hier ein Gefühl für die Fähigkeit des Systems bekommen, Massen zu mobilisieren und den Einzelnen zu einem bunten Pixel in einem riesigen Bild zu reduzieren. Dem Spektakel in all seinen interessanten Einzelheiten habe ich in *Innenansichten* ein ganzes Kapitel gewidmet.

## Blumenausstellungen: Sinnbilder der Führer

Schon bald werden dem Besucher die in der Stadt sehr präsenten Blumen auffallen. Ob in Balkonkästen oder auf Bildern, überall sieht man eine rosafarbene Orchidee und eine blutrote Begonie. Das sind die nach den Führern Kim Il-sung und seinem Sohn Kim Jong-il benannten Züchtungen, die oft als Symbole dieser Personen dienen und daher entsprechend behandelt werden sollten. Die Orchidee Kimilsungia wurde nach offizieller nordkoreanischer Lesart 1964 bei einem Staatsbesuch des Führers in Indonesien vom damaligen Staatschef Sukarno nach Kim Il-sung benannt. Die Begonie Kimjongilia wurde von einem japanischen Botaniker gezüchtet und ihm 1988 anlässlich seines Geburtstages überreicht. Eine Kimjongunia gibt es noch nicht, auch wenn zumindest andeutungsweise schon von einer Neuzüchtung die Rede war, die Kim Jong-un im April 2012 dargebracht und daraufhin von ihm Manbokia getauft wurde. *Manbok* bedeutet übrigens »großes Glück« oder »Sattheit«, ein interessantes linguistisches Detail im speziellen ökonomischen Kontext Nordkoreas.

Die Kimilsungia und die Kimjongilia werden überall im Land in eigens dafür eingerichteten Gewächshäusern kultiviert. Die regelmäßig stattfindenden Ausstellungen präsentieren besonders schöne Exemplare, oft in aufwendigen Arrangements. Eines der zentralen Ausstellungsgebäude für die Blumen findet sich einige hundert Meter nördlich des Chuch'e-Turms. Auch westlichen Touristen ist der Besuch möglich, den ich ausdrücklich empfehle. Das muss man gesehen haben. In Rasŏn kann man auch in eines der Gewächshäuser gehen, in denen die Blumen gezüchtet werden.

Die Blumenausstellung ist eine große Loyalitätsshow, bei der vor allem anlässlich der Geburtstage der zwei Führer besonders schöne Exemplare von Kimilsungia und Kimjongilia gezeigt werden. Die prächtigen Arrangements umfassen allerlei Zubehör wie Modelle von Raketen, die jeweiligen Geburtshäuser oder ganze Straßenzüge, Springbrunnen, Fotos und Fahnen. Auch aus kleinen grünen Blättern und weißen Gänseblümchen gestaltete Losungen und unzählige bunte LEDs geben den Hauptdarstellern einen angemessenen Rahmen. Entfernt erinnert das Konzept an eine Modellbahnausstellung. Die von Sponsoren wie zum Beispiel Ministerien oder Organisationen arrangierte Blumenpracht zieht sich über zwei Stockwerke. Auch ausländische Unternehmen und sogar westliche Botschaften bezeugen mit einer Tafel vor einem Sammelarrangement ihren Respekt.

Optisch ist eine solche Ausstellung ein opulentes Erlebnis. Das sehen wohl auch die nordkoreanischen Besucher so, denn sie machen keineswegs den Eindruck, als wären sie zum Besuch gezwungen worden und würden ihn nur widerwillig absolvieren. Stattdessen nutzen viele die Blumenschau als Hintergrund für Familienfotos. Professionelle Fotografen bieten ihre Dienste an, und überall klicken die mitgebrachten Kameras und Mobiltelefone. Die Stimmung ist freudig-aufgeregt, ein ständiges lautes Raunen, Lachen und Plaudern liegt in der Luft. An einem Feiertag ist die Ausstellung so voll, dass man kaum einen Schritt vorwärts kommt.

Man kann dort übrigens auf Nachfrage beide Blumen auch erwerben – die Begonie in Form von Samen in Tütchen, die Orchideen als etwa zehn Zentimeter große Setzlinge.

## Golden Lane Bowling: Unterhaltung für die Mittelschicht

Stellvertretend für viele Unterhaltungseinrichtungen wie Eislaufhallen, Spaßbäder und Kinos sei diese aus den frühen 1990er Jahren stammende Einrichtung erwähnt, vor allem wegen der Spielautomaten im oberen Stockwerk. Für einen Moment fühlt man sich wenn nicht wie in Las Vegas, dann doch wenigstens wie an Bord eines Fährschiffes auf dem Weg von Kiel nach Oslo, in dem die Alarmtöne der Automaten, das Klimpern der Münzen und die begeisterten Rufe der Spieler inmitten blinkender Lichter in ansonsten düsteren Räumen mit plüschigen Teppichen eine ganz eigene Atmosphäre zaubern. Die Erfahrung ist wirklich surreal, denn das ist ja immer noch Nordkorea. Hier spielt übrigens vor allem die Jugend, nicht die Senioren.

Administrativ funktioniert das so, dass man gegen harte Währung Spielmünzen erhält und seinen Gewinn im direkt angeschlossenen Shop in Sachpreise umtauschen kann. Wenn meine Beobachtungen zum Verhältnis zwischen Einsatz und Ertrag korrekt sind, dann gewinnt auch im Paradies der Werktätigen meistens die Bank. Unten kann man auf Wunsch tatsächlich bowlen. Lange war dies der angesagteste Ort für die Kids der oberen Mittelschicht; inzwischen ist das Golden Lane in die Jahre gekommen, und die Schickeria weicht in neue Unterhaltungsorte aus.

## Monument der Parteigründung: Steingewordener Machtanspruch

Folgt man dem Blick der zwei Führer auf dem Mansudae-Hügel, dann erkennt man auf der östlichen Flussseite ein anlässlich des 50. Jahrestages der Gründung der Partei der Arbeit Koreas 1995 errichtetes wuchtiges Monument aus grauen Steinquadern. Drei überdimensionale Fäuste recken sich 50 Meter hoch in den Himmel, sie halten jeweils einen Hammer, einen Pinsel und eine koreanische Sichel. Die drei Gegenstände symbolisieren die Schichten des Volkes, die die Partei vertritt: die Arbeiter, die Intellektuellen und die Bauern. Um die Hände herum läuft ein steinerner Ring, der mehrere Meter über dem Boden zu schweben scheint. Darauf ist zu lesen: »Lang lebe die Partei der Arbeit Koreas, die Wegbereiterin und Anführerin bei allen Siegen des koreanischen Volkes!«

Auch hier verweise ich all jene, die sich ausführlicher über die Partei und die Ideologie informieren möchten, auf meine *Innenansichten*. Daher möchte ich nur kurz erwähnen, dass die Bevorzugung der Intellektuellen zumindest auf der symbolischen Ebene – immerhin ist ihr Schreibgerät nicht nur Teil des Parteiemblems, sondern befindet sich auch noch in dessen Mitte – unter den sozialistischen Staaten des sowjetischen Typs recht einzigartig ist. Auf der Flagge der Partei in der Sowjetunion sah man nur Hammer und Sichel, ebenso heute noch in der VR China. In der DDR wurde die Partei durch den Händedruck von Pieck und Grotewohl symbolisiert. Nur ins Staatswappen hatte man einen Hinweis auf die Intelligenz hineingemogelt, und zwar in Form des Zirkels. Dieser sollte so etwas wie die gerade noch akzeptable »Arbeiterklasse« unter den Geistesschaffenden symbolisieren, die Ingenieure. Den für ihren Geschmack viel zu freien und nicht in feste Strukturen pressbaren Denkern aus den Geisteswissenschaften misstrauten die Gründer der DDR offenkundig. Böse Zungen behaupten, dass sie wohl auch ein wenig mit Minderwertigkeitskomplexen zu kämpfen hatten.

In Nordkorea hingegen fehlten Kim Il-sung und seinen Mitstreitern offenbar diese Berührungsängste. Warum, das ist schwer zu sagen; Kim selbst hatte keine Universität besucht, war aber offenbar ein sehr intelligenter Mensch. Außerdem war er bis Mitte der 1950er Jahre noch nicht der allein tonangebende Mann in der politischen Führung der koreanischen Kommunisten. Denkbar wäre auch eine Begründung mit den konfuzianischen Wurzeln Koreas und dem damit verbundenen Respekt vor Wissen und Bildung. Was auch immer der wahre Grund ist: Im nordkoreanischen Parteisymbol sind die Intellektuellen sogar mittendrin, nicht nur dabei.

Nicht systemkonforme Intellektuelle wurden in Nordkorea zwar, wie auch andernorts in sozialistischen Ländern, mit aller Härte verfolgt, doch gab es keine der chinesischen Kulturrevolution ähnliche allgemeine Hetzjagd. Vielleicht waren Kim Il-sung und seine Mitstreiter einfach klug genug, die Intellektuellen zu integrieren, anstatt sie offen auszuschließen. Angesichts einer heute völlig gleichgeschalteten und auf Staatslinie befindlichen Kunst- und Wissenschaftslandschaft ist ihnen das auf sehr spezielle Weise auch gelungen. Fragen Sie Ihre Guides ruhig einmal, warum die Symbole der Sowjetunion oder der KP Chinas keinen Hinweis auf die Intellektuellen enthalten, warum es einen solchen hingegen in Nordkorea gibt und was er zu bedeuten hat.

Achtung Trivia: Das Parteimonument steht im Mittelpunkt der Anfangsszene der nicht primär aufgrund ihrer cineastischen Qualität zu einiger Berühmtheit gelangten, Nordkorea heftig verunglimpfenden Hollywood-Komödie *The Interview* aus dem Jahr 2014. Dafür muss ein nicht Koreanisch sprechender Kulissenbauer das Objekt für den Film nachgestellt haben, denn der Schriftzug ist fehlerhaft – wie peinlich. Der Film gipfelt im dramatischen Tod von Kim Jong-un und hat vor allem aus diesem Grund zu wütenden Protesten seitens der Nordkoreaner geführt. Sogar die Computer der Sony-Studios sollen nordkoreanische Cybersoldaten aus Rache gehackt haben. Als der Film im Februar 2017 in Österreich gezeigt werden sollte, intervenierte die nordkoreanische Botschaft umgehend. Ob nun als Reaktion darauf oder aus Gründen des Jugendschutzes: man fand eine »österreichische Lösung«. Der Film wurde gezeigt, aber ohne die Szene, in der sich Kim Jong-un in Flammen auflöst. In Pjöngjang sollte man den Film übrigens besser nicht erwähnen.

Im Inneren des großen Steinrings sind drei Bronzereliefs angebracht. Sie symbolisieren jeweils die Revolution, die Souveränität und die Geschlossenheit. Anders als im Parteisymbol ist hier die Mitte politisch korrekt einem entschlossen dreinschauenden Arbeiter vorbehalten. Fest bei ihm eingehakt sind jeweils rechts und links eine Frau in traditioneller Kleidung, offenbar eine Bäuerin, und auf der anderen ein Mann mit Brille und Anzug – auch in Nordkorea das stereotype Bild eines Denkers. Ihnen zur Seite stehen ein Veteran und ein junger Soldat, beide in Uniform, sowie zwei Jugendliche. Der Klassiker: die Arbeiterklasse als führende Kraft mit ihren Verbündeten, dem wichtigsten Machtinstrument und dem Nachwuchs.

Blickt man Richtung Westen zum anderen Flussufer, dann sieht man, wie eine perfekte Achse zum Mansudae-Hügel und dem dahinter aufragenden pyramidenförmigen Ryugyŏng-Hotel mit seiner glänzenden Glasfassade verläuft. Überhaupt sind die Stadtplaner von Pjöngjang beim Wiederaufbau nach dem Koreakrieg sehr systematisch vorgegangen, wofür die Amerikaner mit ihren Flächenbombardements unfreiwillig die Voraussetzung geschaffen haben.

Hinter dem aus grauem Stein gefertigten Monument erheben sich in östlicher Richtung links und rechts zwei Hochhäuser mit roter Fassade, die stufenförmig vom Monument weg ansteigen. Sie sind konzeptionell Teil des Monuments; auf ihren Dächern steht *paekchŏn* und *paeksŭng*, was so viel wie »Hundert Kämpfe – Hundert Siege« heißt und das Motto der Partei ist.

Im Gebäude unmittelbar hinter dem Monument ist eine kleine Kunstgalerie untergebracht, in der man Gemälde und andere Souvenirs erwerben kann. Ideologie und Kommerz koexistieren auch hier.

## Chuch'e-Turm: Wahrzeichen der Stadt und der Ideologie

Ein weiteres unübersehbares Wahrzeichen der Stadt ist der Chuch'e-Turm am östlichen Ufer des Taedong-Flusses. Dieses samt Sockel 170 Meter hohe Bauwerk ist, wie der Name schon sagt, der *chuch'e*-Idee gewidmet und wurde 1982 anlässlich des 70. Geburtstages von Kim Il-sung erbaut.

Der Begriff des *chuch'e* ist ebenso einfach wie komplex. Es gibt westliche Forscher, die halten ihn für nichts als eine gigantische Blase, einen leeren Begriff, der keinerlei Inhalt hat und nur als Mantra zur Täuschung des Westens und des eigenen Volkes über die wahren Absichten der Führung dient. Andere verlieren sich in detailliertesten Analysen der dem *chuch'e* zugrunde liegenden philosophischen Vorstellungen und seiner vielen offenen und versteckten Bedeutungen. Meinem Verständnis nach liegt die Wahrheit irgendwo dazwischen. Ich erspare Ihnen die Einzelheiten und verweise auf mein Buch *Innenansichten*. Um ein paar grundlegende Aussagen werden wir aber nicht herumkommen.

*Chuch'e* ist die offizielle Ideologie Nordkoreas, quasi die nordkoreanische Version des Sozialismus und die ideologische Unabhängigkeitserklärung des Systems. Im Mittelpunkt steht die zumindest verbal an Martin Luthers Schrift *Von der Freiheit eines Christenmenschen* erinnernde These »Der Mensch ist der Herr aller Dinge«. Dieser recht simple Satz trägt eine schwerwiegende Bedeutung. Anders als das etwa Karl Marx in der Tradition des naturwissenschafts- und fortschrittsgläubigen 19. Jahrhunderts postulierte, unterliegt laut *chuch'e* das Leben der Menschen nämlich nicht objektiven Gesetzten, die sie nicht ändern können, sondern kann von ihnen jederzeit in ihrem Sinne beeinflusst werden. Diese für die Verhältnisse des sozialistischen Lagers in den 1960er Jahren ausgesprochen steile These war Kim Il-sungs Deklaration der Unabhängigkeit von der Sowjetunion und China. Nach dem

Koreakrieg und dem Tod Stalins und angesichts des heftig tobenden Richtungsstreits in der sozialistischen Welt wollte er sich ideologisch nicht mehr in seine Regierung hineinreden lassen – weder von Moskau noch von Beijing.

Die Konsequenzen spürt man noch heute, auch wenn sich das Umfeld längst gewandelt hat. Nicht nur eine eigene Ideologie wollte man, sondern auch eine weitgehend autarke Wirtschaft, eine eigene Außenpolitik und eine unabhängige, aus eigenen Ressourcen bestrittene Landesverteidigung. Es ist daher auch nicht verwunderlich, dass die Bestrebungen, eine Atommacht zu werden, schon viele Jahrzehnte alt sind. Nordkorea will nicht auf fremde »Schirme« angewiesen sein. Wer sich fragt, warum die Sanktionen die Führung bisher nicht zum Einlenken zwingen konnten, der sollte sich vor Augen führen, dass es hier um eine grundlegende Strategie geht und nicht um die momentane Laune eines Führers.

Dieser Idee also ist der Turm gewidmet. Er wurde – die Zahlensymbolik lässt erneut grüßen – aus 70 mal 365 grauen Steinen erbaut, je ein Stein pro Tag des Lebens von Kim Il-sung zum damaligen Zeitpunkt. Die Spitze bildet eine 20 Meter hohe Fackel. Nachts wird der Turm angestrahlt, während die Fackel von innen flackernd erleuchtet ist und weithin sichtbar den ideologischen Triumph des Systems und seines Gründers verkündet. Wer im Yanggakdo-Hotel wohnt, hat vor allem bei Dunkelheit einen beeindruckenden Blick auf dieses Ensemble.

An der dem Osten zugewandten Rückseite der Anlage befinden sich unter einem Torbogen unzählige kleine Steinplaketten, auf denen sich die ausländischen Unterstützer der *chuch'e*-Idee im Lauf der Jahre verewigt haben. Durch schwere Steintore betritt man das Innere des Turms und landet plötzlich mitten im Kommerz. Wer mit dem Fahrstuhl hinauf will – und das ist vor allem bei schönem Wetter wirklich empfehlenswert –, darf für die Fahrt fünf Euro zahlen. Ich bleibe meistens unten, setze mich in einen der weichen Sessel und unterhalte mich mit den gelangweilten Angestellten, die neben den unvermeidlichen Souvenirs wie kleinen Gemälden, Postern, DVDs und Briefmarken eine Auswahl an Getränken und gelegentlich auch den neuesten Tratsch aus der Hauptstadt anbieten.

An der Vorderseite des Monuments steht eine aus Bronze gegossene, 30 Meter hohe Figurengruppe, bei deren Anblick ich immer an das Symbol der sowjetischen Filmgesellschaft Mosfilm denken muss. Letzteres zeigt die Plastik »Arbeiter und Kolchosbäuerin« von Wera Muchina, die sogar 1937 bei der Weltausstellung in Paris zu sehen war, dafür aber einige Meter kleiner ist als die 45 Jahre später geschaffene nordkoreanische Variante. Außerdem recken vor dem Chuch'e-Turm nicht nur ein Arbeiter und eine Bäuerin ihre Werkzeuge in die Höhe, sondern auch noch ein Intellektueller, dieses Mal ohne Brille. Wieder ist es die Frau, die als Einzige traditionelle koreanische Kleidung trägt.

Die Anordnung der drei Figuren vor dem Chuch'e-Turm zeigt dabei, wie man durch geschicktes Arrangement aus einem im Nachhinein nicht mehr zu ändernden Parteilogo doch noch ein politisch korrektes Bild machen kann. Der Hammer ist zwar an der Seite und nicht im Zentrum, dafür steht ganz vorn einsam führend der den Hammer emporreckende Arbeiter. Währenddessen hält der Anzugträger sein Schreibgerät bescheiden aus der zweiten Reihe in die Mitte, neben sich die Bäuerin.

Das Gelände des Chuch'e-Turms eignet sich sehr gut für Fotos. Am Abend kann man von Osten aus Gegenlichtaufnahmen der Figurengruppe mit der Sonne im Hintergrund machen. Am Morgen hat man einen schönen Blick über den Fluss auf den Kim-Il-sung-Platz mit dem sich majestätisch erhebenden Großen Studienpalast des Volkes. Wer wegen eines Panoramafotos der Stadt auf den Turm hinauf will, sollte dies wegen des günstigeren Lichts möglichst am Vormittag tun, da sich die meisten Monumente im Westteil der Stadt befinden. Solche kleinen Extravaganzen lassen sich mit den Guides problemlos ausverhandeln, am besten am Abend nach der Ankunft beim Besprechen des Programmes.

### Russisch-Orthodoxe Kirche: Was tut man nicht alles für die Freundschaft

Wer von einem der oberen Stockwerke des Yanggakdo-Hotels in südlicher Richtung schaut, erblickt im Licht glänzende goldene Zwiebeltürme. Das ist für Nordkorea ein ungewöhnlicher Anblick, zeigt aber auch anschaulich, wie flexibel eine Diktatur sein kann. Als Kim Jong-il 2001 Russland besuchte, verbrachte er einige Zeit im Fernen Osten. Der Bevollmächtige des russischen Präsidenten für diese Region, ein gewisser Herr Generalleutnant Konstantin Pulikowski, hatte nach dem Zusammenbruch der Sowjetunion zum orthodoxen Glauben gefunden. Er begleitete Kim Jong-il zwei Wochen lang auf dessen Zugfahrt, worüber er unter anderem ein meines Wissens nur auf Russisch vorliegendes, sehr aufschlussreiches Buch verfasst hat. Dort beschreibt Pulikowski, wie Kim Jong-il von seiner Religiosität gerührt war und spontan den Bau einer russisch-orthodoxen Kirche in Pjöngjang versprach. Auf die Frage nach Gläubigen zitiert Pulikowski Kim mit der Aussage, da solle er sich mal keine Sorgen machen, die würde es dann schon geben. Und immerhin ist da ja noch die russische Botschaft mit ihren Angestellten.

Ausländer können auch eine katholische und eine evangelische Kirche in Pjöngjang besuchen. Wer als Besucher des Landes glaubhaft machen kann, dass ein sonntägliches Gebet in einem Gotteshaus für ihn absolut unumgänglich ist, der wird tatsächlich zu einer der Kirchen gefahren. Die Diskussion, ob die einheimischen Geistlichen und Gläubigen echt sind oder vom Staat gestellte Schauspieler, füllt mittlerweile Bände.

## Science Center: Das Streben nach Hightech

Auf der Insel Ssukdo im Taedong-Fluss befindet sich das 2015 eröffnete Wissenschaftszentrum. Das ist eine moderne Variante des Großen Studienpalastes mit der Ausrichtung auf Naturwissenschaften und Technologie und bietet sowohl eine Tiefgarage als auch ein Hotel für Besucher. Der Grundriss des Gebäudes und seine Form sind einem Atom nachempfunden. Vor dem Eingang steht das steinerne Modell eines Schreibgerätes; dieses Mal ist es nicht der traditionelle Tuschepinsel, sondern eine westliche Schreibfeder als Symbol der Gelehrsamkeit. Gekrönt wird deren Spitze von einem goldfarbenen Atommodell. Offenbar ist dieses in Nordkorea das ultimative Symbol wissenschaftlich-technischen Fortschritts.

Der mit viel glänzendem Granit und großen Fensterfronten ausgestattete Komplex ist angenehm lichtdurchflutet. Auf dem Dach stehen Sonnenkollektoren. Es gibt Lesesäle, topmodern ausgestattete Vortragsräume, ein Atrium, sogar eine Kinderabteilung mit elektronischen Spielgeräten. Hier kann man Schiffe versenken oder mit einer Art Wii vor einem großen Flachbildschirm virtuell Tennis spielen. Im Zentrum des Baus steht in Originalgröße das über vier Stockwerke reichende Modell einer Ŭnha-3-Rakete. Mit dieser wurde im Februar 2016 der vierte nordkoreanische Satellit ins All geschossen, dieses Mal – auch nach westlichen Einschätzungen – mit Erfolg. Die Rakete ist international umstritten, da sie mit einigen Modifikationen als interkontinentale ballistische Rakete zu militärischen Zwecken eingesetzt werden könne.

Im Wissenschaftszentrum gibt es eine Reihe weiterer interessanter Dinge zu sehen. Dazu gehören etwa Schautafeln an den Wänden, die den Zugang zu westlichen wissenschaftlichen Zeitschriften und Datenbanken erläutern, einschließlich von für Einheimische weitgehend nutzlosen Internetadressen. Zu den prominenten Namen gehören Sage, Elsevier, Springer oder Taylor & Francis. Das wirft viele Fragen auf, zum Beispiel wer eigentlich Zugang zu solchen potentiell subversiven Materialien hat. Primär sind das Wissenschaftler, für die auch das zum Gebäudekomplex gehörende Hotel errichtet wurde. Die Normalsterblichen scheinen sich nicht so für die vielfältigen Möglichkeiten zu interessieren, denn die Räume des Wissenschaftszentrums waren bei meinen Besuchen ebenso spärlich besucht wie die des Großen Studienpalastes. Die typisch nordkoreanische offizielle Version lautet, dass die Menschen bei der Arbeit sind und erst später das Zentrum besuchen. Wer's glaubt.

Ob nur theoretisch oder wirklich: Nutzer können Hunderte Desktop-PCs der Marke Ullim verwenden und dazu auf bequemen Bürosesseln Platz nehmen, die eigens auf Intervention von Kim Jong-un die zuvor vorgesehenen einfachen Stühle ersetzt haben. Dazu gibt es Tabletcomputer, ebenfalls Marke Ullim, zum Durchsuchen des elektronischen Kataloges. Anhand anschaulicher Modelle werden die Funktionsweise von Fusionsreaktoren, chemischen Anlagen, Erdwärmekraftwerken und des einheimischen Mobilfunknetzes erläutert. An einer Ecke blickt uns ein zweibeiniger Roboter aus weiß glänzendem Plastik an.

Besonders auffallend fand ich die außerordentlich professionelle Ausführung und saubere Verarbeitung. Die Fugen sind gerade, die Ecken sind präzise gearbeitet. Angesichts der wie immer ultrakurzen Bauzeit ist das wirklich beachtlich. Umsonst ist der Besuch übrigens nicht. Laut Tafel am Eingang kostet der Eintritt für Erwachsene 1000 Won (etwa 15 Cent) und für Kinder 500 Won, zuzüglich weiterer Gebühren für spezielle Bereiche.

## Monument der Wiedervereinigung

Die meisten Denkmäler in Nordkorea dienen dem Blick in die Vergangenheit. Das passenderweise unweit der Wiedervereinigungsstraße am südlichen Ausgang der Hauptstadt im Jahr 2001 errichtete Monument hingegen ist der Zukunft gewidmet. Es spannt sich quer über die holprige und meist ziemlich leere Autobahn, die Richtung Süden nach Kaesŏng und theoretisch – wäre da nicht die bislang undurchdringliche militärische Demarkationslinie – nach weiteren 60 Kilometern direkt bis nach Seoul führt.

Die Wiedervereinigung des Vaterlandes ist das zentrale Thema der nordkoreanischen Politik. Alles ist diesem Ziel untergeordnet; auch der Kampf um die Unabhängigkeit wäre ohne ein einiges Vaterland letztlich unvollendet. In meinem Buch *Innenansichten* ist der Wiedervereinigung einschließlich des wenig sinnvollen Vergleichs mit Deutschland ein ganzes Kapitel gewidmet. Hier daher nur so viel: Nordkorea hat, im Unterschied zur DDR, nie das Ziel der Vereinigung aufgegeben, im Gegenteil. Es gibt ein von Kim Il-sung entworfenes Konzept, das auf einer Reihe von Grundprinzipien basiert. Diese sind auf dem Monument wiedergegeben; an seiner Spitze kann man *»3-dae hŏnjang«* lesen, was sich auf die von Kim Il-sung propagierte Dreier-Charta der Wiedervereinigung bezieht. Diese besteht aus den Drei Prinzipien der Wiedervereinigung, dem Plan zur Errichtung der Demokratischen Konföderativen Republik Koryŏ, und dem Zehn-Punkte-Programm für die Einheit der gesamten Nation.

Die Drei Prinzipien besagen erstens, dass die Wiedervereinigung friedlich sein soll. Das bedeutet zumindest offiziell eine Lossagung von militärischen Vereinigungsmodellen und ist neben einem Versprechen vor allem eine Aufforderung an den Süden, so etwas nicht zu versuchen und entsprechende Militärmanöver einzustellen. Zweitens soll die Vereinigung unabhängig erfolgen, was eine Absage an jegliche Einmischung äußerer Kräfte wie der USA und Chinas darstellt. Und sie soll drittens im Sinne eines »großen nationalen Zusammenschlusses« stattfinden, womit Kim Il-sung sowohl den antijapanischen Nationalismus als Grundlage hervorhebt als auch andeutet, dass alle Koreaner, also auch jene, die im Ausland leben, mit einbezogen werden sollen.

Das stammt noch aus der Zeit, als Kim sich von den in Japan lebenden Koreanern eine Verschiebung des Gleichgewichtes zu seinen Gunsten erhoffen konnte. Seit mehr als einem Jahrzehnt ist der Kontakt zu dieser über eine Million zählenden, früher sehr gut organisierten und von Nordkorea finanziell großzügig unterstützten Gruppe stark zurückgegangen. Das hat nicht zuletzt mit dem Eingreifen der japanischen Regierung zu tun, die den Betrieb der Fährverbindung nach Wŏnsan eingestellt und die pro-nordkoreanische Organisation in Japan auch anderweitig stark unter ökonomischen und politischen Druck gesetzt hat. Außerdem hat ein großer Teil der jungen Generation keine große Lust mehr, ausgerechnet in Nordkorea das Gelobte Land zu sehen.

Eine weitere offiziell vertretene Vorstellung im Hinblick auf die Wiedervereinigung besagt, dass man unter gegenseitigem Respekt für das System der jeweils anderen Seite zusammenkommen müsse. Entsprechend strebt Nordkorea eine Konföderation an. Diese erstaunliche Toleranz gegenüber Kapitalismus und westlicher Demokratie lesen manche Kommentatoren als taktische Finte. Solche Gedanken werden allerdings von nordkoreanischer Seite entrüstet abgelehnt.

Bemerkenswert ist der Vorschlag von Kim Il-sung, das vereinigte Korea »Koryŏ« zu nennen. In der Tat gibt es, anders als in Deutschland, derzeit keine einheitliche Bezeichnung für das Land. Im Norden sagt man zu Korea »Chosŏn«, im Süden »Han'guk«. Eine neue Landesbezeichnung wäre ein guter Kompromiss, wenn man den Eindruck der Dominanz einer Seite bei der Vereinigung vermeiden möchte. Koryŏ ist der Name eines Reiches, das bis 1392 auf der koreanischen Halbinsel existierte und welches, angeblich dank Marco Polo, der Namensgeber für die im Westen übliche Bezeichnung »Korea« ist. In Südkorea schüttelt man bei diesem Vorschlag nur empört den Kopf. Schade, da hatte wohl der falsche Mann die richtige Idee.

Das Monument der Wiedervereinigung spiegelt daneben auch noch andere Ideen wider. Der Bogen wird aus zwei traditionell gekleideten Frauenkörpern geformt, die sich über die mehrspurige Autobahn hinweg einander zuneigen und gemeinsam eine Tafel mit einer Landkarte Koreas halten. Beide sehen im Prinzip gleich aus, kommen bezüglich Haartracht und sonstiger Erscheinung aber eher dem nordkoreanischen Frauenideal näher. In Südkorea findet man in bildlichen und figürlichen Darstellungen häufig eine Gleichsetzung des Südens mit einem (implizit überlegenen) Mann und des Nordens mit einer (unterlegenen) Frau. Eine ähnliche Symbolik sieht man zum Beispiel in dem Denkmal vor dem Kriegsmuseum in Seoul, nur dass dort ein tiefer stehender jüngerer nordkoreanischer Soldat an der Brust des erhöht positionierten älteren südkoreanischen Bruders weint.

Auf eine solche plumpe Dominanzgeste hat man in Nordkorea geschickterweise verzichtet. Ganz ohne politisch korrekte Aussage zum Thema »Oben und Unten« kommt jedoch auch dieses Denkmal nicht aus.

An den zwei Sockeln des aus grauen Granitblöcken bestehenden Monumentes befinden sich jeweils Tafeln aus – man ahnt es schon – Bronze. Diese zeigen auf der südöstlichen Seite drei große, stolze, zuversichtliche und zum Kampf für die Vereinigung entschlossene Menschen, die aufgrund von Körperhaltung, Kleidung und Symbolik als Nordkoreaner zu erkennen sind und stark an das Triumvirat aus Arbeiter, Bäuerin und Intellektuellem erinnern, das wir schon vom Monument der Partei kennen. Perspektivisch leicht im Hintergrund und daher kleiner gehalten ist eine Gruppe ebenso heroisch wirkender Personen gestaltet. Diese sollen, das legt die westliche Kleidung nahe, die aus Sicht des Nordens progressiven Koreaner im Ausland symbolisieren.

Auf der anderen, der südwestlichen Seite des Monuments hingegen sieht man weit weniger glückliche Menschen, so einen in traditionelle koreanische Gewänder gekleideten Mann, was seine südkoreanische Herkunft nahelegt; nordkoreanische Männer werden meist im Anzug abgebildet. Auch diese Figuren wirken entschlossen, schließlich ist die Vereinigung Herzenssache aller Koreaner. Doch zugleich spürt man die Verzweiflung, mit der die Menschen ihren Wunsch nach Befreiung zur glücklichen anderen Seite hinüberzurufen scheinen. Man fühlt sich an das Bild eines sinkenden Schiffes erinnert: Hier stehen die bereits Geretteten am sicheren Ufer, dort kämpfen noch die weniger Glücklichen ums Überleben.

Diese Interpretation wird übrigens von den Guides immer kategorisch abgelehnt. Aus ihrer Sicht sind das einfach alles koreanische Menschen, die unter der Teilung leiden und sich die Vereinigung wünschen, ohne Zuordnung zum Norden oder zum Süden. Nun, zum Glück hat man ja selbst Augen und kann sich eine eigene Meinung bilden.

Vor allem für Deutsche ist das Thema der Wiedervereinigung immer ein dankbarer Eisbrecher, wenn man einen Nordkoreaner trifft und nach dem ersten Austausch von Höflichkeiten nach einem Gesprächsthema sucht. Die Nordkoreaner sind gut informiert und sowohl an positiven als auch an negativen Erfahrungen interessiert. Sie sind klug genug, zu verstehen, dass sie hier etwas für die eigene Zukunftsstrategie lernen können, wir müssen es ihnen also nicht immer wieder überdeutlich unter die Nase reiben. »Merket auf, ihr Nordkoreaner, ich belehre euch jetzt« – so wird das nichts. Erzählen Sie einfach von Ihren eigenen Erlebnissen und überlassen Sie die Interpretation den Zuhörern.

So treffe ich immer auf besondere Aufmerksamkeit, wenn ich meine Erfahrungen zu dem Thema teile, welche Kenntnisse und Fähigkeiten sich nach dem plötzlichen Systemwandel in Deutschland nach 1990 als nützlich erweisen haben und welche nicht. Kein Wunder; wer Kinder hat, der will sie für die Zukunft bestens vorbereitet sehen – das gilt auch in Nordkorea.

# 10

## Der Nordwesten: Tribut, damals und heute

Wen schon das Lesen all dieser kurzen Beschreibungen der Sehenswürdigkeiten von Pjöngjang ermüdet, der sollte sich einmal vorstellen, wie kaputt man am Ende einer mehrere Tage dauernden Tour durch die Hauptstadt ist, auf der man all diese Orte tatsächlich besucht und den Erklärungen über Zahlen, Namen, Entfernungen, Anzahl von Steinen, Gewichte von Monumenten und Vor-Ort-Anleitungen der Führer gelauscht hat. Nebenbei fotografiert man und versucht, sich ein paar Notizen zu machen. Ehrlich: Nordkorea zu bereisen, das ist nicht nur für die Guides harte Arbeit. Darum freuen sich auch alle, wenn man einmal die Stadt verlässt und hinaus aufs Land fährt. Auch hier gibt es viel zu sehen, aber das Tempo ist langsamer, die Transferzeiten zwischen den Besichtigungspunkten sind länger, und die Guides sind merklich entspannter. Sie sind jetzt Hauptstädter unter lauter Provinzlern und tragen, je nach Persönlichkeit, die Nase ab und zu schon ziemlich hoch. Dafür nehmen sie im Sommer auch ihre Krawatten ab und krempeln die Ärmel nach oben.

Das Gebiet nördlich von Pjöngjang ist touristisch wenig erschlossen. Es gibt derzeit eigentlich nur drei Gebiete, die man besuchen kann: die Stadt P'yŏngsŏng, das Myohyang-Gebirge und die Grenzstadt Sinŭiju. Allerdings kann man diese Region komplett bei Tageslicht mit dem Zug durchfahren, da hier die Eisenbahnlinie von Pjöngjang nach Beijing entlangführt. In Korea wird diese Verbindung nach den Anfangssilben der ursprünglich verbundenen Regionen Kyŏnggi (Gebiet um Seoul) und Ŭiju (Gebiet an der nordwestlichen Grenze zu China) *kyŏng-ŭi* genannt. Das war einmal die »Protokollstrecke« aus alten Zeiten, entlang derer die Tributgesandtschaften des koreanischen Königs nach China reisten.

## P'yŏngsŏng: Stadt der Händler

Rund dreißig Kilometer nördlich von Pjöngjang liegt die Stadt P'yŏngsŏng. Sie wurde erst Mitte der 1960er Jahre auf Anweisung von Kim Il-sung gegründet und ist die Hauptstadt der Provinz P'yŏng'an-namdo (Süd-P'yŏng'an). Der Name dieser und ihrer den Zusatz »Nord« tragenden Schwesternprovinz führt bei westlichen Reisenden regelmäßig zu Verwirrung, weil er so ähnlich wie die Hauptstadt klingt. Also: P'yŏng'an ist kein Schreibfehler und bedeutet nicht P'yŏngyang.

Für Touristen ist die Stadt erst seit wenigen Jahren geöffnet. Ich war im April 2012 erstmals dort, damals als eine Art Notlösung angesichts der völlig überbuchten Hotels in Pjöngjang. Der 100. Geburtstag von Kim Il-sung sowie der erst wenige Monate zuvor angetretene neue Führer Kim Jong-un hatten zu einer unerwarteten Nachfrage nach Übernachtungen geführt. Aus der Not machte man eine Tugend, und heute kann man P'yŏngsŏng regulär besuchen.

Eine touristische Perle ist die Stadt nicht gerade: Grauer Beton dominiert das Bild, es gibt einen Hauptplatz mit einer mittlerweile um Kim Jong-il erweiterten Führerstatue und einen Fluss, der durch das Stadtgebiet fließt. Interessant ist P'yŏngsŏng trotzdem. Es handelt sich hier nämlich um so etwas wie einen kommerziellen Knotenpunkt, und das sieht man auch. Viele der für die Hauptstadt bestimmten Waren gelangen von China oder den Häfen an der Westküste aus erst einmal hierher und werden dann im ganzen Land weiterverteilt. Der große Standortvorteil von

P'yŏngsŏng ist die ideale Verkehrsanbindung via den nahegelegenen Flughafen Sunan, die dort vorbeiführende Autobahn und die Eisenbahn. Für Händler besonders attraktiv ist, dass sie im Vergleich zur gut behüteten Hauptstadt viel leichter einen Passierschein für P'yŏngsŏng erhalten.

Bei der Fahrt durch die Stadt fallen die enorme Dichte an Geschäften und eine Vielzahl hochwertiger Waren auf. Als ich im Februar 2017 dort war, standen vor einigen Läden elektrische Motorroller – ein hochwertiges Konsumgut, selbst für Hauptstädter, und eine potentielle Einnahmequelle für Geschäftsleute aller Art, kann man doch Personentransporte oder Botendienste damit erledigen. Weniger sichtbar, aber aus Berichten bekannt ist die Rolle der Stadt als Zentrum des Großhandels. Hier versorgen sich Händler ebenso wie Unternehmen mit Produkten, die sie an Endabnehmer verkaufen wollen oder für die Weiterverarbeitung benötigen.

In der Nähe der Stadt befindet sich eine revolutionäre Stätte mit allem, was dazugehört: einem Monument, jeder Menge Bronze und einer gepflegten Anlage, die ein Anziehungspunkt für frischvermählte Brautpaare ist. Während des Koreakrieges wurde die in der Hauptstadt von amerikanischen Bomben bedrohte Kim-Il-sung-Universität in ein mit Kiefern bewachsenes Tal beim Dorf Paeksŏngri evakuiert. Heute noch kann man die einfachen Hütten bewundern, in denen gegessen, geschlafen und studiert wurde. Kim Il-sung war während des Krieges mehrmals in dieser ausgelagerten Universität, die damals schon seinen Namen trug.

Wie alle Provinzhauptstädte hat P'yŏngsŏng auch eine »Mittelschule Nummer 1«, in der die begabtesten Schüler der Provinz unterrichtet werden. Im Umfeld der Stadt gibt es ferner eine Lebensmittelfabrik und ein Dorf zu besichtigen. Auf dem Weg zur revolutionären Stätte kommt man an mehreren neuen Gebäudekomplexen vorbei; sie wurden auf Anweisung von Kim Jong-un für Waisenkinder errichtet.

## Myohyangsan: Alte Religion im Kloster Pohyŏnsa

Fährt man auf der Autobahn weiter nach Norden, dann stößt man nach einer Weile auf den zwecks Stromproduktion in zwölf Stufen aufgestauten Fluss Ch'ŏngch'ŏn. Dessen Tal folgt die Straße bis zum Myohyang-Gebirge. Unterwegs passiert man einen Kanal, der Wasser für die Felder aus den Bergen in die Ebene bringt. Die Nordkoreaner haben aus der Krise Mitte der 1990er Jahre gelernt, dass Pumpen aus Mangel an Treibstoff und Ersatzteilen ausfallen können, und sich um eine nachhaltigere Alternative zur Sicherung der Nahrungsmittelproduktion bemüht.

Auf dem Weg ins Gebirge lohnt sich ein Abstecher zur Naturhöhle Ryongmun. Der Name (»Drachentor«) leitet sich von einer Legende ab, der zufolge einer der in der Gegend lebenden Drachen von hier aus in den Himmel aufgestiegen sein soll. Die Höhle ist hervorragend ausgebaut und enorm vielfältig. Die unbekümmert und fröhlich wirkende Führerin teilt mit den Besuchern gern die eine oder andere mehr als zweideutige Legende unter Anspielung auf die Form der von der Decke hängenden Stalaktiten. Die Zahl an undisziplinierten Touristen scheint sich in Grenzen zu halten, denn man sieht (noch) keine abgebrochenen Tropfsteine und kann sich an den bizarren Formationen sternförmiger, Eiskristallen ähnelnder Steingewächse erfreuen. Die Höhle ist farbig beleuchtet, was gelegentlich hart am Kitsch vorbeischrammt, ansonsten aber den visuellen Eindruck sehenswert verstärkt.

Das Tor zum Myohyang-Gebirge ist die Stadt Hyangsan an der Grenze zwischen den Provinzen Nord-P'yŏng'an und Chagang. Reisende wohnen im Ch'ŏngch'ŏn'gang-Hotel, benannt nach dem Fluss, der hier eine große Schleife zieht. Alternativ kann man auch im etwas außerhalb liegenden Hyangsan-Hotel untergebracht werden, einem riesigen Komplex, der meist ziemlich leer ist. Ich habe hier 1991 in einem Anfall von Leichtsinn einen Schlangenschnaps aus einem gut 50 Liter fassenden Behälter getrunken, in dem sich eine armdicke Schlange schon flockenartig aufzulösen begann. Ich habe es überlebt, würde die Aktion aber nicht wiederholen.

Neben ausgedehnten Wanderungen in malerischer Landschaft und vorbei an sehr schön gelegenen buddhistischen Einsiedeleien wird man hier vor allem die Freundschaftsausstellung sowie das buddhistische Kloster Pohyŏnsa besichtigen.

In dem Kloster, das nach dem üblichen Muster erbaut wurde – mehrere Tore mit Wächterfiguren, Bronzeglocke, Steinpagode, Haupt- und Nebentempel –, befindet sich unter anderem der älteste erhaltene Abdruck eines aus 80 000 Seiten bestehenden Werkes, das bei uns als *Tripitaka Koreana* bekannt ist und sämtliche buddhistischen Sutren enthält. Die dafür verwendeten Holzdruckplatten wurden von Hand geschnitzt und enthalten jeweils eine ganze Seite. Was für eine beeindruckende kulturelle Leistung, zumal nach Aussage von Fachleuten die kalligraphische Qualität der spiegelverkehrt geschnitzten Schriftzeichen hervorragend ist.

Die Platten liegen im Kloster Haeinsa in Südkorea. Sie wurden nach Vernichtung einer älteren Fassung durch die Mongolen im 13. Jahrhundert in der Hoffnung geschnitzt, durch dieses gottgefällige Werk die Invasoren wieder loszuwerden. Als das nicht gelang, verlegte man sich aufs Heiraten und vermählte die Aristokratien beider Seiten. »Tu felix Corea, nube«, möchte man denken, auch wenn die Heiraterei hier nicht der territorialen Expansion, sondern der Bestandssicherung diente.

Aber zurück nach Pohyŏnsa. Wie immer sind die hölzernen, bunt angemalten Dachkonstruktionen des Klosters ein echter Hingucker, für Fachleute wie für Laien. Ein Mönch – echt oder Genosse? – erklärt die Funktion der verschiedenen Gottheiten, unter anderem von *Kwanŭm,* die besonders von Frauen mit einem nicht erfüllten Kinderwunsch um Hilfe angefleht wurde. Der erstaunte Europäer lernt im angrenzenden Museum auch, dass die Koreaner viele Jahre vor Johannes Gutenberg den Druck mit beweglichen Metalllettern erfunden haben. Das ist übrigens eine historische Tatsache. Allerdings blieb die dadurch ermöglichte weite Verbreitung von Drucksachen in Korea weitgehend aus und zeitigte in der Geschichte des Landes keine mit Europa vergleichbaren Konsequenzen wie die Reformation oder die Aufklärung.

## Die Freundschaftsausstellung: Moderner Tribut

Für den politisch interessierten Reisenden ist die nur wenige hundert Meter vom Pohyŏnsa entfernt liegende Freundschaftsausstellung auf jeden Fall ein interessantes Ziel. Die zwei mehrstöckigen, palastartigen Gebäude wurden aus Stahlbeton errichtet und erinnern vom Stil her sehr an den Großen Studienpalast des Volkes in Pjöngjang. Die grün glasierten Dächer und vor allem reiche Verzierungen wie die bunt angemalten Dachsparren waren einst solchen Gebäuden vorbehalten, die dem König oder Kaiser gehörten oder die religiösen Zwecken dienten. Nun, suchen Sie es sich aus. Im Inneren werden jedenfalls, bewacht von Ehrenposten mit silberglänzenden Kalaschnikows, all die Geschenke gelagert und ausgestellt, die Ausländer den mittlerweile drei Führern sowie der 1949 verstorbenen ersten Ehefrau von Kim Il-sung dargebracht haben. Über 114 000 Präsente sollen es sein, aus 173 Ländern. Die Welt verneigt sich.

Das Museum wurde 1978 erbaut, also zu jener Zeit, als die Etablierung von Kim Jong-il als Nachfolger seines Vaters in vollem Gange war. Der Sohn des Führers wurde 1973 im Alter von 31 Jahren zum Mitglied des Politbüros und zum Sekretär für Organisation und Leitung bestellt. 1974 wurde erstmals das »Parteizentrum« erwähnt, ein Euphemismus für Kim Jong-il. Ab 1975 tauchten Bilder von ihm auf. Allerdings verschwanden diese dann wieder, und erst 1980 wurde die Entscheidung über die Zukunft der Führung beim 6. Parteitag offiziell verkündet.

In diesem Zusammenhang ist auch die Ausstellung zu sehen – als Verbeugung des solchermaßen geehrten Sohnes vor dem Vater, als Zeichen seines eigenen Machtanspruches und als Ausdruck der untrennbaren Verbundenheit der zwei Führer und ihrer Ehefrau beziehungsweise Mutter Kim Jong-suk.

Der Enkel Kim Jong-un setzt nun diese Tradition fort und bekräftigt somit auch seinen eigenen Anspruch auf die Macht im Lande. Bei meinem Besuch im Februar 2017 waren hier die Geschenke ausgestellt, die bis zum Jahr 2015 gemacht worden waren. Die Ausstellung wird aber fortlaufend ergänzt. Im größeren Palast sind die Präsente für Kim Il-sung, Kim Jong-suk und Kim Jong-un untergebracht, in einem separaten Gebäude befinden sich die Gaben für Kim Jong-il. Wer weiß, vielleicht wird bald ein drittes Gebäude nur für den aktuellen Führer errichtet, wie immer in rekordverdächtig kurzer Zeit und mit höchster Präzision, versteht sich. Fotos sind im Inneren nicht erlaubt, was sehr bedauerlich ist. Neuerdings muss man zumindest keine Filzschuhe mehr über die Straßenschuhe ziehen, wie das noch vor wenigen Jahren verlangt wurde.

Nach einer Verbeugung vor den Bildern der zwei verstorbenen Führer – hatten wir heute noch nicht – wird man vor eine Weltkarte mit allerlei Lämpchen geführt, die die Herkunftsorte der Geschenke markieren. Die Geschenke sind nach Geberländern geordnet. Besucher dürfen sich aussuchen, welche Räume sie besuchen möchten.

Einige Kabinette gehören zum Standardprogramm. In einem davon sind die Gaben besonders prominenter Schenkender ausgestellt. Zu ihnen gehören der verstorbene französische Staatspräsident François Mitterrand, der Kim Il-sung mit einer kleinen

Kristallvase überraschte, oder die ehemalige amerikanische Außenministerin Madeleine Albright, die Kim Jong-il eine fein ziselierte Silberschüssel überreichte. Eine österreichische Firma hinterließ 1982 eine Porzellanfigur, die einen Lipizzaner-Hengst darstellt. Ein Westberliner Unternehmen stiftete 1985 eine Vase. Auch der amerikanische Erweckungsprediger Billy Graham ließ es sich nicht nehmen, bei seinem Besuch 1992 ein Geschenk zu überreichen.

Einige Präsente sind recht skurril, so zum Beispiel ein kleines, etwa einen Meter großes ausgestopftes Krokodil aus Nicaragua, das auf den Hinterbeinen stehend ein Tablett mit Trinkbechern hält. Dazu erfährt man von der keine Miene verziehenden Führerin, dass sogar dieses gefährliche Raubtier dem Großen Führer dient. Eine schwarze kugelsichere Limousine wurde Kim Il-sung 1950 von keinem Geringeren als Josef Stalin geschenkt. Doch Kim weigerte sich heldenmütig, das Auto zu benutzen, solange seine Soldaten an der Front den feindlichen Kugeln ausgesetzt waren, und nutzte es erst nach Ende des Krieges 1953. Vielleicht hatte er auch verstanden, dass ein so auffälliges Fahrzeug eher ein Sicherheitsrisiko war als ein zuverlässiger Schutz vor feindlichen Tieffliegern. Ohnehin wäre ihm wohl die Unterstützung durch sowjetische Truppen lieber gewesen als ein läppisches Auto. Dazu war Stalin allerdings nicht bereit, da er nicht den Dritten Weltkrieg riskieren wollte. Ein Bild des großzügigen Schenkers hängt trotzdem an der Wand, ebenso wie im Parteimuseum in der Hauptstadt. Berührungsängste gibt es hier offenbar keine.

Ab und zu werden auch lebende Tiere geschenkt, so etwa ein bunter Papagei, den ein anderes österreichisches Unternehmen als Gabe mitbrachte. Man kann den vermutlich längst zum Tierhimmel Aufgestiegenen auf einem Foto betrachten.

Entlang eines 400 Meter langen Ganges reiht sich Raum an Raum. Man sieht verschiedenste Waffen vom verzierten Dolch bis zum Jagdgewehr und einer vergoldeten Maschinenpistole, ferner Kunstgegenstände aller Art wie Gemälde, aber auch Fotos, Plastiken, allerlei Nippes, Kunsthandwerk aus Holz und Metall, Fahnen, Plakate, sogar Möbel und Lampen sowie Geschirr aus Porzellan und Metall.

An einer Wand hängt ein Foto meiner ehemaligen Professorin und Mentorin Helga Picht, wie sie gerade für Erich Honecker und Kim Il-sung dolmetscht. Von enger Freundschaft zwischen den zwei kommunistischen Führern konnte keine Rede sein, aber immerhin wurde 1989 das Gerücht kolportiert, dass der gestürzte Ostberliner Staatsratsvorsitzende in Nordkorea Asyl suchen würde. Dass sich die Honeckers dann doch lieber für Chile entschieden, spricht Bände. Allerdings hatte Kim Il-sung einen anderen langjährigen prominenten Hausgast: König Norodom Sihanouk aus Kambodscha lebte zwischen 1974 und 1991 regelmäßig in einem eigens für ihn errichteten Palast in Nordkorea. Nach seiner Rückkehr in die Heimat umgab er sich sogar mit einer aus Nordkoreanern bestehenden Leibwache.

Ganze Zugwaggons stehen im Gebäude, gestiftet von Stalin 1950 und Mao 1953. In einer gewaltigen Halle kann man ein sowjetisches Passagierflugzeug mittlerer Größe bewundern, von dem angeblich nur drei Exemplare gebaut wurden: das erste für Kim Il-sung 1958, die anderen zwei für Zhou Enlai und Ho Chi Minh.

Einige der Geber hatten offenbar Humor. So steht auf einem Teller auf Deutsch »Unser täglich Brot gib uns heute«. Gestiftet wurde das Vaterunser-Zitat von der »Vereinigung der österreichischen Juristen zur Wahrung der Demokratie und Menschenrechte in Südkorea« im Jahr 1982.

Aus der Schweiz gab es Uhren, diverse Gegenstände aus Zinn und ein buntes Schachspiel. Auch die Amerikaner haben Geschenke geschickt, neben Albright auch die American Freedom Coalition im Jahr 1992 und sogar der Vizepräsident der in

Washington beheimateten und sehr bekannten außenpolitischen Denkfabrik CSIS am 28. 6. 1992. Im Jahr 1985 ließ es sich der nicht namentlich erwähnte Bürgermeister von New York nicht nehmen, eine Gabe zu hinterlassen. Der Jahreszahl nach müsste das Ed Koch gewesen sein.

In einem großen Raum steht eine lebensecht gestaltete Wachsfigur von Kim Il-sung vor dem Hintergrund des unvermeidlichen Berges Paektu und des in der Nähe gelegenen revolutionären Sees Samjiyŏn, der unter anderem Namensgeber für einen der nordkoreanischen Tablet-Computer ist. Hier werden wir erneut zur Verneigung aufgefordert. Das gleiche Schicksal erwartet uns bei Nachbildungen von Kim Jong-il, der vor dem Kratersee Ch'ŏnji auf dem Paektusan steht, und Kim Jong-suk, die umgeben von Azaleen, ihren Lieblingsblumen, mit dem Paektusan im Hintergrund dargestellt ist. Zu verdanken haben wir diese Abbilder dem ZK der KP Chinas, das die erste dieser Wachsfiguren 1996 überreichte.

Es geht mit einer importierten Rolltreppe von O & K hinauf; der Fahrstuhl, den es auch gibt, zeigt sechs Stockwerke an. Hier sind die Geschenke für Kim Jong-un aufgereiht, deren Zahl angesichts seiner erst kurzen Amtszeit noch vergleichsweise bescheiden ist. Das erste stammt interessanterweise vom März 2010 von einer gewissen Zhou Haiqiao, der Enkelin von Zhou Baozhong, einem chinesischen Revolutionär der alten Garde. Frau Zhou ist General Manager der Putong Zhiyuan Trading Co. Ltd aus Beijing. Allerdings berichtete die staatliche Nachrichtenagentur KCNA am 11. März 2010 über ein von ihr überreichtes Geschenk an Kim Jong-il, nicht an Kim Jong-un. Das ergibt deutlich mehr Sinn, denn die anderen in der Ausstellung gezeigten Präsente für Kim Jong-un gab es erst nach seiner offiziellen Vorstellung in der Öffentlichkeit im September 2010. Es könnte sich also um einen Fehler handeln oder um ein Geschenk an Kim Jong-un als Familienmitglied des amtierenden Führers, das später umgedeutet wurde.

Zu den mit stimmigerem Datum versehenen Präsenten gehören drei Basketbälle, ein Shirt und eine schwarzlederne Männerhandtasche von Dennis Rodman, die dieser seinem nach eigenen Aussagen »engen Freund« am 4. September 2013 darbrachte. Auf dem dazugehörigen Beweisfoto erkenne ich einen guten Bekannten von mir, der den spektakulären und medial als Sensation gefeierten Besuch vermitteln half und dadurch einen bemerkenswerten Zugang zum obersten Führer Nordkoreas erhalten hat. Er zeigt gern auf seinem Handy Fotos von sich und Kim Jong-un, wie sie in weißen Shorts auf einer Yacht im Ostmeer sitzen und zusammen eine Zigarre rauchen. Den Namen des solcherart Geadelten verschweige ich hier aus Rücksicht auf seine Privatsphäre.

Die Freundschaftsausstellung ist eine bemerkenswerte Einrichtung, die bei vielen westlichen Besuchern einen schalen Geschmack hinterlässt. Man muss wissen, dass in Ostasien diplomatische Beziehungen über Jahrhunderte hinweg immer mit dem Austausch von Geschenken durch streng ritualisierte Tributgesandtschaften verbunden waren. Nordkorea führt an diesem Ort der Außenwelt, aber vor allem den eigenen Bürgern vor, wie respektiert seine Führer überall in der Welt sind. Der Zeitpunkt der Errichtung des Baus und die Vereinigung der Geschenke für alle drei Führer einschließlich der Ahnfrau in einem Gebäudekomplex sind wichtige politische Signale.

Nebenbei lernt man, sich über Geschenke an den nordkoreanischen Führer genaue Gedanken zu machen. Wenn man je in die Verlegenheit kommt, dann sollte man sich der Möglichkeit bewusst sein, sich eines Tages mitsamt Namensschild und vielleicht sogar Foto in dieser Schau der Verehrung verewigt zu finden.

## Sinŭiju: Das Tor nach China

Diese Grenzstadt am Amnok-Fluss (chinesisch Yalu) ist vor allem durch die immer wieder gescheiterten Versuche bekannt geworden, hier eine Sonderwirtschaftszone einzurichten. Im Jahr 2002 war es einmal fast so weit; es sollte sogar eine Art extraterritoriale Enklave geben, mit eigener Flagge und mit Devisen als einziger Währung. Als Gouverneur war ein gewisser Yang Bin vorgesehen, ein Niederländer chinesischer Abstammung. Beijing war offenbar nicht hinreichend konsultiert worden und entsprechend »not amused«. Yang wurde wenige Tage nach seiner Ernennung verhaftet, angeblich wegen dubioser Immobiliengeschäfte. Da muss man gleich an Al Capone denken, der wegen Steuerhinterziehung ins Gefängnis kam. Herr Yang ist seit Ende 2016 wieder auf freiem Fuß. Es gibt allerdings keine Anzeichen, dass er die Stadt Sinŭiju nun wieder wirtschaftlich beleben möchte. Auch die politische Großwetterlage ist eher ungünstig; im Februar 2017 hat China sogar angekündigt, im Sinne der UN-Sanktionen bis Jahresende keine Steinkohle mehr aus Nordkorea zu beziehen – das ist immerhin das wichtigste Exportprodukt des Landes, und China ist mit 90 Prozent der mit Abstand größte Handelspartner.

Die Bewohner werden es mir verzeihen: Eigentlich ist Sinŭiju keine Schönheit und touristisch nur bedingt interessant, sieht man einmal von der Lage und der Geschichte über die Sonderwirtschaftszone ab. Man sieht die im Koreakrieg zerbombte Brücke, von der nur noch die Pfeiler stehen; auch kann man einen faszinierenden Blick über den Fluss auf die chinesische Seite werfen, wo sich der unübersehbare Wohlstand in glänzenden Glasfassaden der bei Nacht hell erleuchteten Hochhäuser und den geschäftigen Straßen widerspiegelt, während auf nordkoreanischer Seite Ruhe und relative Dunkelheit herrschen. Was denken sich wohl die Bewohner hier? Ich fühle mich ein wenig an die mitten durch

Berlin verlaufende deutsche Grenze erinnert, die hier so schwer zu ertragen war wie kaum sonst irgendwo. Ich lehne mich jetzt einmal weit aus dem Fenster und behaupte, dass ein nordkoreanischer Herbst 1989 wenn überhaupt, dann vielleicht hier stattfinden könnte.

Eine Besonderheit ist, dass man diese Stadt per Tagestour vom chinesischen Dandong aus erreichen kann, was für einen verhältnismäßig großen Strom von mehreren zehntausend chinesischen Besuchern pro Jahr gesorgt hat. Westliche Reisende sind hier früher nur mit dem Zug auf dem Weg von oder nach Pjöngjang durchgefahren; seit 2013 kann man die Stadt auch regulär besuchen.

Von den beschriebenen Orten abgesehen sind in der nordwestlichen Region des Landes bisher nur wenige touristische Ziele erschlossen. Es gibt noch einige alte Grabanlagen, die durchaus sehenswert sind. Da Nordkorea den Tourismus zur strategischen Industrie erklärt hat, kann man davon ausgehen, dass sich auch in dieser Region die Zahl der für westliche Besucher zugänglichen Bereiche vergrößern wird. Ob angesichts der Sanktionen diesem Angebot auch eine Nachfrage gegenüberstehen wird, bleibt abzuwarten.

# 11

## Der Südwesten: Alte und neue Konflikte

Das Gebiet südlich von Pjöngjang gehört zu den verkehrstechnisch am besten erschlossenen Gegenden Nordkoreas. Es ist auch die Kornkammer des Landes, die aus den zwei Provinzen Hwanghae-namdo (Süd-Hwanghae) und Hwanghae-pukdo (Nord-Hwanghae) besteht. Glaubt man Angaben des Welternährungsprogramms, dann haben paradoxerweise die Menschen während der schweren Hungersnot Mitte der 1990er Jahre ausgerechnet hier am meisten gelitten. Wegen der weitgehend ebenen und erschlossenen Landschaft gibt es kaum unbebaute Bereiche, in denen man etwas hätte sammeln oder privat anbauen können. Fast die gesamte Fläche wird noch heute regulär für die Agrarproduktion genutzt. Deren Erträge waren aber an den Staat abzuführen, und nur wenig blieb für die eigene Ernährung zurück. Das daraus resultierende Leid in der euphemistisch »Schwerer Marsch« genannten Zeit habe ich immer vor Augen, wenn ich durch diese Gegend fahre, auch wenn die Ernährungssituation heute deutlich besser ist und die Bauern nun einen größeren Teil der Ernte selbst vermarkten dürfen.

### Namp'o und Westmeerstaudamm

Das Verhältnis der Stadt Namp'o zu Pjöngjang ähnelt jenem von Cuxhaven zu Hamburg: Es ist die vorgelagerte Hafenstadt der Metropole. Viel besichtigt wird hier nicht, auch wenn der Hafen durchaus sehenswert wäre. Da dieser jedoch eine strategisch bedeutsame Anlage ist, fährt man als Tourist nur vorbei, ebenso wie zuvor am Automobilwerk von P'yŏnghwa Motors, das man von der Autobahn aus gut erkennen kann. In der Regel passiert man Namp'o auf dem Weg zum Westmeerstaudamm, der zum regulären Besichtigungsprogramm gehört.

Dieses Bauwerk wurde zwischen 1981 und 1986 errichtet. Es erstreckt sich über die gesamte Länge der etwa acht Kilometer breiten Mündung des Taedonggang in das Gelbe Meer, das in Korea »Westmeer« genannt wird. Der Damm wird von einem Schleusensystem unterbrochen, das Schiffen bis zu 50 000 Tonnen den Durchlass erlaubt.

Der Westmeerstaudamm hat verschiedene Funktionen. Er soll die Hauptstadt vor Hochwasser aufgrund von Sturmfluten schützen, ein Süßwasserreservoir für die Landwirtschaft bereitstellen und die Transportwege in der Region entscheidend verkürzen. Außerdem soll er den innerhalb des eingedämmten Gebietes liegenden Hafen von Namp'o des Problems des Gezeitenhubs entledigen, der hier an der Westküste Koreas bis zu neun Meter betragen kann.

Dafür wurde ein enormer Aufwand an Menschen und Material betrieben. Darüber gibt ein Museum auf der kleinen Insel P'ido Auskunft, die nach etwa zwei Dritteln des Weges von Namp'o kommend das Bauwerk unterbricht und von einem Leuchtturm in Ankerform dominiert wird. Verbaut wurden unter anderem 280 000 Tonnen Stahl und über eine Million Tonnen Zement. Die Kosten werden von der nordkoreanischen Seite mit vier Milliarden US-Dollar angegeben. Was man im Museum nicht findet, sind Informationen über die gerüchteweise mehreren hundert Toten, die nach Angaben von Ostblockdiplomaten zu beklagen waren. Junge Soldaten wurden ohne große Ausbildung in Helmtauchgeräte gesteckt und mussten in den tückischen Strömungen des eiskalten Wassers körperliche Schwerstarbeit leisten. Hier und da findet man eine Andeutung, wenn vom »heldenhaften Einsatz der Taucher« oder dem »unüberwindlichen Geist der Selbstaufopferung« die Rede ist. Ein Denkmal ist den Tauchern gewidmet.

In Nordkorea ist man auf den Westmeerstaudamm aber vor allem stolz. Kim Jong-il realisierte hier sein erstes Großprojekt seit seiner offiziellen Ernennung zum Nachfolger 1980. Auf zahlreichen Abbildungen kann man sehen, wie der Geliebte Führer, so sein damaliger Titel, seinem Vater zufrieden die Erfolge der Arbeiter präsentiert.

Über den tatsächlichen Wert der Investition gibt es, wie so oft im Falle Nordkoreas, verschiedene Meinungen. Einheimische Fachleute und die Guides verweisen auf die vielen oben genannten Vorteile, vor allem die Befreiung der gesamten umliegenden Region von Überschwemmungen und die Bereitstellung von Süßwasser für Landwirtschaft und Industrie in diesem Gebiet. Im Westen verweist man hingegen skeptisch auf das geringe Frachtaufkommen des Hafens, auf den Verlust an Ackerland durch das Aufstauen des Taedong-Flusses und vor allem auf die Folgen seiner stark reduzierten Fließgeschwindigkeit. Diese führt zu verstärkter Ablagerung von Sedimenten am Oberlauf des Flusses, die man vor allem in Pjöngjang beobachten kann, wo die erwähnten Schwimmbagger Tag und Nacht in Betrieb sind.

Vom Westmeerstaudamm fahren Touristengruppen üblicherweise weiter zum Ryonggang-Hotel mit den heißen, radioaktiven Thermalquellen, das ich in Kapitel 4 vorgestellt habe.

## Sariwŏn: Folklore und Buddhismus

Die Stadt Sariwŏn liegt in etwa 60 Kilometern Entfernung von der Hauptstadt an der Autobahn, die von Pjöngjang aus in südlicher Richtung nach Kaesŏng führt. Sariwŏn ist die Hauptstadt der Provinz Nord-Hwanghae.

Touristen fahren hier auf dem Weg von den Thermalquellen und von oder nach Sinch'ŏn durch und bleiben gelegentlich zum Mittagessen in einem Hotel, das einst in besseren Zeiten in Kooperation mit dem südkoreanischen Mischkonzern Hyundai modernisiert wurde. Einzige Sehenswürdigkeit der Stadt ist der jüngst erweiterte Folklorepark mit Nachbildungen historischer Gebäude. Die Mosaiken im Innenhof des Hauptgebäudes sind durchaus interessant, zumindest für Ausländer, die bisher wenig von koreanischer Geschichte erfahren haben und hier einen nützlichen Überblick einschließlich einer kritischen Würdigung der feudalen Ordnung erhalten. In den Pavillons oberhalb des Parks treffen sich gern die Jugendlichen der Gegend. Vom Hügel aus hat man einen schönen Blick über die Stadt. Wenn man sich mit der Verwaltung gutstellt, dann schaltet der zuständige Beamte sogar den künstlichen Wasserfall ein.

An der Spitze des Hügels oberhalb des Folkloreparks sieht man zwei in den Stein gehauene chinesische Zeichen. Sie werden auf Koreanisch *chiwŏn* ausgesprochen und bedeuten »ziele hoch« im Sinne von »setze dir ambitionierte Ziele«. Chinesische Zeichen in Nordkorea? Ist das nicht ein Widerspruch zur nationalistischen Sprachpolitik? Im Prinzip ja, aber nicht in diesem Falle. *Chiwŏn* war nämlich das Motto, unter dem der Legende nach Kim Il-sungs Vater Kim Hyŏng-jik seinen eigenen antijapanischen Kampf führte und das er seinem Sohn mit auf den Weg gab, der sich offenbar sehr genau daran gehalten hat.

In der Nähe von Sariwŏn liegt im Gebirge Chŏngbangsan der sehenswerte buddhistische Tempel Sŏngbulsa. Dessen Umgebung ist so etwas wie das Naherholungszentrum der Region, sodass man an Wochenenden und Feiertagen hier viele erholungssuchende Einheimische treffen kann. Kinder laufen auf Inlineskates über die betonierten Wege, Jugendliche veranstalten so etwas wie eine Freiluftdisco, Gruppen von Arbeitskollegen hocken beim Grillen zusammen. An besonders schönen Stellen sitzen Maler und bannen die Landschaft auf ihre Skizzenblätter.

Wenn man von Sariwŏn aus weiter nach Westen fährt, erreicht man nach etwa 30 Kilometern auf holprigen betonierten Landstraßen Sinch'ŏn, einen verstörenden und bedrückenden Ort, an dem man viel über das Verhältnis Nordkoreas zu den USA lernen kann.

## Das Museum für amerikanische Kriegsverbrechen in Sinch'ŏn

In Nordkorea ist der Koreakrieg neben dem Befreiungskampf gegen die Japaner eine der elementaren ideologischen und historischen Grundlagen der gegenwärtigen politischen Ordnung. Wie auch der in Kapitel 1 erwähnte Merrill Newman erfahren musste, ist dieser Krieg in den Köpfen der Menschen noch sehr präsent. Die Erinnerung an die furchtbaren Leiden des Volkes wird aktiv wachgehalten, nicht zuletzt als Rechtfertigung für die Bemühungen, eine Wiederholung der Katastrophe zu verhindern. Zu diesen gehören das Atom- und das Raketenprogramm, aber auch die wirtschaftliche Autarkie mit ihren negativen Folgen für das Lebensniveau bis hin zum Nahrungsmangel Mitte der 1990er Jahre.

Bis 2015 befand sich das Museum der amerikanischen Kriegsverbrechen auf einer Anhöhe hinter dem zentralen Platz von Sinch'ŏn. Dort konnte man auch eine Art Keller oder Bunker besichtigen, in dem zivile Gefangene bei lebendigem Leibe verbrannt worden waren. Mit letzter Kraft ritzten sie noch »Lang lebe die Partei der Arbeit Koreas« in die rußgeschwärzten Wände, wie den Besuchern mit grimmigem Gesicht erklärt wurde. An einem solchen Ort schluckt man seine Zweifel zu Details besser hinunter.

Seit Juli 2015 befindet sich das Museum in einem Neubau am Rande der Stadt. Diesen Ort hat man früher separat besucht, weil sich hier zwei weitere halb zerstörte Gebäude befinden, die als anschaulicher Beweis für das barbarische Verhalten der amerikanischen Besatzer gezeigt werden. Hier wurden 400 Frauen und 102 Kinder getötet. In der Decke des einen Lagerhauses steckt noch der Blindgänger einer amerikanischen Fliegerbombe, mit der die Beweise später vernichtet werden sollten. Bei einigen meiner Besuche referierte dort einer von nur drei Überlebenden, der damals noch ein Kind war und unter einem Leichenberg begraben gefunden wurde. Seit Jahren muss der sehr bescheiden und aufrichtig wirkende Herr Chŏng Kŭn-sŏng wieder und wieder das Grauen durchleben, wenn er in sachlichem Ton den Besuchern seine Geschichte erzählt. Um die Ecke verweist ein Schild auf den »Versammlungsort zum Racheschwören«, eine Art Amphitheater, das etwa 150 Personen fasst und in dem koreanische Besucher gelegentlich politische Veranstaltungen abhalten.

Das neu erbaute Museum erhebt sich auf einer kleinen Anhöhe hinter zwei runden Grabhügeln von etwa zehn Metern Durchmesser, bei denen man Blumen niederlegen kann. Die erwartete tiefe Verneigung fällt mir hier immer leicht, im Gedenken an die zahllosen Opfer des Krieges auf beiden Seiten.

Das Museum selbst ist in einer eigenwilligen stilistischen Mischung gebaut. Zunächst wirkt es wie ein neoklassizistisch angehauchter halbrunder Bau, allerdings sind die Kapitelle der vorgelagerten Säulen eindeutig eine Reminiszenz an traditionelle koreanische Baukunst. In schwarzer Schrift, deren Kalligraphie starke Emotionen erkennen lässt, liest man auf Koreanisch: »Vergesst nicht die Lehren der blutgetränkten Erde von Sinch'ŏn!« Vorn sind Bronzereliefs angebracht, die in den Flammen sterbende Kinder und die nach ihnen rufenden Mütter zeigen.

Wer die 15 Ausstellungsräume betritt, sollte starke Nerven mitbringen. Es handelt sich um einen Ort der politischen Bildung, der dem Wachhalten der Erinnerung ebenso dient wie der Erziehung zum Hass auf die amerikanischen Imperialisten und die mit ihnen verbündeten Klassenfeinde aus Aristokratie und Klerus. Eine Schautafel erklärt, dass in diesem Landkreis innerhalb von nur 72 Tagen mindestens 35383 Zivilisten getötet wurden, etwa ein Viertel der gesamten Bevölkerung. Erst 2011 wurden 59 weitere Leichname gefunden. Kim Il-sung konnte, so erfährt man, drei Tage lang nichts essen, als er von den Verbrechen erfuhr, und besuchte den Ort schon 17 Tage nach dem Ende des Koreakrieges. Er gab die Anweisung zum Bau des Museums, damit alle Verbrechen genau dokumentiert würden. Über das Bewusstsein einer eigenen Verantwortung ist nichts überliefert.

Die während eines zweimonatigen »strategischen Rückzuges« der nordkoreanischen Armee Ende 1950 in der Gegend um Sinch'ŏn den Amerikanern vorgeworfenen Kriegsverbrechen werden in rücksichtsloser Anschaulichkeit dargestellt. Neben verschwommenen Schwarz-Weiß-Fotos gibt es farbige Ölgemälde und täuschend echt gestaltete Puppen, die in abgedunkelten Räumen mit flackernder Beleuchtung einzelne besonders brutale Szenen wiedergeben. Man sieht Leichen in verschiedenen Stadien der Verwesung und mit den schlimmsten Verstümmelungen, die von abgetrennten Körperteilen bis zu Pfählungen reichen. Menschen werden grausam misshandelt: Zungen werden herausgerissen, Brüste abgeschnitten, große eiserne Nägel in Köpfe geschlagen. Holzpflöcke werden durch Ohren getrieben, Fingernägel ausgerissen, glühende Spaten zerteilen das Fleisch, Sägen zermalmen die Schädel der immer noch lebenden und schreienden Opfer, die über dem Feuer gegrillt, unter Holzbrettern zerquetscht, am Galgen erhängt, im Fluss ertränkt oder von Ochsen zerrissen werden. Überall sieht man Blut. Aus Lautsprechern erklingen gequälte Schreie der Gemarterten und das Wehklagen der Angehörigen. An Schautafeln finden sich detaillierte Beschreibungen der Verbrechen durch Augenzeugen, Zahlen, Kopien von Dokumenten und Objekte wie Haare, Schuhe, Kleidung und Folterwerkzeuge.

Wem es gelingt, sich ein wenig von diesen schrecklichen Bildern zu lösen, der erkennt die Choreographie der Ausstellung. Zuerst werden in aller schonungslosen Offenheit die vielen Opfer gezeigt. Danach beginnt so etwas wie Widerstand, wenn Frauen und Männer ihren Peinigern trotzen, ihnen herausfordernd in die Augen schauen oder noch kurz vor ihrem Tod revolutionäre Losungen entgegenschreien. Dieser Widerstand wird aktiver, wenn lokale Partisaneneinheiten aus den Bergen und Wäldern zurückschlagen. Schließlich folgen die Befreiung des Volkes und die Bestrafung der Verbrecher durch reguläre Truppen der nordkoreanischen Armee. Danach geht es um die Dokumentation der Verbrechen und die Anklage der Täter im Beisein internationaler Beobachter. Zum Schluss folgt der Hinweis auf die noch immer bestehende Bedrohung durch die USA.

Alle Erklärungen und Beschriftungen sind ohne Ausnahme auf Koreanisch gehalten, allerdings hat man eine lokale Begleitung, die die wichtigsten Stationen erklärt. Ein Begriff zieht sich wie ein roter Faden durch die gesamte Ausstellung: *sŭngnyangi mije*, die »wölfischen amerikanischen Imperialisten«. Beim Begriff »Wölfe« oder auch »Schakale« handelt es sich um den Rückgriff auf eine allen Nordkoreanern bekannte Kurzgeschichte des Schriftstellers Han Sŏr-ya, in der dieser die brutale Tötung eines koreanischen Kindes durch eine amerikanische Missionarsfamilie beschreibt. In einem sehr empfehlenswerten Buch von Brian Myers kann man die Geschichte auch auf Englisch nachlesen.

Der ewige Hass der Amerikaner gegen die Koreaner gilt in Nordkorea als gegeben. Die Frage, warum die Amerikaner die Koreaner eigentlich so hassen sollten, trifft auf Unverständnis. Der Beginn dieser Feindschaft wird im Museum von Sinch'ŏn mit der Geschichte des amerikanischen Schiffes »General Sherman« dokumentiert. Demnach fuhr der bewaffnete Raddampfer 1866 plündernd den Taedong-Fluss hinauf und wurde nach dem

Auflaufen auf einer Sandbank samt seiner Besatzung von örtlichen Patrioten unter Führung des Urgroßvaters von Kim Il-sung verbrannt. Auf Plakaten sieht man andere Ikonen des Antiamerikanismus, wie beispielsweise die »Pueblo«. Losungen reichen von »Tod dem amerikanischen Imperialismus!« und »Amerikanische Imperialisten, vergesst nicht die Lehren der Geschichte!« zu »Die ewigen Erzfeinde unseres Volkes«, »Unsere Bajonette kennen keine Gnade« und »Wer unsere Ehre verletzt, der wird seiner Bestrafung nirgends entgehen«.

Die örtliche Museumsführerin fasst die Botschaft des Museums noch einmal zusammen: »Die Amerikaner haben ihr Land auf der Ermordung der Indianer aufgebaut. Sie sind grausam von Natur aus.« Mit Blick in die Gegenwart sagt sie: »Die Amerikaner sind auch heute noch eine Gefahr, doch wir sind bereit.« Versöhnlichere Töne folgen: »Wir werden zwar nie vergessen, doch wir sind für einen Friedensvertrag bereit, auch um eine Wiederholung dieser Schrecken zu verhindern.«

Gelegentlich wird die Botschaft an die aktuelle politische Situation angepasst. Ich habe das Museum an seinem alten und an seinem neuen Standort gesehen, in der von Kim Jong-un koordinierten Form. Dabei sind mir drei Dinge aufgefallen.

Erstens wird im neuen Museum sexuelle Gewalt sehr viel expliziter dargestellt als zuvor. Im alten Museum war sie kaum präsent. Eine Andeutung lieferten zwei Ölgemälde, auf denen amerikanische Soldaten mit in Grausamkeit verzerrten Gesichtern einer jungen koreanischen Frau die Brüste mit einem Messer abschneiden und wo eine junge Koreanerin auf dem Rücken eines Ochsen liegend durch das Dorf geführt wird, wobei ihre Brustwarzen durch Stacheldraht mit dem Schwanz des Ochsen verbunden sind. Im neuen Museum hingegen gibt es ein mehrere Meter langes Gemälde mit der Darstellung einer Massenvergewaltigung durch die »amerikanischen Bestien«. Daneben sind Fotos der Leichen der geschundenen Opfer zu sehen, die eindeutig sexueller Gewalt und Perversion ausgesetzt waren.

Auf Nachfragen zum Grund für diesen Wechsel erhält man keine vernünftige Antwort. Man ist also, wie so oft, auf eigene Überlegungen angewiesen. Man kann vermuten, dass im alten Museum das Element der Scham eine große Rolle gespielt hat. In einer maskulinen Kultur gilt es als größte Schande, wenn man nicht in der Lage ist, die eigenen Frauen vor den Feinden zu schützen. Nicht umsonst werden in Kriegen systematische Vergewaltigungen bewusst als Mittel zur Demoralisierung des Feindes eingesetzt. Entsprechend versuchte man wohl, diesen Aspekt zu verbergen. Der Sinneswandel 2015 könnte dem Umstand geschuldet sein, dass man die Schande heute niedriger gewichtet als den hilflosen Hass, der sich gerade bei Männern bei der Betrachtung der sehr anschaulichen Szenen des massenhaften sexuellen Missbrauchs der eigenen, »reinen« Frauen durch die schmutzigen Ausländer herausbildet und den man gut für die Motivation zum Kampf gegen diese Feinde nutzen kann.

Ein weiterer Unterschied des neuen Museums im Vergleich zur alten Version ist die viel deutlichere Einbeziehung von Koreanern als Täter. Männer tragen Armbänder, die sie als Mitglieder der *ch'iandae* (Corps zur Friedensbewahrung), einer antikommunistischen Miliz, zu erkennen geben. Die Darstellungen zeigen sie, wie sie den Amerikanern bei Folterungen und Hinrichtungen assistieren. Sie weisen den Fremden den Weg zu Verstecken oder verraten ihre Landsleute mit ausgestrecktem Zeigefinger anhand von Listen und Notizbüchern.

Der Koreakrieg war vor allem ein Bürgerkrieg, der aufgrund ideologischer Gegensätze äußerst grausam geführt wurde. Hinzu kommt, dass die Frontlinie mehrmals die gleichen Gebiete überrollte, sodass manche Gegenden mehr als nur eine ideologische Säuberung ertragen mussten. Der Umstand, dass im alten

Museum die Verbrechen von Koreanern an ihren eigenen Landsleuten kaum dargestellt wurden, ist durch den koreanischen Nationalismus und seine rassistischen Elemente erklärbar. Vom bereits genannten Brian Myers gibt es dazu das Buch *The Cleanest Race*. Koreaner sind nach diesem Bild grundsätzlich gut und können höchstens zu schlimmen Dingen verführt oder angestiftet werden. Außerdem wollte man nicht von den Verbrechen der Amerikaner ablenken.

Dass im neuen Museum nun auch die proamerikanischen Koreaner als Täter gebrandmarkt werden, deutet auf ein massiv verschlechtertes Verhältnis zu Südkorea hin. Man könnte hier sogar einen Paradigmenwechsel in der Wiedervereinigungsthematik ablesen. Südkorea würde nach dieser Interpretation vom unterdrückten Bruder zum Feind, was sicher auch dem schlechten Verhältnis zu den nach 2008 amtierenden ultrakonservativen Präsidenten Lee Myung-bak und Park Geun-hye geschuldet ist. Erwähnen sollte man noch, dass auch christliche Geistliche im Priestergewand als aktive Helfer der Verbrecher dargestellt werden, womit wir wieder bei Han Sŏr-ya und seiner Erzählung »Schakale« wären.

Im neuen Museum tauchen schließlich auf den Ölgemälden auch erstmals schwarze amerikanische Soldaten als Täter auf. Hier liegt die Vermutung nahe, dass die Präsidentschaft von Barack Obama eine Rolle gespielt hat. 2015 war Nordkorea hinreichend von ihm enttäuscht, nachdem man sich zunächst eine Annäherung zwischen beiden Ländern unter dem frischgebackenen Friedensnobelpreisträger erhofft hatte. Als Folge des Films *The Interview* wurde Obama zum Gegenstand geschmackloser rassistischer Scherze in den staatlichen Medien, so wurde er unter anderem als »Affe im Regenwald« tituliert.

Man darf davon ausgehen, dass jeder Nordkoreaner im Verlaufe seines Lebens mindestens einmal nach Sinch'ŏn kommt. Die

Inhalte des Museums und die Art ihrer Darstellung werden überall im Land in der Literatur, der Kunst, im Film, im Schulunterricht und in der politischen Bildung nahezu täglich reproduziert. Man kann sich also vorstellen, welches Bild die Nordkoreaner von den Amerikanern haben.

Fotos sind hier übrigens – anders als etwa im Museum des Koreakrieges – ohne Einschränkung erlaubt.

## Kaesŏng: Tradition und Pragmatismus

Kaesŏng liegt heute nahe der Grenze zu Südkorea. Bis 1392 war es die Hauptstadt des sich über die gesamte Halbinsel erstreckenden Reiches Koryŏ, das dem Land seinen heutigen westlichen Namen gegeben hat und unter anderem durch den Buddhismus als Staatsreligion gekennzeichnet war. Im 14. Jahrhundert übernahmen dann die (Neo-)Konfuzianer die Macht, die eine damals hochmoderne Vorstellung von Staat und Gesellschaft mitbrachten und auf die Religiosität der Bewohner von Koryŏ mit Verachtung schauten.

Die neue Chosŏn-Dynastie wählte sich das heutige Seoul zur Hauptstadt. Das war einerseits symbolisch, denn trotz aller Modernisierungseuphorie glaubten auch die Konfuzianer, dass die Lage einer Stadt oder eines Palastes gemäß *p'ungsu* einen Einfluss auf die Geschicke der dort Wohnenden und Regierenden hatte. Wie konnte es da sein, dass ein und derselbe Ort für zwei gegensätzliche Staatswesen gut sein konnte? Ganz nebenbei ergab sich aus der Verlagerung der Hauptstadt auch der praktische Effekt, dass man die alte Elite weder umsiedeln noch umbringen musste, jedenfalls nicht zur Gänze. Wer wollte schon angesichts der vielen Verwandten der möglichen Opfer eine endlose und das ganze Land erfassende Blutfehde? Also verhinderte man lediglich, dass die in

Kaesŏng ansässige Aristokratie in die neue Hauptstadt übersiedelte. Parallelen zur Gegenwart drängen sich auf, denn im heutigen Nordkorea ist es ebenfalls ein großes Privileg, in der Hauptstadt wohnen zu dürfen, und eine schlimme Strafe, wenn man diese verlassen muss.

Korea war damals wie heute ein sehr zentralistischer Staat; genau genommen verstärkte der Konfuzianismus als neue Staatsideologie, die über 500 Jahre gültig bleiben sollte, diesen Trend noch. Wie der amerikanische Diplomat und Historiker Gregory Henderson in *Politics of the Vortex* sehr treffend festgestellt hat, war in der koreanischen Politik der Zugang zum Zentrum alles. Alternativen gab es nicht. Wer nicht in der Hauptstadt präsent war, war niemand. Er bekam kein Amt, konnte keinen Einfluss bei Hofe geltend machten, wurde nicht wahrgenommen.

Für die alte Koryŏ-Aristokratie war das bitter. Doch sie passte sich an und machte das Beste aus der Situation. Anders als im Rest des Landes befassten sich in Kaesŏng die gebildeten Mitglieder der Oberschicht mit Handel und Kommerz, Dinge, die »echte« Konfuzianer verabscheuten. Aber was blieb ihnen auch übrig, da sie nicht wie gewohnt von Ämtern und Lehen leben konnten? Dabei half, dass in der Gegend der angeblich beste Ginseng der Welt wuchs, der noch heute aggressiv vermarktete rote Koryŏ-Ginseng, auf Koreanisch *insam*. Weit bis ins 20. Jahrhundert hinein galten die Menschen aus Kaesŏng als geschäftstüchtig und wirtschaftsorientiert, was ursprünglich als Schmähung gemeint war, bald aber angesichts des daraus resultierenden Wohlstandes für Neid und Bewunderung sorgte.

Nach der Teilung Koreas entlang des 38. Breitengrades 1945 fand sich Kaesŏng zunächst in der südlichen, amerikanischen Besatzungszone wieder. Der Koreakrieg verschob die Grenze jedoch so, dass Kaesŏng zu Nordkorea gehörte. Die Regierung in Pjöngjang misstraute den neuen Bürgern aus zwei Gründen – wegen der langen Tradition privaten Unternehmertums und wegen der mehrjährigen südkoreanischen Vergangenheit. Neben den üblichen ideologischen Säuberungen gab es einige Umsiedlungsaktionen, bei denen als potentiell illoyal angesehene Elemente in den rauen Norden ziehen mussten, während als besonders revolutionär geltende Familien nach Kaesŏng verschoben wurden. Wenn man den Erzählungen der Koreaner glauben darf, dann hat das den alten Geist jedoch nicht völlig ersticken können. Die »Kaesŏnger Händler« sind auch heute noch legendär, und manch Bewohner der Stadt eifert ihnen im Rahmen der bestehenden und in den letzten Jahren beträchtlich erweiterten Möglichkeiten nach.

Noch etwas zeichnet die Stadt aus. Während des Koreakrieges entging sie dem tödlichen und alles zermalmenden Flächenbombardement, mit dem die Amerikaner im Namen der Vereinten Nationen den Rest Nordkoreas in Schutt und Asche legten. Berichten zufolge wurden auf das kleine, weniger als 100 000 Quadratkilometer messende Land mehr Bomben abgeworfen als auf dem gesamten ostasiatischen Kriegsschauplatz des Zweiten Weltkrieges. Der Grund für die Verschonung inmitten dieser Apokalypse war, dass Kaesŏng innerhalb einer Schutzzone um den Ort der Waffenstillstandsverhandlungen von P'anmunjŏm lag.

Dank dieses glücklichen Umstandes ist viel historische Bausubstanz erhalten geblieben. Und da die Regierung vor allem die Hauptstadt aufhübschte, wurden diese Häuser auch nicht abgerissen und durch öde Betonwüsten ersetzt. So können Besucher heute einen in Korea fast einzigartigen Blick über ein Meer von traditionellen Ziegeldächern, verwinkelten Gassen und Hinterhofgärten werfen. Man bekommt eine Vorstellung davon, wie schön das alte Korea gewesen sein muss, bevor Kolonialzeit und Krieg ihm so zusetzten.

Besucher wohnen im bereits in Kapitel 4 kurz angesprochenen Folklorehotel Minsok Ryŏgwan. Einstöckige, im traditionellen

Stil um kleine Innenhöfe herum errichtete Häuser vermitteln das Gefühl, um Jahrhunderte in der Zeit zurückgereist zu sein. Morgens öffnen sich an der Zufahrt die schweren, mit Metall beschlagenen Flügel des großen Holztores und geben den Blick auf ein reges Alltagstreiben frei. Man verlässt das Hotel zu Fuß und wendet sich nach links zum zentralen Platz. Eine breite asphaltierte Straße führt auf den Stadtberg mit den inzwischen auch hier zwei Führerstatuen. Von hier oben eröffnet sich ein beeindruckender Blick über das alte Kaesŏng. Mit etwas Glück gibt es auch den schon erwähnten Handyempfang über südkoreanische Netze.

In neuerer Zeit wurde Kaesŏng vor allem als Standort der innerkoreanischen Sonderwirtschaftszone bekannt. Beschlossen wurde sie beim ersten innerkoreanischen Gipfeltreffen zwischen Kim Jong-il und Kim Dae-jung im Juni 2000, eröffnet dann Ende 2004. Für Touristen ist die Zone nicht zugänglich, ich habe sie in anderer Funktion 2004, 2005 und 2007 besucht. Was dort zu sehen war, ist schwer einzuordnen. Ein lebendiges Beispiel innerkoreanischer Zusammenarbeit, ein Schritt zu mehr Verständnis füreinander und ein Hinweis darauf, was die zwei Koreas gemeinsam alles erreichen könnten? Oder ein Disneyland, eine künstliche, von überambitionierten Politikern geschaffene Welt, die nichts mit der Realität beider Länder gemeinsam hat und die Geldgier der einen und die Naivität der anderen Seite widerspiegelt? Gar eine wichtige Finanzierungsquelle für das nordkoreanische Atomprogramm? Südkoreas Regierung gelangte Anfang 2016 zu eben dieser Schlussfolgerung und kündigte die Zusammenarbeit einseitig auf. Über eine Wiedereröffnung oder alternative Nutzung, etwa durch Verpachtung an die Chinesen, gibt es derzeit nur Spekulationen.

Daneben war Kaesŏng auch Teil einer touristischen Annäherung zwischen den zwei Koreas. Ein Ergebnis dieses Prozesses kennen wir schon, das Folklorehotel. Aber auch viele historische Relikte in und um Kaesŏng wurden wiederhergestellt und Besuchern zugänglich gemacht. Dazu gehört die alte konfuzianische Akademie, Vorläuferin der Sŏnggyun'gwan-Universität, die heute im südkoreanischen Seoul zu den führenden Bildungseinrichtungen des Landes zählt. Sie befindet sich auf dem als »Koryŏ-Museum« bezeichneten Gelände bei Kaesŏng, wo auch ein Baum steht, den man traditionellerweise zu umarmen versucht, wofür es aber gut ein Dutzend sich bei den Händen haltende Personen braucht. Im Museum lernt man politisch Korrektes über die Feudalgesellschaft und ihr System der Leibeigenschaft, darunter die Tatsache, dass eine Kuh seinerzeit teurer war als ein Sklave.

Nicht weit entfernt liegt ein im traditionellen Stil errichteter neuer Gebäudekomplex. Das ist das mit südkoreanischer Hilfe erbaute und daher auch an dortige Architektur erinnernde Hauptgebäude der neuen, auf Leichtindustrie spezialisierten Universität.

Über den Park des Museums verstreut liegen zahlreiche traditionelle Holzgebäude, die gern von Malern in Tusche oder Öl festgehalten werden. Praktischerweise kann man die Erzeugnisse gleich vor Ort erwerben, allerdings nicht direkt von den Künstlern. Überhaupt ist die Sŏnggyun'gwan in Kaesŏng für Reisende die große Einkaufsmöglichkeit, denn hier befindet sich auch der bereits erwähnte Briefmarkenladen, dessen Sortiment weit über die namensgebenden Postwertzeichen hinausgeht. Die grünliche koreanische Seladonkeramik *(ch'ŏngja)*, die vielerorts angeboten wird, hat ihren Ursprung in der Koryŏ-Zeit.

An bestimmten Tagen im Frühjahr und im Herbst sieht man die Bewohner der Stadt mit allerlei Gartengerät und Picknickzubehör in die Hügel hinter dem Museumskomplex hinaufsteigen. Dort liegen in mehreren Reihen Ahnengräber, die regelmäßig gepflegt werden und Ort von traditionellen Opferzeremonien sind. All das wird von der Regierung offenbar geduldet, was nicht unbedingt mit dem Stereotyp einer krampfhaft modernen und die religiösen Traditionen verleugnenden Gesellschaft übereinstimmt.

Überhaupt hat man sowohl für Zwecke des internen Patriotismus als auch für Touristen die alte Geschichte der Gegend entdeckt. Buddhistische Klöster wie das Ryŏngt'ongsa wurden komplett wieder hergerichtet, mit erheblicher Hilfe aus Südkorea übrigens. Das aus zwei großen, grasbewachsenen Hügeln bestehende Grab des Königs Kongmin konnte man auch früher besichtigen, es erstrahlt aber nun in neuem Glanz mitsamt dem stolzen Hinweis, dass es sich um ein UNESCO-Weltkulturerbe handelt.

Erwähnenswert ist die berühmte Sŏnjuk-Brücke. Sie war im 14. Jahrhundert Schauplatz eines politischen Mordes, der aus einem opulenten Kostümdrama stammen könnte. Zwei junge Männer aus der Oberschicht wuchsen als Freunde auf. Sie waren beide mit den bestehenden Verhältnissen unzufrieden. Die Regierung war ineffizient, das Land stagnierte, äußere Feinde drohten. Die Männer wählten jedoch unterschiedliche Wege. Der eine, Chŏng Mong-ju, wurde Beamter und lebte ganz im Sinne des konfuzianischen Ideals der Selbstperfektion und der Treue zum Herrscher. Der andere, Ri Sŏng-gye, machte sich das Militär zunutze und stürzte die alte Dynastie, um fortan selbst zu herrschen. Das Dilemma von Chŏng bestand nun darin, dass er zwar einerseits ebenso wie Ri das bestehende System missbilligte, ihm aber gleichzeitig in Treue verbunden war. Er setzte all seine Energie ein, um es zu verbessern. Ri hingegen war der Meinung, dass dieses alte System reformunfähig sei und daher radikal ersetzt werden müsse.

Nach einem Abendessen bei Ris Sohn kam es zum Showdown. Ri junior trug ein kurzes Gedicht vor, das als *hayŏga* bekannt ist. Darin ging es im Prinzip darum: Entscheide dich. Das Alte fällt; willst du mit ihm fallen oder mit uns gemeinsam eine neue Welt bauen? Chŏng antwortete ebenfalls mit einem Gedicht, dem *tan-*

*simga*. Sinngemäß sagte er: Ich mag sterben, hundertfach sogar. Aber wenn ich treu bleibe, werde ich unvergänglich sein. Daraufhin wurde er erstochen. Der Blutfleck ist angeblich noch heute zu sehen.

Ich frage meine nordkoreanischen Begleiter gern, was sie von der Sache halten. Dabei wird einerseits ihr hoher Bildungsgrad deutlich; selbst im weit entfernten Nordosten konnte einer der Guides aus dem Stegreif das *tansimga* rezitieren. Andererseits geht es ja eigentlich darum, ob ein Mann das Recht hat, sich bei offensichtlichem Versagen von einer schlechten Führung zu befreien, anstatt ihr bis in den Tod und ohne Rücksicht auf die eigentliche Leistung die Treue zu halten. Ich habe bis jetzt meist politisch korrekte (Treue bis in den Tod) oder ausweichende (das kann man schwer sagen, kommt darauf an) Antworten erhalten.

In Kaesŏng kommen Liebhaber architektonischer Schönheit voll auf ihre Kosten. Da die ursprünglich eingeplanten etwa 500 Touristen täglich aus dem Süden seit 2008 aus politischen Gründen ausbleiben, sind die liebevoll gepflegten Anlagen meist menschenleer und geben großartige Fotomotive ab, mit etwas Geschick findet man auch den Einstieg in interessante Gespräche.

Nach Aussage der vor Ort verantwortlichen Tourismusmanager will man zukünftig die Besucherlücke mit Chinesen füllen. Insgesamt eine Million sollen es landesweit jährlich werden – so heißt es. In Beijing weiß man sehr genau, dass man damit die Sanktionspolitik Südkoreas und vor allem der USA untergraben würde. Außerdem sind die Chinesen weder mit dem nordkoreanischen Atomwaffenprogramm glücklich noch mit dem Vorwand, den dieses den Amerikanern und Japanern für den Ausbau ihrer militärischen Präsenz in der Region liefert. Entsprechend hat man in Beijing eine Expansion des Tourismus bisher verhindert und schränkt diesen sogar zeitweise ein, um Druck auf Nordkorea auszuüben.

## Demilitarisierte Zone und P'anmunjŏm

Die besondere politische Bedeutung von Kaesŏng wird deutlich, wenn man von hier aus zur nur wenige Kilometer entfernten Demilitarisierten Zone (DMZ) weiterfährt. Zwei Orte kann man dort besichtigen: die Baracken bei P'anmunjŏm, und einen vorgeschobenen Posten mit Blick auf die südkoreanische Seite.

Der Besuch des Militärpostens ist mit einigem Aufwand verbunden und bedingt daher meist eine Übernachtung in Kaesŏng. Der Einsatz lohnt sich allerdings, da man hier eine ganz andere Erfahrung der quer durch Korea verlaufenden Grenze machen kann als im Mikrokosmos von P'anmunjŏm.

Nach knapp einstündiger Fahrt auf engen, staubigen Pisten durch eine hügelige, von Landwirtschaft und Militär geprägte Gegend kommt man zu der vorgelagerten Armeestellung. Vom betonierten Parkplatz aus geht es zu Fuß durch schmale, einen Hügel hinauf verlaufende Schützengräben weiter. Ein wenig rechnet man mit Beschuss und duckt sich unwillkürlich hinter den mannshohen Wällen. Nach den letzten steilen Metern gelangt man zu einem Gebäude, in dem man in einem großzügigen, lichtdurchfluteten Raum in bequemen Sesseln Platz nimmt.

Ein ernster, aber betont freundlicher nordkoreanischer Oberst erklärt die Lage und das, was es hier zu sehen gibt: eine Stahlbetonmauer, die sich in vier Kilometern Entfernung auf der südkoreanischen Seite der Grenzlinie erhebt. Man erfährt, dass die Südkoreaner diese mehrere Meter hohe Verteidigungsanlage entlang der gesamten Demilitarisierten Zone, von der Westküste bis zur Ostküste, errichtet haben. Das sind über 200 Kilometer. Auf der südkoreanischen Seite ist die Mauer nicht zu erkennen, da sie mit Erde aufgeschüttet wurde. Man sieht sie nur von Norden aus. Südkorea verneint die Existenz dieses Bauwerks mit allem Nachdruck.

Böse Zungen behaupten, dass die Mauer in den 1970er Jahren Teil eines gigantischen Programms des damaligen südkoreanischen Diktators Park Chung-hee war, mit dem er die in den Kinderschuhen steckende einheimische Zementindustrie stärken wollte. Für Nordkorea steht fest, dass die Spalter des Landes im Süden sitzen, und einen der Beweise präsentiert man hier. Die eigentliche Grenze verläuft übrigens genau in der Mitte des vier Kilometer breiten Streifens, in dem keine schweren Waffen erlaubt sind – daher auch der Begriff Demilitarisierte Zone.

Die DMZ war im Verlauf der letzten Jahrzehnte mehrmals Schauplatz »schwerer Zwischenfälle«, wie man so leichthin sagt. So kam es 1976 zum sogenannten Axtmord, als ein Trupp Amerikaner und Südkoreaner im Grenzgebiet einen Baum zu fällen versuchte. Die Nordkoreaner wollten das nicht zulassen, es kam zum Handgemenge, und zwei Gegner wurden mit Knüppeln und ihren eigenen Äxten umgebracht. Die USA, die von 1958 an in Südkorea Atomwaffen stationiert hatten, reagierten mit einer Anhebung der Alarmbereitschaft auf DEFCON 3 und einer massiven Zurschaustellung militärischer Macht, um den Baum schließlich doch zu kappen. Nordkorea sprach von einem Bruch des bestehenden Waffenstillstandsabkommens. Für einige Tage stand die nichts ahnende Welt am Rande des dritten großen Krieges im 20. Jahrhundert.

Einst kaum ein kleines Dorf, ist P'anmunjŏm mit seinen hellblauen niedrigen Holzbaracken heute der einzige Ort, in dem man die in der Mitte der DMZ verlaufende Grenze – korrekterweise heißt das Demarkationslinie – zwischen Nord- und Südkorea überschreiten kann. Die Fahrt von Seoul aus dauert eine Stunde. Sich zuwinkende Touristen auf beiden Seiten der Grenze wird man allerdings nicht erleben; die Besichtigungszeiten sind aus Furcht vor Zwischenfällen so koordiniert, dass man sich nicht begegnen kann.

Von der nordkoreanischen Seite aus beginnt die Prozedur an einem Militärkontrollpunkt. Man steigt aus dem Bus und steht auf einem Vorplatz, der von einem WC auf der einen und einer niedrigen Steinbaracke auf der anderen Seite gesäumt wird. Hier wartet man, was je nach Lage auch schon mal eine Stunde und mehr dauern kann. Passen Sie auf, dass Sie sich nicht auf die Bordsteinkante vor der hinter Glas befindlichen Wandzeitung mit Bildnissen der Führer setzen, Sie werden sonst von einem Soldaten auf äußerst unwirsche Weise fortgescheucht. Anhand der Kopfbedeckungen der Wachmannschaften kann man übrigens die geltende Alarmstufe ablesen: Kevlarhelme bedeuten höchste Einsatzbereitschaft, Stoffmützen signalisieren relative Ruhe.

In der Steinbaracke gibt es ein Souvenirgeschäft mit den üblichen Produkten von Ginseng bis Gemälden, darunter auch übersüßter und gekühlter Milchkaffee in Dosen, für den hier genug Zeit bleibt. Manchmal wird die Gruppe gebeten, dem uns begleitenden Offizier Zigaretten zu kaufen. Auf den wenigen Sesseln, die im Raum an der Wand stehen, sitzen normalerweise die nordkoreanischen Offiziere und flirten mit den weiblichen Guides. Man trifft hier auf zahllose andere Touristen und kann gut Erfahrungen austauschen.

Bevor es endlich losgeht, erhält man in einem Nebenraum des Geschäftes eine Erläuterung vor einer auf die Wand gemalten Karte Koreas. Man lernt Wissenswertes über die nordkoreanische Sicht der Dinge, die hier immer etwas mit dem Koreakrieg, der Teilung des Landes und der Aggressivität der amerikanischen Besatzer zu tun hat.

Derart moralisch gestärkt tritt man in den Hof hinaus. Die Touristen müssen sich in mehreren Reihen aufstellen, dann geht es im Gänsemarsch durch eine schmale Passage. Diese ist von einem tonnenschweren Betonquader gekrönt, der im Verteidigungsfall die Straße blockieren soll. Rechts und links des Weges warnen

Schilder vor Minen. Wir befinden uns an der nördlichen Grenze der Demilitarisierten Zone.

Man muss kein Psychologe sein: Das Prozedere soll den Ernst der Lage vermitteln. Das ist einerseits nicht nötig, denn wir wissen ja, wo wir hier sind. Andererseits wirkt der Versuch halbherzig, denn nach nur wenigen Metern besteigt man wieder den eigenen Bus, der leer über den gleichen Zugangsweg gefahren ist. Wozu das Tamtam, fragt man sich. Allerdings läuft ein Besuch P'anmunjŏms vom Süden aus nicht weniger martialisch ab.

Mit dem Bus fährt man dann zu einem aus drei nebeneinander aufgereihten Baracken bestehenden Museum rund einen Kilometer von der eigentlichen Grenze entfernt. Hier, so lernen wir, unterzeichneten die amerikanischen Imperialisten quasi auf den Knien das ihnen von den überlegenen Nordkoreanern in Kooperation mit den – wie am Rande eingeräumt wird – ein wenig Unterstützung bietenden Chinesen diktierte Waffenstillstandsabkommen. Was für einen herrlichen Sieg Kim Il-sung hier erzielt hat! Erstaunlich ist, dass er nicht die Ehre der Unterzeichnung für sich beansprucht hat. Die Antwort auf eine entsprechende Frage wird darauf hinauslaufen, dass er die Teilung als temporär ansah und kein mit ihr zusammenhängendes Dokument unterschreiben wollte. Sieht so also ein Sieg aus?

Sehenswert sind im Museum unter anderem die Fotos an den Wänden. Auf den speziell ausgewählten und ziemlich unverhohlen nachträglich bearbeiteten Schwarz-Weiß-Aufnahmen von Verhandlungssituationen treten die Nordkoreaner immer offenkundig selbstbewusst und nach vorn schauend auf – ganz die moralisch überlegene, siegende Seite. Die Amerikaner hingegen strahlen Schwäche aus. Sie drehen sich unsicher zu ihren Helfern um, tuscheln verschämt und hinter vorgehaltener Hand miteinander und greifen sich mit einer Geste der Hilflosigkeit und Resignation an den Kopf. Diese Gebärde findet man auch auf Ölgemälden ähnlicher Szenen wieder. Nein, den knallharten Typen aus dem Norden sind die Amerikaner einfach nicht gewachsen.

An der Grenze, in der sogenannten Joint Security Area, begibt man sich unter dem wachsamen Blick von Soldaten und unter Führung des betont freundlichen Offiziers zu einer riesigen Steintafel. Diese ziert ein koreanischer Schriftzug, der, wie uns erklärt wird, die Unterschrift des Großen Führers und Ewigen Präsidenten Generalissimus Kim Il-sung ist. Einen Tag vor seinem Tod hatte er sie unter ein »wichtiges Dokument im Zusammenhang mit der Wiedervereinigung« gesetzt. Bis zu seinem letzten Atemzug hat der Landesvater für die Vereinigung des Mutterlandes gearbeitet, will uns dieses Monument sagen.

Nach einem Erinnerungsfoto erreichen wir die Treppe zum Hauptgebäude und schauen hinüber zu den drei himmelblauen Baracken. Theoretisch kann man sie auch besichtigen, derzeit herrscht aber meist erhöhter Alarmzustand, sodass es in der Regel bei einem Blick von außen bleibt. Schafft man es nach drinnen, dann kann man hier – und nur hier – die Grenze überschreiten, markiert durch ein Mikrofonkabel in der Mitte des Verhandlungstisches. An der »falschen« Ausgangstür wacht ein grimmig dreinschauender Posten darüber, dass man sich nicht versehentlich verläuft. Betritt man die Baracke von nordkoreanischer Seite, ist das ein nordkoreanischer Soldat. Schauen Sie ihm einmal auf die Handknöchel; Sie erkennen vielleicht eine dicke Schicht Hornhaut, manchmal auch blutigen Schorf: die Spuren militärischen Taekwondo-Trainings. Jahre später wird der Mann, wie viele seiner Kameraden vor allem aus Spezialeinheiten, vermutlich über dauerhafte Schmerzen in den Händen klagen. Die zukünftige Gesundheit des Einzelnen wird der momentanen Kampfbereitschaft untergeordnet.

Von der Aussichtsterrasse des Hauptgebäudes aus lässt sich die Anlage gut überblicken. Auf der südlichen Seite der Grenze steht ebenfalls ein mehrstöckiges Gebäude. Hier sind zahllose Videokameras montiert, die alles gewissenhaft filmen. Gelegentlich sieht man auch einen amerikanischen GI in martialischer Pose, der betont misstrauisch und nicht weniger grimmig als die nordkoreanischen Posten zu uns hinüberspäht.

Auffallend ist die unterschiedliche Gestaltung des Bodens zwischen den Baracken. In der Mitte verläuft ein Betonstreifen als Markierung der Grenze. Der Bereich zwischen diesem und dem Vorplatz auf südkoreanischer Seite ist ordentlich mit Splitt aufgefüllt. Auf der nordkoreanischen Seite sieht man nur festgetretenen sandigen Lehm. Hat ausgerechnet hier das Geld nicht gereicht? Nein, erfährt man auf Nachfrage. Die Nordkoreaner betrachten die Teilung als unerfreulich und temporär und wollen daher den Ort, der sie symbolisiert, weder verschönern noch dauerhafter machen. Clever argumentiert, das muss man ihnen lassen.

Fotografieren ist an diesem Ort erlaubt, es gibt sogar ein Gruppenbild mit Offizier. Auf dem Rückweg durchfahren wir die Panzersperre am Eingang, ohne erneut aussteigen zu müssen. Viele Besucher empfinden danach trotz der im Prinzip überraschend lockeren Atmosphäre ein Gefühl der Erleichterung; P'anmunjŏm kann sehr beklemmend wirken.

# 12

## Der Südosten: Tourismus am Ostmeer

Der Osten des Landes wird durch den von Nord nach Süd über die gesamte Halbinsel verlaufenden Rücken des T'aebaeksan-Massivs gekennzeichnet – so etwas wie die Anden Nordkoreas. Die Berge fallen nach Osten hin vergleichsweise steil ab. Daher ist nur an wenigen Stellen Flachland vorhanden, das hinreichend groß und breit für die Ernährung einer größeren Zahl von Menschen und den Bau größerer Städte ist. Ein solcher etwa 30 Kilometer breiter und 50 Kilometer langer Streifen zieht sich entlang der Küste von Wŏnsan bis hinauf nach Hamhŭng. Die zwei großen Industrie- und Hafenstädte können besucht werden, ebenso das Kŭmgang-Gebirge. Es erstreckt sich bis zur südkoreanischen Grenze. 2013 kam das Skigebiet Masikryŏng dazu. Grundsätzlich gilt der Südosten in der nordkoreanischen Flächenplanung als Tourismusgebiet; Sonderwirtschaftszonen sollen Joint Ventures in dieser Branche erleichtern.

### Wŏnsan: Hafenstadt mit schlummerndem Potential

Bedingt durch die fast vollständige Zerstörung im Koreakrieg besteht die Stadt Wŏnsan, Hauptstadt der Provinz Kangwŏn, wie die meisten nordkoreanischen Siedlungen vor allem aus viel Beton. Sie liegt direkt am koreanischen Ostmeer, das man auf keinen Fall Japanisches Meer nennen sollte, wenn man es sich mit den koreanischen Gastgebern – egal ob Nord oder Süd – nicht verscherzen möchte.

Anders als an der Westküste wird hier das Meer schnell tief: ideale Bedingungen für Hafenanlagen. Touristen freuen sich über das wunderbar klare Wasser, das dank eines Gezeitenhubs von nur 30 Zentimetern immer verfügbar ist. Die meisten Besucher aus Europa bereisen Nordkorea aus politischem Interesse und werden die landschaftlichen Vorzüge wohl eher als Bonus auffassen. Für chinesische Touristen hingegen ist das Baden in der sauberen See ein echter Reisegrund.

Ansonsten ist Wŏnsan eine typische Hafenstadt, mit nordkoreanischem Flair: Es gibt eine Mole, einige Fischrestaurants, reichlich Spruchbänder, auch ein paar Schiffe. Am Ufer stehen ältere Männer mit Angeln, es riecht nach Meer und Fisch. Was fehlt, sind Straßencafés, verruchte Bars, Bikinischönheiten oder Hasselhoff-Imitationen am Strand. In Wŏnsan bin ich aber 2010 immerhin erstmals auf einen gebührenpflichtigen Parkplatz gestoßen – etwas, das im mit Ausnahme der Hauptstadt autoarmen Nordkorea ziemlich auffällt.

Meine nachhaltigste Erfahrung in Wŏnsan war der schon erwähnte Besuch in einem Fischrestaurant, als man den Fisch bei lebendigem Leib filetierte. Hinter diesem in unseren Augen eher barbarisch anmutenden Service versteckt sich ein Hinweis auf die Vergangenheit der Stadt. Sie wurde nämlich schon 1880 von den Japanern zwangsweise »geöffnet«, also dem Handel zugänglich gemacht. Westliche Reisende dieser Zeit kannten die Stadt unter ihrem japanischen Namen Gensan. Die Japaner brachten unter anderem ihre Essgewohnheiten mit, und denen ist wohl auch der arme Fisch auf meinem Teller zum Opfer gefallen.

Im Hafen liegt die etwa 160 Meter lange Fähre »Mangyŏngbong 92«. Nach vielen Jahren des geschäftigen Hin und Her zwischen Korea und Japan war nach dem ersten nordkoreanischen Atomtest von 2006 mit dieser Route Schluss. Die »Mangyŏngbong 92« wurde zu einem Ausflugsschiff, das zwischen Wŏnsan und Rasŏn im Nordosten kreuzte, allerdings mit mäßigem Erfolg. Seit 2015 rostet sie vor sich hin.

In der Nähe von Wŏnsan liegt die landwirtschaftliche Kooperative Ch'ŏnsamri, die zwar auch für den Empfang ausländischer Besucher hergerichtet wurde, aber längst nicht so häufig frequentiert wird wie Ch'ŏngsanri an der Westküste. Im Dorf wachsen besonders viele der auf Koreanisch *kam* genannten orangefarbenen Persimonen, zu denen man sich dann auch gleich eine Anekdote vom Großen Führer anhören kann.

Ein bemerkenswerter Ort ist die Landwirtschaftsuniversität bei Tokwŏn, einige Kilometer nordwestlich der Stadt. Sie wurde 1948 gegründet und hat etwa 2500 Studenten. Diese erhalten, *nomen est omen*, eine umfassende Ausbildung in allen Bereichen der Landwirtschaft. Auf meine Frage nach dem Einsatzgebiet habe ich keine eindeutige Antwort erhalten. Einig war man sich aber, dass die Absolventen auf keinen Fall aufs Dorf gehen, denn »die haben doch studiert!« Interessante Sichtweise. Da kommen mir Passagen aus den jüngsten Reden von Kim Jong-un in den Sinn, in denen er von Parteikadern weniger Schreibtischentscheidungen und mehr Praxisbezug fordert.

Am Eingang des Campus habe ich einmal neben verblassten Fotos, die etwa zwei Dutzend »empfohlene« Haarschnitte für männliche und weibliche Studenten zeigten, auch einen sehr offiziell wirkenden Aushang der Sicherheitsbehörden gefunden. Darauf wurde der »Schwarzhandel mit Diazepam und anderen Beruhigungs- und Schlafmitteln« auf dem Campusgelände unter Strafe gestellt. Das war bisher das einzige Mal, dass ich so unmittelbar mit einem Thema konfrontiert wurde, das sich laut Flüchtlingen vor allem in der Zeit der vergleichsweise chaotischen späten 1990er Jahre zum Problem auswuchs. Während der Hungersnot kam es vermehrt zu Erkrankungen, gleichzeitig waren Medikamente knapp. Die Menschen behalfen sich unter anderem mit

»Eis«, einer kristallinen Substanz, die wir als Crystal Meth kennen. Es gibt Berichte über einen grenzüberschreitenden Drogenhandel Richtung China, der letztlich zu einer Verstärkung der Grenzschutzmaßnahmen durch die Chinesen geführt hat.

Wie so oft trifft man auch hier auf viel Symbolik. Die Zufahrt zur Universität wurde, so erfährt man, vom Großen Führer derart gestaltet, dass sie die Form eines Fragezeichens bildet – um die noch unwissenden jungend Menschen mit ihren vielen unbeantworteten Fragen zu symbolisieren. Das Gebäude der Universität ist vom Grundriss her wie ein Ausrufezeichen geformt, das für die hier gewonnenen Erkenntnisse steht: keine Fragen mehr offen. Die lokale Führerin erzählte mir amüsiert von einem westlichen Besucher, laut dem man in seiner Heimat die Uni mit mehr Fragen verlasse als zuvor. Sie erklärte ihm daraufhin stolz, dass das in Nordkorea dank der Fürsorge der Führer anders sei. Das Schweigen des Mannes darauf hat sie wohl als Einsicht missverstanden. Das ist übrigens ein Grundthema von literarischen oder Kunstwerken in Nordkorea, die Begegnungen zwischen Ausländern und Einheimischen darstellen: der staunende Ausländer gegenüber dem freundlich, aber souverän eine Belehrung gebenden Nordkoreaner.

Im obligatorischen Traditionskabinett erfährt man unter anderem, dass hier einige hundert Auslandsstudierende aus Afrika und Asien gelernt haben, und man sieht ein Schwarz-Weiß-Foto von »Bananen, die der Führer zu sehen geruhte«.

Vor dem Hauptgebäude fühlt mancher sich vielleicht an eine nordamerikanische Ivy-League-Universität versetzt. Der für das heutige Nordkorea eher untypische neogotische Baustil ist allerdings Zeichen einer Verbindung zu Deutschland. Das Gebäude war einmal Heimstätte einer Benediktinerabtei, deren Mutterhaus in St. Ottilien in Bayern zu finden ist. Die Mönche und Schwestern wurden nach der Machtübernahme durch die Kommunisten

1945 und der zwangsweisen Räumung der Abtei 1949 vertrieben, 38 Angehörige der Mission starben in der Haft. Darüber erfährt man in Nordkorea nichts; Missionare gelten als fünfte Kolonne der Amerikaner und als Feinde des nordkoreanischen Volkes.

Wŏnsan hat sicher noch einiges mehr zu bieten, davon bekommen Touristen aber in der Regel nicht viel mit. Die Stadt dient hauptsächlich als Zwischenstopp auf dem Weg nach Süden ins Diamantgebirge oder weiter nach Norden Richtung Hamhŭng.

## Diamantgebirge Kŭmgangsan

Begriffe wie »Berg« oder »Gebirge« sind dehnbar; alpine Dimensionen oder einen zweiten Himalaja sollte man in Korea nicht erwarten. Mit höchstens etwa 1600 Metern entspricht das Diamantgebirge (koreanisch Kŭmgangsan) eher dem, was wir Mittelgebirge nennen würden. Allerdings hat seine vulkanische Vergangenheit dazu beigetragen, dass sich bizarre Formen herausgebildet haben. Die Koreaner meinen Ähnlichkeiten mit Feen, Enten und allerlei sonstigen mythischen oder realen Lebewesen zu erkennen. Die örtlichen Reiseführer erfreuen die Besucher gern mit einigen der hier entstandenen Legenden. Die Bezeichnung »Diamant« stammt vom besonderen ästhetischen Wert dieser Landschaft; die gleichnamigen Edelsteine kommen hier nicht vor.

Das Kŭmgang-Gebirge teilt sich in den Äußeren *(woe)*, den Inneren *(nae)* und den Meeres-*(hae-)*Kŭmgang. Lange Zeit war ausländischen Besuchern nur das Äußere Diamantgebirge zugänglich. Das hatte vor allem sicherheitstechnische Gründe, da der Kŭmgangsan Grenzgebiet ist. Als Ende der 1990er Jahre die Kooperation mit Südkorea Gestalt annahm, wurden auch der Innere Kŭmgang und der Meeres-Kŭmgang für Besucher geöffnet. Hier begegnet man bizarren Felsen, die jeden Moment umzukippen zu drohen scheinen; an ihre Spitzen klammern sich kleine Kiefern. Als Sachse erkenne ich eine entfernte Ähnlichkeit mit dem Elbstandsteingebirge.

Ab 1999 war der Kŭmgangsan ein beliebtes Ausflugsziel für Südkoreaner, die erst mit dem Schiff und dann sogar mit dem Bus anreisten. Insgesamt waren es über eine Million Besucher. 2008 kam es zum tragischen Tod einer Südkoreanerin, die in den frühen Morgenstunden bei einem einsamen Spaziergang einem Wachposten zu nahe gekommen und in Panik geflüchtet war, woraufhin der Soldat das Feuer eröffnete. Seither ist das mittlerweile zur touristischen Sonderwirtschaftszone erhobene Gebiet aber wieder in seinen Dornröschenschlaf zurückgesunken. Versuche, Chinesen per Kreuzfahrtschiff hierherzubringen, waren nicht sehr erfolgreich. Südkoreas Hyundai-Konzern klagt abwechselnd über die Konfiszierung der von ihm errichteten Anlagen durch die Nordkoreaner und über die Politik Seouls, die nach wie vor Südkoreanern die Reise nach Nordkorea verbietet.

Die meisten Besucher erreichen das waldreiche Gebiet über Wŏnsan. Man kann ausgiebig wandern, in heißen Quellen baden und einige buddhistische Klöster und Einsiedeleien besichtigen. Sehr schön sind die kleinen smaragdgrünen Teiche oberhalb des Neundrachen-Wasserfalls. Hier hat der Sage nach einst ein Holzfäller im Wald verborgen eine Fee beim Baden beobachtet. Der Mann nahm ihre Kleidung an sich, sodass sie nicht mehr mit ihren Gefährtinnen zurück in den Himmel aufsteigen konnte. Also blieb sie bei ihm und wurde seine Frau. Eines Tages erbarmte er sich und gab ihr die Kleidung zurück, woraufhin sie sich umgehend in den Himmel erhob und verschwand.

Östlich des Kŭmgangsan liegt auf dem Weg zum Ozean der Süßwassersee Samilp'o, der »Drei-Tage-See«. Wie der Name andeutet, hatte dieser See einem vorbeireisenden König so gut gefallen, dass er hier eine ungeplante Rast von drei Tagen einlegte.

Für politisch interessierte Besucher gibt es sicher besser geeignete Ziele. Immerhin sollte man aber die Rolle des Gebirges bei den innerkoreanischen Beziehungen kennen, seine ideelle Bedeutung im Sinne des gemeinsamen koreanischen Nationalismus sowie sein wirtschaftliches Potential mit Blick auf derzeit noch ausbleibende größere Zahlen an chinesischen, japanischen oder südkoreanischen Touristen.

## Skiresort Masikryŏng: Alpines Flair in Nordkorea

Westlich von Wŏnsan, etwas abseits der Straße nach Pjöngjang, liegt das zwar nicht einzige, aber eindeutig bekannteste Skiresort Nordkoreas. Als ich im Februar 2017 nach Pjöngjang flog, befand sich im Flugzeug auch eine Gruppe mit kanadischen Touristen, die offenbar zumindest semiprofessionelle Wintersportler waren. In Begleitung eines Trainers und mitsamt ihrer Ausrüstung waren sie zu eben diesem Resort unterwegs. Auf dem Rückflug traf ich die Truppe wieder, und alle waren voll des Lobes. Skifahren ist weder der erste noch der zweite Gedanke, der mir beim Thema Nordkorea in den Sinn kommt. Vermutlich übt auch hier vor allem die Lage in diesem speziellen Land eine gewisse Faszination für westliche Touristen aus.

Das Resort wurde erst kürzlich unter dem neuen Führer Kim Jong-un errichtet. Seit seiner Eröffnung Anfang 2014 soll es allen Werktätigen zur Erholung dienen, was offen gestanden nur eine ziemlich dreiste Lüge sein kann. Alpines Skifahren gehört nicht zu den üblichen Freizeitbeschäftigungen eines nordkoreanischen Bauern oder Industriearbeiters, so viel ist sicher. Zielgruppe sind wohl eher die Elite, vielleicht auch die neue Mittelschicht, und natürlich ausländische Touristen. Hinzu kommen die Ambitionen von Kim Jong-un, sein Land zu einer internationalen Sportmacht aufzubauen. Da braucht man entsprechende Trainingsmöglichkeiten.

Besucher können vor Ort Ausrüstung ausleihen und zu durchaus stolzen westlichen Preisen die Skilifte benutzen. Diese sollten ursprünglich nagelneu und aus der Schweiz sein, aber die Schweizer Regierung untersagte dem Lieferanten aufgrund der Sanktionen die Einhaltung des bereits geschlossenen Vertrages. Also importierte man aus China eine gebrauchte Anlage aus Österreich.

## Hamhŭng: Die deutscheste Stadt Koreas

Eigentlich ist Hamhŭng nur eine weitere nach dem Krieg wiederaufgebaute große Industriestadt, Hauptstadt der Provinz Süd-Hamgyŏng und ein Zentrum der Chemieindustrie an der Ostküste mit der inzwischen eingemeindeten Hafenstadt Hŭngnam. Hamhŭng liegt etwa 100 Kilometer nördlich von Wŏnsan. Noch vor wenigen Jahren habe ich mit dem Auto über staubige Wege etwa vier Stunden gebraucht, das geht heute auf der um das Jahr 2010 renovierten Autobahn deutlich schneller. Man wohnt entweder in der Stadt oder an der Küste im Feriendorf Majŏn.

Eine Besonderheit dieser Stadt ist, dass sie in den Jahren 1954 bis 1962 mit erheblicher Hilfe der DDR wiedererrichtet wurde. Mein 1996 erschienenes Buch *Die DDR und Nordkorea* handelt von diesem längst in Vergessenheit geratenen Kapitel deutsch-koreanischer Beziehungen. Wer genau hinschaut, sieht noch Spuren dieser Phase im Stadtbild: Die gelben Kacheln an den Wänden mancher Gebäude erinnern nicht zufällig an die Materialien, die zeitgleich auch beim Bau der Stalin-Allee, heute Frankfurter Allee, in Berlin verwendet wurden.

Zunächst schickte Ostberlin sogar Bauarbeiter und Baumaterial in langen Zügen entlang der Transsibirischen Eisenbahn. Danach kamen Stadtplaner und Architekten, eine Bauindustrie wurde aufgebaut, und unzählige Nordkoreaner wurden in den verschiedenen Bauhandwerken und in den Ingenieurberufen ausgebildet. Manche in Hamhŭng entstandenen Kontakte hielten über Jahrzehnte. Hans Grotewohl, der Sohn des ersten Ministerpräsidenten der DDR, war als Mittdreißiger hier als Architekt tätig und stellte sich mir später für ein längeres Gespräch und als Zweitgutachter meiner Forschungsarbeit zur Verfügung. Sein Sohn Till wurde in den 1990er Jahren in Nordkorea immer wieder für einige Wochen wegen einer schweren chronischen Erkrankung behandelt. Für viele Helfer aus der DDR war Hamhŭng das große Abenteuer ihrer Jugend, von dem sie noch lange nach ihrer Pensionierung erzählten. Es gibt inzwischen einige sehenswerte TV-Dokumentationen dazu.

Überwiegend jedoch sind die Spuren der deutschen Beteiligung längst verschwunden. Es gibt keine Wilhelm-Pieck-Straße mehr, und Besucher hören kaum noch etwas über die »brüderliche Hilfe«, die über Jahre hinweg in den nordkoreanischen Zeitungen gelobt wurde. Am Bau Beteiligte wurden bei späteren Besuchen mit der Aussage überrascht, das koreanische Volk ganz allein unter der weisen Führung des großen Kim Il-sung habe dieses Werk vollbracht. Fairerweise muss man sagen, dass das die offizielle Version ist. Ich habe in Hamhŭng viele Menschen getroffen, die in persönlichen Gesprächen mit viel Wärme und Dankbarkeit von der Aufbauhilfe gesprochen haben.

Für alle, denen dieser spezielle Aspekt wenig bedeutet, lohnt die Fahrt hierher angesichts des erheblichen Zeitaufwandes nicht wirklich. Üblich ist noch eine Besichtigung des Chemiewerks in Hŭngnam, wobei wie immer bei solchen Begehungen ein besonderes Augenmerk dem Traditionskabinett gilt. Dort lernt man, dass der Große Führer Kim Il-sung das Werk 33 Mal besucht hat, und staunt über den in einem Glaskasten stehenden Klappstuhl, auf dem er einst gesessen hat. Historisch Interessierte können ferner am Stadtrand die restaurierte Geburtsstätte des schon erwähnten Ri Sŏng-gye bewundern, Gründer der letzten koreanischen royalen Dynastie im 14. Jahrhundert.

Die Ausstellung im Geschichtsmuseum im Stadtzentrum ist eine fast originalgetreue Miniaturausgabe des Museums in Pjöngjang. Allerdings darf man hier, anders als in der Hauptstadt, die Exponate fotografieren. Im Innenhof des Museums wird in sauberen Reihen Gemüse angebaut.

Auch hier kann man eine landwirtschaftliche Kooperative besichtigen, das Dorf Tongbongri. Dort wurde ich einmal Zeuge eines wie aus dem Nichts aufflammenden Streits zwischen dem Direktor der Kooperative und einem Mitarbeiter. Dieser putzte an einem der Traktoren herum und sollte bei meinem Eintreffen verschwinden. Aus den Augen des in seiner Arbeit Gestörten schossen förmlich Blitze, er lief dunkelrot an, fluchte und ging dann wütend davon. Von Harmonie und stillschweigender Unterordnung konnte hier keine Rede sein; die nach außen präsentierte Fassade zeigte deutliche Risse. Auch so etwas erlebt man in Nordkorea – trotz aller Bemühungen, Ausländern ein idealisiertes Bild zu präsentieren.

Wenn ich an Hamhŭng denke, fällt mir auch ein Sportfest ein, das ich einmal auf dem Stadtberg beobachten konnte. Kinder waren mit einem Wettstreit beschäftigt, bei dem das linke Bein eines Kindes mit dem rechten Bein eines anderen durch ein Seil zusammengebunden war. Mehrere derart zu einer Einheit zusammengeschweißte Paare lieferten sich ein Rennen. Um im Rhythmus zu bleiben, was bei dieser Übung offensichtlich die größte Herausforderung ist, riefen sie immer wieder *»choguk-t'ongil, choguk-t'ongil«* (Wiedervereinigung des Mutterlandes). So rannten sie lachend, keuchend und schwitzend den Berg hinauf. Wer weiß, vielleicht erleben sie die Vereinigung ja noch.

# 13

## Der Nordosten: Revolutionäre Stätten und wirtschaftliche Öffnung

Der Nordosten Koreas ist wild und in vielerlei Hinsicht anders als die Hauptstadt. Die Menschen sprechen hier mit einem sehr eigenen Dialekt, die Verbindung zu den zahlreichen Verwandten in China ist eng. In den vergangenen Jahrhunderten wurden Oppositionelle hierher in die Verbannung geschickt. Daher gelten die Bewohner dieser Region als halsstarrig und trotzig. Als Mitte der 1990er Jahre die Lebensmittel knapp wurden, traf es diese Gegend besonders hart, da sie die geringste Priorität bei den Machthabern in der fernen Hauptstadt hatte. Die meisten der heute in Südkorea lebenden etwa 30 000 nordkoreanischen Flüchtlinge stammen aus dieser Gegend.

Zugleich ist der Nordosten die Wiege der koreanischen Revolution. Hier erhebt sich der heilige Berg Paektu, der die Führerfamilie der Kims symbolisiert. Hier ist der offizielle Geburtsort von Kim Jong-il, und auch dessen Mutter stammt aus der Gegend. Ferner findet man hier eines der schönsten Gebirge Nordkoreas, den Ch'ilbosan, und nicht zuletzt die Sonderwirtschaftszone Rasŏn im Dreiländereck mit China und Russland.

Der Nordosten ist ein gutes Reiseziel für jene, die zuvor schon in Pjöngjang und im Südwesten waren. Die Ein- und Ausreise ab Europa erfolgt in diesem Fall über die chinesische Stadt Yanji, die von Beijing aus leicht mit dem Flugzeug erreichbar ist.

## Kleiner Grenzverkehr zwischen China und Nordkorea

In der autonomen Region Yanbian in der Provinz Jilin lebt, wie schon erwähnt, ein großer Teil der nationalen Minderheit der Koreaner in China. Ihre Vorfahren sind im Laufe der Jahrhunderte aus verschiedenen Gründen in Yanbian gelandet, oft wegen der Lebensbedingungen in ihrer koreanischen Heimat. Die größte Zahl kam während der kolonialen Besetzung durch die Japaner im 20. Jahrhundert. Nach Angaben im Museum der koreanischen Minderheit in Yanji, einer kreisfreien Stadt in der autonomen Region Yanbian, wuchs die Zahl von etwa 200 000 im Jahr 1911 auf 1,6 Millionen im Jahr 1945.

Es lohnt sich, vor der Einreise nach Nordkorea ein wenig Zeit in dieser Gegend zu verbringen. Oft bestehen noch unmittelbare familiäre Verbindungen der Ausgewanderten in das nahe gelegene Land der Ahnen. Diese Menschen haben das, was sonst kaum jemand bieten kann: aus Sprachbeherrschung und Verwandtschaftsbeziehungen resultierende Insiderkenntnisse über die Lage im Land *und* die Bereitschaft, relativ offen darüber zu sprechen. Kein Wunder, dass die Dichte an ausländischen Journalisten und wohl auch an Geheimdienstmitarbeitern in dieser Gegend besonders hoch ist.

Einer meiner Gesprächspartner, nennen wir ihn Herr Kang, erzählte mir Ende 2015 seine Geschichte, die in vielerlei Hinsicht beispielhaft ist und auch erkennen lässt, wie viel man hier über Nordkorea lernen kann.

Sein Vater kam 1928 im Alter von sieben Jahren nach China. Dort heiratete er und bekam zwei Söhne, von denen einer, Herr Kang, inzwischen an einer Universität in China tätig ist. Kangs älterer Bruder überschritt während der schwierigen Zeit zwischen Großem Sprung und Kulturrevolution Anfang der 1960er Jahre auf der Suche nach einem besseren Leben die Grenze zurück nach

Nordkorea, in die Heimat der Eltern. Er wohnt nun in Pjöngjang und hat einen nicht näher bezeichneten Posten im Staatsdienst. Vor einigen Jahren konnte Herr Kang seinen Bruder besuchen und traf ihn in einem Hotel in der Hauptstadt. Eine Visite bei ihm zu Hause war nicht zugelassen, allerdings sei das grundsätzlich kein Problem, so Herr Kang, wenn man rechtzeitig einen entsprechenden Antrag stelle. Die beiden Brüder hatten über die Jahre den Kontakt nicht abreißen lassen. Erst unterstützte der Bruder aus Nordkorea die Familie in China, aber in den letzten Jahren flossen die Transfers in die andere Richtung. Wenn Herr Kang seinem Bruder Geld zukommen lassen möchte, dann gibt es dafür verschiedene Möglichkeiten. Sie können sich direkt im Zollbereich an der Grenze treffen, was für den Bruder aus Pjöngjang allerdings nicht leicht ist, da er eine Reisegenehmigung braucht und weit fahren muss. Man nutzt daher oft die Dienste von Mittelsmännern, die dafür eine Gebühr kassieren.

Chinesen mit koreanischer Abstammung erhalten auf Antrag eine von beiden Regierungen akzeptierte Sondergenehmigung, mit der sie ohne Visum und nach nur wenige Tage dauernder Anmeldefrist nach Nordkorea einreisen dürfen, um dort ihre Verwandten zu besuchen. Umgekehrt kamen Ende der 1980er bis Ende der 1990er Jahre die nahe der Grenze zu China lebenden Verwandten aus Nordkorea regelmäßig nach China zu Besuch. Sie blieben zwischen zehn Tagen und einem Monat und kehrten zurück, nachdem sie genug Geld verdient hatten. Das waren entweder direkte Zuwendungen der Verwandten, oder sie sammelten in China alte TV-Geräte und Kühlschränke, um sie daheim zu verkaufen. Von den Einnahmen einer solchen Reise konnten sie dann ein Jahr lang in Nordkorea leben.

Auf die Frage nach den wirtschaftlichen Beziehungen zwischen beiden Ländern betonte Herr Kang zunächst die besondere Natur dieser Kontakte. Lange Zeit gab es keinerlei Grenzkontrollen, man konnte sich relativ frei in beide Richtungen bewegen. Nachdem in China ab Ende der 1970er Jahre die Reformpolitik einsetzte, wurde diese Freizügigkeit ein wenig eingeschränkt, aber noch immer war direkter Handel an der Grenze an der Tagesordnung. Aber während die Chinesen früher sehr an Kleidung interessiert waren, haben die Nordkoreaner aufgrund der steigenden Ansprüche der Chinesen heute nur noch sehr wenig, was sie verkaufen können. Geld kann man eigentlich nur noch mit Rohstoffen und mit Meeresfrüchten machen.

Seit einigen Jahren findet daher wirtschaftlicher Austausch primär durch die Entsendung nordkoreanischer Arbeitskräfte nach China statt, von denen es offiziell 50 000 gibt – Herr Kang geht aber von einer sehr hohen Dunkelziffer aus sowie von einem intensiven Arbeitskräfteexport nach Russland. Das passt zur Erzählung einer meiner Studentinnen, die während des Weihnachtsurlaubs 2016 in ihrer Heimatstadt in Sibirien im Haus ihrer Tante plötzlich auf zwei Handwerker aus Nordkorea traf, die dort etwas reparieren sollten. Sie erledigten das auch schnell und zur Zufriedenheit des Auftraggebers, waren allerdings wenig auskunftsbereit über die Details ihres Arbeitsverhältnisses. Man kann davon ausgehen, dass diese und andere Dienstleistungen in keiner offiziellen Statistik auftauchen.

Viele chinesische Unternehmen beginnen angesichts steigender Lohnkosten damit, ihre Produktion direkt nach Nordkorea zu verlagern, was wegen der geographischen Nähe und der Zweisprachigkeit vieler Chinesen und Koreaner in der Region relativ einfach ist. Allerdings muss das, außer in den Sonderwirtschaftszonen, immer im Rahmen von Joint Ventures passieren. Nach Einschätzung von Herrn Kang gab es 2014 in der Grenzregion zwischen der Provinz Jilin und Nordkorea etwa 150 gemeinsame Unternehmen, mit einem Investitionsvolumen von etwa 400 Millionen Euro. Ein mit Herrn Kang befreundeter chinesischer

Unternehmer hat umgerechnet 700 000 Euro investiert und produzierte 2014 in Nordkorea Hemden zum Stückpreis von 1,2 Yuan, das sind etwa 16 Cent. Die Löhne der Arbeiter in der Fabrik in Nordkorea lagen bei etwa 50 US-Dollar im Monat, während Chinesen damals etwa 350 US-Dollar verdienten. Nordkoreanische Arbeiter, die direkt nach China entsendet werden, bleiben in der Regel drei Jahre und verdienen 200 US-Dollar monatlich, worin allerdings auch die Kosten für Unterkunft und Verpflegung enthalten sind.

Ein interessantes Detail am Rande des Gespräches war, dass offenbar so etwas wie eine internationale Arbeitskräftekaskade entstanden ist. Neben den Lohnkosten ist nämlich einer der Gründe für den Arbeitskräfteimport aus Nordkorea, dass viele junge Menschen aus der Provinz Jilin und zum Teil auch aus der westlich an Jilin und Nordkorea angrenzenden Provinz Liaoning aufgrund ihrer Zweisprachigkeit relativ einfach eine im Vergleich zu China hervorragend bezahlte Arbeit in Südkorea finden. Sie fehlen daheim als Arbeitskräfte; diese Lücke füllen dann die Gastarbeiter aus Nordkorea.

Auf die Frage nach der grundsätzlichen Einschätzung der chinesischen Seite zum Stand der Reformen in Nordkorea dachte Herr Kang kurz nach, zog dann die Augenbrauen nach oben und sagte mit einem leichten Lächeln: »chaoxian meio deng xiaoping« (Nordkorea hat keinen Deng Xiaoping). Auf diplomatische und gleichzeitig sehr deutliche Art drückte er damit aus, dass sich zwar viel bewegt, aber der zu einem grundlegenden Wandel entschlossene Führer fehlt.

Das hat mich an ein anderes Gespräch in Nordkorea erinnert, als mir ein Einheimischer mit Bedauern sagte: »Wir haben keinen Zhou Enlai.« Gemeint war, dass es knapp unterhalb des obersten Führers einen ebenso kompetenten wie loyalen und mächtigen Mann geben sollte, der seinen Platz kennt und den Führer unterstützt, ihn aber auch von eventuellen Fehlentscheidungen abhält. Dass in Nordkorea eine »gute Nummer zwei« nötig sei, hatte ich zuvor auch schon in China gehört.

## Paektusan: Der heilige Berg

Man muss nicht lange in Korea sein, um festzustellen, dass die Koreaner ein ganz eigenes, enges Verhältnis zu ihren Bergen haben. Es wimmelt in den Legenden von Drachen, Geistern, Feen und allerlei Helden, die alle in einer Beziehung zu einem der vielen Berge stehen – und deren König ist der Paektusan.

Technisch gesehen handelt es sich um den Krater eines derzeit ruhenden Vulkans, der zuletzt 1903 ausbrach, aber neuerdings wieder zu erwachen droht. Der Krater ist mit Wasser gefüllt und bildet den ebenso heiligen, von schneebedeckten schroffen Gipfeln umrahmten Himmelssee Ch'ŏnji. Die Grenze zu China verläuft durch den See, sodass man ihn von beiden Seiten aus besuchen kann. Die Anreise von Nordkorea ist beschwerlich und wegen des rauen Wetters nur im Sommer möglich. Auf chinesischer Seite wird man ganzjährig mit allradgetriebenen Toyota-Geländewagen in halsbrecherischer Fahrt hinaufgefahren; die jungen Männer des in der Nähe liegenden Dorfes stellen hier ohne viel Rücksicht auf die angstvollen Blicke der Touristen ihre Vorstellung von Männlichkeit unter Beweis. Ich war jedenfalls froh, als ich heil wieder unten war.

Auf der anderen Seite der Grenze – ein Übertritt von China aus ist hier übrigens nicht möglich – ist der Paektusan eine Art nordkoreanisches Santiago de Compostela, der Endpunkt eine langen und beschwerlichen Pilgerreise. Auf dem letzten Kilometer führt eine Standseilbahn hinauf, aber bevor sie diese erreichen, wandeln junge und nicht mehr ganz so junge Revolutionäre mehr oder weniger freiwillig auf den Spuren der ruhmreichen Vorgänger quer durch das Land und dürfen so die Härten des Partisanenkampfes nachempfinden.

Etwa 25 Kilometer südöstlich des Gipfels liegt der See Samjiyŏn, der nicht nur einem der nordkoreanischen Tablet-Computer seinen politisch korrekten Namen gegeben hat, sondern auch Standort eines aus einer ganzen Reihe von Bronzefiguren bestehenden Großmonumentes ist. Wie viele andere solche Orte dient es der Erinnerung an die Befreiung des Landes durch Kim Il-sung. Das Errichtungsdatum 1979 deutet auf den Einfluss von Kim Jong-il hin, dessen Geburt in der Nähe eine wichtige Grundlage seiner Legitimität als Nachfolger seines Vaters darstellte.

Aufgrund der Kombination aus Naturschönheit und ideologischer Bedeutung sollte ein Besuch des Paektusan eigentlich weit oben auf der Liste eines an Nordkorea interessierten westlichen Besuchers stehen. Die schwierige Erreichbarkeit nebst allerlei Problemen mit der heimischen Reiseversicherung wegen des erforderlichen Inlands-Charterfluges sorgt allerdings dafür, dass vergleichsweise wenige Touristen hierherkommen.

## Namyang, Wangjaesan, Hoeryŏng

Im Kapitel zur Einreise habe ich schon erwähnt, dass man vom chinesischen Tumen aus die auf nordkoreanischer Seite gelegene Stadt Namyang zu Fuß erreichen kann. Das ist ein echtes Erlebnis und wirklich zu empfehlen, denn nirgends ist die Erfahrung des Grenzübertritts so unmittelbar wie hier, auf der kaum vier Meter schmalen und 500 Meter langen Betonbrücke mit dem aufgemalten gelben Grenzstreifen in der Mitte und den auf chinesischer Seite heilen, auf nordkoreanischer Seite zerbrochenen Laternen.

Im Zollhäuschen angekommen trifft man auf eines der seltenen

Gemälde, die Kim Il-sung und Kim Jong-il in Uniform zeigen; ansonsten sind sie nämlich, eigentlich erstaunlich angesichts der omnipräsenten martialischen Töne und der militärischen Titel der Führer, meist in Zivilkleidung abgebildet.

Besonders gut sichtbar ist an diesem Ort auch der Unterschied zwischen den dicht bewachsenen chinesischen Berghängen und der weitgehend abgeholzten nordkoreanischen Seite.

In Namyang gibt es einen überdimensionierten Bahnhof, vermutlich in Erwartung eines intensiveren Grenzverkehrs, und ein kleines revolutionäres Museum. Es wurde in einem ehemaligen japanischen Hotel aus der Kolonialzeit eingerichtet, in dem Kim Il-sung einst nächtigte. Der schattige, von Grünpflanzen überrankte Innenhof ist recht idyllisch, auch wenn der Eindruck von einer riesigen Erinnerungstafel aus Granit gestört wird. Hier erfährt der Reisende, dass Kim Il-sung an dieser Stelle im Jahr 1946 den vermutlich ziemlich erstaunten chinesischen Kommunisten mal eben kurz erklärte, wie sie die Nationalisten besiegen sollten, und zu diesem Zweck gleich noch 100 000 Gewehre stiftete. In anderen Worten, der Sieg von Maos Truppen über Chiang Kai-shek ist eigentlich das Verdienst des Großen Führers. Man darf annehmen, dass die Chinesen über solch steile Thesen nur bedingt amüsiert sind.

Betreut wird man in dieser Region übrigens, anders als in der Hauptstadt, von einem der Provinz unterstehenden Tourismusunternehmen, in der Regel der Chilbosan Travel Company. Das Grundprinzip entspricht dem in der Hauptstadt – zwei Guides, ein Fahrer –, aber die Reiseleiter aus der Provinz scheinen doch einen Deut enthusiastischer und interessierter zu sein als ihre abgebrühten Kollegen aus Pjöngjang, die außerhalb der Hauptstadt ohnehin jeden für ein unzivilisiertes Landei halten.

Von Namyang aus fährt man meistens erst einmal auf einer parallel zum Fluss verlaufenden staubigen Piste aus Lehm und gesäumt von unter Strom stehenden Grenzzäunen zum nahe gelegenen Wangjaesan-Monument. Das ist eine weitere Monstrosität aus Bronze und Granit, die mit ihrer Ebenmäßigkeit und sauberen Perfektion in dieser rustikalen Gegend besonders auffällt. Das Monument wurde, wie viele derartige Denkmäler, in den 1970er Jahren in Vorbereitung der Verkündung der Nachfolge durch Kim Jong-il errichtet und ist einer 1933 hier vom damals 21-jährigen Kim Il-sung gehaltenen Rede gewidmet. Die Bronzereliefs im Hintergrund erinnern an jene zu beiden Seiten des Mansudae-Monuments in Pjöngjang; auch hier werden die im Vordergrund heldenhaft kämpfenden Partisanen von der Zivilbevölkerung aufopferungsvoll unterstützt. Vom Hügel herab bietet sich ein schöner Blick über das Tal, immerhin. Das Monument ist auch der politisch korrekte Namensgeber einer sehr populären Gesangstruppe aus jungen und attraktiven Frauen. Böse Zungen sagen der Wangjaesan-Band sogar die Produktion anrüchiger Filmchen nach.

Danach geht die Fahrt weiter nach Hoeryŏng. Am Straßenrand fallen die ordentlichen Reihen pinkfarbener Kosmeen auf, einjähriger Blumen, die mit erheblichem Aufwand jedes Jahr neu gepflanzt werden, meist von Schulkindern. Ebenfalls auffällig sind die politischen Losungen, denn hier findet man vor allem weiße Schrift auf blauem, nicht wie sonst rotem, Grund. Es ist mir noch nicht gelungen, hierfür eine vernünftige Erklärung zu erhalten, aber vielleicht haben Sie ja mehr Glück. Im Landesinneren trifft man auf einige wirklich idyllisch gelegene Dörfer inmitten von Kiefernwäldern. Da könnte man fast vergessen, dass sich nach Angaben von Menschenrechtsorganisationen ganz in der Nähe einige der gefürchtetsten Gefangenenlager befinden.

In dieser Gegend wachsen vor allem Mais, Kartoffeln und Tabak; Reis findet man aufgrund der ungünstigen klimatischen und geographischen Bedingungen nur vereinzelt in Flusstälern.

Hoeryŏng, das etwa 60 Kilometer südlich von Namyang ebenfalls am chinesisch-nordkoreanischen Grenzfluss Tuman (chinesisch Tumen) liegt, ist in Nordkorea vor allem dafür bekannt, dass hier am 24. Dezember 1919 Kim Jong-suk geboren wurde, die Mutter von Kim Jong-il. Das Geburtshaus, das sich praktischerweise in wunderschöner Lage in einem Park am Stadtberg befindet, ist ebenso wie die Geburtsorte ihres Ehemannes und ihres Sohnes eine Wallfahrtsstätte. Es ist eine mit Stroh gedeckte Lehmhütte, in Fachwerkbauweise errichtet. Auffallend ist, wie auch andernorts im Nordosten, der im Vergleich zum Südwesten deutlich längere Holzschornstein. Dieses Detail ist durch die im Nordosten stärker wehenden Winde zu erklären.

Auf dem Berg steht eine Bronzestatue der Dame, deren offizieller Titel »Antijapanische Heldin, Mutter Kim Jong-suk« lautet. Hier darf man sich wieder einmal verneigen. Dabei blickt man auf den Sockel des Denkmals und weiß jetzt, dass es 1978 errichtet wurde. Erneut weist das Datum auf die Vorbereitung der Nachfolge durch Kim Jong-il hin.

Zum Besichtigungsprogramm gehört eine Schule, in der die Kinder bemerkenswert gut Englisch sprechen. Das würde man in der Provinz eigentlich nicht vermuten. Die Kids sind gut vorbereitet, aber eben auch neugierig. Über Politik kann man mit ihnen nicht reden, aber fragen Sie doch nach den Zukunftsplänen, den Berufen der Eltern oder der liebsten Fußballmannschaft. Es ist ganz hilfreich, wenn man etwas Anschauungsmaterial von zu Hause mitbringt, um ins Gespräch zu kommen – das können zum Beispiel Fotos sein.

Am Tuman queren jede Menge chinesische Lastwagen die Grenze, und man fragt sich, ob dieser Warenaustausch in irgendeiner offiziellen Statistik auftaucht. Am Ufer harrt ein altes Holzboot mit revolutionärer Geschichte der Besucher. Wirft man einen Blick hinüber nach China, erkennt man auf einem dicht bewaldeten Hügel einen Aussichtspavillon. Noch einer; Nordkorea wird für die Chinesen offenbar zur Kuriosität.

Weiter geht die Fahrt von Hoeryŏng aus Richtung Süden, zur Küste des Ostmeeres. Etwa auf halbem Weg nach Ch'ŏngjin passiert man die Orte Komusan und Puryŏng. Hier gab es, so wird mir erzählt, nach der Befreiung durch die sowjetische Armee ein Lager für japanische Kriegsgefangene. Viele haben den Aufenthalt wohl nicht überlebt. Heute ist daraus ein zweifelhaftes Geschäft geworden, denn zum Preis von 50 000 US-Dollar pro Leichnam dürfen Japaner die sterblichen Überreste bergen und in die Heimat zurückführen.

## Ch'ŏngjin: Industrie- und Hafenstadt

Ch'ŏngjin erreicht man auf nicht befestigten, aber trotzdem außerhalb der Regenzeit recht gut befahrbaren Straßen, vorbei an kleinen Pumpstationen zur Bewässerung und Mini-Wasserkraftwerken zur lokalen Stromversorgung. Dass man der Stadt näher kommt, merkt man an zahlreicher werdenden mobilen Verkaufsständen, die bevorzugt an Kreuzungen, auf Hügelkuppen, vor Eisenbahnüberführungen oder vor militärischen Checkpoints errichtet sind. Hier können Nordkoreaner kleine Snacks, Getränke und Zigaretten erwerben, im Sommer verkaufen Frauen aus großen isolierten Boxen die im ganzen Land beliebte »Eskimo«-Eiscreme. In kleinen Flüssen waschen andere Frauen mühsam mit der Hand die Wäsche oder holen Wasser, da viele Häuser auf dem Land noch nicht über eine Wasserversorgung verfügen. In der Nähe der Küste sieht man lange Reihen von Tintenfischen, die zum Trocknen in der Sonne hängen.

Ch'ŏngjin ist die Hauptstadt der Provinz Nord-Hamgyŏng und die drittgrößte Stadt Nordkoreas. Bei uns ist sie zu trauriger

Berühmtheit gelangt, weil sich hier die meisten Schicksale der im Buch von Barbara Demick *Nothing to Envy* verewigten Menschen abspielten, die während der Hungersnot Mitte der 1990er Jahre um ihr Überleben kämpften. Die Versorgungslage ist heute deutlich besser, aber eine Schönheit ist die Stadt noch immer nicht. Das ist eigentlich schade, denn Ch'ŏngjin liegt direkt am Ostmeer mit seinem glasklaren Wasser und den langen Stränden. Es gibt einen Hafen, aber von Seefahrerromantik ist nicht viel zu spüren. Die Stadt wird vom Stahlwerk »Kim Ch'aek« dominiert, dessen Vorgänger während der Kolonialzeit vom japanischen Konzern Nippon Steel gebaut wurde. Kim Ch'aek, eigentlich Kim Hong-gye, war ein Kamerad von Kim Il-sung aus der Partisanenzeit. Er starb während des Koreakrieges. Der Große Führer muss ihn sehr gemocht haben, denn nach Kim Ch'aek sind neben dem Stahlwerk sogar eine nahe gelegene Stadt (sein Geburtsort) und die führende Technische Universität des Landes benannt.

In neuerer Zeit kommt Ch'ŏngjin vor allem seine strategische Lage zugute. Ähnlich wie P'yŏngsŏng an der Westküste dient die Stadt als Tor und Verteilzentrum für chinesische Waren. Nicht umsonst gibt es hier ein chinesisches und ein russisches Generalkonsulat. Menschenrechtsorganisationen berichten von mindestens zwei Straflagern in der Nähe der Stadt.

Davon bekommen westliche Reisende allerdings nichts mit. Stattdessen verneigt man sich brav und routiniert vor der Doppelstatue der verstorbenen Führer auf dem zentralen Platz, bevor man die nebenan gelegene Elektronische Bibliothek besucht. Der Name verspricht nicht zu viel: Sie ist modern eingerichtet und hat eine große Zahl an Computerarbeitsplätzen. An der Wand prangt meterhoch in Gold auf grünem Grund der Ausspruch von Kim Jong-il aus dem Jahr 2009, wonach man mit den Beinen fest auf dem eigenen Boden stehen, die Augen aber der Welt zuwenden soll. Auf den Computern scheint eine deutschsprachige

Windows-Version zu laufen, denn man wird in deutscher Sprache zum »Passwort eingeben« aufgefordert. In einem anderen Raum erlernen junge Männer die Handhabung des Programms »Autodesk 3ds Max« zum Modellieren und Rendern von dreidimensionalen Objekten.

Im Stadtbild sieht man noch vereinzelt qualmende Lkw mit Holzvergaser, Trolleybusse und sogar eine Straßenbahnlinie, bislang die einzige außerhalb der Hauptstadt. Doch auch ein Ochsenkarren kann hier schon einmal die Straße überqueren, denn die schmale Küstenebene wird intensiv landwirtschaftlich genutzt und der Übergang zum Stadtkern ist fließend. Alles wirkt etwas schmuddeliger als im herausgeputzten Pjöngjang.

Zum Besichtigungsprogramm gehört eine Show im Betriebskindergarten des Stahlwerkes. Wie schon beim Pionierpalast in Pjöngjang und bei ähnlichen Veranstaltungen in anderen Bildungseinrichtungen erfüllt mich der Besuch immer ein wenig mit Widerwillen. Dass selbst die kleinsten Kinder auf Perfektion gedrillt werden, ist zwar beeindruckend, aber auch befremdlich. Der Kauf von Süßigkeiten ist obligatorisch.

Zum Essen gehen Ausländer derzeit meist in den Seemannsclub. Anders als der Name vielleicht nahelegt, trifft man hier kaum ausländische Seeleute an, da im Hafen nicht viel los ist – vorsichtig gesagt. In diesem Haus hat übrigens der in Kapitel 1 erwähnte Jeffrey Fowle unklugerweise seine Bibel hinterlegt. Der Club ist ein mehrstöckiger Gebäudekomplex mit Sauna, Souvenirladen und großem Restaurant. Letzteres scheint auch bei Einheimischen beliebt zu sein, jedenfalls ist es immer gut besucht. Das Essen ist in Ordnung, nicht zuletzt deshalb, weil auch hier in der Provinz quasi-private Restaurants zu mehr Konkurrenz und damit steigender Qualität geführt haben.

Eines Abends erklärte mir unser örtlicher Reiseleiter, dass er aufgrund seines Vertrauens in mich und des bisher tadellosen

Verhaltens meiner Gruppe etwas ganz Neues und Einzigartiges probieren wolle. Meine erwartungsvolle Nachfrage ergab, dass wir bei nahezu völliger Dunkelheit nach dem Abendessen eine Nachtwanderung von einigen hundert Metern durch die Stadt machen würden. Mit leuchtenden Augen sah mich der Guide erwartungsvoll an. Ich zeigte mich gebührend beeindruckt und erfreut.

In jedem anderen Land wäre dies keine Erwähnung wert, aber in Nordkorea ist so ein Spaziergang in der Tat ein ziemliches Risiko für den Reiseleiter. Er hat wohl eine Menge Überzeugungsarbeit bei seinen Vorgesetzten leisten müssen. Doch schließlich, so erklärt er mir, müsse man den Gästen etwas bieten, und da seien Innovationen und Mut gefragt. Na bitte; willkommen im neuen Nordkorea.

Zu den weiteren »spektakulären« Besichtigungsoptionen gehört übrigens eine Fahrt mit dem Trolleybus. Dieser kam allerdings eigens für uns aus dem Depot, war völlig leer und anders als die regulären Busse liebevoll mit ein wenig vergilbten spitzenbesetzten Gardinen dekoriert. Aber immerhin, meine Gruppe hat so ein Gefährt einmal von innen gesehen.

Wer die Wahl hat, sollte versuchen, nicht im Ch'ŏngjin-Hotel, sondern im viel besser ausgestatteten und direkt hinter dem Hafen gelegenen Ch'ŏnmasan-Hotel zu nächtigen. In der Nähe gibt es auch die Möglichkeit, ein öffentliches Bad zu besuchen. Aber Vorsicht! Wer sich das wie ein japanisches *Onsen* oder ein südkoreanisches *JJimjilbang* vorstellt und ein kollektives Erlebnis erwartet, ist auf dem Holzweg. Man bekommt eine einzelne Zelle zugewiesen, die ein wenig wie einem Horrorroman entsprungen zu sein scheint: rostige Leitungen, angeknackste Kacheln, Neonlicht, von den Wänden blätternde Farbe, Tropfgeräusche … Drinnen kann man ein Becken mit Thermalwasser befüllen. Die Temperatur lässt sich nicht regeln. Ich hatte kein Thermometer dabei, aber das Wasser war wirklich sehr, sehr heiß. Ich konnte nicht einmal die Füße hineinstecken, das ist also eher etwas für im wahrsten Sinne des Wortes Hartgesottene. Der Rest spart sich die 30 Renminbi besser.

Im Museum von Ch'ŏngjin kann man ein Phänomen beobachten, das mittlerweile fast in ganz Nordkorea verbreitet ist: die sogenannten *kuho namu* oder »Losungsbäume«. Sie sind Teil der von Kim Jong-il um das Jahr 1980 herum initiierten Kampagne, die das Erbe des antijapanischen Kampfes bewahren und die überragende Rolle der Familie Kim herausstellen soll. Noch heute »finden« Patrioten in den Bergen solche Bäume, deren Rinde abgeschält wurde, um Losungen wie »Lang lebe General Kim Il-sung« einzuritzen oder aufzumalen. Sagen wir es einmal so: Wenn die Losungen alle echt sein sollen, dann muss die Handvoll Partisanen damals rund um die Uhr Bäume verziert haben und kann kaum zum Kämpfen und zum Schlafen gekommen sein. Allein in der Umgebung von Ch'ŏngjin gibt es 3000 Losungsbäume, wie dem Besucher treuherzig erklärt wird.

Im Jahr 1998 kam es in diesem Zusammenhang zu einem Zwischenfall. Siebzehn Soldaten – zehn Männer, sieben Frauen – kampierten aus nicht näher bezeichneten Gründen im Wald, als ein Brand ausbrach. Heldenhaft bedeckten sie die Losungsbäume mit ihren Körpern, wie man auf Ölgemälden erkennen kann. Sie ließen dabei ihr Leben, retteten aber die Losungen, was sie zu Helden machte, deren Namen und Gesichter heute jedes Kind in Nordkorea kennt. Mag sein; der Patriotismus der meisten Nordkoreaner ist meiner Einschätzung nach wirklich echt. Vielleicht war es auch nur ein tragischer Unfall, den die verzweifelten Eltern der Jugendlichen im Nachhinein in eine Heldentat umgemünzt haben. Wer weiß.

## Das Ch'ilbo-Gebirge: Kleinod an der Ostküste

Von Ch'ŏngjin geht die Fahrt nach Süden. Endlich sieht man, wie schön die Ostküste Koreas ist, die landschaftlich den Vergleich mit der Mittelmeerküste in Südfrankreich nicht scheuen muss. Steile Felsen stürzen ins türkisfarbene Wasser hinab. Man sieht ein paar Fischerboote, idyllisch gelegene Dörfer, einsame Sandstrände und sich die Hügel hinaufwindende Straßen. Allerdings sind wir hier in Nordkorea, daher passiert man zwangsläufig revolutionäre Stätten – also Orte, an denen das eine oder andere Mitglied der Familie Kim etwas getan oder gesagt hat.

Doch auch hier kann dem Besucher Bemerkenswertes zu Ohren kommen. So wurde mir in Kyŏngsŏng berichtet, dass Kim Il-sung hier 1947 einige Zeit gewohnt hat. Dafür habe man den reichen Besitzer des Hauses »ausgesiedelt«. Kim Il-sungs kolportierte Reaktion ist interessant. Denn als er von der Aussiedlung erfuhr, habe er Erkundigungen eingezogen und danach die verantwortlichen Kader kritisiert. Der Mann, so sagte der Führer, sei zwar Kapitalist, aber auch Patriot, und daher einer von den Guten. Entsprechend müsse er behandelt werden. Das erinnert sehr an den Pragmatismus von Chinas Deng Xiaoping, der für seinen Ausspruch »Egal ob eine Katze schwarz oder weiß ist, Hauptsache, sie fängt Mäuse« bekannt ist. Es ist besonders auffällig, dass man diese Anekdote von Kim Il-sung gerade jetzt erzählt, zu einer Zeit, in der offensichtlich überall im Land marktwirtschaftliche Aktivitäten Fuß fassen.

Auf der Fahrt entlang der Küste schaut man abwechselnd auf die hohen Sendemasten des auch hierher reichenden Mobilfunknetzes, auf Solarzellen und kleine Häuschen, fliegende Händlerinnen, die Obst, Zigaretten und Snacks verkaufen, und auf die Fahrradfahrer, die mit angestrengtem Gesicht ihre vollgepackten Räder endlos scheinende Bergstraßen hinaufschieben. Es wird

Zeit, denkt man sich, dass hier die im weitgehend flachen Pjöngjang so zahlreichen E-Bikes verfügbar werden.

In regelmäßigen Abständen sind an den Straßen Steinmarkierungen angebracht, die ausweisen, welche Gemeinde für die Instandhaltung zuständig ist. Am Straßenrand sind kleine Erdhügel aufgeschüttet, mit denen bei Bedarf Schlaglöcher und Bodenwellen aufgefüllt werden – alles in Handarbeit. Das sollte man bedenken, bevor man sich über die Schaukelei bei der Busfahrt beklagt. Vielerorts begegnen einem Spuren von Bergbau, der hier sehr aktiv betrieben wird. Mit etwas Glück sieht man in den Flüssen sogar Goldsucher beim Auswaschen ihrer Pfannen. Ab und zu fährt ein Zug vorbei. Am Wegrand sind Plakate platziert, auf denen zum Schutz der Umwelt und zur Aufforstung aufgerufen wird.

Untergebracht wird man, sofern man nicht Amerikaner ist, in der Regel im in Kapitel 4 erwähnten Homestay Village. Von hier aus macht man Ausflüge ins Ch'ilbo-Gebirge. Wie auch der Kümgangsan ist es in einen inneren, einen äußeren und einen See-Teil untergliedert. Im Prinzip handelt es sich um einen riesigen Vulkankrater, der dicht mit Vegetation bedeckt ist und aus dem die Erosion sehr schön anzusehende Strukturen herausgeschnitzt hat. Die Übersichtskarte wurde übrigens vom Mansudae-Kunststudio hergestellt, und zwar in der sogenannten *posŏkhwa*-Technik, bei der aus Halbedelsteinen gewonnene Farbpigmente auf einen klebrigen Untergrund aufgetragen werden.

Im Herbst findet man hier einen *songibŏsot* genannten Pilz aus der Gattung der Hallimasche, auch bekannt als Matsutake. Er ist auch roh genießbar und kann in China, je nach Herkunft und Größe, exorbitante Preise im Bereich mehrerer hundert Euro erzielen. Er schmeckt recht gut, das sage selbst ich als Nicht-Pilzesser, und wird zu verschiedenen Produkten verarbeitet, darunter ein sehr empfehlenswerter Likör.

Im Winter soll es hier besonders schön sein, weil es an der Ostküste neben den im ganzen Land herrschenden eisigen Temperaturen bedingt durch die Nähe zum Pazifik auch meterhohen Schnee gibt. Dieser verhindert zusammen mit den schlecht ausgebauten Straßen allerdings weitgehend eine touristische Nutzung in der kalten Jahreszeit. Man kann hier jedoch, kein Scherz, Helikopterski fahren, so erklärt es jedenfalls unser komplett in Adidas gekleideter und mit stylischer Ray-Ban-Sonnenbrille ausgerüsteter örtlicher Reiseführer.

Im Sommer hingegen läuft das Geschäft, und es soll weiter ausgebaut werden. An einem besonders schönen Küstenabschnitt mit einem locker gewachsenen Kiefernwäldchen und langem Sandstrand wird ein großes neues Hotel gebaut, das bald Tausende von chinesischen Touristen beherbergen soll. Mit dem Zug können sie bis Myŏngch'ŏn fahren und von dort weiter mit dem Bus über die Berge bis zur Küste – wenn nur Chinas Beteiligung an den Sanktionen keinen Strich durch diese Rechnung macht.

## Sonderwirtschaftszone Rasŏn: So viel möglich, so viel versäumt

Diese 800 Quadratkilometer mit etwa 170 000 Einwohnern sind einer der außergewöhnlichsten Orte von Nordkorea, in mehrfacher Hinsicht. Schon die Geschichte ist interessant; bereits seit 1991 gibt es hier nämlich, zumindest dem Namen nach, eine Freihandelszone, die 2010 zur Sonderwirtschaftszone erhoben wurde. Einst ein von der UNIDO, einer Entwicklungsorganisation der Vereinten Nationen, gefördertes Projekt, wollte man hier vor allem Investitionen aus Japan ansiedeln. Auch galt die Lage im Dreiländereck aus Nordkorea, China und Russland als Standortvorteil. In der Hoffnung auf mehr administrative Effizienz hat man die vormals separaten Städte Rajin und Sŏnbong zu einer neuen,

Rasŏn genannten Einheit verschmolzen, die heute Namensgeber der Sonderwirtschaftszone ist.

Nach dem fast völligen Erliegen der Wirtschaftsbeziehungen mit Japan um 2002 wurden die Südkoreaner zur Hauptzielgruppe der Zone. Diese halten sich allerdings zurück, auch wenn es einige halblegale Geschäfte mit Chinesen als Strohmänner gibt. Böse Zungen behaupten, dass Seoul nach einer kurzen Phase des Tauwetters und der Kooperation von 1998 bis 2008 erneut, wie schon Anfang der 1990er, auf einen Zusammenbruch Nordkoreas wartet und nichts tun möchte, um diesen hinauszuzögern. Hauptsächlich werden es aber die Bündnistreue zu den Amerikanern und die Angst vor Strafe bei Verletzung der geltenden Sanktionen sein, die Südkorea diese Chance nicht nutzen lassen.

So sind es Chinesen, die die Zone dominieren. Der aus der japanischen Kolonialzeit stammende Hafen von Rajin wurde modernisiert und je ein Pier an China und an Russland verpachtet. Beide Nachbarn haben Verkehrswege gebaut, um von ihrem Territorium aus den Standortvorteil des eisfreien Tiefseehafens nutzen zu können: Die Russen erneuerten eine Eisenbahnstrecke, und die Chinesen bauten eine zweispurige Betonstraße. Für die ausländischen Unternehmen gibt es ein eigenes Kraftwerk; wenn der Strom ausbleibt, muss der Betreiber den Firmen Strafe zahlen, was nach Aussage örtlicher Quellen zu einer stark erhöhten Arbeitsmoral geführt hat. Außerdem bemüht man sich intensiv, das ursprünglich auf importiertes Öl ausgerichtete »Kraftwerk des 16. Juni« auf heimische Kohle umzustellen.

Gefühlsmäßig kommt man sich ein wenig wie im Wilden Westen vor, der hier wohl Wilder Osten heißen müsste. Alles läuft etwas unkonventioneller ab, man trifft skurrile Typen, und es scheint vieles möglich, was im Rest des Landes undenkbar wäre. Andererseits ist das hier noch immer ein echtes Stück Nordkorea, keine künstliche Welt wie die Industriezone bei Kaesŏng. Das macht den besonderen Reiz von Rasŏn aus, zumal es auch noch »normale« touristische Attraktionen zu sehen gibt.

Schon die Einreise ist interessant. Man kann von China aus direkt hierherfahren, Chinesen sogar mit ihren Privatautos; man sieht die blauen Nummernschilder überall im Stadtbild. Westliche Touristen kommen meist vom südlich gelegenen Ch'ŏngjin aus per Bus über die Küstenstraße. Ein dreisprachiges Straßenschild verkündet dort auf Koreanisch, Chinesisch und Englisch, dass man nun nach Rasŏn einreist. Man muss den Bus wechseln und erhält neue Guides, die einen entweder schon in Ch'ŏngjin abholen oder an der Zonengrenze treffen. Es gibt eine Passkontrolle, allerdings keinen Stempel. Eine separate Genehmigung ist nicht erforderlich, auf dem Visum sollte aber als Ort der möglichen Ausreise Wŏnjŏng vermerkt sein, wenn man von Rasŏn aus direkt nach China zurück möchte.

Rasŏn hat eine Reihe von Hotels, die in Kooperation mit dem Ausland entstanden sind, gemeinsam betrieben werden und daher einen entsprechenden Standard bieten. Ich wohne trotzdem gern in der alten japanischen Herberge am zentralen Platz von Rajin. Zwar ist hier alles ein wenig abgenutzt, und weder heißes Wasser noch Strom sind immer ganztägig verfügbar, aber man ist mittendrin im Herzen der Stadt. Am Abend treffen sich hier die Einheimischen, um gemeinsam auf dem großen, über dem Hoteleingang montierten Bildschirm Filme aus dem aktuellen Programm des staatlichen Fernsehsenders zu sehen.

Gelegentlich werden auf dem Platz Konzerte veranstaltet; im Herbst 2015 kam die P'ipada-Band eigens aus der Hauptstadt hierher, um die am Wiederaufbau nach einer kurz zuvor über die Gegend hereingebrochenen Flut beteiligten Helfer zu motivieren. Der Name der Truppe ist viel martialischer als ihre eher schnulzenhaften Lieder. *P'ipada* ist der Name einer der bekanntesten nordkoreanischen Revolutionsopern und bedeutet »Meer aus Blut«. Der volltönende Bariton des Sängers hatte es vor allem den Damen reiferen Alters angetan. Sie sprangen auf und tanzten spontan und mit glücklich-entrückten Gesichtern vor der Bühne. Echte Lebensfreude – ein schönes Erlebnis für uns westliche Reisende, die wir uns sonst immer ein wenig wie in einer isolierten Blase vorkommen.

In Rasŏn ist nicht alles anders. Es gibt es kaputte Straßen, Ochsenkarren, Kinder mit roten Halstüchern auf dem Weg zur Schule, Losungen an den Wänden und Propaganda, die aus Lautsprechern plärrt.

Man findet hier aber auch die Golden Triangle Bank, in der Touristen ebenso wie im Kwangbok-Einkaufszentrum von Pjöngjang ganz legal ihre Euros zum am Eingang tagesaktuell angeschlagenen Marktkurs in gültige nordkoreanische Geldscheine umtauschen können. Ich betone »gültig«, weil man andernorts Touristen gern die 2009 entwerteten Scheine verkauft, die aber nur als Souvenir taugen.

Ein wenig abseits der Stadt Richtung Norden erhebt sich einsam an der Küste das von Hongkonger Investoren erbaute Emperor-Hotel, das mit seinem echten westlichen Fünf-Sterne-Standard nicht in die Gegend zu passen scheint. Einziger Daseinszweck der Enklave ist das angeschlossene Kasino, in dem zumeist chinesische Kunden ihr Geld verspielen, sofern die dortigen Behörden nicht mal wieder die Einreise untersagt haben. Das Hotel besitzt sogar eine eigene Tankstelle und ein Wohnheim für die Angestellten. Dieser Ort hat mit Nordkorea denkbar wenig zu tun.

Nebenan erfährt man, dass ein chinesischer Immobilienspekulant, der ein Filetgrundstück an der Küste gekauft, aber die versprochenen Investitionen nicht geliefert hat, abgefunden und enteignet wurde. An einem Gebäude steht die Losung »Außenhandel zuerst«. Am Hafen treffe ich einen russischen Seemann, der neugierig herauskommt, als ich etwas auf Russisch in sein Schiff hineinrufe. Er beschwert sich grummelnd über das Fehlen von Wodka und Frauen in dieser Stadt und verschwindet wieder.

Die sonst üblichen Beschränkungen beim Fotografieren gelten hier nicht, es sei denn, man hat das Pech, eine junge und frisch ausgebildete Führerin zugewiesen zu bekommen. Dies ist mir bei meiner zweiten Reise hierher passiert; eine echte Spaßbremse, die ihre Unsicherheit mit dem punktgenauen Befolgen aller Regeln und vor allem dem Fehlen jeder Risikobereitschaft kompensiert hat. Solche Leute gibt es überall. Es ist daher empfehlenswert, mit einem Veranstalter zu reisen, der die Guides kennt und dafür sorgt, dass der Gruppe solche »Nieten« nicht zugewiesen werden. Ebenfalls ungewöhnlich: Man erhält in Rasŏn weitgehend glaubhafte Informationen, etwa zum Lohnniveau in einer der auf dem Besuchsprogramm stehenden Textilfabriken.

Rasŏn ist auch einer der wenigen Orte in Nordkorea, in denen man einen echten Markt besuchen kann. Insgesamt zehn soll es hier geben. Der für Touristen zugängliche Markt befand sich früher in einem ebenerdigen, an den Seiten offenen Gebäude. 2015 erfolgte der Umzug in einen neuen, modernen Komplex, der an ein westliches Outlet-Center auf dem Lande erinnert. Schade für die Touristen, doch die Einwohner wird es freuen. Ein großer Parkplatz, zweistöckige Gebäude mit großen Schaufenstern, asphaltierte Straßen und Wege lassen den Begriff »Markt« etwas überholt erscheinen. Drinnen sind die Stände der Händlerinnen auf zwei Etagen sauber nebeneinander aufgebaut. Die Nutzungsrechte kaufen die Inhaber vom Staat, und sie können diese auch weiterverkaufen. Für die Güterpreise gibt es eine vom Staat gesetzte Obergrenze, ansonsten besteht weitgehende Freiheit.

Es herrscht markttypisches Chaos: Waren aller Art werden den entlangschlendernden Kunden lauthals angepriesen, ebenso laut wird verhandelt. Nach all der Ordnung und Disziplin im Rest des Landes kommt man sich am Ende doch noch so vor, als wäre man in Ostasien. Die Preise sind in chinesischen Renminbi angegeben. Eine Umrechnung in die Landeswährung dauert ihre Zeit, damit zahlt hier offensichtlich niemand. Das Angebot ist so reichhaltig, wie es die Lieferanten aus China möglich machen – mit anderen Worten, es gibt alles, was das Herz begehrt und der Nordkoreaner sich leisten kann. Entsprechend findet man viele preiswerte Produkte: Lebensmittel, Kleidung, Schuhe, Haushaltswaren und vieles mehr. Ein Kilo Bananen kostet zwei Euro; das ist allerdings für die meisten Leute hier zu teuer, für denselben Preis erhält man drei Kilo Reis.

Vor dem alten Markt habe ich auch Dutzende Schwarzhändlerinnen ohne Lizenz gesehen, die beim Auftauchen der Staatsorgane schnell ihre Waren zusammenrafften und verschwanden, nur um zehn Minuten später wieder an ihren alten Plätzen zu sitzen.

Es gibt natürlich auch – das ist schließlich immer noch Nordkorea – revolutionäre Stätten zu besichtigen, sowie eine Doppelstatue der Führer. Zeit zum Verbeugen, letztmalig vor der Ausreise. Im nebenan liegenden Kulturhaus kann man sich eine der üblichen Kinderperformances ansehen, wenn man davon noch nicht genug hat.

Einen Ausflug zur per Auto über eine schmale Landzunge erreichbaren Pip'a-Insel sollten Sie durchaus in Betracht ziehen. Mit einem Küstenschiff wird man von hier aus direkt zu den nicht weit entfernten Felsen im Meer gebracht, auf denen Seelöwen sich die Sonne auf den Pelz scheinen lassen. An Bord weist eine handgeschriebene Tafel die koreanische Besatzung darauf hin, dass die Monate August und September Monate der erhöhten Schiffssicherheit sind. Das hört sich vertrauenerweckend an. Die Guides füttern indes fleißig die Möwen mit Brot; so viel zum Thema Hunger. Wer wie ich drei Jahre an der Ostsee gelebt hat, der weiß allerdings, dass sich diese Tierliebe bitter rächen kann. Denn was hineingeht, muss auch wieder hinaus – also hält man besser Abstand, sonst gibt es hässliche weiße Flecken auf der Kleidung. Der Käpt'n steuert inzwischen seinen rostigen Seelenverkäufer stoisch und sicher zurück an Land.

Oft trifft man auf der Insel auf Hochzeitspaare, die mit unsicherem Lächeln ihre *tour de force* der Hochzeitsfotos absolvieren, im Tross eine lärmende Meute aus Freunden und Verwandten, die im Gegensatz zum gestressten Brautpaar richtig viel Spaß zu haben scheinen. Auch hier ist das übliche Heiratsalter Ende zwanzig bei den Männern und Mitte zwanzig bei den Frauen, bedingt durch den Militärdienst. Wenn man höflich fragt, darf man die Brautpaare fotografieren; zu einem »Gruppenfoto mit Ausländer« wird man allerdings, anders als in China, nur selten genötigt.

Am südlichen Ende der Bucht liegt die Rasŏn-Taehŭng-Handelsgesellschaft, eine relativ neue Fabrik für Meeresfrüchte. In großen flachen Becken werden hier Muscheln gezüchtet, in der Halle nebenan wird der Fang der am eigenen Pier anlegenden Fischerboote verarbeitet. Ein chinesischer Gasherd steht bereit, um die Delikatessen an Ort und Stelle frisch zubereitet den Touristen zu servieren. Mein persönliches Highlight im angeschlossenen Souvenirladen ist der »Satellitenschnaps« *(wisŏngsul),* der stilecht in einer nach dem Vorbild der Ŭnha-3-Rakete geformten Flasche verkauft wird.

Zurück in der Stadt sollte man sich noch ein Bier in der Tschechischen Bierbar gönnen. Dort wird tatsächlich echtes tschechisches Bier ausgeschenkt, produziert mit einer von Zvu Potez gelieferten Anlage. Angeblich ist das Gebräu für Nordkoreaner kostenlos, dahinter stehen aber wohl in den Betrieben ausgegebene Coupons, denn überfüllt ist der Laden nicht. Wir Ausländer zahlen für unser Bier, dafür ist der Preis mit unter einem Euro pro halbem Liter moderat, und es schmeckt wirklich wie in Pilsen.

Man verlässt die Stadt in Richtung Norden, durch den Landkreis und den Ort Sŏnbong hindurch und vorbei an einer riesigen

Raffinerie, die in den 1970er Jahren und damit vor der Implosion des sozialistischen Lagers zur Verarbeitung von sowjetischem Rohöl gebaut wurde. Sie ist seit Jahrzehnten außer Betrieb, abgesehen von einer kurzen Wiederbelebung nach 1994, als die Amerikaner im Gegenzug für die Einstellung des Atomprogramms Öl lieferten – bis das Abkommen platzte. Ein kleines Team hält die Anlage so gut es geht instand, um für eine aktivere Zukunft gerüstet zu sein. Derzeit sieht es allerdings nicht so aus; erst Anfang 2017 hat sich ein mongolisches Unternehmen aus der Exploration von Rohöl vor der Küste Nordkoreas zurückgezogen, weil der nordkoreanische Partner von den USA auf die Sanktionsliste gesetzt wurde.

Nördlich von Rasŏn, in Sichtweite Russlands und Chinas, befindet sich in einer steppenartigen Landschaft das schönste WC Nordkoreas. Gut, deswegen fährt man hier natürlich nicht her. Eigentlicher Grund des Besuches ist der Sŭngjŏn'gak genannte Pavillon des »Sieges im Krieg«, bei dem es ausnahmsweise einmal nicht um Kim Il-sung geht, sondern um einen gewissen Ri Sun-shin, der im 16. Jahrhundert an diesem Ort einen Angriff der aus dem Norden kommenden Jurchen abwehrte. Bekannt wurde Ri (in Südkorea schreibt man ihn Yi) als Admiral, der Koreas Ehre im ansonsten nicht sehr erfolgreich verlaufenen Kampf gegen die japanischen Invasoren unter Toyotomi Hideyoshi rettete. Der arme Admiral Ri hatte es übrigens nicht leicht; er wurde mehrfach Opfer höfischer Intrigen, trotz oder sogar wegen seiner Siege, und starb im Gefecht. Seiner wird in einem im traditionellen Stil aus Holz errichteten Schrein gedacht. Nebenan ist eine Aussichtsplattform, auf der man schön picknicken kann. Angeschlossen ist besagtes WC, das an Decke, Boden und Wänden komplett mit Tausenden von schwarzen, braunen und weißen Muscheln verschiedener Größen ausgekleidet ist – wirklich sehenswert.

Noch etwas zu Ri Sun-shin: Heute ist er in beiden Teilen Koreas ein großer Held, und seine mit Eisenplatten bedeckten Schildkrötenschiffe sind legendär. Eines davon liegt als Nachbau im benachbarten See Sŏbŏnp'o, an dessen Ufer sich mitten im Nichts ein neu gebautes Hotel im Stil einer alten Befestigungsanlage erhebt. Auf dem Dach trocknen selbst gemachte Nudeln, durch das Gras schlängelt sich eine gefährlich aussehende Schlange. Junge Frauen in an mongolische Tracht erinnernder Kleidung, die wohl eine Reminiszenz an die Zeit des Koguryŏ-Reiches im ersten Jahrtausend sein soll, betreuen hier die Gäste mit größter Freundlichkeit. Das Essen ist exzellent. Trotzdem: Eigentlich ist das ein langweiliger Ort, den man in einer Stunde vollständig erkundet hat. Ich empfehle daher eher eine weitere Übernachtung in Rasŏn, dort gibt es mehr zu sehen.

Allerdings ist es gerade hier bei einer meiner Reisen zu einem interessanten Zwischenfall gekommen. Ein Mitglied unserer Gruppe ging am Abend noch allein in der Nähe des Sees spazieren, was wegen der isolierten Lage ausnahmsweise erlaubt war. Dort traf sie in völliger Dunkelheit auf einen Nordkoreaner, der ihr doch allen Ernstes ihr Handy abkaufen wollte. Zu unser aller Glück war sie klug genug, sich nicht auf den Deal einzulassen, denn bei der Ausreise hätte das richtig großen Ärger geben können. Bemerkenswert bleibt aber der Versuch, der Rückschlüsse auf die in dieser wilden Gegend offenbar weniger absolute Macht des Regimes über die Handlungen seiner Bürger zulässt.

Auf dem Weg zur Grenze kommt man an einer erst kürzlich erbauten Ausstellung zur nordkoreanisch-russischen Freundschaft vorbei. Die Eisenbahnstrecke, die wir mehrmals überqueren, ist in zwei Spurweiten gebaut, sodass sowohl russische als auch nordkoreanische Züge auf den vier parallel verlaufenden Gleisen verkehren können.

An einer Biegung des Grenzflusses ragt ein gigantischer, im Stil der Befestigungen der Chinesischen Mauer erbauter Grenzturm auf chinesischer Seite protzig-phallisch gen Himmel. Stellen Sie sich die Frustration der Chinesen vor, die das Meer sehen und riechen, aber nicht erreichen können. Nur 17 Kilometer trennen sie von diesem wichtigen logistischen Anschluss. Wie sich herausstellt, war der russische Zar im 19. Jahrhundert an dieser Stelle ausnahmsweise einmal clever, nachdem er den unverzeihlichen Fehler begangen hatte, Alaska den Amerikanern für ein Trinkgeld zu überlassen. Er kaufte der damals viel zu sehr nach innen blickenden und politisch wie militärisch geschwächten Qing-Dynastie nämlich den Küstenstreifen ab, der China heute vom Pazifik trennt. Den Chinesen zufolge handelte es sich übrigens um eine gewaltsame Landnahme. Ein Ausbaggern des Flussdeltas des Tuman, der den Chinesen den Zugang zum Meer doch noch ermöglichen würde, ist bisher nicht erfolgt. Gerüchteweise blockieren die Russen das Projekt, außerdem wäre die Instandhaltung einer solchen Fahrrinne aufgrund des ständig nachfließenden Sediments sehr teuer.

Wenige Kilometer nördlich erreichen wir dann schon den Grenzübergang Wŏnjŏng, und die Reise durch Nordkorea ist – bis auf die gelegentlich nervenaufreibende Ausreiseprozedur – zu Ende.

# 14

## Ausreise: Und was nun?

Die meisten werden Nordkorea wieder per Flugzeug oder Bahn verlassen, manch einer eventuell auch wieder zu Fuß die Brücke bei Namyang überqueren. Wichtig ist, dass man sich der Prozeduren bewusst ist und dass man weiß, wie es auf der chinesischen Seite weitergeht, denn hier kümmert sich plötzlich niemand mehr so intensiv um einen, wie das während der gesamten Reise in Nordkorea der Fall war. Dafür funktionieren die Mobiltelefone wieder.

### Mit dem Bus von Wŏnjŏng nach Hunchun

Bleiben wir zunächst im Nordosten des Landes. In einem beiderseits der Grenze dünn besiedelten Gebiet spannt sich nahe der kleinen Siedlung Wŏnjŏng eine überdimensioniert wirkende Brücke 400 Meter über den Grenzfluss Tuman.

Die Ausreise an diesem Übergangspunkt gestaltet sich häufig nervenaufreibend. Erst muss man warten, bis die jeweiligen Mittagspausen der Zollbeamten vorbei sind, die wegen der verschiedenen Zeitzonen aufeinanderfolgen. Dann werden alle anwesenden Reisegruppen gleichzeitig in das flache Abfertigungsgebäude auf nordkoreanischer Seite gelassen. Wenn man Pech hat und gerade einige hundert chinesische Touristen mit im Rennen sind, darf man sich auf über eine Stunde voll Gedränge, Lärm und Hektik einrichten. An einem Schalter erledigt man die Zollformalitäten, die vor allem im Vorzeigen der bei der Einreise registrierten

Gegenstände bestehen – Handys, Kameras, Speichermedien und Bücher. Sollte deren Zahl nicht stimmen, und das tut sie zunächst selten, bricht Unruhe aus. Uniformierte laufen hin und her, einzelne Reisende werden vor- und zurückgeschickt, Beamte verschwinden mit den Wertgegenständen in einem Hinterzimmer oder beugen sich mit ernstem Gesicht über offiziell aussehende Dokumente. Um uns herum drängen sich andere Menschen in alle Richtungen, man wird angerempelt, muss das Gepäck im Auge behalten, es gibt keine klaren Ansagen, alles ist chaotisch. Da heißt es Ruhe bewahren und als Gruppe zusammenbleiben. Ich selbst habe hier einmal eine halbe Stunde mit den Beamten diskutieren müssen, weil sie mich mein nordkoreanisches Tablet nicht ausführen lassen wollten – obwohl ich es zwei Jahre zuvor legal erworben und nur eine Woche davor ohne Probleme wieder mit ins Land gebracht hatte. Aber wie gesagt, die Dinge ändern sich, und offenbar dürfen solche Geräte neuerdings nicht mehr ausgeführt werden. Ich durfte es dann doch, begleitet von der freundlichen Empfehlung des Zollbeamten, mein Samjiyŏn demnächst besser zu Hause zu lassen.

An der nächsten Station werden die Fotos kontrolliert, meist stichprobenartig. Gern löscht der Beamte das eine oder andere Bild, schließlich muss er ja seine Wichtigkeit nachdrücklich zur Schau stellen. Vor allem Fotos, die Abbilder oder Statuen der Führer nicht vollständig erfasst haben, müssen dran glauben, überdies als besonders »unschön« geltende Bilder, zum Beispiel solche von am Boden sitzenden Straßenhändlerinnen.

Hat man das geschafft, geht es zur Passkontrolle, dann ist man durch. Um auf die andere Flussseite zu gelangen, muss man einen der wartenden Busse benutzen, Kostenpunkt fünf Renminbi. Nach der Zoll- und Passkontrolle auf der chinesischen Seite findet man sich plötzlich auf einem großen, meist gähnend leeren Parkplatz mitten im Nirgendwo wieder. Wer keinen Transport organisiert hat, hat jetzt ein Problem, denn nicht immer steht ein Taxi bereit. Auf der nach einer Woche auf Buckelpisten ungewohnt glatten und dellenfreien Schnellstraße S201 fährt man ins 40 Kilometer entfernte Hunchun und weitere 100 Kilometer auf der G302 nach Yanji, von wo aus man nach einer Übernachtung per Zug oder Flugzeug nach Beijing reisen kann.

## Mit dem Zug von Pjöngjang nach Beijing

Vom Hotel in der Hauptstadt fährt man nach dem Frühstück zum mitten in der Stadt gelegenen Bahnhof. Ausländer warten im VIP-Bereich, wo man auch Snacks kaufen kann. Die Zugtickets erhält man von den Guides, und es gibt endlich auch die zuvor eingesammelten Reisepässe zurück. Wie bei der Hinfahrt handelt es sich um recht komfortable Schlafwagenabteile für vier Personen. Wer alleine oder zu zweit reist, bekommt Fremde ins Abteil, was interessant sein kann. Viele nordkoreanische Geschäftsleute nehmen den Zug und haben die eine oder andere Geschichte zu erzählen.

Wichtig ist: Man sollte unter keinen Umständen Gepäckstücke annehmen, die Fremde einem gelegentlich für »Freunde« in Beijing mitgeben wollen. Das sollte eigentlich klar sein, aber in der ungewöhnlichen Umgebung Nordkoreas kann es schon einmal vorkommen, dass man auch als erfahrener Reisender die sonst selbstverständlichen Vorsichtsmaßnahmen vergisst. Mit illegalen Waren erwischt zu werden ist nirgends ein Vergnügen, aber gerade hier möchte man das auf gar keinen Fall.

Die Guides verabschieden sich am Bahnsteig, man winkt ihnen aus dem Fenster zu, und los geht's in Richtung Norden, in der Regel kurz nach zehn Uhr vormittags. So fährt man bis zur Grenze im Tageslicht und kann unterwegs viel vom Alltagsleben mitbekommen: Bauern bei der Arbeit, Frauen an betongefassten

Brunnen beim Wasserholen oder beim Wäschewaschen an Flüssen, Armeeposten, die ihre Ferngläser auf die Küste richten, Lager für Kohle, verrostete Waggons, kleine Bahnhöfe. Einen Speisewagen gibt es bis zur Grenze in Sinŭiju nicht, aber für etwa acht Euro kann man von einer Verkäuferin, die am Abteil vorbeikommt, ein Plastikgefäß mit einem reichhaltigen und schmackhaften koreanischen Mittagessen kaufen.

Nach 227 Kilometern und viereinhalb Stunden – Durchschnittsgeschwindigkeit etwa 50 km / h, was für nordkoreanische Verhältnisse pfeilschnell ist – erreicht man laut Plan um 14:51 Uhr den Bahnhof von Sinŭiju. Früher blieb man fast drei Stunden im Zug und erwartete den Zoll und die Passkontrolle. Das war einerseits angenehm, da kaum je eine Gepäckdurchsuchung stattfand, andererseits waren die WCs während dieser Zeit verschlossen, was zu vorhersehbaren Problemen führen konnte.

Einer meiner Mitreisenden hatte das vor ein paar Jahren trotz meiner Warnungen verpasst; da war guter Rat teuer. Mit einer leeren Plastikflasche und jeder Menge dummer Kommentare ließen wir ihn im Abteil zurück und warteten auf dem Gang. Da ging krachend die Tür zum Nachbarabteil auf, und heraus kamen drei Uniformierte, die ohne Zögern auf unser Abteil zuhielten. Meine in der Überraschung zurechtgestammelten Erklärungen, dass sich dort ein Mann in schwieriger Situation aufhalte, ignorierten sie, schoben mich zur Seite und rissen schwungvoll die Abteiltür auf. Drinnen hielt unser Kollege das Ganze für einen dummen Scherz und drehte sich demonstrativ um – und die Grenzbeamten sahen, dass ich nicht gelogen hatte. Zum Glück wurden weder Uniform noch Führerbild-Anstecker benetzt, und nach einer Schrecksekunde verzog der ranghöchste Nordkoreaner sein Gesicht zu einem Grinsen. Unser Freund wurde wieder sich selbst überlassen. Die Geschichte klingt im Nachhinein harmlos, es hätte aber auch viel schiefgehen können.

Es folgte die ganz normale Prozedur, in deren Verlauf unsere Fotoapparate sehr gründlich untersucht und zahllose Fotos gelöscht wurden. Man sollte übrigens den Ausbildungsstand der Zollbeamten nicht unterschätzen; als ich einmal eine neu auf den Markt gekommene Kamera bei mir hatte, zeigte mir die Beamtin eine Funktion, die mir bis dahin unbekannt war.

Die Dinge laufen hier seit kurzem etwas anders. Im Februar 2017 berichtete mir ein Mitglied meiner Gruppe, der nicht den Flieger genommen hatte, dass er in Sinŭiju mit all seinem Gepäck aus dem Zug aussteigen und in eine Bahnhofshalle gehen musste. Dort findet offenbar neuerdings die Kontrolle statt. Das löst das WC-Problem, dafür ist die Schlepperei der Koffer lästiger und die Durchsuchung des Gepäcks fällt gründlicher aus.

Hat man alles erledigt, fährt der Zug nach zwei Stunden um 16:43 Uhr die zehn Minuten über den Grenzfluss bis ins chinesische Dandong und kommt wegen der halben Stunde Zeitverschiebung um 16:23 Uhr dort an. In den nächsten zwei Stunden wird ein Speisewagen angehängt und man erledigt die Einreiseformalitäten. Dann geht es mit deutlich höherem Tempo nach Beijing, das man am nächsten Morgen um 08:31 Uhr erreicht, nachdem man insgesamt 1349 Kilometer zurückgelegt hat.

Bahnhöfe in China sind recht speziell; man muss sich das ein wenig wie einen Flughafen vorstellen. Der Zutritt ist streng geregelt, Sicherheit wird groß geschrieben, und die Zahl der gleichzeitig zum engen Ausgang drängenden Menschen kann einem schier den Atem nehmen. Ich habe am Bahnhof in Beijing schon einmal über eine Stunde nach einem Taxi angestanden. Bei günstiger Verkehrslage sollte man – für rund 150 Renminbi – in etwa einer Stunde am Flughafen sein. Je nach Wochentag und Tageszeit kann das aber auch beträchtlich länger dauern. Ein guter Zeitvorrat sollte also bei der Buchung eines Anschlussfluges berücksichtigt werden.

Ich habe die Zugfahrt schon so oft gemacht, dass ich den schnelleren Flug vorziehe. Gerade beim ersten Mal ist die Fahrt aber eine sinnvolle Option, zumal man das Land deutlich langsamer verlässt, neue Gegenden sieht und mehr Zeit zum Verarbeiten der vielen Eindrücke hat.

## Mit dem Flugzeug ab Sunan

Vom Hauptstadtflughafen Sunan gehen wöchentlich gerade einmal elf Flüge ab, wegen der stets zunehmenden Sanktionen demnächst vielleicht auch weniger. In der Regel fährt man relativ kurz vor der Abreise zum Flughafen. Von »mindestens zwei Stunden vor Abflug«, wie sonst üblich, kann hier keine Rede sein. Man füllt ein Ausreiseformular und ein Zollformular aus und checkt ganz normal an einem Schalter ein. Im Gegensatz zum Hinflug ist es möglich, sein Gepäck bis zum Zielflughafen durchzuchecken. Die Bordkarte für den Anschlussflug erhält man allerdings nicht ausgehändigt, die muss man in Beijing abholen. Da man dort also ohnehin nochmals zum Check-in muss, verzichte ich als vorsichtiger Mensch in der Regel auf das Durchchecken des Gepäcks und hole es direkt in Beijing am Terminal 2 ab.

In der Regel liefen in den vergangenen Jahren die Ausreiseformalitäten am Flughafen Sunan verglichen mit Wŏnjŏng oder Sinŭiju bei weitem am entspanntesten ab. Die Zollformulare werden in Pjöngjang gleich beim Check-in eingesammelt und man wird nicht weiter belästigt. Aber: In Nordkorea können sich die Dinge sehr plötzlich und durchaus radikal ändern, also seien Sie besser auf alles gefasst.

Aktuell wirft jedenfalls niemand auch nur einen Blick auf die »kritischen« Gegenstände wie Handy, Fotoapparat oder Tablet. Sind diese allerdings bei der Einreise gezählt und registriert worden, dann ist bei der Ausreise von einem Abgleich dieser Daten auszugehen. Man bekommt seine Bordkarte und geht weiter zur Passkontrolle. Bei der anschließenden Sicherheitskontrolle habe ich sogar problemlos volle Wasserflaschen behalten dürfen. Nun rechnet man damit, dass ein grimmig dreinblickender Beamter minutiös alle Fotos kontrolliert, doch das geschieht am Flughafen üblicherweise nicht.

In einer großzügigen und topmodernen Wartehalle kann man ein letztes Mal einkaufen. Ich habe festgestellt, dass der Buchladen vereinzelt sehr interessante Stücke im Angebot hat, die man zum Beispiel im Foreign Languages Bookstore in der Innenstadt nicht findet. Wie auch bei der Einreise gibt es am Flughafen Pjöngjang keinen Stempel im Reisepass, wenn man mit einer Touristenkarte einreist. Die Karte wird einem hier abgenommen, sodass man sie besser vorher scannt oder abfotografiert, wenn man eine Erinnerung behalten will. Manchmal gibt einem auf Wunsch der Grenzbeamte einen Ausreisestempel in den Reisepass, wenn er einen guten Tag hat. Fragen kostet ja nichts.

In Beijing landet man am Terminal 2 und nimmt dann entweder den kostenlosen Shuttle zum Terminal 3 für den Weiterflug oder begibt sich ins Hotel. Auch hier gilt das automatische 72-Stunden-Transfervisum, wenn man nachweislich innerhalb dieser Zeit das Land verlässt und sich nur in der Hauptstadt aufhält. Bei meiner letzten Einreise musste ich allerdings geschlagene eineinhalb Stunden an der Passkontrolle stehen, weil eine zehnköpfige holländische Reisegruppe vor mir Probleme mit dem diesbezüglichen Nachweis hatte. Hier gilt, wie bei der Einreise, dass man gut und gern mit einer Transferzeit von drei Stunden von Terminal 2 zu Terminal 3 rechnen muss, zumal dort der flughafentypische Spießrutenlauf wieder von vorn beginnt. Wie sagte mir ein mitreisender Amerikaner einmal: »They've taken the fun out of flying.« Recht hat er.

## Wieder daheim: Was jetzt?

Man sieht sich in Ruhe die Fotos an. Man löscht die vielen verwackelten Bilder. Man entdeckt Details, die einem in der Hektik der durch die Schlaglöcher preschenden Busse entgangen sind. Man checkt Hunderte ungelesener E-Mails. Man fühlt sich wie ein Held und wird auch so behandelt. Du warst echt in Nordkorea? Wow, haben die dich wieder rausgelassen? So oder so ähnlich wird das sich wohl anhören.

Dann ist man mit seinen Gedanken allein. Haben sich die Erwartungen erfüllt? Hat sich der Aufwand gelohnt? Weiß ich jetzt mehr?

Die Antwort wird sicher individuell unterschiedlich ausfallen. Ziemlich repräsentativ fand ich die Eindrücke meines Sohnes, der als 17-Jähriger erstmals gemeinsam mit mir in Nordkorea war. Zugegeben, er hatte Glück. Die Sicherheitsvorkehrungen waren für nordkoreanische Verhältnisse minimal, unsere örtlichen Betreuer waren besonders entspannt und kompetent, und die Stromversorgung war stabil. Zudem waren seine Erwartungen eher gering und daher leicht zu übertreffen, auch wenn seine Skepsis in vielen Punkten bestätigt wurde: Verbote, Lügen, Armut, groteske Selbstdarstellung, Kälte, Bevormundung und Propaganda. Aber da war auch so viel mehr. Er hat jedenfalls, wie die meisten meiner Mitreisenden in all den Jahren, innerhalb weniger Tage erkannt, dass die Realität in Nordkorea weitaus vielfältiger ist als die oft vereinfachenden Stereotype, die in unseren Medien kursieren.

Auch mit Blick auf solche Erfahrungen kann ich aus meiner persönlichen Sicht die eingangs gestellte Frage – Ist es in Ordnung, nach Nordkorea zu reisen? – eindeutig mit Ja beantworten. Egal was man von diesem Land, seinem System und seinen Führern hält: Das Mindeste, was man von einem ernsthaften Kritiker verlangen kann, ist, dass er sich mit eigenen Augen ein Bild macht.

Nicht, dass man nach einer meist nur einwöchigen Reise auch nur ansatzweise alles weiß und versteht. Im Gegenteil, man ist eher verwirrt, und natürlich ist man den gelegentlich sehr forschen Versuchen der nordkoreanischen Seite ausgesetzt, ein möglichst positives Bild zu vermitteln.

Oft merkt man so etwas recht schnell, manchmal aber auch nicht. Als mit Devisen ausgestatteter, in der Regel nicht Koreanisch sprechender oder lesender Ausländer im je nach Jahreszeit angenehm beheizten oder klimatisierten Bus nach einem ausgiebigen Mittagessen durch Pjöngjang zu fahren, das engt die Perspektive doch sehr ein. Andererseits bekommt man mehr mit als zunächst erwartet.

Aber was ist nun wahr, und was ist gelogen? Was ist echt, was ist gestellt? Man wird es selten mit Gewissheit sagen können. Gesunde Skepsis ist daher ebenso wichtig wie die Bereitschaft, Eindrücke und Erfahrungen anzunehmen, die nicht ins vorher fest gefügte Bild passen. Niemand hat das Recht, uns eine bestimmte Sicht der Dinge vorzuschreiben. Das, denke ich, sollte auch unseren Umgang mit Nordkorea bestimmen: hinfahren, anschauen, eigene Schlussfolgerungen ziehen und dabei ebenso kritisch wie fair sein. Eine Reise nach Nordkorea ist und bleibt eine Gratwanderung.

# Register

Im Koreanischen werden die Silben *-san* für Berg, Gebirge, *-gang* für Fluss, *-ri* für Dorf, *-ryong* für Pass, *-do* für Insel oder Provinz den jeweiligen Namen angehängt. Im Text erscheinen die Namen mal mit und mal ohne diese Bezeichnungen.

**Erweiterte und aktualisierte Neuausgabe**

»Es hat das Potenzial zum Standardwerk. Mit Sicherheit ist es das bisher beste Nordkorea-Buch, das auf Deutsch erschienen ist.«

*Süddeutsche Zeitung*

»Frank gibt seinen Lesern einen Schlüssel zum Verständnis Nordkoreas, eine historische Perspektive zur Hand, die Jahrhunderte zurück- und über die üblichen Stereotype hinausreicht.«

*Der Standard*

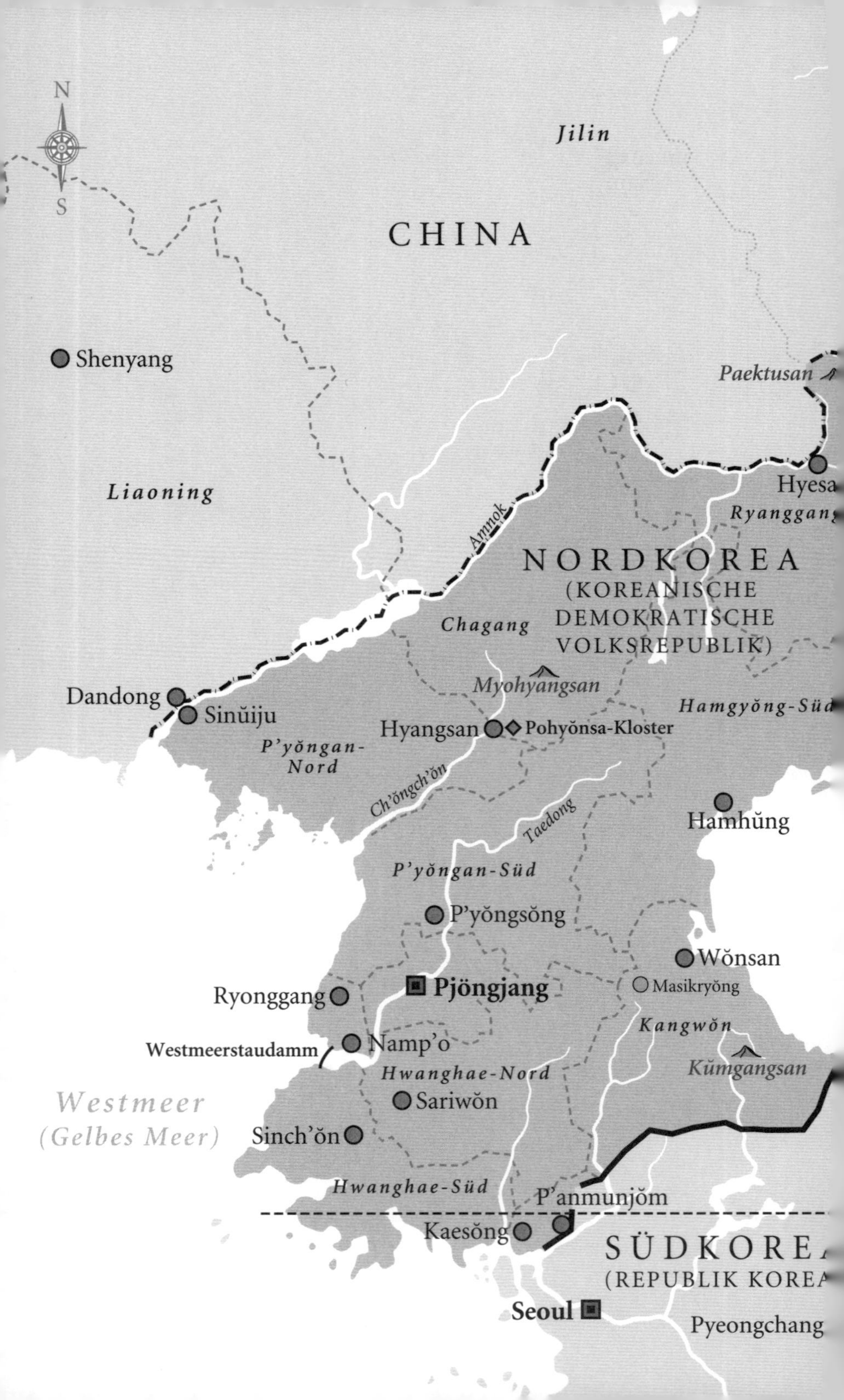
N
S
Jilin
CHINA
Shenyang
Paektusan
Liaoning
Hyesa
Ryanggan
Amnok
NORDKOREA
(KOREANISCHE
DEMOKRATISCHE
VOLKSREPUBLIK)
Chagang
Myohyangsan
Dandong
Sinŭiju
Hamgyŏng-Süd
Hyangsan
Pohyŏnsa-Kloster
P'yŏngan-
Nord
Ch'ŏngch'ŏn
Taedong
Hamhŭng
P'yŏngan-Süd
P'yŏngsŏng
Wŏnsan
Masikryŏng
Pjöngjang
Ryonggang
Kangwŏn
Westmeerstaudamm
Namp'o
Kŭmgangsan
Hwanghae-Nord
Sariwŏn
Westmeer
(Gelbes Meer)
Sinch'ŏn
Hwanghae-Süd
P'anmunjŏm
Kaesŏng
SÜDKORE
(REPUBLIK KORE
Seoul
Pyeongchang